DATE DUE FOR RETURN

JUSTICE ET FORCE
POLITIQUES AU TEMPS DE PASCAL

PORT ROYAL

Collection dirigée par Jean Lesaulnier

© Klincksieck, 1996
I.S.B.N. : 2-252-03020-8

JUSTICE ET FORCE
POLITIQUES AU TEMPS DE PASCAL

Actes du colloque
« Droit et pensée politique autour de Pascal »
Clermont-Ferrand, 20-23 septembre 1990

Recueillis et présentés
par
Gérard FERREYROLLES

PARIS
KLINCKSIECK
8, rue de la Sorbonne
1996

T

100237163x

Gérard FERREYROLLES

Présentation

En philosophie politique comme en philosophie tout court, la chouette de Minerve affectionne les crépuscules. Platon construit la *Callipolis* quand se désagrège la cité grecque, Cicéron compose son *De re publica* sur les ruines de la République romaine, Machiavel son *Prince* dans la plus grande instabilité des principautés italiennes, Rousseau *Le Contrat social* lorsque la royauté en France s'apprête à devenir l'Ancien Régime. L'aube de la centralisation au contraire, les rayons naissants de la monarchie solaire ont effarouché le divin oiseau, avant que leur plein midi ne le pétrifie. Que faire, si l'on ne se sent la plume courtisane ? « Parler de loin ou bien se taire », conseille La Fontaine. Les grands théoriciens politiques, au XVIIe siècle, nous parlent en effet *de loin,* pour la raison qu'ils sont étrangers : c'est le Flamand Jansénius (en son *Mars Gallicus*), le Hollandais Grotius, l'Anglais Hobbes. Mais on peut en France même « parler de loin » du politique : par la médiation d'un autre discours – littéraire, théologique, voire scientifique. L'authentique réflexion politique dans la France du XVIIe siècle a moins de chance de se rencontrer parmi les idéologues de l'État nouveau que chez ceux qui ne font pas du politique l'objet immédiat de leur réflexion. Ce détour signifie bien plus que la prudence : il est la distance prise – ludique, transcendante ou simplement rationnelle – par rapport à une réalité qui commence d'être jugée au moment où elle cesse de fasciner. Et peut-être sont-ils plus près de la vérité du politique ceux pour qui le politique n'est pas toute la vérité. La critique en tout cas n'a pas été dupe : loin de prétendre donner un équivalent, pour le XVIIe siècle français, au monumental *Essor de la philosophie politique au XVIe siècle* de Pierre Mesnard, elle a brillamment croisé les lectures démystificat rices, appelant au jour dans les récits d'histoire ou les discours d'éloge (L. Marin, *Le Portrait du roi,* 1981), dans le spectacle du pouvoir mis en scène par lui-même (J.-M. Apostolidès, *Le Roi-machine,* 1981) et la stagnante évidence des stéréotypes (P. Ronzeaud, *Peuple et représentations sous le règne de Louis XIV,* 1988), la violence rusée des phantasmes d'État. En contrepoint se sont multipliées les études portant sur la pensée politique d'auteurs qui ne sont pas d'abord des penseurs politiques : la *Politique de La Fontaine* par G. Couton en 1959, la *Politique de Bossuet* par J. Truchet en 1966, et plus récemment le *La Fontaine politique* de P. Boutang (1981), le *Descartes et l'ordre politique* de P. Guenancia (1983), notre *Pascal et la raison du politique* (1984), *Le Héros et l'État dans la tragédie de Pierre Corneille* par M. Prigent (1986), *Force et justice dans la politique de Pascal*, par C. Lazzeri (1993).

Cette ligne critique est loin d'avoir épuisé sa fécondité et la crise que traverse aujourd'hui le politique est une occasion supplémentaire de s'interroger sur la façon dont le XVIIe siècle a vécu et pensé, dans le passage d'une monarchie tempérée par la vénalité des charges à une monarchie absolue appuyée sur la bureaucratie des commissaires, l'émergence du moderne Léviathan dont on ne sait s'il triomphe ou expire sous nos yeux. Membre d'une famille de magistrats souvent engagés dans les affaires de l'État, témoin des convulsions qui agitent son temps – les troubles de Rouen, puis la Fronde parisienne –, acteur dans des querelles religieuses aux évidentes implications politiques, ami de hauts seigneurs qui ne dédaignent pas d'écouter ses *Discours sur la condition des grands*, intime enfin de Domat, le plus grand jurisconsulte de l'époque, Blaise Pascal est assurément un observateur privilégié des bouleversements, comme des traditions, de son siècle. Loin de nous le temps où la politique de Pascal, et avec elle la vision janséniste du monde, se résumait au refus du monde et de la politique, dans le mépris des citoyens anticipés de la Jérusalem céleste pour les vicissitudes de Babylone. Non seulement le politique représente une dimension fondamentale de la pensée janséniste, mais il apparaît, selon une expression de J. Mesnard, comme « le paradigme de la pensée pascalienne » elle-même. C'est pourquoi, quatorze ans après le grand colloque *Méthodes chez Pascal* [1] qui avait vu sa fondation, le Centre International Blaise Pascal [2], soutenu par ses autorités de tutelle (le Centre National de la Recherche Scientifique, la Ville de Clermont-Ferrand, l'Université Blaise Pascal) et avec la collaboration de la Société des Amis de Port-Royal [3], a tenu à réunir dans la même Faculté clermontoise des Lettres et Sciences Humaines de nombreux chercheurs de tous pays sur le thème « Droit et pensée politique autour de Pascal ».

Le caractère international et pluridisciplinaire de la rencontre lui a donné une richesse que tous désormais, par la publication de ces actes, vont être en mesure d'apprécier à loisir. Plusieurs directions ont été retenues dans le traitement du sujet, qui en ont permis une approche concertée et cohérente. Pascal a été situé par rapport à ses devanciers, selon une double ligne : d'une part, la ligne païenne et laïque représentée par le scepticisme antique, le pragmatisme machiavélien, le conservatisme critique de Montaigne ; d'autre part, la ligne chrétienne illustrée par ses deux plus grands théologiens, saint Augustin et saint Thomas, dont Jansénius a tenté la synthèse politique dans le *Mars Gallicus* (1635). Mais la pensée pascalienne sur le politique se forme aussi, bien évidemment, dans la confrontation avec son siècle. Le colloque s'est donc penché, après une décisive mise au point sur la notion centrale de « monarchie de droit divin » par Jean Mesnard, sur la place qu'ont occupée dans la vie et dans l'œuvre de notre auteur les événements les plus marquants de l'époque, comme sur les interactions avec les principaux écrivains politiques du temps – Guez de Balzac (dont l'*Aristippe* paraît en 1658), Thomas Hobbes, le cardinal de Retz. Parmi les contemporains, une place de choix revenait à ceux qui partagèrent l'engagement port-royaliste de Pascal et qu'un Lucien Goldmann avait jadis, non sans arbitraire, divisés en « centristes » et « extrémistes » : les rapports avec Arnauld, Nicole et Domat ont été l'objet d'enquêtes nouvelles, d'où ressortent la reconnaissance commune des ravages produits en l'homme par le péché originel, dont la cité constitue un exceptionnel révélateur, et la capacité de la créature déchue à gérer pour le moins mal la concupiscence et la violence qui en sont issues. Enfin, nombre de communications ont eu pour objet Pascal pris en lui-même. Elles ont permis de définir les concepts fondamentaux de son lexique politique (la justice, la force, la loi, la tyrannie, la disposition, etc.), à commencer par le terme même de « politique ». Elles ont également ouvert des perspectives inédites sur la vision pascalienne de l'histoire, sur les origines du pouvoir, les modalités de son exercice dans l'État mais aussi dans l'Église, et ultimement sur sa relation paradoxale à un au-delà du politique. Il s'en dégage l'évidence couplée – qui fait l'originalité politique de Pascal et sa pertinence pour nous dans l'effondrement général des idéologies – d'un réalisme assidu à démystifier non seulement la force en place et les mécanismes de son auto justification mais les utopies révolutionnaires qui prétendent se substituer à elle, et d'un étonnement admiratif devant les jeux apprivoisés de l'amour-propre et de la *libido dominandi*, qui laissent transparaître au sein du *mundus immundus* quelques reflets d'une grandeur enfuie. Entre la cité de Dieu et la cité des réprouvés s'ouvre l'espace, précaire autant que désirable, d'une *civitas terrena spiritualis*.

Des fruits intellectuels de ce colloque, chacun pourra juger, mais il en est un autre que les participants ont déjà pu goûter : celui de la convivialité amicale. L'on n'oubliera point en particulier la « fête de la reconnaissance » (pour reprendre l'expression de Thérèse Goyet) en l'honneur de Jean Mesnard, au moment de son éméritat, et de Mme Mesnard, non plus que la soirée, en la basilique Notre-Dame du Port, où Josette Jeunet récita la *Prière pour demander à Dieu le bon usage des maladies*. Cette réussite est au premier chef l'œuvre de Dominique Descotes, directeur du Centre International Blaise Pascal, qui a su organiser de main de maître – avec le gant de velours – tant les festivités que le labeur des congressistes et leur ordinaire entretien : qu'il trouve ici, sous la plume d'un seul, l'expression véridique de la reconnaissance de tous.

NOTES

1. Publié aux Presses Universitaires de France en 1979.
2. 1, boulevard Lafayette, F-63001 Clermont-Ferrand Cedex. Le CIBP édite un *Courrier* annuel.
3. 23, quai de Conti, 75006 Paris. La Société édite d'annuelles *Chroniques de Port-Royal*.

Autour de Pascal :
Les pensées politiques contemporaines
et subséquentes

Antony McKENNA

Pascal et Hobbes : les opinions du peuple

En 1640 Hobbes quitte l'Angleterre « le premier de tous », « dès que le conflit entre Charles Ier et les Parlementaires [prend] un tour inquiétant et après la diffusion manuscrite de ses *Elements of Law* »[1]. À Paris il fréquente le cercle des frères Dupuy[2], où il rencontre, entre autres, La Mothe le Vayer, Naudé, Gassendi, Mersenne. Dans le cercle de Mersenne lui-même, Hobbes avait un ami sûr : Pierre Gassendi[3]. À la mort de Mersenne, l'académie Le Pailleur recueille ses amis mathématiciens et philosophes : Gassendi, Pascal, Roberval, Desargues, Carcavi, Bouillaud[4]. Après le départ de Hobbes en Angleterre, Gassendi s'installera le 9 mai 1653 chez Habert de Montmort, rue Sainte-Avoie, où il continuera à voir Pascal[5]. Parmi les disciples et amis de Gassendi, remarquons Charles Du Bosc, Abraham Du Prat et Samuel Sorbière, qui tous se signalent comme disciples de Hobbes[6].

On constate que Gassendi et Hobbes ont fréquenté les mêmes milieux scientifiques à Paris entre 1640 et 1652, et que ces milieux furent les centres mêmes de la vie « mondaine » de Pascal. Dès 1641 Hobbes avait participé aux débats chez Mersenne sur les *Méditations* de Descartes ; dès 1641 Hobbes montrait à ses amis le manuscrit du *De Cive* qui fut publié en 1642 et en 1647 et qui fut traduit par Sorbière en 1649. Cette publication fut alors suivie par l'édition latine du *De Corpore* en 1655 et enfin par le *De Homine* en 1658, également en latin. Pascal a donc pu connaître les trois parties des *Elementa philosophica* de Hobbes. Nous proposons ici un très rapide survol de ces œuvres de Hobbes, où nous nous attacherons surtout à dégager les traits principaux de sa psychologie et leurs conséquences sur le plan de l'épistémologie.

I - *De Corpore*

La philosophie comporte deux versants : un raisonnement (« ratiocination ») allant des effets observés aux causes probables des phénomènes, et un raisonnement géométrique allant des définitions des causes jusqu'aux effets nécessaires (E.W.I p. 3) [7]. Dans les deux cas la « vérité » n'est qu'une affaire de définition qui n'atteint pas la nature « réelle » des choses (« *truth adheres to speech only* », p. 38) : en effet, les définitions dérivent des notions « communes » : « *Space is that very thing which all men do call so* » (p. 93).

La théorie psychologique de Hobbes développe cette conception générale de la philosophie géométrique en un système nominaliste et sensualiste : nos définitions portent sur des phantasmes qui sont les images dérivées par l'imagination à partir des sensations ; une « ratiocination » consiste en une « computation » de phantasmes présents et passés ; la mémoire joue donc un rôle essentiel dans le jugement qui agit selon un principe d'association. L'imagination, qui traduit les sensations physiques de la machine du corps (les messages des sens qui ne portent que sur le mouvement), a son siège dans le cœur, source des passions. Il y a action réciproque entre la volonté et l'imagination : l'imagination fournit des phantasmes que la volonté poursuit ou fuit selon un principe de plaisir. Réciproquement, la volonté dispose le cœur, qui met en jeu l'attention par laquelle l'imagination imprime plus vivement certains phantasmes que d'autres dans le cœur : la volonté est donc le principe d'une psychologie occasionnaliste et sensualiste ; elle fonde le rôle des habitudes (p. 349).

En tout ceci nous n'avons affaire qu'à des phantasmes dérivés par l'imagination des sens : « *We compute nothing but our own phantasms* » (p. 92). Or, les sens ne portent que sur les accidents des choses (p. 103) : nos définitions dépendent donc d'une comparaison entre divers phantasmes passés et présents : définir une chose, ce sera dire en quoi, vu sous un certain angle, notre phantasme de cette chose diffère de notre phantasme de telle autre chose [8]. Les définitions ne portent donc que sur le rapport entre les phantasmes envisagés sous un certain angle : à l'égard de la nature « réelle » des choses, cet angle est arbitraire et dépend de notre seule volonté.

Nos raisonnements consistent à relier des phantasmes par le verbe « être » et à constituer ainsi des propositions (pp. 29 *sqq.*) : la proposition est une « computation » de noms et le raisonnement est une computation de propositions par le moyen du syllogisme [9]. L'erreur ne met pas en cause la certitude des sensations qui ne font qu'enregistrer des mouvements, mais le rôle de l'imagination qui, selon la disposition du cœur déterminée par la volonté, a mal traduit ces sensations en phantasmes ou bien a mal « computé » ces phantasmes en fausses propositions ou en faux syllogismes.

Cette psychologie sensualiste constitue le cadre de la critique hobbienne de l'intuition cartésienne [10].

Cette psychologie et cette épistémologie comportent un certain nombre de conséquences pour la conception hobbienne des sciences naturelles et dans ce domaine certains rapprochements intéressants ont été proposés avec les textes de Pascal [11].

II - *De Homine*

Cette psychologie et cette épistémologie sont reprises dans le *De Homine*. Nous nous permettrons d'insister simplement sur le fait que les phantasmes, qui « consistent en divers mouvements du sang et des esprits animaux » (p. 163) [12], donnent naissance à des « sentiments ou perturbations de l'âme » : ainsi que le fait remarquer P.-M. Maurin, « à aucun niveau, on ne trouve chez Hobbes de faculté intellectuelle indépendante de l'imagination » (p. 149, n 4). Le raisonnement sur les phantasmes rapportés par l'imagination fonde la définition des termes primitifs : espace, temps, mouvement, nombre, etc. ; le raisonnement sur l'expérience passée agit sur la volonté qui dispose le cœur à l'égard du Bien et du Mal. Le raisonnement permet de percevoir comme un Mal, par exemple, ce qui a été spontanément ressenti comme un Bien. Il peut donc y avoir conflit entre les images spontanées évoquées par les phantasmes et l'interprétation raisonnée de ces mêmes phantasmes, comme entre l'inclination spontanée et l'inclination raisonnée du cœur. L'interprétation raisonnée des phantasmes est une conjecture sur la nature des choses ; l'inclination raisonnée du cœur est une conjecture sur mon intérêt (un raisonnement de la prudence) (p. 163).

Hobbes définit tous les sentiments comme des inclinations gouvernées par « le principe du plaisir et du déplaisir », les rapportant donc (chap. XII) au principe vital de la conservation de soi-même. Puisque chaque homme poursuit son plus grand bien, qui est la conservation de son propre être, dans cette analyse le seul critère de jugement sur les inclinations (ou « passions » cartésiennes) est celui de l'amour de soi-même.

Le principe de plaisir gouverne la volonté et dispose le cœur : cette disposition du cœur dépend d'un certain tempérament qui explique la « diversité des caractères ». Ce tempérament sera influencé par tout un ensemble de facteurs que Hobbes énumère au chapitre XIII du *De Homine* : l'habitude, l'expérience, la fortune, l'opinion qu'on a de soi-même, l'autorité des maîtres. Résoudre l'ensemble de ces facteurs en un comportement qui maximise le plaisir et qui contribue à la conservation de son propre être, c'est suivre la raison : l'habitude de suivre la raison est le seul fondement de la morale naturelle :

> Quand l'habitude a suffisamment affermi les caractères pour qu'ils produisent aisément des actions avec l'accord de la raison, on les appelle des mœurs. Et les mœurs, si elles sont bonnes, sont appelées vertus ; si elles sont mauvaises, des vices (p. 174).

Rappelons alors que, puisque chaque homme poursuit son propre bien selon ses lumières, il n'y a pas de norme fixe des mœurs : pour chaque homme sera vertu ce que lui dicte son tempérament selon la conjoncture : « autant d'hommes, autant de normes différentes de la vertu et du vice » (p. 175).

III - *De Cive*

Le traité *De Cive* de Hobbes, troisième partie de ses *Elementa Philosophica*, fut chronologiquement la première à paraître en 1642 ; une deuxième édition, également latine, suivit en 1647 ; la traduction de Sorbière parut à Amsterdam en 1649, accompagnée de lettres élogieuses de Mersenne et de Gassendi. Ce traité politique fut donc bien connu en France pendant le séjour même de Hobbes à Paris.

De notre expérience des rapports actuels des hommes dans la société, nous remontons par conjecture à la conception de leurs rapports dans l'état présocial (état de nature). De cet état de nature nous déduirons les principes qui fondent la légalité de la cité qui définit le devoir moral des citoyens. Dans les sciences naturelles, il n'y a de règles touchant le juste et le faux que celles, créées par les hommes, des définitions et des syllogismes ; de même, dans les sciences humaines, il n'y a de règle touchant le juste et l'injuste que celles créées par les hommes eux-mêmes :

> ... il n'y a aucunes doctrines recevables et authentiques touchant le juste et l'injuste, le bien et le mal, outre les lois qui sont établies en chaque République ; ... il n'appartient à personne de s'enquérir si une action sera bonne ou mauvaise, hormis à ceux auxquels l'État a commis l'interprétation de ses ordonnances...[13]

Il s'agit donc d'une analyse logique d'un état de fait (les rapports sociaux) à laquelle Hobbes confère le statut d'une hypothèse historique (sur l'état de nature) :

> Je mets d'abord pour un premier principe que l'expérience fait connaître à chacun et que personne ne nie, que les esprits des hommes sont de cette nature, que s'ils ne sont retenus par la crainte de quelque commune puissance, ils se craindront les uns les autres, ils vivront entre eux en une continuelle défiance, et comme chacun aura le droit d'employer ses propres forces en la poursuite de ses intérêts, il en aura aussi nécessairement la volonté... (Préface).

Principe d'analyse logique du comportement réel des citoyens (malgré leurs discours) et qui fonde le tableau historique de l'état de nature : « un méchant homme est le même qu'un enfant robuste » [14].

Nous avons vu, dans l'analyse des passions, que chaque homme poursuit la conservation de son propre être et le maximum de plaisirs : c'est le principe qui gouverne la volonté et qui dirige le mouvement des automates humains. Hobbes introduit alors un nouveau principe qui conditionne le plaisir de la volonté : le plaisir de chaque homme est défini, non seulement par les « commodités de la vie », mais aussi par un principe d'*éminence* ou de gloire, qui est un plaisir de l'imagination :

> Mais les hommes ont presque tous ce mauvais génie, qu'à peine estiment-ils qu'une chose soit bonne, si celui qui la possède n'en jouit de quelque prérogative par-dessus ses compagnons et n'en acquiert quelque degré d'excellence particulière... (p. 79).

Cette contestation sur l'éminence distingue radicalement la société des hommes de celle des animaux (abeilles, fourmis).

De ces principes nous pouvons déduire le comportement des hommes qui ne seraient pas retenus par la puissance de l'autorité civile : cet état de nature ne serait autre qu'un état de guerre de chacun contre tous. Celui-là même qui chercherait à y échapper en se contentant des plaisirs (et donc des vertus) qui ne dépendent pas de sa domination sur autrui, serait malgré lui engagé dans cet état de guerre par l'agressivité des autres contre laquelle il lui faudrait se défendre [15]. Dans l'état de nature, chaque homme se comporte selon les principes de son amour-propre.

Dans la situation incertaine de la guerre de chacun contre tous, nous ne pouvons prévoir le comportement des autres, ni les conséquences de leur agressivité naturelle : nous serons donc guidés par la prudence (c'est-à-dire par un calcul d'intérêt) dans la poursuite de notre Bien. Hobbes reprend ainsi la définition traditionnelle de la morale naturelle : l'habitude de suivre la raison dans la poursuite de son bien définit pour chacun la vertu naturelle. Cette morale naturelle (présociale) ne fonde pas de principes généraux de moralité : elle impose seulement à chacun de poursuivre la satisfaction de son amour-propre selon les règles de la prudence : la morale naturelle suit donc la conjoncture.

Or, il est certain que l'insécurité permanente de l'état de nature n'est pas de l'intérêt bien entendu des hommes, car elle expose chacun à l'agressivité de tous les autres. C'est donc par un calcul d'intérêt que chacun aliène une partie de ses droits naturels pour s'assurer de sa sécurité physique : par un contrat, chacun confère au Souverain la force nécessaire pour maintenir la paix civile. Les lois civiles, dictées par le Souverain, ont alors le statut de lois morales absolues de Justice. De plus, puisque Hobbes définit le péché « en sa plus étendue signification » comme « toute action, toute parole, et tout mouvement de la volonté contraire à la droite raison » (p. 235-236), et que l'autorité du Souverain est l'expression d'un calcul raisonnable de l'amour-propre des futurs citoyens, il s'ensuit que les lois civiles définissent non seulement les crimes civils mais aussi les péchés : les lois dictées par l'autorité politique sont les seules lois de la vie morale des citoyens. Par le contrat social l'homme quitte l'état de nature et n'a d'être moral que par son rapport au corps politique [16].

Retenons de ce survol trop rapide des *Elementa Philosophica* que, selon Hobbes, l'activité intellectuelle des hommes est une computation de phantasmes dérivés des sensations, c'est-à-dire de « divers mouvements du sang et des esprits animaux » (*De Homine*, p. 163), autrement dit du corps. L'évidence de l'intuition intellectuelle dans la philosophie de Descartes, cette évidence qui se caractérisait par « une grande clarté... en mon entendement » suivie par « une grande inclination en ma volonté », n'est donc pour Hobbes qu'un degré arbitraire de persuasion (*Objections*, éd. F. Alquié, II, 625). Et Hobbes résume sa position anti-cartésienne :

> Que dirons-nous maintenant, si peut-être le raisonnement n'est rien autre chose qu'un assemblage et enchaînement de noms par ce mot *est* ? D'où il s'ensuivrait que, par la raison, nous ne concluons rien du tout touchant la nature des choses, mais seulement touchant leurs appellations, c'est-à-dire que, par elle, nous voyons simplement si nous assemblons bien ou mal les noms des choses selon les conventions que nous avons faites à notre fantaisie touchant leurs significations. Si cela est ainsi, comme il peut être, le raisonnement dépendra des noms, les noms de l'imagination, et l'imagination peut-être (et ceci selon mon sentiment) du mouvement des organes

> corporels ; et ainsi l'esprit ne sera rien autre chose qu'un mouvement en certaines parties du corps organique (*Objections*, éd. F. Alquié, II, 608).

D'autre part, l'homme en l'état de nature poursuit son bien selon son droit naturel, selon la loi naturelle de son amour-propre. Cet état de nature est une guerre de chacun contre tous, un état de misère où la vie est « solitaire, besogneuse, pénible, quasi animale, et brève » (*Léviathan*, éd. Fr. Tricaud, p. 125) et il nécessite l'institution d'une autorité politique qui puisse maintenir la paix civile : la Justice de la Cité se fonde uniquement sur la Force.

La psychologie hobbienne implique ainsi une critique radicale de la psychologie et, partant, de l'épistémologie cartésiennes. Sur ce plan, il convient de souligner la convergence de son analyse avec celle de Gassendi [17]. En effet, pour Gassendi, en dehors de l'entendement dont le « travail » interviendra par la suite, « il n'y a soit dans l'homme soit dans les bêtes qu'une seule faculté connaissante interne qui est la *Phantaisie* » [18] :

> Cette faculté connaissante intérieure dont toute la fonction se fait tellement au-dedans qu'il ne paraît aucun organe au-dehors, est celle que les Grecs ont appelée *la partie de l'âme commandante ou maîtresse*, à cause que c'est elle qui excite et qui dirige tous les désirs et tous les mouvements de l'animal (*Abrégé*, tome VI, p. 182).

Ce qu'on appelle instinct dans les animaux est « une certaine motion, non pas aveugle mais dirigée et conduite par la Phantaisie, et cela en partie par une appréhension simple du bien et du mal » (tome VI, p. 252) : les espèces de la Phantaisie sont donc intimement liées à un principe de plaisir qui seul guide la volonté. Ce principe de la volonté détermine la naissance des passions : « la Passion n'est autre chose qu'une commotion ou agitation de l'âme dans la poitrine, ou dans quelque autre partie, laquelle agitation est excitée par l'opinion, ou par le sentiment du Bien ou du Mal » (tome VI, p. 390). Ce mécanisme fonde la psychologie humaine : les sentiments ou « images » de la Phantaisie seront l'occasion du raisonnement de l'entendement humain, dont l'existence se démontre par la construction de généralisations abstraites et par sa capacité de réfléchir sur lui-même :

> Il est donc fort vraisemblable que tant que notre âme demeure dans le corps elle ne se sert point d'autres espèces que des phantômes mêmes ou des espèces qui sont imprimées dans la Phantaisie (tome VI, p. 333).

De ces « espèces » ou « images » de la Phantaisie, l'entendement se sert « comme de certains degrés pour s'élever au-dessus de l'espèce corporelle » (tome VI, p. 288). Les principes universaux ne sont pas une perception intuitive de l'entendement. Au contraire, l'entendement construit les Universaux à partir des images particulières de la Phantaisie (tome VI, pp. 355 *sqq*.). L'entendement n'a qu'un seul critère pour corriger ses raisonnements fondés sur les images de la Phantaisie : c'est le critère de l'expérience. L'entendement devra donc concilier dans une explication aussi large que possible les informations souvent contradictoires fournies par les sens sur les apparences des choses. L'activité de l'entendement fera donc constamment intervenir la mémoire dans la réflexion, qui est une comparaison des sensations passées et présentes. Enfin, une explication rationnelle et cohérente des apparences constituera une conjecture vraisemblable sur la nature des phénomènes jusqu'à ce qu'elle soit contredite par une nouvelle expérience.

Nous avons proposé ailleurs [19] d'envisager, à la lumière de l'analyse gassendiste du mécanisme de la Phantaisie, le statut que Pascal attribue au sentiment. En effet, selon notre interprétation, Pascal rejoint l'effort gassendiste de traduire en termes d'*instinct*, de *sentiment* et de *fantaisie* l'analyse épicurienne des *prolepses*, de « ce complexe où la pensée petit à petit se détache de la nature physique » [20]. L'originalité de Pascal dans ce contexte est de rapporter cette analyse du sentiment à la définition cartésienne des passions de l'âme, qui sont « certaines façons confuses de penser qui proviennent et dépendent de l'union et comme du mélange de l'esprit avec le corps » (*Méditations*, éd. F. Alquié, II, 492). En effet, l'analyse pascalienne du sentiment – comme l'analyse gassendiste de la Phantaisie – est dirigée contre le statut attribué par Descartes aux intuitions évidentes. Pour Gassendi, nous n'avons aucun critère qui nous permette de distinguer, d'une part, l'idée dans l'intuition cartésienne et, d'autre part, l'image fournie par la fantaisie. Il insiste longuement auprès de Descartes : « Pour que vous me donniez un signe grâce auquel je puisse reconnaître que je me sers tantôt d'un intellect qui ne soit pas imagination, tantôt d'une imagination qui ne soit pas intellection » (*Disquisitio*, éd. B. Rochot, p. 242). De même pour Pascal, nous n'avons pas de critère qui permette de distinguer entre le sentiment et la fantaisie. Il est exact que Gassendi réduit le mode de l'union de l'âme et du corps à la seule faculté de la Phantaisie, tandis que Pascal oppose la fausse fantaisie au sentiment vrai. Cependant, cette distinction pascalienne reste toute théorique ; en réalité, nous n'avons aucun critère pour les distinguer : « Il faudrait avoir une règle. La raison s'offre, mais elle est ployable à tous sens. Et ainsi il n'y en a point » (Laf. 530). La psychologie cartésienne est ainsi décapitée et privée du « point fixe » de la certitude métaphysique. Selon le commentaire de Gassendi et de Pascal, ces perceptions, qui sont en effet une « suite et dépendance de ma nature », ne sont pas des intuitions de l'intelligence indépendante du corps : ce sont, au contraire, des perceptions confuses dépendant de l'*union* de l'âme et du corps. Pascal nous semble ainsi construire sa psychologie du sentiment dans le contexte des *Objections* de Hobbes et de Gassendi aux *Méditations* de Descartes.

Une parenthèse s'avère ici utile : en effet, on sait que Descartes s'était appuyé sur la véracité divine pour fonder la certitude de l'intuition intellectuelle. Auteur de ma nature, Dieu garantit la vérité des intuitions évidentes telles que « je ne me saurais empêcher de les estimer vraies pendant que je les conçois clairement et distinctement ». Comment Pascal répond-il à cet argument cartésien ? Comment évite-t-il de rendre Dieu responsable de l'incertitude pyrrhonienne qui caractérise la science humaine ? Dans le contexte du pyrrhonisme chrétien, l'évidence est dépourvue de garantie, mais la véracité divine reste intacte : « Dieu tente mais il n'induit pas en erreur... » (Laf. 850). Dieu ne nous oblige pas à prendre les vérités humaines, découvertes au moyen d'une raison défectueuse, pour des vérités absolues qui s'imposeraient à Dieu même ou qui seraient créées par Lui. Les vérités humaines ne sont qu'humaines. Il y a en ce sens, depuis la Chute, rupture entre l'homme et Dieu : la véracité divine n'engage pas l'existence de Dieu dans les péripéties des raisonnements humains.

Dans ce contexte, le concept pascalien de la Justice est exemplaire. En effet, la Justice n'est pas universelle : elle n'est qu'une coutume locale (Laf. 60, 81) fondée sur la Force (Laf. 103), c'est-à-dire sur le corps. Le Roi a la Force et l'habitude de le voir accompagné des marques extérieures de cette Force nous inspire le respect et la terreur : cette habitude « ploie la machine » (Laf. 25). Le Roi a la Force et il accorde aux différents dignitaires de la hiérarchie sociale des marques symboliques de leur rang, et ces marques s'impriment dans l'imagination du peuple (Laf. 87). La souveraineté politique se fonde donc sur la Force du corps, et cette Force impose le respect par le mécanisme de l'imagination et de l'habitude. Dans ces textes bien connus, Pascal nous semble reprendre l'analyse de Hobbes.

Cependant, cette constatation appelle aussitôt une réserve capitale : en effet, pour Pascal, c'est là une « opinion du peuple », une opinion « saine », certes, c'est-à-dire utile, mais une opinion fondamentalement fausse, car cette Justice-là est une imposture, une imposture nécessaire à la paix civile, mais une imposture qui est un indice de notre misère (Laf. 92-93).

Que signifie cette convergence de la psychologie et de l'épistémologie chez Hobbes, chez Gassendi et chez Pascal ? Cette psychologie serait-elle en soi et par sa nature, pour ainsi dire, subversive et libertine ? Non, certes, car le statut de ce mécanisme psychologique est tout autre chez Hobbes et chez Pascal. Hobbes décrit la nature humaine telle qu'elle est et telle qu'elle a toujours été : la nature humaine est inscrite, pour ainsi dire, dans la nature des choses. Or, dans les *Pensées*, les traits mêmes qui décrivent cette nature humaine la décrivent comme une misère, comme une seconde nature, et la conscience même de cette misère constitue à la fois la grandeur de l'homme et l'indice de sa Chute. La psychologie pascalienne reste fondamentalement dualiste : « Instinct et raison, marques de deux natures » (Laf. 112). Certes, dans cette vie, l'homme ne saurait prétendre à une vie intellectuelle dégagée des puissances trompeuses de l'imagination et des passions : ses opinions s'imposent par l'habitude et l'habitude « ploie la machine ». Le rôle incontrôlable du corps caractérise la seconde nature, mais précisément cette nature est « seconde » : elle implique un « renversement » de l'« ordre ».

De même, l'égoïsme du « moi haïssable » est un indice de la misère : « Car tout tend à soi : cela est contre tout ordre. Il faut tendre au général... » (Laf. 421). Or, la Force qui fonde l'ordre social ne transforme pas cet amour-propre ; elle ne fonde au mieux qu'une société de l'honnêteté régie par des règles « tirées » de la concupiscence (Laf. 211, 597). La cité hobbienne est en ce sens la cité de la seconde nature, la cité de la misère humaine, la cité de la déraison :

> Les choses du monde les plus déraisonnables deviennent les plus raisonnables à cause du dérèglement des hommes... (Laf. 977).

Pour Pascal, la domination du corps et, partant, l'imposture de la Justice fondée sur la Force, sont des aspects de la « seconde nature » qui constitue la réalité humaine, – une réalité qui n'est compréhensible que si on l'envisage comme un « renversement », et une Justice qui n'est acceptable que si on l'envisage comme une pénitence.

Notes

1. Th. Hobbes, *Léviathan*, éd. Fr. Tricaud, Paris 1971, p. XII. – Écrits en anglais, les *Elements of Law* furent diffusés en manuscrit en 1640, édités en 1650 et, plus correctement, par Tönnies en 1889. Des deux parties des *Elements*, celle intitulée *De Corpore politico* fut traduite par Sorbière en 1652 (voir éd. L. Roux, St-Étienne, 1977), et celle intitulée *Human Nature* par d'Holbach en 1772 (voir éd. E. Nært, Paris, 1971).

2. R. Pintard, *Le Libertinage érudit...*, Paris 1943, pp. 94, 127.

3. J. Bougerel, *Vie de Gassendi*, 1737, p. 416 ; R. Lenoble, *Mersenne ou la naissance du mécanisme*, Paris, 1943, pp. 35 *sqq.*, et G.C. Robertson, « Some newly discovered letters of Hobbes », *Mind*, 15, 1890.

4. J. Mesnard, « Pascal à l'Académie Le Pailleur », *Revue d'histoire des sciences* (en abrégé : *R.H.Sc.*), 1963.

5. J. Mesnard, *loc. cit.*, R. Pintard, *op. cit.*, p. 403 ; S. Delorme, « Un cartésien ami de Gassendi : H.L. Habert de Montmor », *R.H.Sc.*, 1974.

6. R. Pintard, *op. cit.*, pp. 326-334, où il est aussi question de Thomas de Martel. Voir aussi en particulier G. Lacour-Gayet, « Les traductions françaises de Hobbes sous le règne de Louis XIV », *Archiv für Geschichte der Philosophie*, 12, 1889 ; A. Morize, « Th. Hobbes et S. Sorbière : notes sur l'introduction de Hobbes' en France », *Revue germanique*, 4, 1908 ; Q. Skinner, « The ideological context of Hobbes political thought », *The Historical Journal*, IX, 3, 1966 et « Thomas Hobbes and his disciples in France and England », *Comparative Studies in Society and History*, 8, 1966 ; G. Paganini, « Hobbes, Gassendi e la psicologia del meccanicismo », *Atti del Convegno Internazionale « Hobbes oggi »*, Milano – Locarno, 18-21 mai 1988, Milan 1989 ; et les lettres inédites de ces disciples de Hobbes publiées par J. Mesnard dans le IIIe volume des *Œuvres Complètes* de Pascal, Paris, 1991.

7. Nous citons le *De Corpore* d'après l'édition Molesworth, London, 1839, (E.W. : *English Works*).

8. *Ibid.*, pp. 93-95 : définitions de l'espace et du temps. Voir aussi sur Gassendi, O.R. Bloch, *La Philosophie de Gassendi*, La Haye 1971, p. 172 *sqq.*

9. *Ibid.*, p. 44 *sqq.* voir aussi O.R. Bloch, « Gassendi critique de Descartes », *Revue philosophique*, 1966, p. 221 sur la réduction constante par Gassendi, dans la *Disquisitio*, des raisonnements cartésiens à la forme du syllogisme.

10. *Troisièmes objections aux Méditations* de Descartes, A.T. IX. 139-140 ; éd. Alquié II, 609-611.

11. À propos des « expériences récentes » sur le vide, voir E.W. I, pp. 420 *sqq.*, la lettre de Hobbes du 26-2-1648, le commentaire de Gassendi, *Syntagma philosophicum*, Lyon, 1658, II, pp. 205-220, et celui de B. Rochot, in *R.H.Sc.*, 1963. Sur l'infiniment grand et l'infiniment petit, voir *De Corpore* (cap. XXVII) et le commentaire de G. Chinard, *En lisant Pascal*, Lille-Genève, 1948, chap. 3 et de Fr. Tricaud, « Pascal disciple de Hobbes ? », *Revue européenne des sciences sociales*, 61, 1982. – De retour en Angleterre, Hobbes et le « cercle de Newcastle » attireront un nouveau disciple : Walter Charleton. Celui-ci abandonnera l'animisme de Van Helmont pour exposer les principes de la nouvelle science « atomique » dans ses *Physologia Epicuro-Gassendo-Charletoniana* (1654). Ce traité fut à la fois une traduction et une expansion de l'aspect scientifique des *Animadversiones in decimum librum Diogenis Laertii* de Gassendi (1649), et on y trouve une référence (Bk I, cap. 5, sec. 2, art. 2, éd. R.H. Kargon, NY-London, 1966, pp. 35-36) aux expériences sur le vide du « Dr Paschal junior ». Nous voyons là un indice de l'étroite interdépendance de la philosophie scientifique française et anglaise.

12. Nous citons le texte du *De Homine : Traité de l'Homme* d'après la traduction de P.-M. Maurin, Paris, 1974, avec Introduction de V. Ronchi.

13. Th. Hobbes, *Éléments philosophiques du citoyen, Traité politique où les fondements de la société civile sont découverts*, (= *De Cive*), trad. Sorbière, Amsterdam, 1649, Préface.

14. Diderot, *Encyclopédie*, article « Hobbisme ». Sur la lecture de Hobbes par Diderot, voir Th. Hobbes, *De la Nature humaine*, trad. d'Holbach, éd. E. Naert, Paris, 1971, pp. 9-10.

15. Cf. C.B. Mac Pherson, *The Political theory of possessive individualism*, Oxford, 1962, pp. 29 *sqq.*

16. *De Cive*, chap. 5, art. 10 ; cf. *De Corpore politico*, chap. 6, art. 8 et *Léviathan*, éd. Fr. Tricaud, p. 5.

17. Voir aussi l'étude fort bien documentée de G. Paganini, citée ci-dessus à la note 6.

18. Fr. Bernier, *Abrégé* (1678), éd. Lyon, 1684, tome VI, p. 195.

19. Nous résumons ici quelques pages de notre thèse *De Pascal à Voltaire : le rôle des « Pensées » de Pascal dans l'histoire des idées entre 1670 et 1734*, Studies on Voltaire and the 18th century, vols 276-277, Oxford, 1990, chap. 1.

20. G. Rodis-Lewis, *Épicure et son école*, Paris, 1975, pp. 99-107.

Après la communication d'ANTONY McKENNA [1]

RAN-E HONG — Sur le point d'attache entre force et justice, chez Hobbes, le Léviathan tient la balance dans une main et le glaive dans l'autre. Chez Hobbes, n'y a-t-il qu'un seul ordre, celui des corps ?

ANTONY McKENNA — Chez Hobbes, certainement. Lorsque Pascal dit qu'on identifie justice et force, il désigne Hobbes ; lorsqu'il dénonce cette opinion comme saine et utile, il pense à Hobbes sans le nommer. Il a pu le connaître et le lire. Mais à ses yeux, c'est seulement une idée utile, qui est un indice de la misère humaine.

HÉLÈNE BOUCHILLOUX — N'est-ce pas mettre excessivement Pascal du côté du scepticisme ? Il y a pourtant des textes scientifiques. Faut-il opposer deux domaines, le scientifique et le moral, le cœur et la fantaisie ?

ANTONY McKENNA — Le statut du sentiment est essentiel dans mon interprétation. Si on accorde au sentiment de pouvoir trouver une vérité objective, en quoi consiste la misère de l'homme ? La misère, c'est de n'avoir pas accès à la vérité objective. J'insiste sur le fait qu'on n'a pas de critère pour distinguer sentiment vrai et fantaisie fausse... Quant à la réfutation des sottises de Méré sur les indivisibles, ce n'est pas une question de sentiment, mais de définition : la résistance de Méré est ridicule parce qu'il refuse une définition nominale. C'est un autre domaine que le problème pratique du rapport du sentiment avec la vérité objective.

KYRIAKI CHRISTODOULOU — « Opinions du peuple saines », cela correspond à l'*orthè doxa* de Platon : une apparence correcte ; c'est l'antichambre du savoir.

---

1. Les interventions orales qui ont suivi les exposés ne figurent pas ici dans leur intégralité : elles ont été resserrées sur l'essentiel par le comité de révision (*N.D.L.R.*).

ANTONY MCKENNA — Mais le peuple ne voit pas pourquoi il a raison, ni en quoi il a raison.

LAURENT THIROUIN — Dire qu'une opinion est saine, est-ce la dénoncer ? L'épée donne un véritable droit... Le problème sur lequel on achoppe, c'est l'aspect parabolique de « Raison des effets » : il y a eu plusieurs états, un premier mythique, et puis après on a mis en place un nouvel ordre, où la force est devenue juste.

ANTONY MCKENNA — Mais c'est une opinion du peuple !

JEAN MESNARD — Il y a d'abord un point de fait : l'académie des frères Dupuy ne se fond pas avec l'académie Mersenne ; elle continue jusqu'à la fin du siècle ; elle a une autre culture, humaniste, alors que l'académie Mersenne est purement mathématique. Sur les relations de Pascal et Hobbes ensuite : quels ont été leurs rapports ? Par des lettres inédites, on constate que Pascal était très bien connu dans le milieu de Gassendi. Il y a un conflit au XVIIe siècle entre les idéalismes et les réalismes : Pascal est un idéaliste, quoique autrement que Descartes, et Hobbes est un réaliste.

Pour Pascal, le sentiment est vrai ; mais la fantaisie n'est pas fausse, elle est douteuse. L'homme peut dénoncer comme fantaisistes certaines propositions ou certaines attitudes, sans pour cela arriver au sentiment : c'est une voie négative, comme dans les lettres au Père Noël. Au moins dans les domaines d'ordre scientifique... La grâce agit aussi sur le sentiment, mais c'est un autre domaine.

THÉRÈSE GOYET — Le crypto-hobbisme de Pascal vient de ce que les idées de Hobbes étaient dans l'air. Il y a une différence d'ordre, du philosophique et du religieux : Hobbes ne connaît pas la grandeur humaine. Pour Pascal il y a une force de la raison. Il est plus proche de Platon et Aristote que de Hobbes le matérialiste.

PERLE BUGNION-SECRETAN — Sur le plan politique, Pascal et Hobbes raisonnent en contexte aristocratique, mais il en existe un démocratique, avec une autre conception du rapport entre force et justice. Voyez la confédération suisse, où on n'accepte pas un juge de l'extérieur.

ANTONY MCKENNA — La démocratie se fonde sur le nombre des voix, et cela, c'est la force.

GÉRARD FERREYROLLES — Sur la loi naturelle, il y a un fossé entre Pascal et Hobbes. Si on croit que Pascal dit que la loi naturelle n'existe pas, en ce sens que la justice de la loi provient seulement de son établissement, il est bien d'accord avec Hobbes, pour qui la loi est juste à partir du moment où le souverain l'a promulguée. Mais telle n'est pas la position de Pascal : il y a des lois qui tiennent leur justice d'autre chose que de la promulgation par le souverain. Dans la XIVe *Provinciale*, sur le duel, Pascal dit que les édits du Roi n'ont pas fait que le duel fût un crime, mais ont seulement puni le crime qui est inséparable du duel : cela va directement contre Hobbes pour lequel le duel est crime à partir du moment où le souverain l'a interdit.

ANTONY McKENNA — Cette comparaison de la position de Pascal dans les *Pensées* et dans les *Provinciales* nous entraînerait trop loin. J'espère que nous aurons l'occasion d'y revenir par la suite.

PIERRE FORCE — Une différence entre Pascal et Hobbes : chez Pascal il n'y a pas l'idée de contrat. Et Hobbes distingue loi naturelle et loi arbitraire : il décrit une situation où l'on passe d'une loi univoquement naturelle à une loi univoquement arbitraire par le contrat. La position de Pascal, c'est que quand on regarde les lois existantes, on ne peut dire ce qui en elles est naturel et ce qui est arbitraire.

Jean JEHASSE

Guez de Balzac : *Aristippe ou De la cour* (1658)

Couronnement de la pensée politique de Balzac, et durant quarante ans son incessante préoccupation, *Aristippe* ne fut l'objet que d'une publication posthume, en 1658 [1]. Mais dès 1651, Balzac en avait adressé la dernière version achevée à Conrart, et cette pièce maîtresse ne pouvait être ignorée, au moins dès lors, du grand Arnauld, ni d'Arnauld d'Andilly [2]. Aussi paraît-on en droit de rechercher si l'on en trouve un écho chez Pascal.

Mais pourquoi ces « retardements » de la part de Balzac, alors que c'était son ouvrage préféré, dont il écrivait à Conrart : « ... le cher et le bien aimé de mes enfans. C'est le Benjamin de mon esprit » ?

La genèse de l'œuvre pose le problème, et semble permettre déjà d'esquisser une réponse, dans la mesure où les successifs intitulés suggèrent à chaque reprise des orientations nouvelles [3].

La genèse

Les avatars de cet *Aristippe* posthume laissent entrevoir cinq principales étapes correspondant aux ambitions temporelles de Balzac, et à leur échec. Plus précisément l'œuvre s'inscrit dans l'interprétation des circonstances que proposait l'histoire moderne sur un fond d'histoire antique, – disons, pour parler Balzac, dans « le Livre du Monde » et « la lecture des bons Autheurs » [4].

Une première étape s'étend des *Harangues* au Roi et à la Régente de 1615, jusqu'aux *Œuvres* de 1627. Plusieurs apports fondamentaux marquent cette période de préparation. La *Harangue à la reine régente* entonne le plaidoyer pour la paix dont résonnera toute l'œuvre. Le *Discours de Hollande*, encore tout proche de Lipse et de Tacite, insiste sur le contenu humain de la Politique et sur l'imprescriptible exigence de la liberté des peuples. Les *Lettres*, écrites pour le duc d'Épernon au Roi, et au Chancelier Du Vair, revêtent un esprit féodal, où le rôle du Prince est défini par ses limitations [5]. À ces thèmes fondamentaux s'ajoutent deux traits caractéristiques : l'allure caustique sinon "satyrique", qui devait nourrir un "grand Iugement" sur des exemples royaux présents et passés, se greffe systématiquement sur un fonds historique [6]. Il s'en justifiera dans les *Entretiens* :

> Sans l'Histoire la Politique n'est qu'un Spectre creux et plein de vuide... Cette belle Politique estant separée de l'Action & de l'Exemple, ne s'entend pas elle-même... Il n'y a donc que l'Histoire qui informe & organise la Politique ; qui luy donne corps & subsistance (XXVI, *De l'utilité de l'histoire aux gens de cour*).

La deuxième étape est celle du *Prince* (1631-1634) – un Prince Parfait, auquel il tente difficilement de ramener Louis XIII : entendons une seule tête pour un seul corps, et toute dévouée au Bien public. Cette exaltation de la grandeur royale entraîne deux corollaires au principe du futur *Aristippe* : le grand *Iugement*, – esquissé depuis 1622 ; et le *Conseil* du Roi, où l'on peut noter l'équivalent du *Ministre d'Estat* de Jean Silhon, également commandé par Richelieu :

> La troisiesme partie contient les principaux preceptes de la science Civile ; plusieurs considérations touchant l'Estat & la Religion, & les plus necessaires regles pour bien gouverner. Et d'autant qu'elle vous regarde particulierement, & de leurs Ministres, c'est celle que je vous envoye (*Lettre I*, à Richelieu).

Le Prince témoigne ainsi d'une conversion difficile, mais progressivement affirmée, à un idéal unitaire et centraliste, sous la « figure », sinon la personne, de Louis XIII. Mais Balzac pose une distance infranchissable entre le Ministre, – devenu cardinal, duc et pair, bientôt « Hyperillustrissime » –, et son Souverain. C'est trop peu pour l'impérieux cardinal, d'autant que Balzac persiste dans un dévouement total à « la bonne Reyne Marie », et réclame la paix comme le premier des biens, et le premier devoir du roi. Déçu et blessé dans ses ambitions jamais satisfaites, il se montre prudemment hostile à la création de l'Académie, où, en guise de discours de réception, il se contentera de faire lire par Hay du Chastelet « quelques pages » en l'honneur du Protecteur, – probablement les « Discours I et II » du futur *Aristippe* [7].

La troisième étape, 1634-1643, souligne l'impossible recherche d'un Prince parfait vivant. Il songeait à Gustave de Suède d'après les *Épîtres latines* de 1637, en lui accordant libéralement le goût de la culture, – dont est absolument dépourvu Louis XIII, et qu'il juge indispensable au Prince, et à son entourage [8]. Car les Lettres seules peuvent adoucir le Prince, et rendre le Peuple heureux. À ce prix seulement « la Liberté n'est point si douce qu'une raisonnable sujétion » [9]. Entendons que dès avant la mort brutale de Gustave, Balzac se tourne vers l'antiquité romaine pour comprendre, d'après Tacite, l'art de mêler « deux choses qui autrefois n'allaient pas ensemble, le Principat et la Liberté » [10]. Ainsi entame-t-il dès 1638 le thème du Romain, qui constitue un apport majeur des *Œuvres diverses* de 1644. Il y reprend, notamment à propos de « Mécénas », le problème clé de la politique impériale visant à concilier « un Maistre certain & une paisible Servitude » et à laisser « une Liberté ruineuse & imaginaire, pour se tenir à une Obeïssance commode, & pleine d'avantages effectifs ». Comme Favori, Mécène « assura, fortifia, augmenta » la raison d'Auguste, car il ne manquait pas d'éloquence :

> Je dis de la bonne & de la sage Éloquence ; de l'éloquence d'affaires & d'action... Il n'y a point de doute que le bien dire ne soit absolument nécessaire, pour agir avec les Princes, qui d'ordinaire ne peuvent gouster la Raison, si elle ne leur est très-délicatement apprestée... Généralement parlant, n'ayant rien de si franc & de si relevé que l'ame de l'homme, elle veut estre traitée selon la noblesse de sa nature, je veux dire avec douceur, méthode & adresse.

Or cette « Éloquence efficace » n'est « autre chose que le droit usage de la Prudence » [11]. Et d'autre part, en honnête homme, Mécène goûta « une certaine oisiveté » laborieuse, un *otium* de lettré pratiquant « l'Art d'user innocemment de la Volupté, enseigné en Grèce par Aristippe ». Bref, Balzac élit pour ses vertus supérieures l'exemple romain, où, grâce à un Ministre éclairé, les Lettres jouent un rôle capital, tant auprès du Prince que du peuple. Ce refuge témoigne d'une adaptation résignée à une société régie par la force et la victoire, mais qui peut, malgré tout, s'épanouir grâce aux humanités. En fait, il attendit pour la publication la mort du « tyran » Richelieu [12].

La quatrième étape témoigne ainsi de sa joie à la fin de la double tyrannie du Ministre et du Prince. Ses espoirs retrouvés marquent la *Harangue celebre faite à la reyne sur sa régence*, où il implore encore une fois la paix [13]. Il ressort les pages consacrées au Ministre pour les dédier à Mazarin, sous le nom de *Cléophon ou De la cour* [14]. L'ouvrage est prévu dès lors sous la figure d'un auteur et poète tragique athénien, célèbre par sa satire des types sociaux [15]. C'est conjoindre le « Iugement » et le « Ministre », en neuf Discours, – « autant qu'il y a de Muses ». Ce qui suggère la tonalité tragique de la critique sociale. Au reste, la *Harangue célèbre* ne sera publiée qu'en 1649, – en pleine Fronde. Mazarin n'accepte pas l'ouvrage qui le laisse assurément dans l'ombre, en arrière de Gaston et des Condés. La mort de son neveu Campagnol en 1648 scelle l'échec définitif des prétentions temporelles de Balzac.

À la cinquième étape apparaît enfin *Aristippe ou De la cour*, cette fois en sept Discours, dont Balzac adresse à Conrart le texte révisé et achevé en même temps que celui du *Socrate Chrestien* (1651) [15]. Faute de Prince digne de cette adresse, c'est à « la Reine parfaite » qu'est Christine de Suède que Balzac se propose de le dédier [16]. Mais ce nouvel avatar du *Ministre* et de *Cléophon* laisse deviner un double changement. Le climat tragique est justifié par un fond philosophique : Aristippe, disciple de Socrate, infléchit la verve satirique du Jugement vers une critique mesurée et réfléchie ; et son exemple, dû à l'intermédiaire d'Horace, propose une résignation aux coups du sort à la fois virile et souriante [17]. Favori ou en disgrâce, Aristippe sait être Ministre en restant un Sage dans la bonne ou la mauvaise fortune, – que le Prince et son entourage exercent ou non la tyrannie. Et Balzac encore une fois retiendra son texte par devers lui, et en suspendra la publication.

L'architecture

Ces changements de perspective laissent des traces, mais l'architecture traduit un net effort d'organisation, qui avait frappé un Sorel [18].

Typiquement balzacien, en écho du *Prince*, un prologue évoque la venue à Metz du Prince de Hesse et de son favori, le sage Aristippe, et leur visite au gouverneur, le duc d'Épernon [19]. Ainsi datée de 1618, et ordonnée en sept Discours, cette conversation traduit un élargissement et un dépaysement dans le temps et dans l'espace. Le jeune Balzac s'y présente modestement comme l'auditeur attentif d'Aristippe, qui est le seul à prendre la parole, commentant l'histoire antique et l'histoire moderne comme du haut d'une « Tour », expliquant les péripéties de la comédie humaine, et risquant des prédictions que l'avenir confirmera, à la façon des « apophéties » d'Agrippa d'Aubigné.

Le premier « Discours » expose la nécessité d'un Favori, pour que le Prince puisse conserver son humanité. La « dignité du Ministère » tient au fait qu'un Ami et un conseiller sont indispensables à l'éclaircissement de la Vérité. Et Balzac d'insister sur « le raisonnement concerté » qui en résulte et permet, à la suite de Lipse, de définir le Favori comme « LE TEMPÉRAMENT DE LA PUISSANCE D'UN SEUL POUR LE BIEN DE LA RÉPUBLIQUE » [20].

Cette thèse ainsi posée, Balzac en définit les limitations, d'après les dangers qu'entraînent l'impuissance, les défauts et les vices de ces Favoris. C'est aux Rois qu'il appartient de garder dans leur choix « proportion et mesure ».

Les « Discours II et III » traitent de « la mauvaise Authorité » des Favoris incapables mais «innocens». Tels sont d'abord les « Indignes Heureux » à « l'intelligence courte et limitée ». Puis les « Spéculatifs » « à l'intelligence trop vague et estendue », qui ne respectent pas la leçon de saint Paul sur « la sobriété de sçavoir », mais qui « raisonnent avec excès » et suivent « la vraisemblance et non la vérité ». Ils ne comprennent pas le rôle des petites causes, ni le côté délicat de la délibération « des choses à faire ». Bref, Balzac souligne la difficile insertion de l'action dans la temporalité, qui rend le futur obscur et aléatoire.

Suit une pause soulignant un approfondissement de la thèse et un durcissement du ton.

Le « Discours IV » établit une charnière, en insistant sur les difficultés de l'action, sur le rôle du temps et des accidents, et surtout sur le risque nécessaire d'insérer le spirituel dans le temporel, qu'il s'agisse du corps humain, ou du corps social. Balzac reprend le cas du duc de Nevers, dont se raillaient déjà les *Premières Lettres* sous le nom de Clitophon. Face à ce chimérique, à ce rêveur, il s'écrie : « Espaississez-vous un peu le sang ; faistes vous bestes quelque fois » [21]. La vraie Prudence dispense des conseils de la Prudence, et Balzac conclut sur « la nécessité d'être hardi pour estre heureux », bref sur l'action héroïque comme gage de bonheur, et sur le devoir de savoir risquer un pari.

Formant un tout, les trois derniers Discours opposent au Magnanime d'Aristote les Timides, puis les Brutaux. Le « Discours V » traite de « ceux qui ont les yeux meilleurs que le cœur » et qui par là se bornent au présent, à l'intérêt immédiat, au gain. Dans l'administration de l'État, c'est « un repos de paresse », un immobilisme contraire souvent à l'honneur. Par lâcheté le Prince est parfois réduit à traiter avec ses Sujets, à céder à la violence du temps, à chanter les louanges d'une paix obtenue même à n'importe quel prix. Chez les Favoris, cette lâcheté peut aller jusqu'à tromper le Prince sous prétexte de son bien. Et quand il s'agit des affaires des Particuliers, cette « naturelle faiblesse » débouche sur la calomnie, voire sur la cruauté. Et Balzac de conclure : « Voilà une petite Montre de ce commerce de Piperie. »

Le « Discours VI » traite alors du Cœur sans Esprit, c'est-à-dire de « la Vertu brutale, ou Probité passionnée », « indocile », « impétueuse », où le cœur, selon « une obstination aveugle », se passe d'art et de méthode. De telles gens ne connaissent que « les termes affirmatifs ». Ils se cabrent contre leur maître, – tel le duc d'Épernon délivrant la Reine Mère à Blois [22] ! Incapables « d'équité », ils choisissent le tout ou rien, sans tenir compte des ajustements nécessaires. Ce sont des « farouches Vertueux », tel le Caton de Virgile, donnant des lois aux Enfers mais impropre à la vie au monde. À l'encontre, Balzac préconise un « Honnête plus humain, plus doux et plus populaire » :

> Souvenez-vous que la Raison est beaucoup moins pressée, dans la Politique, que dans la Morale ; qu'elle a son estendue plus large et plus libre, sans comparaison, quand il s'agit de rendre les Peuples heureux, que quand il ne s'agit que de rendre plus gens de bien les Particuliers. Il y a des Maximes, qui ne sont pas justes de leur nature, mais que leur usage justifie. Il y a des Remèdes sales. Ce sont pourtant des Remèdes...

Il faut donc trouver « un accommodement raisonnable » par rapport à l'Utile, au contraire de ces « faux Iustes », qui s'égarent passant de l'indévotion à l'impiété.

Enfin le « Discours VII » traite des « Heureux Insolens », qui combattent lois et justice « dans le dessein formé de ruiner les États » : « Valets insupportables », « lâches Courtisans », « Gens qui ont régné sans couronne, sans droit et sans mérite », « Advocats de la Volupté » qui de degrés en degrés conduisent à la tyrannie et aux sacrilèges.

Le vrai coupable ici, c'est le Prince, qui, « trop doux », les laisse régner, qui se laisse assujettir au sein d'une cour qu'il ne forme plus lui-même, et où il trouve la solitude, sinon la captivité. De tels règnes sont en vérité des « Interrègnes ». Et Balzac d'insister sur un règne fort ; sur « la distance » infranchissable à établir entre le Prince, ses Favoris, et ses Sujets ; entre « le Souverain et les Personnes Privées ». Si le Favori est nécessaire, le sage Lipse avait dit déjà que le Roi et celui qui règne ne doivent pas être deux choses différentes. Et Lipse autorise encore l'invocation finale : « Que Dieu donne cet esprit de commandement et de conduite. » [23]

D'indéniables proliférations ne masquent ni l'unité de composition, ni la progression de l'œuvre. Un ton de plus en plus passionné, où le sarcasme éclate en indignation, souligne la condamnation des Favoris indignes et la responsabilité du Prince. *Aristippe* ne pose pas des problèmes théoriques.

C'est une leçon vitale pour Balzac, dans sa carrière et sa vie littéraire, ainsi que pour la « République », ruinée par les guerres extérieures et civiles.

Cette passion confère son originalité à la forme, grâce à un nouvel art d'agréer dépassant le « Genre Délibératif » défini par Quintilien, et la « méthode » d'Aristote [24].

Elle souligne l'originalité du fond reposant sur une méthode expérimentale appuyée sur l'histoire et cherchant à déterminer les conditions de la « Félicité Publique ».

Une forme originale

Le trait le plus frappant provient d'une présentation personnelle, engagée dans le temps, dont elle reprend les étapes chronologiques, et les « peintures parlantes » que sont le passage des temps Louis XIII à la minorité de Louis XIV, et surtout celui de Richelieu à Mazarin. C'est une recherche marquée par la reprise des mots « route », « chemin », « carrière », « méthode », et – pris à la littérature latine – « tempête », « mer », « orages ». C'est la matière qui dans sa complexité impose la réflexion, en dehors d'un ordre abstrait et simplificateur [25]. Quant aux sept Discours, ils s'appellent et se rappellent l'un l'autre.

Balzac a ainsi élu « le juste milieu » qu'il recherchait dans Térence et dans Horace, un style tempéré, que Grille d'Estoublon jugera « à mi-chemin » de la prose et de la poésie [26]. À l'école de Saint-Cyran, il sait que « les paroles » persuadent seulement après la voix. Elles « parlent au cœur » à partir du sang, de la vie, de l'esprit, selon la tripartion patristique corps/âme/esprit. Partant des « choses », Balzac invite son interlocuteur à faire la moitié du chemin tout au long de cet exposé discursif, où la thèse est immédiatement illustrée par des exemples historiques ou personnels [27].

Cette vaste galerie de tableaux, cette succession de petites scènes, cette peinture de caractères ne répondent pas au seul souci de la variété. Un véritable dynamisme est suscité par le recours au genre romanesque créé par la multiplicité des épisodes ; à la comédie, reposant sur la satire des ridicules, les saillies et le rire ; à la tragédie même, dans la dénonciation amère du Tyran qui provoque terreur et pitié, mais d'abord l'indignation [28].

Ces leçons de choses émeuvent, persuadent, engagent à l'action :

> Je l'embarque, sans luy déclarer où je le mène ; & je luy feray faire un voyage, quoy qu'il ne pense que faire une promenade. C'est ainsi

que la Vertu se glisse & s'insinuë en l'ame des hommes (La Dernière objection du Chicaneur, réfutée. A Monsieur Descartes).

C'est par là que Balzac se démarque des essais politiques de son temps, – qu'ils offrent des perspectives religieuses, comme la *Cour sainte* du Père Caussin ; mondaines, comme l'*Honnête homme* de Faret ; humanistes, à la suite des Lipse, et Charron ; ou se présentent comme des commentaires philosophiques de Platon et surtout d'Aristote, tels les *Discours politiques* de Daniel de Priesac. L'originalité du fond répond à celle de la forme.

Le fond

Ne se targuant ni d'une science, ni proprement d'un art, Balzac choisit « un biais », c'est-à-dire le juste point de perspective plaçant « à distance » « les choses » dans leur vrai « jour » :

> Il faut qu'il y ait une distance proportionnée, entre les objets & les facultez qui en jugent. Et comme les yeux les plus aigus ne se peuvent voir eux-mêmes, aussi les jugemens les plus vifs manquent de clarté, en leurs propres interests [29].

Ainsi peut-on concilier deux points de vue complémentaires : « la Cause des Peuples » et « la Majesté des Souverains » [30]. Ce n'est pas un « entre-deux » statique, mais la recherche dynamique d'un équilibre entre la raison, qui procède d'après « la reigle & le compas », et d'autre part la pratique, qui, par des « ajustemens », des « accommodemens », contraint à « gauchir » et à « rhabiller ses fautes » [31], bref à « s'accommoder à la portée de son Siècle ». C'est la philosophie qui justifie le recours aux Favoris pour assurer « la Félicité Publique ».

Aristippe éclaire ainsi à plein les traits fondamentaux de l'augustinisme de Balzac. L'enracinement de l'âme et de l'esprit dans un corps, le rôle attribué à la volonté, le primat accordé au jugement et à l'action marquent éminemment le Corps social.

> Les Hommes au contraire ne peuvent, ni vivre, ni bien vivre ; ni estre homes, ni estre heureux, les uns sans les autres. Ils sont attachez ensemble, par une commune necessité de commerce. Chaque Particulier n'est pas assez de n'estre qu'un, s'il n'essaye de se multiplier en quelque sorte, par le secours de plusieurs. Et, à nous

considerer tous en general, il semble que nous ne soyons pas tant des Corps entiers, que des Parties coupées, que la Société réunit [32].

C'est aux génies supérieurs qu'il appartient de remédier à « l'imperfection de la matière », d'« informer » ce corps collectif selon des perspectives héroïques – bref, d'atteindre à cette conciliation supérieure du Dieu qui est en eux et de la Bête qui représente un élément indispensable du composé [33]. Dans ce monde tiraillé par la dynamique des contraires, ballotté selon Charron entre l'action de la Fortune et les desseins de la Vertu [34], le Prince prenant appui sur des Favoris doit s'efforcer d'assurer la Félicité publique par le bénéfice de la paix, à l'intérieur comme à l'extérieur du royaume.

Ne soyons pas surpris des ressemblances avec Pascal, chez qui l'on retrouve certaines expressions rares et frappantes, comme « biais », « entre-deux », « embarquer », et des mots clés tels que « proportion », « l'ange et la Bête » [35]. La distinction des « Esprits » qu'établit Balzac préfigure l'opposition entre l'esprit de géométrie et l'esprit de finesse. L'art d'agréer repose sur les mêmes fondements psychologiques, où la place tenue par le corps humain, le rôle conféré à l'action, à la pratique, sont déterminants. Notons encore l'attention aux petites causes, aux accidents, aux conséquences que rend imprévisibles l'infirmité humaine. Mais surtout cette notion d'ordres distincts, qu'avait établie Balzac pour sa critique littéraire : Heinsius avait tort de confondre tragédie sacrée et tragédie profane ; le sonnet de Job triomphe dans le joli, et celui d'Uranie dans le beau. Et de même, la personne est à distinguer du personnage qu'elle joue ; l'ordre de la raison humaine n'est pas celui de la Nature des choses ; la Politique est moins retenue que la Morale. Disons qu'*Aristippe* traduit une vision pascalienne de la Création : fondée sur la force, Babylone repose sur le précaire équilibre du jeu des concupiscences [36].

Indéniable est donc l'influence commune de Saint-Cyran, prolongée durablement chez Balzac par Arnauld d'Andilly et Henri Arnauld, évêque d'Angers [37]. Quant à Pascal, il a pu avoir connaissance du *Socrate chrestien* et d'*Aristippe* adressés tous deux à Conrart pour publication dès 1651. Mais leur optique diffère quant au but.

Pour Pascal, l'infirmité humaine due à la Chute sert de base à une argumentation. Babylone postule l'existence de la cité de Dieu. La description recouvre une dynamique qui pousse au choix, au pari. Selon un augustinisme plus radical, Balzac semble ne pas tenir compte des pouvoirs d'une apologie. Sa seule ambition reste au niveau mondain. Il tend à déterminer une pratique permettant d'instaurer un ordre politique plus juste et plus heureux, notamment grâce à la paix. Il se propose « d'humaniser » le Prince et son conseil, selon une *Humanitas* où la culture et la raison s'épaulent mutuellement. Apôtre résigné d'une « raisonnable sujétion», il veut faire entendre, dans un climat horatien limitant l'esprit satirique et la vision tragique, le ralliement des peuples à un pouvoir fort, assuré par un Prince médiateur, qui, de sa part, doit s'affirmer le garant des mœurs, de la félicité, de la paix [38].

Or le drame de Balzac provient d'une double contradiction, provoquée par les circonstances et par sa philosophie. Il a vainement cherché un Prince Parfait dans la vie contemporaine, et son élection de Louis XIII n'a été qu'un pis-aller provisoire avant sa conversion à l'antiquité. Avec la Régence d'Anne d'Autriche et la Fronde, la situation ne fait qu'empirer. D'autant plus que l'impuissance du jeune Roi laisse la place à un Ministre que Balzac aura vite fait d'abhorrer. Certes, il n'a jamais eu de mots trop durs contre le « Tyran » Richelieu. Mais c'était au moins un génie impérieux et mâle, auquel succède le caractère mou et fuyant d'un Mazarin, – l'*imbelle caput* d'une épigramme dont Tallemant a conservé le souvenir [39]. Et quelle « distance » reconnaître entre la Régente et son Ministre... ?

Le choix de la Reine Christine n'a pas été plus heureux. Résolue à abdiquer dès 1651, elle prend sa décision définitive à l'automne 1653 et abdique, avant la mort de Balzac, en 1654. Le projet d'*Épître liminaire*, ou d'*Avant-Propos*, a déplu à Bochart ou à Bourdelot, et le prudent Conrart fait suspendre l'impression d'*Aristippe*, – qu'il différera jusqu'en 1657 [40]. Trahi par les circonstances, Balzac l'a été encore par son réalisme politique et le poids qu'il assigne aux « choses » :

> Les affaires publiques sont souvent sales & pleines d'ordure : On se gâte pour peu qu'on les touche : Mais la spéculation en est plus honneste que le maniement : Elle se fait avec innocence et pureté. La Peinture des Dragons & des Crocodiles, n'ayant point de venin qui nuise à la veuë, peut avoir des couleurs qui resjouissent les yeux [41].

Or cette innocence et cette pureté restent vaines. Dans cette « Tour, voisine du Ciel, & bastie sur le rivage », Balzac n'est que « Spectateur » ; et l'analyse des faits qui ne débouche pas sur l'action est d'un ordre inférieur. Dans le choix du Héros véritable, comment hésiter entre Lelius « le Poëte » et Scipion « l'Acteur » ?

> Il est à son tour le Superieur : Il reprend la première place, quand il met la main à l'œuvre, & que, par l'execution des choses deliberées, il

> change les regles en exemples, & les belles paroles en bons effets. Car quoiqu'on ait dit autrefois à Rome, *que Lelius estoit le Poëte & que Scipion estoit l'Acteur*, & qu'il soit vray que celuy qui compose les vers agit plus noblement que celuy qui les recite ; il n'est pourtant pas vray que la Personne, qui execute les entreprises glorieuses, produise une operation moins relevée que celle, qui seulement les conseille [42].

Or le sort n'a même pas permis à Balzac de tenir auprès des deux Régentes ou de Louis XIII ce rôle inférieur de « Conseiller » !

La destinée posthume d'*Aristippe* pâtira des mêmes contradictions [43]. L'idée de l'infinie « distance » entre le Prince et les personnes privées animera Colbert contre Fouquet, et fondera l'idéologie louisquatorzienne. Les faits rendront cette thèse si évidente qu'elle semblera aller de soi. Mais d'autre part, l'attention scrupuleuse portée à la nécessité du Conseil de sages Favoris pour « augmenter la raison du Prince », pour ordonner son action selon la justice, pour assurer, par la Paix, la félicité publique, esquissait les traits d'une Monarchie d'allure « parlementaire ». *Aristippe* prenait place dans la littérature d'opposition, et c'est ainsi qu'on l'a entendu, notamment en Angleterre dès 1659, et dans une nouvelle traduction en 1709 : Balzac n'a-t-il pas montré

> que dans les règnes précédents la Monarchie était d'une autre sorte, mêlée par quelque balance de pouvoir dans les Parlements, et tempérée par la constitution originelle et la continuité des lois. C'est vers la fin de cette heureuse période que Balzac écrivit ses Discours politiques, et pour cette raison il écrit comme un heureux Britannique, avec un air de liberté, un amour de la propriété légale, et il éclate très souvent dans une juste abomination de la tyrannie et du pouvoir arbitraire. En résumé ces Discours ont cette vérité et cette liberté qui fait d'eux maintenant un très bon livre en Angleterre, mais que l'on considérerait comme un dangereux libelle en France [44] ?

NOTES

1. Lettres Patentes du 7 avril 1655 accordées à V. Conrart, en même temps que pour les *Entretiens*. Achevé d'imprimer du 10 novembre 1657. Une seconde page de titre porte : *Aristippe ou De la cour À la Sérenissime Reyne de Suède*.

2. « ... & si Socrate vous a pleu, je croy qu'Aristippe son cadet aura quelque advantage sur son aisné » (21 août 1651, À M. Conrart, II, 16 = *OC.*, p. 912) ; « M. Courbé aura au premier jour, Aristippe & sa Compagnie... ; car si je suis son Père, ... il faut, s'il vous plaist, que vous soyez son Parrain » (23 novembre 1652, *ibid.*, II, 26 = *OC.*, p. 921). Cf. « nos admirables solitaires du Port Royal », *ibid.*, I, 10 = *OC.*, p. 877.

3. À M. Conrart, III, 5 = *OC.*, p. 930, du 4 mars 1652 ; « Je l'ay fait & refait une dizaine de fois », *ibid.*, p. 959, 11 décembre 1652.

4. *Œuvres*, 1665, t. 2, p. 257, et *Advertissement du Prince* ; cf. J. Jehasse, *Guez de Balzac et le Génie romain*, p. 27 et p. 268.

5. Cf. B. Beugnot, *Bibliographie générale*, nos 145-146 ; no 154 ; nos 130-131. Les *Œuvres* de 1627 donnent une somme des premières *Lettres* (1624-1626).

6. Le Jugement, cf. Préface de La Motte-Aigron, *Premières Lettres*, éd. H. Bibas – K.T. Butler, t. 2, p. 245 ; *ibid.*, À l'évêque d'Ayre, p. 126 ; *ibid.*, à Boisrobert, p. 155.

7. À Conrart, *OC.*, t. 2, pp. 982 et 984.

8. J. Jehasse – B. Yon, *J.L. Guez de Balzac, Épîtres latines (1637)*, ép. VI, pp. 75-79.

9. *Ibid.*, ép. VIII, « préférer une servitude paisible et sûre à une liberté inquiète et dangereuse », p. 87 ; cf. *Œuvres Diverses, Mécénas,* = *OC.*, t. 2, p. 445 : « & laisserent là une Liberté ruineuse & imaginaire, pour se tenir à une Obeïssance commode, & pleine d'avantages effectifs. »

10. Cf. les excellentes analyses d'Alain Michel, *La Philosophie politique à Rome d'Auguste à Marc-Aurèle*, notamment pp. 29 *sq* ; sur Tacite, pp. 218 et 245 ; et sur Horace, pp. 50, 164.

11. *Mecenas, ibid.*, p. 450 ; p. 451 ; p. 453.

12. *Lettres inédites à Chapelain* éditées par Tamizey de Larroque (= *LJLG*), p. 409 (Tibère et Stilicon) ; p. 469 (Buriris et Phalaris) : « que j'ay droit de detester sa mémoire, comme François, comme chrestien, et comme Balzac » (18 janvier 1644).

13. B. Beugnot, *BG*, n° 155 ; *LJLG*, pp. 457, 553.

14. *LJLG*, p. 474, 21 janvier 1644.

15. Cléophon le Tragique « faisait ses personnages semblables à la réalité », et son « élocution composée de mots courants » était tout à fait claire (Aristote, *Poétique*, 1448 a 12, 1458 a 20).

16. À Conrart, *OC.*, t. 1, p. 944 : « la plus parfaite Reyne du Monde. »

17. Balzac trouvait un texte fondamental, que nous abrégeons, dans Horace, *épître XVII du Livre 1*, où il règle ses relations avec les Grands à l'exemple d'Aristippe, « visant d'ordinaire à s'élever, mais sachant s'accommoder du présent ; réussir à plaire aux premiers d'entre les hommes n'est pas la dernière des gloires ; celui qui a atteint son but, n'a-t-il pas agi en homme ? Ou la vertu n'est qu'un vain mot, ou l'honneur et la récompense s'attachent justement à qui tente l'épreuve ». Cf. sur l'attitude d'Horace et l'exemple d'Aristippe, A. Michel, *op. cit.*, p. 50 et p. 164.

18. « Mais il a assez montré dans quelques Ouvrages de longue haleyne, que quand le sujet le meritoit, son travail et ses soins le rendoyent autant propre à des desseins reglez, qu'à des Discours libres » (*De la connoissance des bons livres*).

19. Maurice, landgrave de Hesse-Cassel (1572-1632), « savant et courageux, mais peu fortuné » d'après Moreri. Quittant la religion luthérienne pour le calvinisme, il fut défait par l'empereur et dut céder son État à son fils Guillaume V, mort en 1637. Il est ainsi « l'ayeul » de « Monsieur le Landgrave d'aujourd'huy », Guillaume VI (1629-1663).

20. « Le bien de la République », tel est le but du Prince d'après les citations, – prises surtout au *De clementia* de Sénèque –, réunies par Juste Lipse dans ses *Politica*, 1.2, chap. 7. Le rôle nécessaire des conseillers y occupe le livre 3, – d'après surtout Tacite et Pline le Jeune. Les quatre principaux défauts sont la contradiction, la prétention et l'arrogance, la passion partisane et la cupidité.

21. Lettre inédite, adressée au cardinal de La Valette en 1621, in *Premières Lettres*, t. 2, p. 124.

22. Sur l'évasion de la Reine Mère du Château de Blois, cf. *Pour Monseigneur le duc d'Épernon Au Roy*, *Premières Lettres*, p. 83 *sq*. Cf. Guillaume Girard, *Vie du duc d'Épernon*, t. 2, pp. 340-385. Balzac renonce catégoriquement à l'esprit féodal marquant les *Premières Lettres* : « Feu Monsieur le Duc d'Épernon avec lequel il fit le voyage d'Amadis, je veux dire le voyage de Blois, qui tient plus du Roman que de l'Histoire », *Les Entretiens*, t. 1, p. 196 (= *OC.*, t. 2, p. 402).

23. La consultation de « l'Oracle des Païs-Bas » par Aristippe s'inspire des *Politica*, III, 8, et des *Notae* où le vers d'Horace « Ducitur ut nervis alienis mobile lignum » est illustré par l'exemple de Galba, d'après Suétone, et surtout par celui de Charles VIII, d'après Commines, et celui de l'Empereur Byzantin Isaac devenu esclave d'un favori. L'exemple d'Alvare de Lune provient des *Notae* au Livre III, 11.

24. « Traiter le Genre Deliberatif, selon les preceptes de Quintilien, & sçavoir manier les choses par tous les endroits que montre Aristote » (« Discours III », *OC.*, p. 149).

25. « C'est qu'elle aime la Verité, quelque negligée & en quelque desordre qu'elle puisse estre... Mais la foule des choses rompt souvent les compas, et les mesures. Ie represente, sans avoir dessein d'ajuster, ni d'embellir » (« Discours VII », *OC.*, p. 180).

26. Le juste milieu, *Épîtres latines (1637)*, ép. XII. Grille d'Estoublon, *Le Mont Parnasse*, 1663, pp. 8-9.

27. « ... & tant de paroles passionnées, que le bon M. de S. Cyran appelloit autrefois effusions de cœur, & débordement d'amitié » (À M. Conrart, *OC.*, I, p. 942, 13 mai 1652) ; « Ce ne sont point des paroles qu'on lise, & qui soient peintes sur le papier : On les sent & on les reçoit jusques dans le cœur. Elles vivent & se meuvent... N'avez-vous point esté à l'Oracle du *** (Cloître de Notre-Dame) ? N'avez-vous receu aucune inspiration de nostre excellent amy ? » (À Arnauld d'Andilly, *OC.*, I, pp. 213-214). Cf. J. Jehasse « Guez de Balzac et Cicéron », in *Présence de Cicéron*, éd. R.Chevallier, 1984, p. 163.

28. « Revenons de la Pitié à l'Indignation » (« Discours VII », *OC.*, p. 183) ; « Laissons pour ce coup les Histoires qui font horreur, & qui blessent l'imagination par la memoire : Ne parlons point du sang que ces Femmes ont fait verser : Supprimons le Terrible & l'Espouventable de leurs Tragedies, & ne disons que ce petit mot de leur belle humeur » (« Discours VII », *OC.*, p. 187).

29. « Discours I », p. 130. Le « biais », « Discours V », p. 165 ; « Discours VI », p. 171 : « Il y a des Affaires, dans lesquelles il se peut prendre divers partis ; & de plusieurs biais qui s'offrent, on doit choisir le plus propre, pour les bien manier. » Son rôle en critique littéraire, cf. J. Jehasse, « Guez de Balzac et l'art de la critique littéraire », *XVIIe Siècle*, n° 159, 1988, p. 130 *sq*.

30. « ...je croy avoir plaidé la cause des Peuples, avec tout le respect qui est deû à la Majesté des Souverains » (À Monsieur J.F. Gronovius, *OC.*, t. 1, L. XVI, l. XXXII, p. 690, 7 mars 1644).

31. « Entre-deux », « Discours V », p. 160. « Gauchir », « r'habiller ses fautes », « Discours VI », p. 168 ; « temperamens », « Relaschemens », « Ajustemens », « nécessaire Milieu », *ibid.*, p. 172 ; « accommodez-vous au defaut, & à l'imperfection de vostre matière », *ibid.*, p. 173.

32. « Discours I », p. 129.

33. « "Nous sommes composez de deux Ennemis qui ne s'accordent jamais : La partie sublime de nostre Ame est toujours en guerre avec la partie inférieure. Disons davantage. L'HOMME EST FAIT D'UN DIEU & D'UNE BESTE, QUI SONT ATTACHEZ ENSEMBLE." Si vous devinez l'Autheur de ces quatre lignes, je vous estimeray aussi grand Mage, que ceux qui predirent la naissance du Roy Sapore » (Dissertation ou Response à quelques Questions, Au R.P. Dom André de Saint-Denis, *OC.*, p. 602). Cf. *Premières Lettres*, I, p. 17 (Édition S, supprimée). Cf. la traduction d'*Épictète* par J. Goulu (1609) : « C'est comme dit Trismégiste, un grand miracle que de l'homme... : de l'assemblée desquelles parties résulte non un ange, car il est pur esprit, ni une beste car elle est sans raison... ceux-là se ravalans au-dessous de leur nature pensent n'estre que des bestes, mais ceux-ci s'élevant par vanité au-dessus de leur nature, croyent estre des anges » (Dédicace).

34. Sur Charron source de Balzac, J. Jehasse, *Guez de Balzac et le Génie romain*, pp. 17-24 et notes. Cf. *Aristippe*, « Discours III » : « Dans le jugement qu'ils font des hommes, ils ne peuvent présupposer une infirmité humaine, c'est-à-dire, un principe d'erreurs et de fautes, une maladie de la naissance... Les Grands Evenemens ne sont pas toujours produits par les grandes causes. Les ressorts sont cachez, & les machines paroissent », p. 146.

35. « distance proportionnée », « Discours I », p. 130 ; cf. p. 153.

36. Cf. P. Sellier, *Pascal et saint Augustin*, pp. 205 *sq.*

37. Arnauld d'Andilly, *Lettres*, 1645, À Monsieur de Balzac : « ... & que nostre amitié vous faisant lire dans mon cœur, vous pouvez sans charme deviner mes pensées » (L.XCI, 1633). Sur Henri Arnauld, évêque d'Angers, *Épîtres latines choisies*, 1650, *ép.* 53, p. 152.

38. Balzac « représente », donne à voir un « Tableau », alors que Pascal crée un mouvement dialectique dans la poursuite fiévreuse d'une démonstration, cf. *Guez de Balzac et le Génie romain*, pp. 373-375.

39. Tallemant des Réaux, *Historiettes*, éd. A. Adam, t. 2, p. 35, évoque une lettre latine et deux petites pièces de vers où « il traittoit le cardinal Mazarin de *semivir*... Dans ces vers il appelle le Cardinal *imbelle caput*, comme si un cardinal devoit estre guerrier ; et puis, celuy-là a esté à la guerre ».

40. À Conrart, *O.C.*, t. 1, L.XXV, 1. 20, p. 949 : « Mais de dire que j'aye manqué à l'endroit de ***, il faut estre le plus impertinent homme de Cour », 20 juillet 1653 ; L.XXVI, l. 11 : « L'impression d'Aristippe despend de vostre volonté », p. 973, 7 avril 1653.

41. *Aristippe*, « Avant-Propos », p. 126.

42. *Aristippe*, « Discours I », p. 133.

43. Après de nombreuses éditions parisiennes et chez les Elzevier en 1658-1664, l'œuvre sera éditée une dernière fois à Paris en 1669 (cf. *Bibliographie générale*, n°s 219-231). Tallemant parlera de l'*Aristippe* « qu'il a fait pour donner sur les doits aux roys fainéants et à leurs ministres, pour ne pas dire à leurs maires du palais », éd. A. Adam, p. 47.

44. *Politics in Select Discourses of Monsieur Balzac, which he called his Aristippus or wise Scholar.* Done into English by Basil Kennett, London, 1709.

Après la communication de JEAN JEHASSE

ROGER ZUBER — Le Balzac de cette époque, où il rejoint Pascal, a rompu avec des simplifications de sa position politique, avec l'attachement au parti dévot dont témoignent les premières lettres. Sur la félicité publique, c'est un thème privilégié par les seiziémistes : il est issu du stoïcisme chrétien des milieux parlementaires et des politiques. Balzac arrive à cette position et n'en part pas.

JEAN JEHASSE — Il y a une lente maturation chez Balzac, avec des déceptions. Le discours de Hollande montre déjà la notion de liberté chez un peuple. Il y a l'idée que le chrétien et le Français appartiennent à une grande collectivité, qui doit bénéficier d'un certain bonheur. Le machiavélien est celui qui cherche son bien personnel propre et non celui de l'État. C'est la définition de Balzac.

JEAN MESNARD — Balzac était alors un classique. Des suggestions pour le repérage des sources balzaciennes de Pascal seraient souhaitables. Par exemple la note de Nicole sur le « ramasseur de coquilles » a été prise au début du *Prince*. Quelles seraient les pistes à suivre ?

JEAN JEHASSE — Balzac a été abîmé par l'édition Conrart en deux volumes. Manquent, à côté du *Socrate chrétien*, les importants discours à Descartes, qui sont le contrepoids ; Balzac tente de justifier ses propositions. Il faudrait lire aussi les lettres en latin à Mazarin. Il est toujours du côté opposé aux Jésuites. Il a été en amitié avec les Arnauld. Pascal a dû le lire.

Jean-B. NEVEUX

Un chrétien peut-il être prince ?
Réflexions de V.L. von Seckendorf (1626-1692),
auteur de *Der Teutsche Fürstenstaat* (1653)
et *Der Christenstaat* (1685)

> Der Christ ist ihm selbst ein Gesetz – die
> weltlichen Satzungen können nicht alles
> hierunter vorschreiben **

Qui lit la préface de l'ouvrage de Seckendorf *Der Christenstaat* pourrait penser que cette œuvre, de poids (quelque mille pages...), souvent citée et sans doute rarement lue en entier, a été placée délibérément sous le signe de Pascal : ses *Pensées*, dans l'édition de 1670, servent en quelque sorte de référence à l'auteur ; celui-ci dit que les textes pascaliens, lus et commentés à la cour de Moritz de Sachsen-Zeitz [1] – prince dont Seckendorf était le chancelier, le chef du gouvernement en quelque sorte – avaient servi souvent à réfuter les « libertins » et les athées. Ce fait lui aurait inspiré d'abord l'idée d'un compendium des arguments de Pascal, livre qui, développé, serait devenu le point de départ d'un traité de politologie confessionnelle ; Seckendorf cite de larges extraits de Pascal dans les *Additiones*. Disons tout de suite que les textes d'origine ont été fortement modifiés, dans le fond et dans la forme [2]... Toujours est-il que la réflexion sur la vérité du christianisme se situe au début d'un examen très pratique des structures du *Christenstaat*, c'est-à-dire de la Chrétienté. Dans cet ouvrage, Seckendorf inscrit, dans un cadre plus vaste, certains principes qu'il avait énoncés quelque trente ans auparavant dans le *Teutscher Fürstenstaat*.

Le traité *Der Christenstaat* est ainsi composé de trois livres, en deux grandes parties : dans le livre I, nous avons affaire à un livre de piété, peut-être un peu terre à terre ; dans les livres II et III, l'auteur développe les aspects divers de la *Polizey* – c'est-à-dire du gouvernement de la Cité – sur le plan général puis sur le plan confessionnel ou plutôt ecclésiastique ; cette deuxième partie est davantage dans la ligne de *Der Fürstenstaat* et de son histoire du luthéranisme, dans le *Commentarius* de 1670 [3].

Chrétien – peut-être – sincèrement, Seckendorf n'en reste pas moins un administrateur, un « ministre », à une époque où, sur la base même des traités et autres constitutions ou capitulations, le gouvernement des États faisait une large place aux affaires de religion – disons plutôt : aux affaires des Églises, ce qui peut être fort différent [4].

Le *Prince*, c'est-à-dire le chef, le *princeps* – soit une personne, soit un corps constitué en quelque sorte en *soviet* (ainsi Venise ou les Provinces-Unies) – est au centre des débats. La « querelle des Deux Glaives », jamais éteinte, a repris de plus belle au XVIe siècle, et cela surtout au sein d'un Saint Empire Romain aux multiples facettes, tant confessionnelles que politiques, voire nationales [5]. Cette grande querelle est loin d'être apaisée au XVIIe et au XVIIIe siècle, quoi qu'on en ait dit. Or Seckendorf se place entre Althusius et J.J. Moser [6]. Le transfert, *de facto* puis *de iure*, des pouvoirs et des souverainetés, qui passent d'un *Reich* inorganique aux *Stände,* c'est-à-dire aux entités politiques, de l'Empereur aux Princes, s'achevait, mais le conflit des pouvoirs se poursuivait au sein des États entre le Prince et les ordres (dans les villes entre le Patriciat et les corporations). D'autre part, l'affaire de la Grâce – qui doit être en fin de compte la grande affaire pour le croyant – n'avait pas été ou pu être réglée de manière satisfaisante par l'une des réformes en cours, ni à Trente, ni à Dordrecht, ni dans la *Formula Concordiae* luthérienne [7]. Les réformes et les guerres, les unes accompagnant les autres, avaient en fait abouti seulement sur le plan des institutions, des « *menschliche Satzungen* », et toute Église restait aux yeux de bien des « fidèles » une institution à réformer, une *ecclesia semper reformanda*. La conséquence en était le développement des sectes, des « séparatistes », dont la plupart propageaient des doctrines *socio-politiques* ; elles étaient sans doute interdites dans le Saint Empire, mais qui obéissait aux « lois » de l'Empire, si ce n'est quand il y avait intérêt [8]? Certains courants, chez les sociniens (ou : antitrinitariens) et chez les anabaptistes, certains théoriciens extrémistes (les « monarchomaques », catholiques ou non) affirmaient que le Pouvoir est par essence corrompu et corrupteur, que la « Jérusalem terrestre », livrée aux Princes, aux ministres, aux généraux, restait le contraire, point par point, de la « Jérusalem céleste ».

Mais de telles attitudes, assez ambiguës d'ailleurs à les étudier dans le détail, qui suscitaient en outre des répressions parfois féroces, pouvaient-elles convenir à l'ensemble des chrétiens, dans leur vie quotidienne, et dans la pratique du gouvernement ? Que l'État fût grand ou petit, il fallait bien répondre à la question de savoir si un Chrétien pouvait se charger de la responsabilité de diriger, d'administrer (ou encore de subir) ces Jérusalem terrestres – les deux pôles de l'antinomie étant la *ratio status* et le salut des âmes, le *Seelenheil*.

La réponse de Seckendorf est claire – peut-être l'est-elle d'ailleurs trop : non seulement le Chrétien peut (*darf* et *kann*) être Prince, mais il le doit (*soll* et *muss*) si Dieu l'a placé dans cette situation ; il le doit à cause de ses responsabilités propres envers son Créateur et aussi (et davantage peut-être) à cause de la *charge d'âmes* qu'il assume aussi bien qu'il assume la charge des corps.

Il est *rex et propheta, rex et sacerdos*.

Il existe une alliance, un *fœdus*, indissoluble entre Dieu et les hommes, et le Prince est l'intermédiaire, participant du Divin et de l'Humain [9]. C'est-à-dire – et ce point est constamment mis en lumière par Seckendorf – qu'il occupe une position double, *rex et pontifex*, que l'Église de Rome a prétendu réserver au seul Prêtre ; par conséquent, sans empiéter sur le domaine de la liturgie « pratique » (en fait, bien réduit depuis les réformes dites « protestantes »), le Prince gouverne les clergés comme il gouverne les autres sujets que Dieu lui a confiés – tout en n'étant pas *acteur de la liturgie*, même s'il la règle par des *agenda*.

La réponse de Seckendorf est d'autant plus nette qu'il se place dans le cadre du luthéranisme ; mais, dans la situation de la Chrétienté et de l'Empire, il lui est impossible de rejeter les catholiques « romains », et même ces « séparatistes » mis hors la loi par les traités. D'autre part, il a conscience de se mouvoir sur un terrain incertain, lui le non-théologien, le laïc – *der Laie* (un terme qui désigne en allemand celui « qui n'y connaît rien »). *Homo uti loquuntur laicus*, écrit-il dans la préface au *Commentarius* [10]. Il prend soin, surtout dans les *Additiones* au *Christenstaat*, de multiplier les citations des Écritures et celles des auteurs pieux, de combattre athées et séparatistes, les Descartes, les Spinoza, les sociniens et autres donatistes. Utilisant habilement les tensions entre les théologiens de Leipzig et l'administration ecclésiastique centrale [11], le *Oberkonsistorium* de Dresden, il obtient – avec l'appui de l'Électeur de Saxe – un « *nihil obstat* ».

Le conflit des Deux Glaives est sans doute un phénomène constant – nous le voyons bien aujourd'hui – mais il prend tout naturellement des formes diverses. La réflexion de Seckendorf s'inscrit ainsi dans le cadre de sa propre personnalité et dans le cadre géopolitique, celui du triangle Elbe-

Saale-Erzgebirge, un champ où s'affrontent, sous l'œil vigilant des Welfen du Hanovre, les « petits princes » *saxons* de Thuringe, l'Électeur de Saxe (du *Kursachsen*) et – de plus en plus nettement – l'État du Brandenburg, que 1648 puis 1680 installent sur l'Elbe moyenne et sur la Basse Saale.

Seckendorf appartient à la noblesse « immédiate » (*unmittelbar*) de Franconie, dont la situation économique et politique n'a pas cessé de se détériorer depuis la fin du XVe siècle [12]. Elle est de plus en plus médiatisée par les *Territorialstaaten*, par les Princes qui s'insèrent entre les *Reichsritter* et l'Empereur, avant de les médiatiser totalement au début du XIXe siècle. Cette noblesse cherche à s'affirmer – ou à survivre – soit par les armes (au temps de Hutten et de la Grande Jacquerie, par exemple), soit au service des chefs de guerre, comme ce fut le cas du père de Seckendorf, ou encore, la paix revenue, au service des Princes, dont elle a côtoyé certains qui furent des « entrepreneurs » de la guerre. Elle fournit non plus des chefs de bande (de « partisans »...) mais des administrateurs – à moins que, réfugiée dans des villes telles que Frankfurt am Main, elle n'occupe une place quasi marginale, dans la Cité comme dans la Paroisse [13]. Cette noblesse, devenue « de robe », affecte de mépriser les rustres hobereaux, qui lui paraissent porter atteinte, par leur présence même, à ses propres prétentions à rester une élite, à être l'élite. De Hutten, Seckendorf dira : « *gebildet obwohl Edelmann* » (*BR*, p. 54). Se confondant en fait avec les anoblis (tout Prince peut anoblir !), elle souffre d'une sorte de schizophrénie sociale (Goethe, bourgeois anobli, en souffrira lui aussi), une schizophrénie qui amène ces *Fürstendiener* – « ministre » ne signifie-t-il pas « serviteur » ? – à faire de la surcompensation. Avec prudence sans doute, un Seckendorf s'érige en maître-instructeur de tous – surtout du clergé qui est son rival et concurrent, plébéien – mais aussi des autres, y compris le « patron », auquel seront prodiguées des leçons de vertu, non sans que soit rappelé plus ou moins discrètement que le pouvoir souverain appartient à l'origine au *Reich* et à l'Empereur (même si celui-ci est, au XVIIe siècle, un catholique romain).

Parmi les États qui ont acquis une souveraineté propre, de plus en plus manifeste, se trouve la Saxe Électorale, *Kursachsen*. Elle est une grande puissance économique et politique, et en même temps le chef du *corpus evangelicorum* à la Diète d'Empire [14]. Elle s'appuie sur l'orthodoxie luthérienne, dont 1648 a fait l'une des deux confessions légales de l'Empire (les réformés furent placés sous le protectorat en quelque sorte des luthériens – ce qui était une revanche de 1618). Les sectes, les Juifs, les *Schwärmer* n'ont aucun droit reconnu, ils sont tout au plus tolérés, si tel est l'intérêt de l'État où ils résident. La Saxe a bien entendu des rivaux, dont les plus hargneux sont les « cousins » de Thuringe, descendants de l'une des deux grandes lignées de la maison des Wettin ; celle-ci se partagea en deux en 1485, ce qui a donné les *Ernestiner* et les *Albertiner*, les princes de Thuringe étant les descendants de Ernst (1441-1486) ; or les *Ernestiner* détenaient au départ des territoires riches et importants, et la dignité électorale – ils perdirent celle-ci et de nombreuses lieues carrées en 1547 au profit des *Albertiner* qui s'étaient alliés à l'Empereur catholique, après avoir longtemps résisté à l'introduction du luthéranisme, dont les Thuringiens furent les avocats (Wittenberg leur appartint jusqu'en 1547). Les *Ernestiner* eurent par la suite une attitude incertaine vis-à-vis de la Saxe Électorale, qui s'explique aussi par la géographie des ressources et des voies de communication [15]. Les gros bataillons leur faisant défaut, ils utilisèrent très tôt les intellectuels, professeurs de théologie, de vertu ou de pédagogie. Ernst der Fromme (le Pieux) de Gotha (1601-1675) fut en quelque sorte canonisé, à l'instar de saint Louis – et il y eut une *pietas thuringensis*, mise comme la *pietas austriaca* au service de la politique de l'État. Or, à peine cinq ans après la mort de Seckendorf, qui est entré entre temps au service du Brandenburg, l'Électeur de Saxe passe au catholicisme pour pouvoir devenir roi de Pologne/Litwa (1697). Or, 1685, l'année de *Der Christenstaat*, est aussi l'année de l'Édit de Potsdam par lequel le Brandenburg attire, méthodiquement et non plus sporadiquement, les réformés d'Occident, dans un État peuplé de luthériens...

La lecture des œuvres de Seckendorf ne peut être fructueuse que si l'on garde présent à l'esprit ces éléments – et il est presque certain que nombreux furent parmi ses lecteurs du temps ceux qui « déchiffraient » ces textes sur la toile de fond des rivalités politico-confessionnelles entre Brandenburg, Saxe Électorale et princes ernestins. Il est sans doute vain de chercher à savoir d'autre part si Seckendorf était sincère ou non : comme tant d'autres à son époque, il a pu avoir pour devise le *larvatus prodeo*.

Il convient de remarquer, en ce qui concerne les lecteurs de Seckendorf, que plus d'un qui avait pu lire le *Fürstenspiegel* ne vécut pas assez longtemps pour lire le *Christenstaat* : près de trente années séparent en effet la publication de ces deux ouvrages, qui constituent en quelque sorte les deux colonnes qui soutiennent la carrière du Franconien.

Protégé par Ernst de Gotha – le frère de Bernhard de Weimar – puis à son service, Seckendorf publie le *Fürstenstaat* en 1656 – l'année où commence la première Guerre du Nord, et où Pascal publie les *Provinciales* ;

Seckendorf n'est pas encore chancelier (il le sera en 1663, pour démissionner dans des circonstances peu claires dès 1664), et il est plus que probable que le livre a été écrit pour favoriser son ascension à la cour de Gotha. Quant au *Christenstaat*, il est publié une première fois en 1685, l'année de la Révocation de l'Édit de Nantes et du retour des Stuart catholiques sur le trône d'Angleterre ; c'est aussi – mais on dirait que Seckendorf ne veut pas en tenir compte – une année située au milieu de la période au cours de laquelle se multiplient les premières œuvres de la « Querelle des Anciens et des Modernes », se livrent de grandes batailles confessionnelles, et les conflits entre impérialismes à l'Est et à l'Ouest de l'Europe prolongent alors la guerre dite de « Trente Ans » – et à partir de 1680, le Brandenburg consolide sa position entre Elbe et Oder : il acquiert définitivement Magdeburg et Halleville où l'Électeur Friedrich III fonde l'Université qui doit être une place forte aux portes de la Saxe : Seckendorf sera en 1692 chancelier de cette Université, et mourra au service du prince qui deviendra en 1701 roi en Prusse.

En 1656 Seckendorf n'a pas encore trente ans, il est en train de construire sa carrière ; il a déjà été chargé d'inspections pédagogico-ecclésiastiques et a rédigé deux manuels, un de latin, l'autre d'histoire de l'Église. Le *Fürstenspiegel* a un caractère un peu utopique – dans le véritable sens de ce mot : est utopie ce dont on attend et dont on espère la réalisation pour sortir d'une situation actuelle que l'on condamne. Certes, il s'agit d'une sorte de manuel de droit administratif, d'un *compendium* à l'usage des gouvernants, et non pas d'une *nova insula* (c'est le titre du livre de Morus) ; un autre administrateur pieux, Wurtembergeois, a publié en 1619 une œuvre de cette sorte, la *Christianopolis descriptio* [16]. L'ouvrage de Seckendorf est en fait un *programme de gouvernement*, à l'usage du Prince qui saura choisir le bon ministre. Cela est vrai tant pour le style, par l'emploi des verbes, que pour le contenu.

Quand paraît le *Christenstaat*, Seckendorf a près de soixante ans et sa carrière s'achève, encore qu'elle ne soit pas sur son déclin, et je ne sais quelle mélancolie se fait sentir dans les pages où l'auteur, en décrivant le chemin parcouru par son œuvre, revient sur son passé, à Gotha, puis à Zeitz et Altenberg. Ce livre est d'abord une sorte de bilan de trente années au service du Prince (livre I), ensuite seulement il est question de la réforme de l'État, notamment de la réforme de l'Église (luthérienne) au sein de l'État (livres II et III) – la proportion entre ces livres est à peu près la suivante : 2,5/10 – 3,5/10 – 4/10 respectivement (dans les *Additiones*, un recueil essentiellement de citations – souvent traduites – la proportion est différente : 5/10 – 2/10 – 3/10 respectivement). Sur le plan « politologique », Seckendorf reprend plusieurs des principales idées avancées en 1656 – a-t-il pu les réaliser quand il a été aux affaires ? Une étude précise de son action au gouvernement devra compléter les quelques travaux consacrés jusqu'ici à ses théories. Modestie obligée ou vue réaliste des choses : il parle lui-même de « vœux pieux » et des limites de la volonté, de la bonne volonté, même ministérielle, même princière [17]. N'est-ce pas cela qui donne au livre – surtout dans sa première partie – cet aspect de « méditation chrétienne », où le rôle de la prière est souligné tout au long de l'ouvrage ? Quant aux *Additiones*, elles montrent, elles veulent montrer l'étendue des connaissances théologiques voire métaphysiques, la richesse des réflexions sur les sectes ou sur les mystiques, dont se targue Seckendorf.

Est-ce aller trop loin que penser que Seckendorf, comme tant d'autres, doit constater au soir de sa vie qu'il a relativement bien mené sa barque, mais qu'il n'a pas pu réaliser les ambitions de sa jeunesse ?

> « Bilde mir nicht ein, ich könnte was lehren,
> die Menschen zu bessern und zu bekehren.. » [18]

Amer parfois, avec discrétion, le livre contient pourtant des pages à la limite de l'imprécation : les hommes de tous les milieux, mais surtout la noblesse et le clergé, sont incorrigibles ; le salut avec, par et pour les autres [19] est un vain espoir. Et ce qui semble empêcher Seckendorf d'écrire comme Machiavelli et Hobbes, c'est une foi chrétienne, ou plutôt luthérienne, qu'il affirme avec des accents qui paraissent parfois forcés, comme s'il fallait exorciser quelque démon de la désespérance.

N'est-ce pas parce que Seckendorf se rend compte de l'existence d'une espèce d'antinomie, voire d'une série d'antinomies entre les deux royaumes dont parlait le Christ ? Entre une sorte de totalité de la Création d'une part, de l'existence de ce qu'on peut appeler les infinis divergents de la condition humaine de l'autre ?

Mais il y a encore d'autres antinomies, ou au moins des conflits toujours renaissants : entre l'autonomie et la hiérarchie – entre l'évolution, la réadaptation, et la réforme volontariste – entre le Prince et les Ordres, qui possèdent l'autonomie confessionnelle, un point sur lequel Seckendorf qui a représenté les Ordres insiste fortement – entre les Chrétiens d'une part et tous les autres, Juifs compris, d'autre part – entre les protestants et les catholiques.

Sans doute y a-t-il chez Seckendorf un désir à la fois idéaliste et réaliste d'une conciliation des extrêmes, mais ne serait-ce pas plutôt une exhortation adressée à soi-même qu'une règle bien établie quand il écrit : « Personne n'entreprend une œuvre sérieuse, s'il ne sait pas pourquoi il agit ainsi et ce qu'il peut en attendre » ? [20]

Sur le plan politique existe une autre antinomie encore et Seckendorf (inspiré par qui ?) paraît vouloir réconcilier les deux lignes Wettin, ce qui est sans doute aussi son intérêt propre ; les deux ouvrages dont il est question ici sont dédiés tous deux à un prince héritier de la maison de Saxe Électorale, celui qui est « en fonction » quand paraît le livre – le *Commentarius historicus et apologeticus Lutheranismi* de 1688 (écrit en 1686) est dédié, lui, à l'Électeur et aux princes des deux lignées (« ducibus Saxoniæ utriusque lineæ ») et Seckendorf souligne, pièces d'archives à l'appui, que c'est bien l'Électeur de Saxe qui l'a encouragé à écrire la réfutation de l'ouvrage anti luthérien de Maimbourg, paru en 1680 [21]. Et il réfute en effet l'apologète catholique point par point, en le citant. Mais il reste des questions irritantes : le rôle de champion du catholicisme romain assumé par l'Empereur – et il s'agit de Léopold Ier, régnant de 1658 à 1705 –, le fait que c'est la ligne ernestine qui a soutenu d'abord Luther, enfin, dans ce *praeloquium*, Seckendorf revient longuement sur l'histoire de sa propre famille, comme s'il craignait d'être accusé de crypto catholicisme, ou, comme le fut son père, de trahison.

Ainsi que cela arrive trop souvent, les études de la pensée de Seckendorf, sur le plan de la politique, de la pédagogie, de la religion, ont présenté, me semble-t-il, ses écrits d'une manière en quelque sorte aseptique, comme si on oubliait qu'il fut aussi un être humain. Il reste encore beaucoup à faire dans ce cadre, à partir des archives (fragmentaires sans doute) qui se trouvent actuellement à Altenburg, non loin de ce Meuselwitz qu'il acquit et qu'il administra « en bon père de famille. » [22]

Je ne puis analyser ici longuement les deux œuvres choisies (sans négliger d'autres écrits accessibles), mais je pense qu'il me faut au moins présenter les grandes lignes des écrits en question.

En fait, il s'agit – comme cela se produit souvent – d'une seule idée centrale, le texte, plus ou moins long ou même prolixe, ne servant qu'au développement d'arguments et de *captatio benevolentiae*.

Cette idée centrale, qui revient souvent sous d'autres plumes (par exemple sous celle des théologiens « libéraux » des années 1840, les Strauss et les Bauer) est que l'Église luthérienne, comme toute Église, doit constamment subir une *piériéstroïka* – elle est une *ecclesia semper reformanda* (*ChSt*, pp. 280 *sqq*.). À défaut de réforme « de l'intérieur », celle-ci doit donc se faire de l'extérieur. L'attitude de Seckendorf en l'affaire est proprement anti-cléricale, ce qui la place dans le champ sémantique du joséphisme et d'une certaine laïcité.

Or le réformateur *ex officio* de tout le corps socio-politique, donc aussi de l'Église, est le Prince ; l'action est son domaine (*BR*, p. 11), mais l'action, c'est aussi la pensée, la parole : « *Rede ist eine Tat* » (*ibid.*, p. 42) – et les seules limites en sont l'usage, tel qu'il est notamment codifié dans les lois et les traités [23] – ce qui signifie que pour Seckendorf les sectes sont plus dangereuses que les athées ou les libertins ; mais, si la position théorique semble simple et claire, une question se pose : ces princes du *Fürstenstaat*, de ce qu'on appelle en historiographie allemande le *Territorialstaat*, ont-ils le droit eux-mêmes d'agir en législateurs ? Le *Reich* n'est-il pas la première autorité – même si l'Empereur, après quelques hésitations, a refusé de passer du côté de la réforme « protestante » ? En exposant la situation juridique des princes, Seckendorf revient sans cesse sur ce point : « *... wie es auf die deutschen Fürsten gekommen ist* » – comment la souveraineté est *passée* aux princes (*FüSt*, p. 192) – et le moins que l'on puisse dire est que ses propres réponses ne sont ni bien claires ni bien fermes.

Quant aux relations conceptuelles entre l'État et l'Église, il semble vouloir s'en sortir en disant qu'il y a une « égalité interne » comprenant des « différences extérieures » (*innere Gleichheit, äussere Unterschiede* [24]) : cela est-il satisfaisant ? Il en doute lui-même et il consacre un nombre important de pages, dans les deux livres, aux structures politico-ecclésiastiques, au *Konsistorium* ou *Oberkonsistorium*, une sorte de Ministère des Cultes. L'idéal serait alors que règne une confiance mutuelle totale entre le clergé, les autres sujets et le Prince – une confiance consolidée par un contrôle précis exercé par ce dernier.

Bien entendu, comme tous les réformateurs, petits et grands, Seckendorf se livre à la quête des ancêtres, une quête qui peut aisément se transformer en invention d'ancêtres et de mythes. Ceci l'amène à utiliser en guise d'arguments des « contes et légendes » pieux, tissés autour de Ernst der Fromme, bien sûr, mais aussi autour de divers Empereurs (qu'il ne nomme pas) de l'Empire, auquel il consacre d'ailleurs en 1686 une sorte d'étude statistique sous le titre de *Beschreibung des Heiligen Römischen Reiches deutscher Nation* [25].

Il y a surtout – et cela est très intéressant – les grands ancêtres germaniques et leur belle simplicité de mœurs (« *lobenswerte Einfachheit der alten Teutschen* », *ChSt*, pp. 243, 254) ; Seckendorf est intarissable dans ses ouvrages sur les vertus germaniques qui doivent permettre, en ressuscitant maintenant, d'assurer enfin cette harmonie des contraires que constitue le rêve, les *pia desideria* de notre auteur ; cette image du Germain pétri de vertus est issue directement de l'interprétation « humaniste » du livre de Tacite sur les Germains, et, de Sebastian Brandt, agent diplomatique de l'Autriche à Strasbourg, aux pangermanistes de la vertu allemande au XIXe et au XXe siècles, le chemin passe aussi par Seckendorf...

On pourrait penser que, rassuré en quelque sorte par ses divers ancêtres, Seckendorf est encouragé à considérer le problème comme résolu. Tout en insistant, à juste titre, sur les aspects financiers et sur la « matérielle », tant sur le plan de l'État que sur celui des Églises, il élimine (mais peut-être ne s'en est-il même pas rendu compte) des problèmes de fond tels que : le rôle du « *gemeines Volk* » dans la paroisse, le rôle de la rationalité et des sciences dites exactes, celui de la sexualité qu'elle soit « légitime » ou non. Nous relevons, par contre, qu'il utilise souvent le terme même qui sera l'un des maîtres mots des *Aufklärer* du XVIIIe siècle : le mot *das Glück*, le bonheur – qui paraît être pour lui le but essentiel d'une vie chrétienne dans le privé, de l'action de l'État dans le public ; il s'agit bien entendu d'un *Glück* chrétien, c'est-à-dire de l'accord dès ici-bas avec les volontés divines, sans mysticisme bien sûr. Et on peut penser à ce que l'on trouve chez le patricien Hambourgeois B.H. Brockes, dans les neuf volumes de son traité en vers *Irdisches Vergnügen in Gott, bestehend in physikalisch-moralischen Gedichten* (1721-1744) – et l'un des rôles principaux de l'État est d'assurer cet « *irdisches Vergnügen in Gott* »...

Mais, tant pour le bonheur que pour d'autres expériences de l'individu, il n'est pas question pour Seckendorf de concepts psychologiques ; chez lui comme chez de nombreux autres écrivains germaniques, nous ne trouvons guère de réflexions sur l'âme en tant que *psyché* : cette âme n'est conçue que sous l'angle de son salut, c'est un concept théologique, voire politico-ecclésiastique, peu nuancé – qui n'appartient pas (comme c'était le cas chez ses contemporains français) à ce que nous appelons la psychologie, le domaine des « passions de l'âme » telles que Descartes les présente dans le IIe livre de son traité de 1649 (mais Descartes n'était pas « très chrétien » aux yeux de Seckendorf qui cite largement les adversaires du cartésianisme).

Sans accepter la notion de la *Völkerseele*, de « l'âme des peuples » telle que la décrira au début du XXe siècle Wilhelm Wundt [26], force nous est de constater qu'il existe une sorte de trait commun des écrivains germaniques, dont seuls sont libérés quelques écrivains et penseurs autrichiens de notre temps : ce sont des « réalistes », c'est-à-dire des fidéistes, sans la moindre trace de nominalisme – et cela est vrai des catholiques comme des protestants ; n'oublions pas qu'au XVIIe siècle, chez les uns comme chez les autres, ce sont les traités des Dominicains, « pré-néothomistes » pour ainsi dire, que l'on étudiait alors dans les gymnases, les académies, les universités du Saint Empire.

Et le style de Seckendorf est bien de cette veine. Il peut être par endroits familier, employant des mots et des expressions peu recherchés – mais il est par essence oratoire ; ses ouvrages font penser à une prédication, qui ne néglige pas les grandes fresques historiques ou plutôt mythologiques. Il prend soin de donner des définitions des concepts, des termes aussi qu'il emploie, de bâtir une construction qui se veut logique et claire. En réalité, il parvient plutôt à faire illusion. En effet, son style trahit un mélange d'assurance et de prudence qui ne paraît pas dû uniquement à sa position de *Laie*, de non-théologien. Il est davantage probable que c'est sa fonction de *Fürstendiener* qui est pour lui une gêne, car il semble sentir au fond de lui que le Prince en soi, « an und für sich », n'existe guère – et que le Prince peut fort bien n'être pas luthérien ni même chrétien sans cesser pour autant d'être Prince.

Né en 1626, qui fut l'année de la défaite des Suédois à Lützen, au beau milieu de la Saxe Électorale, alliée de l'Empereur très-catholique, Seckendorf est mort en 1692, qui fut l'année d'une autre bataille, celle de la Hague qui donna à la Grande-Bretagne protestante la suprématie maritime – qui fut aussi l'année où le Hanovre protestant obtint la dignité électorale, où parut le livre de F.W. Stosch, *Concordia rationis et fidei sive harmonia philosophiae moralis et religionis christianae* [27] – et où l'instauration outre-Atlantique d'une théocratie puritaine aboutit au *witch-hunt* de Salem...

La carrière de Seckendorf, « cadet de Franconie », fut sans doute moins brillante que celle d'un Colbert, d'un Louvois, d'un Danckelmann, elle est en tout cas assez « typique » pour un habitant du Saint Empire au XVIIe siècle. J'ai tenu à le situer dans son temps et dans sa « localisation » aussi parce que le fait de négliger ces éléments quand il s'agit d'un théoricien politique – et cela est fréquent dans des ouvrages consacrés à un Althusius, à un Chemnitz, à un Pufendorf – fausse les perspectives, donc les interprétations, et fait entrer le penseur dans l'intemporel. Il faut relire *Les Chiens de garde* de la philosophie bourgeoise de Paul Nizan...

Malgré les quelque trente années qui les séparent, malgré la différence de forme, les deux œuvres de Seckendorf que j'ai présentées trop brièvement ici manifestent une continuité de la pensée politique de l'auteur. Ses points principaux sont peu nombreux : le Prince doit être chrétien, car il a une double responsabilité vis-à-vis de Dieu, et l'expression *Von Gottes Gnaden*, « par la grâce de Dieu », signifie une double contrainte. Le Prince est en quelque sorte le lieu de recoupement des deux cercles de la Jérusalem céleste et de la Jérusalem terrestre, et c'est lui, à l'exclusion de tout autre, qui est l'intermédiaire entre le Croyant, situé dans ce monde, et le Créateur, situé, lui, dans tous les mondes.

Ceci implique que le Prêtre – en tant que caste ou en tant que classe sociale – n'occupe pas une place à part dans la cité ; dans ce sens, il est licite de voir en Seckendorf, tout comme en certains « piétistes » auxquels on aime à le rattacher, un bon représentant (au moins *in nuce*) d'une pensée laïque voire anticléricale, dont les historiens de langue allemande semblent ne pas vouloir tenir compte. Simple témoin ou pionnier, Seckendorf a choisi, entre la « théocratie » et le « césaropapisme », assez nettement ce dernier (en bon luthérien, serait-on tenté de dire ? Voire !). Cette attitude résulte de la rencontre de deux convictions : d'une part, celle, chrétienne, de l'« honnête homme » du temps – d'autre part, celle de l'homme politique qui perçoit les intérêts socio-économiques de l'État mais aussi les siens propres. Les Anciens disaient « *primum vivere, deinde philosophari* » – nous pourrions dire que, pour Seckendorf, le *philosophari* est un moyen du *vivere*.

NOTES

** « Le chrétien est en soi sa propre loi, les institutions du monde ne peuvent pas tout prescrire ici-bas » *Christenstaat*, pp. 196-197 ; désormais le sigle *ChSt* désignera l'ouvrage *Christenstaat in drey Bücher abgetheilet* (éd. de 1693) et *FüSt* désignera l'ouvrage *Teutscher FürstenStaat oder ; gründliche und kurtze Beschreibung...* (éd. de 1656) ; le sigle *AEr* désigne le périodique *Acta Eruditorum* (Leipzig), dans lequel S. publia de nombreux comptes rendus ; le sigle *BR* désigne les *Briefe* (édition de 1686).

1. Il s'agissait d'une principauté attribuée en apanage à l'un des frères cadets de l'Électeur de Saxe Johann Georg II (1580-1656) ; elle revint à la Saxe en 1718 (les deux autres apanages étaient les principautés de Merseburg – jusqu'en 1738 – et de Weissenfels – jusqu'en 1746 ; Moritz, dont on retrouve le nom à divers endroits en qualité de protecteur de la vie intellectuelle aussi bien que spirituelle, mériterait une monographie qui ne semble pas exister pour le moment ; on peut lire à son sujet M. Huberty et *alii*, *L'Allemagne dynastique* (Le Perreux, 1976), 1, 377 *sqq.*

2. Par ex. : « de n'attendre jamais de consolateur » est rendu par « nimmermehr des Trostes begehret » – la phrase initiale : « Que ceux qui combattent la Religion apprennent au moins quelle elle est avant que de la combattre » est traduite ainsi : « Wer wider den Grund und die Wahrheit Christlicher Religion Zweiffel oder Unglauben hat, oder derselben ausdrücklich widersprechen will, der sollte zuförderst erst recht lernen, was die Religion sei, ehe er dieselbe anficht oder verwirft » (*ChSt, Additiones*, p. 109) – cet exemple montre bien en quoi l'« adaptation » de S. pèche : il a un style didactique, aux phrases compliquées, qui remplace mal le style direct et énergique de Pascal ; le Je (pas si haïssable que cela...) est noyé dans l'impersonnel ; le texte de S. a l'allure générale d'un prêche ; j'ai utilisé, à défaut de l'édition originale de 1670, celle parue chez Flammarion à Paris, *s.d.* ; sur les « piétistes » germaniques et Pascal lire J.-B. Neveux, « Pascal et le piétiste allemand J.H. Reitz », in *Rev. Litt. comp.*, 1952, 26, 417 *sqq.* ; – Reitz a publié en 1717 une *Historie der Wiedergeborenen*.

3. Les travaux sur S. n'abondent pas, il n'existe pour le moment aucune monographie d'un personnage que pourtant on s'accorde à considérer comme important ; il n'existe, en dehors de *Vitae* plus ou moins crédibles, que quelques minces thèses et des articles ; en voici quelques-uns : D. Blaufuss, « Der fränkische Edelmann V.L. v. S. als Reformationshistoriker », in *Jahrbuch für fränkische Landesforschung*, 1976, 36, 81 *sqq.* ; H.O. Hoeppner, *Finanzwirtschaftliche Anschauungen V.L. v. S. nach seinem Werk Der Teutsche Fürstenstaat* (thèse, München, 1910) ; H. Kraemer, *Der deutsche Kleinstaat des 17. Jht im Spiegel von Seckendorfs Teutschem Fürstenstaat* (1922, réédité Darmstadt, 1974) ; P. Lotze, *V.L. v. S. und sein Anteil an den pietistischen Bewegung des 17. Jgt – ein Beitrag zur Geschichte des Pietismus* (thèse, Erlangen, 1911) ; O. Nasemann, « V.L. von Seckendorf », in *Preussische Jahrbücher*, 1863, 12, 257 *sqq.* ; R. Pahner, *V.L. v. S. und seine Gedanken über Erziehung und Unterricht* (thèse, Leipzig, 1892) ; G. Recher, « V.L. von Seckendorf », in *Fränkische Lebensbilder* (Neustadt/Aisch, 1986), 12, 104 *sqq.* (très important pour comprendre la situation socio-psychologique de S. !) ; G. K. Schmelzeisen, « Der verfassungsrechtliche Grundriss von V.L. von Seckendorf Teutscher Fürstenstaat », in *Zeitschrift für Rechtsgeschichte, Germanistische Abteilung*, 1970, 87, 190 *sqq.* ; H. Tilemann, « V.L. von Seckendorf », in *Archif für Reformationsgeschichte*, 1943, 40, 200 *sqq.* ; E. W. Zeeden, « Der oekumenische Gedanke in V.L. Von Seckendorf Historia Lutheranismi », in *Mélanges/Festschrift G. Ritter* (Tübingen, 1950), 256 *sqq.* ; se reporter aussi à ma thèse parue sous le titre de *Vie spirituelle et vie sociale entre Rhin et Baltique au XVIIe siècle*, (Paris, 1967), citée désormais : *TH* ; parmi les travaux qui inscrivent le cadre de la vie de S., lire B. Eckert, *Der Gedanke des Gemeinen Nutzens in der lutherischen Staatslehre des 16. und 17. Jht* (Frankfurt/Main, 1976) ; R. A. Mueller, « Die deutschen Fürstenspiegel des 17. Jht » in *Historische Zeitschrift*, 1985, vol. 240, 571 *sqq.*) – des notices dans *Allgemeine Deutsche Biographie* 33 (1891), 519 *sqq.* et *Realenzyklopädie für protestantische Theologie und Kirche*, 14 (1884), 12 *sqq.*

4. La citation en exergue opposerait en quelque sorte l'individualisme religieux de la « *unsichtbare Kirche* » au collectivisme des institutions dont – surtout en pays saxon – l'Église luthérienne ; ceci expliquerait une certaine gêne que l'on peut ressentir en lisant les textes de S., comme si cet auteur, soucieux de ne pas s'exposer à des reproches virulents, camouflait, palliait une situation « dialectique » qu'il ressentait dans la situation des Églises.

5. Je rappelle que l'expression « Saint Empire Romain *Germanique* » n'est en rien justifiée par les textes (en dehors de quelques rares documents et divers écrits de publicistes (dont notre S.) – voir la *titulatur* des Empereurs (« *Römischer Kaiser, Mehrer des Reiches, König in Germanien, Kroatien...* ») et K. Zeumer, *Heiliges Römisches Reich deutscher Nation* (Weimar, 1910).

6. Althusius (1557-1638), réformé, originaire de la Hesse rhénane, est passé du service de Nassau à celui de Emden ; auteur de *Politica methodice digesta* (1603), il affirmait que le pouvoir venait du peuple et n'était que délégué au prince (*Th*, 53 *sqq.* ; 538 *sqq.*) – J.J. Moser (1701-1785), Souabe luthérien, juriste, a été au service du Württemberg et du Brandenburg (Prusse) : il soutenait les états (*Stände*) contre le Prince ; il a publié des centaines d'écrits politiques et a édité la série *Teutsches Staatsrecht* (1737 *sqq.*).

7. *Th*, 247 *sqq.* ; la place de la *Formula Concordiae* (1577) comme exposé du dogme d'une partie des luthériens est essentielle, au moins jusqu'à la création de la *Unionskirche* par la Prusse en 1817 ; sa connaissance exacte est indispensable a qui veut comprendre la situation politico-confessionnelle dans les Allemagnes (et entre autres la position des fronts au cours de la guerre dite « de Trente Ans »).

8. *Th*, 708-709, 796 *sqq.*

9. Le fédéralisme est essentiellement un concept religieux, et signifie un lien *indissoluble* ; il est unitaire et non confédéral (Fête de la Fédération en 1790, les institutions fédérales aux USA) ; cf. l'ouvrage du théologien juriste J.C. Cocceius : *Summa doctrina de fœdere et testamento* (1648) ; *Th*, 460-461.

10. Le titre complet est : *Commentarius historicus et apologeticus* [sic !] *de Lutheranismo sive de reformatione religionis ductu D. Martini Lutheri in magna Germaniæ parte aliisque regionibus et specialiter in Saxonia recepta et stabilita* (cela peut faire sourire quand on sait que c'est la branche des *Ernestiner* qui favorisa d'abord Luther et que la branche des *Albertiner* le combattit ; deux phrases intéressantes dans la dédicace : « *ob plurima beneficia vel ab ipsis vel a divis* [sic !] *illorum progenitoribus accepta* » – « *eques natione Francus domicilio Misnicus* [= de Meissen...] *in ducatu altenburgensi* » (Meuselwitz est à mi-chemin entre Altenburg et Zeitz).

11. La rivalité entre les deux villes, qui est un des traits fondamentaux de l'histoire de la Saxe, pourrait expliquer en partie l'action politique anti-saxonne de Leibniz ; lire J.B. Neveux, *Apollo Antisaxonicus* in *Akten des 1. internationalen Leibniz-Kongresses Hannover 1966/ Studia Leibniziana*, 1969, 4, 156 *sqq.*

12. Lire entre autres Heinrich Mueller, *Der Kampf der Reichsritterschaft : um ihre Selbständigkeit 1790-1815* (Berlin, 1910, réédité Berlin, 1966) – H.H. Hoffmann, *Adelige Herrschaft und souveräner Staat* (München, 1962) ; sur la Franconie : *Handbuch der bayerrischen Geschichte* (München, 1971, 3/1, 381 *sqq.*) ; G. Pfeifer, *Studien zur Geschichte der fränkischen reichsritterschaft* in *Jahrbuch für fränkische Landesforschung*, 1962, 22, 45 *sqq.*

13. *Th,* 304 ; on peut penser au rôle de la noblesse appauvrie en Pologne et en Russie dans la formation de l'*inteligencja* plus ou moins révolutionnaire.

14. Officiellement depuis 1653, mais déjà auparavant, la position de la Saxe était dominante ; lire F. Wolf, *Corpus evangelicorum und Corpus catholicorum auf dem westfälischen Friedenskongress* (Münster, 1966), p. 6 *sqq.*

15. Sur le partage de 1485 et sur ses conséquences tant politiques que confessionnelles, lire *Geschichte Sachsens* (Weimar, 1989), p. 163 *sqq.* ; *v.s.*, note 10 (S. note l'empressement des *Ernestier*) ; sur Ernst dit « le Pieux », que S. cite fréquemment, lire *Neue deutsche Biographie*, 4, 623-624 ; *Th*, 102 *sqq.*

16. Il s'agit de J.V. Andreæ (1586-1654) – le titre exact est *Reipublicae christianopolitanae descriptio* ; voir G. Mueller, *Gegenwelten – die Utopie in der deutschen Literatur* (Stuttgart, 1989), p. 47 ; R. Van Duellmen, *J.V. Andreae – die Utopie einer christlichen Gesellschaft* (Stuttgart, 1978), 2, 113 *sqq.*

17. Un thème fréquent, d'où le nécessaire contrôle par Dieu (p. ex. *FüSt*, p. 37 *sqq*).

18. « Je n'imagine plus que je pourrais enseigner quelque chose afin de rendre les hommes meilleurs et de les convertir... » – dans *ChSt* (p. 137 – et *Additiones*, p. 338) : « *was meine Traktate zur Besserung unsres Lebens und Tuns zu lesen...* » – dans un c.r., S. répétera sa lassitude : « *ego, fessus annis et morbo fractus...* » (*AEr*, 1691, p. 357) ; plus tard, Kant constatera avec amertume « *aber es ist so bequem, unmündig zu sein* ».

19. *Th*, XVIII ; sur la prière lire p. ex. *ChSt*, *Additiones*, p. 339 (*Th*, 365).

20. « *Niemand fängt ein ernsthaftes Werk an, wenn er nicht weiss, warum er es tue und was er davon zu halten haben sollte.* » (*ChSt*, I, ix, 1, p. 119).

21. Il y avait cependant divers points communs entre Maimbourg et S., dont le refus des sociniens, des quiétistes, et de grandes réticences devant les jansénistes ; L. Maimbourg, né à Nancy en 1610, entra très jeune dans la S. J. (qu'il dut quitter après avoir publié l'ouvrage gallican *Traité historique de l'Église de France,* 1685) ; il enseigna à Rouen, parcourut la France en prononçant des prêches jugés fort proches de la comédie et de la farce, et très appréciés ; il publia de nombreux ouvrages d'histoire religieuse et profane (p. ex. en 1682 *Histoire de l'Arianisme*).

22. Déposés aux archives d'Altenburg, ces documents devraient pouvoir être rendus bientôt plus accessibles.

23. Idée diffuse et « prudente » dans ses écrits, exprimée plus nettement dans les *Briefe* : « *Gleichwohl ist der Gebrauch ein Tyrann, der alles bezwingt.* » (p. 50) – ce qui rend l'aide *directe* divine encore plus nécessaire pour le Prince.

24. Ces deux termes qui pourraient exprimer une fort acceptable polarité ou encore dialectique, comme ceux d'Église visible et d'Église invisible, traduisent dans des milieux imprégnés du réalisme fidéiste surtout une grande incertitude, dont nul sophisme ne peut faire sortir.

25. Voir aussi *FsSt*, I, 1 (la première quinzaine de pages) ; je dois souligner le fait que les interprétations de la « constitution » du Saint Empire dépendent des commentateurs et de leurs intérêts aussi bien que de ceux de leurs « patrons » : la Suède pour Pufendorf, l'Autriche pour Conring, etc. Toute lecture d'un traité politique, du XVIIe siècle aussi, doit tenir le plus grand compte de la situation géopolitique du temps.

26. W. Wundt (1832-1920), dans la lignée des adeptes de la psychologie expérimentale du XIXe siècle, a publié à partir de 1900 une *Völkerpsychologie* en consacrant les deux premiers volumes au langage.

27. Personnage assez énigmatique ; fils du *Hofprediger* de l'électeur du Brandenburg, il paraît avoir dû quitter une carrière très prometteuse de haut fonctionnaire à cause de la violente opposition de l'Église (luthérienne) à l'ouvrage cité (publié apparemment à Amsterdam, en fait à Guben) ; il fut considéré comme un socinien ou encore comme un spinoziste panthéiste (S. manifeste plusieurs fois sa vive hostilité à l'athée juif Spinoza) – lire *Allgemeine deutsche Biographie* 36 (1893), p. 463. Depuis, Stosch paraît être resté ignoré de tous...

Après la communication de Jean-B. Neveux

Thérèse Goyet — Seckendorf a-t-il voyagé ?

Jean-B. Neveux — Oui, il est allé dans les Provinces-Unies, et à Strasbourg. Il n'a pas été connu en France. Il a peut-être lu Pascal en manuscrit.

Influences reçues

Pierre FORCE

Pascal et Machiavel

Lorsqu'on lit, dans la liasse « Raison des effets », le fragment 90 sur l'honneur dû aux personnes de grande naissance, on est tenté de faire correspondre à chaque catégorie, du « peuple » aux « vrais chrétiens » en passant par les « demi-habiles », les « habiles » et les « dévots », des opinions politiques réelles telles qu'elles ont pu se manifester dans la première moitié du XVIIe siècle. Si l'on accepte de s'aventurer sur ce terrain, on conviendra sans doute que les habiles et les demi-habiles se recrutent parmi les libertins. Et si l'on veut mettre des noms propres sous chacune des catégories, on fera du libertin Guy Patin un demi-habile parce qu'il méprisait philosophiquement la noblesse et ne voyait que vanités dans ses fastes. Parmi les habiles, on comptera le machiavélien Gabriel Naudé, auteur des *Considérations politiques sur les coups d'État* [1], qui pensait que le prince a pour devoir d'entretenir la croyance du peuple quant à la légitimité de son règne. Enfin, les dévots sont les membres du parti religieux, opposés à la « raison d'enfer » incarnée par Richelieu puis par Mazarin, et qui rêvaient d'instaurer en France un régime théocratique.

Parmi ces cinq opinions qui se succèdent « du pour au contre selon qu'on a de lumière » (90), seules les deux dernières prennent en compte la révélation chrétienne. En ce sens, l'opinion des habiles représente la perfection de la prudence humaine et mondaine. Par conséquent, tout comme en philosophie « le pyrrhonisme est le vrai » (691), en politique, le machiavélisme est le vrai.

Afin de montrer que pour Pascal le machiavélisme est le vrai, on ne poussera pas plus loin le jeu des rapprochements entre les catégories du fragment 90 et la réalité historique. On en cherchera plutôt la preuve dans la correspondance qui existe entre le machiavélisme de Pascal dans le domaine politique, et ses conceptions dans trois domaines distincts : le droit, le langage, les mathématiques.

Tout d'abord, il faut expliquer ce que Pascal veut dire quand il dit que « ne pouvant faire que ce qui est juste fût fort, on a fait que ce qui est fort fût juste » (103). À ceux qui se scandaliseraient du machiavélisme de cette proposition, on peut répondre en un premier temps que l'intention de Pascal n'est pas de construire une théorie politique en réécrivant, par exemple, la *République* de Platon, mais qu'il cherche seulement à comprendre ce qui fait que la justice humaine est ce qu'elle est. De même que Machiavel parle « d'après ce qui est, et non pas d'après ce que le vulgaire imagine » [2], Pascal expose un point de vue que seuls les habiles peuvent comprendre. De plus, le point de vue machiavélien est descriptif et non pas normatif :

> On se figure souvent des républiques et des gouvernements qui n'ont jamais existé. Il y a si loin de la manière dont on vit à celle dont on devrait vivre, que celui qui tient pour réel et pour vrai ce qui devrait l'être sans doute, mais qui malheureusement ne l'est pas, court à une ruine inévitable [3].

Pour Pascal, le machiavélisme n'est pas une doctrine politique à proprement parler, de même que le pyrrhonisme n'est pas une philosophie comme les autres. Le machiavélisme n'est ni plus ni moins qu'une analyse très exacte des mécanismes du pouvoir politique, de même que le pyrrhonisme n'est rien d'autre qu'une analyse très précise du fonctionnement de la raison humaine.

Cependant, lorsque Pascal parle des rapports entre force et justice, il fait plus que décrire un état de fait. Pour comprendre cela, arrêtons-nous un instant sur le fragment 126, qui analyse les rapports entre un autre couple de notions, la nature et la coutume :

> 126. Les pères craignent que l'amour naturel des enfants ne s'efface. Quelle est donc cette nature sujette à être effacée.
> La coutume est une seconde nature qui détruit la première. Mais qu'est-ce que nature ? pourquoi la coutume n'est-elle pas naturelle ? J'ai grand peur que cette nature ne soit elle-même qu'une première coutume, comme la coutume est une seconde nature.

Dans ce fragment, qui ne se limite pas à la philosophie du droit mais embrasse ce qu'on appellerait aujourd'hui l'anthropologie, Pascal s'attache à démontrer que la distinction entre nature et coutume n'a aucune pertinence lorsqu'on examine attentivement les comportements humains. Il n'est pas possible de distinguer ce qui serait inhérent à la nature humaine de ce qui serait sujet à des variations historiques ou géographiques. Ou plus précisément, de telles distinctions, faites *a posteriori*, ne peuvent être qu'abstraites et donc très incertaines.

De même qu'on ne peut utilement distinguer la nature de la coutume, il n'est pas possible de faire une distinction pertinente entre force et justice.

Dans l'un et l'autre cas, cela est dû au fait qu'une des deux notions est sujette à dispute et l'autre ne l'est pas. Comme le dit Pascal, il existe « sans doute des lois naturelles, mais cette belle raison corrompue a tout corrompu » (60). Si on ne sait pas ce que sont les lois naturelles, on sait bien ce qu'est la coutume : la coutume nous servira donc de loi naturelle. De même, il existe sans doute une justice mais « nous n'en avons plus. Si nous en avions nous ne prendrions pas pour règle de justice de suivre les mœurs de son pays. C'est là que ne pouvant trouver le juste on a trouvé le fort, etc. » (86). Certains commentateurs de Pascal ont été tentés d'interpréter ces propositions en disant que le remplacement de la nature par la coutume est anti-naturel, de même que le remplacement de la justice par la force est injuste. Erich Auerbach soutient ainsi que Pascal voit la force « comme un mal pur, auquel on doit obéir aveuglément, sans en attendre un quelconque avantage, mais aussi avec dévotion, ou plus exactement par dévotion envers Dieu » [4]. Soutenir cela, c'est dire que la force est essentiellement et univoquement injuste, alors que Pascal dit précisément le contraire, à savoir qu'il n'est pas possible de distinguer, dans les institutions politiques existantes, ce qui est injuste de ce qui est juste, en l'entendant de la vraie justice. Mieux encore, en continuant de présupposer que ce qui est fort est nécessairement injuste, on reste sourd à la proposition qui dit que ce qui est fort est juste, et on ne peut donc pas comprendre que, pour Pascal, les institutions politiques existantes ne sont pas mauvaises mais bonnes. Dans ces propositions de Pascal, nature et coutume, force et justice ne sont pas antonymes mais bien synonymes.

Les considérations sur les rapports de la force et de la justice sont-elles descriptives ou normatives ? Elles ne sont certainement pas normatives au sens où pourrait l'être un traité de science politique qui prescrirait ce qu'un système de gouvernement doit être ; encore une fois, Pascal envisage le pouvoir politique tel qu'il est, et non pas tel qu'il devrait être. Mais elles ne sont pas non plus descriptives, au sens où pourrait l'être un moderne traité d'anthropologie qui constate un état de fait social en restant extérieur à cet état de fait et sans porter sur lui aucun jugement de valeur. C'est ici que le raisonnement de Pascal est difficile à saisir car il va à l'encontre de nos habitudes de pensée. Lorsque Pascal dit que « le larcin, l'inceste, le meurtre des enfants et des pères, tout a eu sa place entre les actions vertueuses » (60), il semble poser une thèse univoquement relativiste. Or, Pascal ne veut pas dire qu'il n'y a pas de nature humaine mais simplement que la nature humaine est fondée sur la coutume. La thèse de Pascal serait relativiste si

Pascal lui-même s'excluait de son application, en disant, comme Montaigne ou comme un anthropologue moderne : « Voici la coutume de cette tribu, et voilà la coutume de celle à laquelle j'appartiens ; l'une n'est pas meilleure que l'autre. » Et en effet, nous sommes habitués à présupposer, lorsque nous entendons quelqu'un dire : « Voici la coutume de ma tribu », que celui qui dit cela se place, du simple fait qu'il énonce une norme, en dehors du champ d'application de cette norme. Or, cette présupposition est proprement un préjugé, car rien n'empêche celui qui énonce la norme de l'appliquer à lui-même. C'est précisément ce que fait Pascal. Que la nature humaine soit fondée sur la coutume n'enlève rien au fait qu'elle est la nature humaine, pas plus que la justice n'est moins juste parce qu'elle est fondée sur la force.

Avançons d'un pas de plus. C'est parce qu'elle est fondée sur la coutume que la nature humaine est naturelle, et parce qu'elle est fondée sur la force que la justice humaine est juste. En tant que telle, la coutume n'est ni naturelle ni non-naturelle, parce que personne ne sait ce qu'est la nature. La force n'est ni juste ni injuste, parce que nul ne sait ce qu'est la justice. Mais la coutume et la force, dans la mesure où elles constituent un donné non sujet à dispute, ont l'immense mérite d'établir des normes grâce auxquelles il devient possible d'effectuer des distinctions entre le juste et l'injuste, le naturel et le non-naturel. Ou, pour le dire autrement, c'est précisément parce qu'elles sont arbitraires et non sujettes à examen ou à discussion que les prescriptions de la coutume et de la force sont pour celui à qui elles s'appliquent, naturelles et justes. C'est en ce sens que Pascal peut dire que « la coutume (est) toute l'équité, par cette seule raison qu'elle est reçue. C'est le fondement mystique de son autorité. Qui la ramènera à son principe l'anéantit » (60).

À cet égard, si Pascal parvient aux mêmes conclusions que Domat ou Nicole, il le fait par des voies différentes. Comme Pascal, et sans doute à sa suite, Domat et Nicole admirent les effets de la concupiscence dans la constitution de l'ordre social. C'est d'ailleurs là presque un cliché dans le milieu port-royaliste au sens large. On retrouve par exemple la même idée chez Mme de Sévigné qui, citant Nicole et Pascal, attribue à la providentielle concupiscence l'empressement des postillons qui portent et reportent ses lettres [5]. Mais la position de Pascal est beaucoup plus radicale que celle de ses amis port-royalistes. Domat, par exemple, soutient qu'il y a des lois naturelles et qu'il nous est possible de les connaître par la raison :

> Ainsi tous les hommes ont dans l'esprit les impressions de la vérité et de l'autorité de ces lois naturelles, qu'il ne faut faire tort à personne ;

qu'il faut rendre à chacun ce qui lui appartient ; qu'il faut être sincère dans ses engagements, fidèle à exécuter ses promesses ; et d'autres règles semblables de la justice et de l'équité. Car la connaissance de ces règles est inséparable de la raison, ou plutôt la raison n'est elle-même que la vue et l'usage de toutes ces règles [6].

Le point de vue de Domat est platonicien : les hommes ont la réminiscence, malgré leurs passions, de la vraie justice, et ils doivent utiliser leur raison pour la connaître. Pascal est pyrrhonien : il tient que « cette belle raison corrompue a tout corrompu » (60). Mais il y a plus : pour Domat, les lois naturelles sont connaissables, et en tant que telles, elles procurent leur légitimité aux lois arbitraires qui constituent la plupart des prescriptions des codes de lois existants :

Les lois naturelles étant la justice même, elles ont une autorité naturelle sur notre raison, car elle ne nous est donnée que pour sentir la justice et la vérité et nous y soumettre. Mais parce que tous les hommes n'ont pas toujours la raison assez pure pour reconnaître cette justice, ou le cœur assez droit pour y obéir, la police donne à ces lois un autre empire indépendant de l'approbation des hommes, par l'autorité des puissances temporelles qui les font garder. Mais l'autorité des lois arbitraires consiste seulement dans la force que leur donne la puissance de ceux qui ont le droit de faire les lois, et dans l'ordre de Dieu, qui commande de leur obéir [7].

Dans la logique des *Pensées* de Pascal, cette argumentation n'est pas recevable, car il n'est pas possible de distinguer, dans les lois existantes, le naturel de l'arbitraire. C'est donc tout l'objet du traité de Domat, *Les Lois civiles dans leur ordre naturel*, qui est remis en cause par une argumentation pyrrhonienne comme celle que Pascal développe dans les *Pensées*. Domat cherchait en effet à faire le tri, dans le Droit romain, entre les lois naturelles et celles qui ne sont « ni naturelles ni de notre usage » afin de « discerner ce qui est purement juste et naturel de ce que la raison et notre usage ne reçoivent point » [8]. Mais, contredisant encore plus radicalement le platonisme juridique de Domat, les *Pensées* annulent en la renversant la hiérarchie communément admise entre lois naturelles et lois arbitraires. Pour Pascal, non seulement la distinction entre lois naturelles et lois arbitraires est abstraite, mais c'est parce qu'elles sont arbitraires que les lois sont les lois, et que donc il est naturel de leur obéir.

La distinction traditionnelle entre droit naturel et droit positif s'applique à Pascal, mais d'une façon tout à fait paradoxale, puisque c'est le droit positif qui est, pour ainsi dire, la source du droit naturel. Autrement dit, Pascal est bien, en dernière analyse, un partisan du droit naturel, à cette réserve près que pour lui, la nature est une première coutume.

On retrouve la même ambiguïté dans la position de Pascal concernant le sens des mots. Dans le fragment 109, intitulé « Contre le pyrrhonisme », Pascal se pose la question de savoir si, lorsque les hommes emploient un mot ou une expression, ils se réfèrent tous à la même idée. Le point de vue sceptique qui est ici celui de Pascal lui fait douter que cela soit le cas, « car nous n'en avons aucune preuve » (109). Toutefois, Pascal constate une remarquable régularité dans l'usage des mots, puisque « toutes les fois que deux hommes voient un corps changer de place, ils expriment tous deux la vue de ce même objet par le même mot, en disant l'un et l'autre qu'il s'est mû » (109). Il est donc probable, mais non pas absolument certain, que les mots correspondent à des idées qui sont les mêmes pour tous. De même que nous avons distingué la position de Pascal de celle de Domat, il importe ici de marquer la différence entre Pascal et les auteurs de la *Logique*. Pour Arnauld et Nicole en effet, la régularité que nous constatons dans l'usage des mots est une conséquence de l'universalité des idées auxquelles ces mots correspondent :

> De sorte que si outre les noms nous n'avions en nous-mêmes les idées des choses, cette convention aurait été impossible, comme il est impossible par aucune convention de faire entendre à un aveugle ce que veut dire le mot de rouge, de vert, de bleu : parce que n'ayant point ces idées, il ne peut les joindre à aucun son [9].

Dans la perspective cartésienne qui est celle d'Arnauld et Nicole, ce sont les idées qui fondent la signification. Mais il est très possible d'expliquer le fonctionnement de la langue en restant, comme l'est Pascal, empirique et sceptique. Contrairement à ce que disent les auteurs de la *Logique*, un aveugle peut très bien apprendre à appliquer le mot rouge à tous les objets que le reste de la communauté humaine qualifie de rouges. Son apprentissage aura été plus long et plus difficile que celui des hommes qui voient le rouge, mais on peut légitimement soutenir qu'à la fin de son apprentissage, il saura aussi bien qu'un autre ce qu'est le rouge. Pour reprendre les mots d'un empiriste moderne, Quine, dont la position est très proche de celle de Pascal, « quand nous apprenons le langage, nous apprenons à en associer les mots aux mêmes idées que celles auxquelles les autres locuteurs les associent. Eh bien, comment savons-nous que ces idées sont les mêmes ? Et, pour ce qui est de la communication, qui s'en soucie ? Nous avons tous appris à appliquer le mot « rouge » au sang, aux tomates, aux pommes mûres, et aux homards cuits. L'idée associée, la sensation associée, sont ce qu'elles peuvent être. Le langage contourne l'idée et va à l'objet »[10].

De même qu'il n'est pas nécessaire d'invoquer la loi naturelle pour établir la légitimité des gouvernements, de même, il est inutile de postuler l'existence d'idées communes à tous les hommes pour rendre compte du fonctionnement de la langue. Ce qui est remarquable ici, et ce dont Pascal s'étonne philosophiquement, est la vertu fondatrice d'une philosophie habituellement considérée comme destructrice, le scepticisme. Si, pour Pascal, le machiavélisme est le vrai, cela ne signifie pas que la politique est intrinsèquement diabolique, mais bien au contraire, qu'il faut s'étonner de ce que des lois arbitraires règlent de façon somme toute acceptable la vie des États. De même, il faut admirer le fait qu'en l'absence de tout lien naturel et nécessaire entre les mots et les choses qu'ils signifient, les malentendus soient si peu fréquents et ne surviennent en fait que lorsque des locuteurs mal intentionnés comme les jésuites brouillent les choses à dessein.

Pour montrer l'unité de la pensée de Pascal en ce domaine, faisons enfin une brève incursion dans le domaine mathématique. Pour Pascal, l'ordre des mathématiques est naturel, mais seulement au sens où l'ordre politique et l'ordre de la langue le sont. Premièrement en effet, « les hommes sont dans une impuissance naturelle et immuable de traiter quelque science que ce soit dans un ordre absolument accompli »[11]. Ce que Pascal appelle « la véritable méthode »[12] est donc tout aussi hors d'atteinte que la véritable justice. Il faut donc se contenter de moins, c'est-à-dire de la méthode géométrique, qui ne définit pas ses principes. En effet, l'ordre de la géométrie « ne définit pas tout et ne prouve pas tout », et c'est en cela qu'il est inférieur à la véritable méthode, « mais il ne suppose que des choses claires et constantes par la lumière naturelle, et c'est pourquoi il est parfaitement véritable, la nature le soutenant au défaut du discours »[13]. Les principes de la géométrie sont donc naturels, mais naturels selon la nature humaine, c'est-à-dire qu'ils sont le produit de la coutume :

> 419. La coutume est notre nature. Qui s'accoutume à la foi la croit, et ne peut plus ne pas craindre l'enfer, et ne croit autre chose.
> Qui s'accoutume à croire que le roi est terrible, etc.
> Qui doute donc que notre âme étant accoutumée à voir nombre, espace, mouvement, croit cela et rien que cela.

Ce fragment est particulièrement intéressant en ce qu'il met sur le même plan la croyance en Dieu, l'obéissance au roi, et l'assentiment que nous donnons aux principes des mathématiques. Chacune de ces croyances humaines est le fait de la coutume, cependant (et c'est là le point paradoxal), cela ne les relativise en aucune façon. Que les principes de la géométrie soient arbitraires n'enlève rien au fait que l'ordre géométrique est « parfaitement véritable » [14]. Mieux encore, c'est parce que ses principes sont arbitraires et non sujets à discussion ou définition que la géométrie est vraie. Par conséquent, « l'éclaircissement qu'on en voudrait faire apporterait plus d'obscurité que d'instruction » [15]. En géométrie comme en politique, tenter de définir les principes ne peut produire que la confusion :

> L'art de fronder, bouleverser les états est d'ébranler les coutumes établies en sondant jusque dans leur source pour marquer leur défaut d'autorité et de justice. Il faut, dit-on, recourir aux lois fondamentales et primitives de l'état qu'une coutume injuste a abolies. C'est un jeu sûr pour tout perdre ; rien ne sera juste à cette balance (60).

Pour Pascal, qui assimile explicitement la question des principes de la géométrie à celle du sens des mots de la langue, il n'est pas nécessaire que tous les hommes aient la même idée de ce que sont le temps ou le mouvement pour qu'ils s'accordent sur le sens des mots *temps* ou *mouvement*, car « ce n'est pas la nature de ces choses que je dis qui est connue de tous : ce n'est simplement que le rapport entre le nom et la chose ; en sorte qu'à cette expression, *temps*, tous portent la pensée vers le même objet » [16]. Comme le dit Quine, « le langage contourne l'idée et va à l'objet ».

En politique, cela a deux conséquences essentielles : premièrement, il n'est pas nécessaire de connaître la loi naturelle pour former un gouvernement juste ; deuxièmement, ceux qui croient pouvoir définir la justice et fonder un gouvernement juste sur cette définition sont des relativistes de fait, parce qu'ils ne peuvent s'accorder sur une définition de la justice. Ce ne sont donc pas les partisans du droit naturel mais les machiavéliens qui, par leur refus de définir la justice, sont les vrais universalistes. Les machiavéliens tiennent en effet que lorsque les hommes disent le mot *justice*, ils savent de quoi ils parlent, parce qu'ils portent tous la pensée vers le même objet.

NOTES

1. Rome, 1639.

2. *Le Prince*, chap. XV.

3. *Ibid.*

4. « On the political theory of Pascal », in *Scenes from the Drama of European Literature*, Minneapolis, 1984, p. 129. Traduction de « Ueber Pascals politische Theorie », in *Vier Untersuchungen zur Geschichte der französischen Bildung*, Berne, 1951.

5. Lettre à Mme de Grignan, 12 juillet 1671.

6. *Traité des lois* (Préface des *Lois civiles dans leur ordre naturel*, Paris, 1689), I, X, III.

7. *Op. cit.*, I, XI, XX.

8. *Op. cit.*, I, XI, XIX.

9. *La Logique ou l'Art de penser*, I, 1.

10. W.V. Quine, *The Roots of Reference*, Cambridge, 1973, p. 35 ; cité par Sandra Laugier in *L'apprentissage de l'obvie*, à paraître aux Éditions Vrin, Paris.

11. *De l'esprit géométrique*, éd. Lafuma, Paris, 1963, p. 350.

12. *Op. cit.*, p. 349.

13. *Op.cit.*, p. 350.

14. *Ibid.*

15. *Ibid.*

16. *De l'esprit géométrique*, éd. citée, p. 350.

Après la communication de PIERRE FORCE

TETSUYA SHIOKAWA — Pascal a-t-il lu Machiavel ?

PIERRE FORCE — On l'ignore. Mais le machiavélisme est, comme le scepticisme, une doctrine qui n'a pas besoin d'auteur...

ODETTE BARENNE — Dans la bibliothèque de Saci, il y avait les œuvres de Machiavel en italien.

LAURENT THIROUIN — Quelle définition générale peut-on donner du machiavélisme ?

PIERRE FORCE — Le machiavélisme, c'est le scepticisme appliqué à la politique. De façon pratique, c'est l'art de rester au pouvoir.

GÉRARD FERREYROLLES — La réduction de ce qui est Nature chez Pascal à la coutume vient de ce qu'on identifie Pascal au pyrrhonisme. Mais le pyrrhonisme est une étape dans une dialectique, qui est appelée à être dépassée en une autre étape où la Nature revient.

PIERRE FORCE — Pascal est pyrrhonien en ces matières. Le vrai pyrrhonisme ne consiste pas à douter dogmatiquement, mais à douter de tout, y compris de son doute. La position de Pascal est un pyrrhonisme conséquent. Dans la perspective apologétique des *Pensées*, Pascal s'adresse à des gens qui sont sceptiques ; il utilise les arguments sceptiques pour construire autant qu'on peut de théorie morale à partir de cette philosophie destructrice. Le pyrrhonisme est donc dépassé par le pyrrhonisme lui-même. Mais Pascal n'est assurément pas pyrrhonien personnellement.

GÉRARD FERREYROLLES — La possibilité d'un dépassement ne suppose-t-elle pas une primauté ontologique du bien ?

HÉLÈNE BOUCHILLOUX — On sait au moins pour Pascal ce qui est injuste, indirectement par voie négative. On peut dénoncer l'injustice. Il en va de même dans les sciences.

André PÉRÈS

L'État chez Montaigne, La Boétie, Pascal

Pour comprendre la genèse des idées de Pascal en politique, il est naturel de remarquer que, dans ce domaine comme dans d'autres, il détermine son point de vue par rapport à celui de Montaigne dont il était un fervent lecteur. Il est également naturel d'associer La Boétie à Montaigne. Montaigne (1533-1592), La Boétie (1530-1563) et Pascal (1623-1662) ont exercé leurs réflexions politiques à partir de la difficile naissance de l'État moderne en France.

On admet aujourd'hui que l'État a le monopole de la défense contre l'ennemi extérieur et contre l'ennemi intérieur, le monopole des pouvoirs législatif et judiciaire et, enfin, le monopole de la fiscalité. La monarchie française mit un siècle et demi pour conquérir ces monopoles. Les guerres d'Italie, la lutte contre l'Angleterre et les Habsbourg fondirent dans l'armée royale les troupes des grands seigneurs. Succédant aux Valois, les Bourbons triomphèrent des séquelles des guerres de religion et de la dernière révolte féodale.

Montaigne et La Boétie virent se déchirer catholiques et protestants. La première édition des *Essais* (1580) est postérieure de huit ans à la Saint-Barthélemy. Elle précède de neuf ans l'accession au trône d'Henri IV. Peu après la naissance de Pascal, Richelieu fait perdre aux protestants l'espoir de constituer un État dans l'État. Dans sa jeunesse, Pascal voit Mazarin réduire la Fronde.

En ces temps troublés, Montaigne, La Boétie et Pascal recherchèrent un fondement pour les institutions. Ils crurent le trouver dans la force des coutumes. Mais ils n'en déduisirent pas les mêmes conséquences. Pour Montaigne, il vaut mieux ne point bouleverser les coutumes mais accompagner leur évolution. Selon La Boétie, il faut les changer, car en les suivant, le peuple s'asservit volontairement à un tyran. Comme La Boétie, Pascal reconnaît l'origine injuste du pouvoir d'État. Mais, comme Montaigne, il veut préserver la paix civile. Puisque le peuple est accoutumé à la forme monarchique du gouvernement, il convient de la conserver en l'amendant.

Entre Montaigne qui répugne aux changements et La Boétie qui en laisse envisager un radical, Pascal, à la lumière de sa foi et de sa raison, se demande comment rendre juste un État né dans l'injustice.

Recherche de la stabilité institutionnelle et critique de la tyrannie (Montaigne, La Boétie)

Montaigne

Le chapitre IX du livre III des *Essais* (intitulé « De la vanité ») contient un passage qui résume le scepticisme de Montaigne quant à la possibilité de changer l'État par une révolution. Il vaut mieux, selon lui, laisser évoluer les coutumes propres à chaque nation. En cette époque endeuillée par les guerres de religion [1], c'est, en effet, la coutume plutôt que des institutions mûrement pensées qui fait tenir la société [2]. Puisque le hasard et la nécessité rassemblent les hommes [3], chaque nation se maintient par les coutumes qui l'ont engendrée [4]. S'il ne faut pas repousser des réformes, on doit se garder de vouloir une révolution [5]. Méfiant à l'égard de l'esprit de système qui la déclenche, Montaigne pense que tenter d'édifier une science politique ne peut être qu'une entreprise illusoire [6]. À l'aide de métaphores expressives, il se borne à conclure que le garant de la stabilité des États est la durée [7].

Montaigne ne nous donne qu'un point de vue, une « humeur », comme on dit en jargon journalistique, sur l'État, point de vue pessimiste et conservateur. Tout aussi pessimiste, La Boétie pense, au contraire, qu'il est temps de changer la société.

La Boétie

Quand Montaigne le rencontra en 1557, il fit la connaissance d'un jeune homme de vingt-sept ans, de trois ans son aîné, licencié en droit civil, membre du parlement de Bordeaux. Il avait déjà composé son *Discours de la servitude volontaire*, souvent dénommé *Contr'Un* par la suite. D'après Montaigne, cet opuscule aurait été écrit dès 1548. Mais certains détails (allusions aux poètes de la Pléiade) montrent qu'il a été remanié au moins en 1553. Or, quand Montaigne publie, en 1571, les œuvres de son ami, il en excepte justement le *Discours de la servitude volontaire*. Comme si cette analyse de l'origine du pouvoir tyrannique et cette apologie de la liberté étaient contraires aux idées que, lui, Montaigne a exprimées, notamment dans le chapitre des *Essais* ci-dessus mentionné.

Ce petit ouvrage, né à la faveur d'une réflexion sur les guerres civiles, inspiré par la lecture de grands auteurs de l'Antiquité (la peinture de la solitude du tyran doit beaucoup à celle de Platon dans la *République*), garde une fraîcheur et une puissance qui peuvent faire considérer La Boétie comme un lointain précurseur des courants de pensée qui entraînèrent la chute de l'Ancien Régime.

Quelles en sont les lignes directrices ? D'abord, comme l'indique le titre, le tyran n'a d'autre puissance que celle que lui confère le peuple ; ensuite, l'origine et la légitimité du pouvoir ne peuvent être discutées que par référence au droit naturel. Puis, après avoir fustigé la servilité des sujets, La Boétie en suggère trois causes : les coutumes et l'éducation, les techniques d'abêtissement utilisées par les tyrans, la stratification pyramidale de la société.

Selon La Boétie, le tyran n'a de puissance que celle que lui confère son peuple [8] : il ne sert à rien d'invoquer la crainte de la force pour expliquer la servilité des sujets [9]. On doit analyser cette servitude volontaire à la lumière du droit naturel : les tyrans ne dominent pas les peuples par nature [10]. Comment rendre alors raison de la puissance dont s'est dessaisi le peuple pour se livrer au tyran [11] ? Ce dessaisissement n'est point naturel [12]. En effet, la liberté est si naturelle que les animaux eux-mêmes en font preuve : nous devons apprivoiser, c'est-à-dire réduire à la servitude, comme le remarquera La Fontaine, ceux que – tel le cheval – nous voulons prendre à notre service.

Ce sont donc la coutume et l'éducation qui sont à l'origine de la servitude volontaire des peuples : les hommes la combattent si peu parce qu'ils l'ont trouvée, léguée par leurs ancêtres, dans leur berceau [13].

À l'encontre de la célébration par Montaigne des bienfaits de la coutume, La Boétie remarque qu'elle peut tout autant habituer certains peuples à la servitude [14] que favoriser, chez d'autres, la liberté [15]. Cette analyse trouvera un prolongement au XVIIIe siècle : Montesquieu et Voltaire se plairont à opposer, avec une symétrie quelque peu artificielle, les Anglais, modèle de peuple libre, et les Français qui gémissent sous le poids des survivances de la féodalité.

La naissance dans la servitude entraîne les peuples à un comportement fataliste et conservateur [16]. Pour faire perdurer cette servitude, les tyrans se sont avisés d'utiliser des techniques d'abêtissement. Les premières, plutôt négatives, consistent à limiter au maximum les lumières des peuples [17].

S'insurgeant contre ces techniques, La Boétie revendique un droit qui sera reconnu fondamental par les Encyclopédistes et les Révolutionnaires : celui de penser et de s'exprimer librement. D'autres techniques, positives – si l'on peut dire –, se servent de divertissements populaires pour faire oublier leurs chaînes aux sujets. C'est ainsi que, pour s'épargner le fardeau de tenir la ville de Sardes par son armée, le roi Crésus y établit « des bordeaux, des tavernes et jeux publics » [18]. La méfiance de La Boétie envers l'utilisation des spectacles permet de mieux comprendre l'hostilité première de l'Église pour le théâtre et, plus tard, celle du « citoyen de Genève », Rousseau. La Boétie ne va pas, toutefois, jusqu'à prôner la censure. Il est un des premiers penseurs à remarquer que, depuis la plus haute Antiquité, les souverains pratiquent ce que R.G. Schwartzenberg a, de nos jours, joliment dénommé l'« État spectacle » [19 et 20]. Pascal se souviendra peut-être de cette analyse lorsqu'il montrera qu'une bonne partie de l'effroi qu'inspirent les tribunaux est provoquée par l'étrangeté de l'apparence des juges coiffés de leurs bonnets carrés [21].

Non contents d'en imposer à leurs sujets par la pompe de leurs costumes et le faste de leurs cérémonies, les tyrans ont eu, en outre, l'idée d'emprunter « quelque échantillon de divinité pour le soutien de leur méchante vie », appelant la religion à la rescousse pour soutenir leur trône [22]. Les rois de France eux-mêmes « semèrent je ne sais quoi de tel, des crapauds, des fleurs de lys, l'ampoule et l'oriflamme » [23].

L'ensemble de ces techniques contribue à établir durablement la domination des tyrans. Le mécanisme de cette domination est d'allure « pyramidale ». En trois pages, La Boétie anticipe sur les conclusions de l'expérience de S. Milgram sur la « soumission à l'autorité » [24 et 25]. La force du tyran, garante de son pouvoir, provient en effet d'une stratification de la société par laquelle tout tyrannisé est le tyranneau de quelques autres qui, eux aussi, sont à leur tour de petits tyrans pendant que le grand tyran tire les cordes qui les attachent les uns aux autres... Au sommet de la pyramide, il est désespérément seul. Nuit et jour, il vit dans la crainte de ses complices immédiats qui n'aspirent qu'à l'évincer pour le remplacer [26].

Dans cet ouvrage d'une densité et d'une lucidité qui dépassent largement son époque, La Boétie, en analysant l'origine de la servitude volontaire, a montré qu'elle assure la stabilité de l'État qu'il dit tyrannique mais qu'il pense, peut-être, monarchique. Il a peint en négatif ce qu'il appartiendra à Rousseau de faire apparaître en positif : les conditions d'un véritable contrat social. Conduit à refuser, à la différence de Montaigne, de faire confiance aux coutumes, il ne peut toutefois, à cause de cette conception seulement négative, établir, comme tentera de le faire Pascal, les fondements d'un État à la fois stable et juste.

Pascal et la nécessité de la monarchie

Après quelques périodes de grand trouble, le XVIIe siècle voit l'avènement de la monarchie absolue qui culmine avec Louis XIV.

Quand il s'interroge sur l'État, Pascal s'inscrit, en partie, dans les problématiques pourtant divergentes de La Boétie peut-être, de Montaigne sûrement, en les éclairant de sa raison et de sa foi. Comme La Boétie, Pascal se demande pourquoi l'on se soumet à l'ordre existant. Comme Montaigne, il invoque la coutume – mais il estime que le peuple a raison de croire que les lois sont justes. Au nom de sa foi, il accepte la conception de Montaigne selon laquelle la paix civile, qui est le plus grand des biens, doit être à tout prix sauvegardée, au prix même de restrictions de la liberté. Pour ce faire, la forme monarchique de l'État est encore la moins mauvaise.

Ce n'est qu'indirectement, en réfléchissant sur les lois et la justice, que Pascal aborde la question de l'État. En parodiant son style, on peut résumer son analyse en disant que *puisqu'on ne peut établir des lois justes, il faut justifier les lois.*

I - *On ne peut établir des lois justes*

Suivant, avec saint Augustin et Jansénius, le récit de la Genèse, Pascal se dit convaincu que le péché d'Adam est cause de la corruption de la nature humaine. Notre raison est elle-même corrompue[27]. Il en résulte que les lois et la justice terrestre ne peuvent être établies que par le hasard et la force. La justice supérieure, divine, à laquelle aspire Pascal, est incommensurable avec la justice-institution, la justice humaine[28]. Son expérience, son observation des comportements humains ont convaincu, en effet, Pascal de la relativité de la justice humaine[29] : les hommes ne peuvent connaître la justice véritable[30] ; les lois actuelles ne sont que la consécration oubliée d'anciennes usurpations. En témoignent, entre autres, celles qui sont relatives à la propriété[31].

À l'encontre de ceux qui, comme Montaigne, estiment que l'on ne peut suivre que la coutume, faut-il suivre ceux qui invoquent les « lois naturelles » ? S'inspirant d'un passage des *Essais* [32], Pascal regrette que cette expression serve, en fait, à justifier les actes les plus barbares [33].

Puisque la justice ne peut s'exercer sans la force, la force, pour devenir légitime, doit s'appuyer sur la justice [34 et 35]. C'est ce dont est présentement et doit pour l'avenir continuer à être convaincu le peuple. Celui-ci n'est pas aussi clairvoyant que Montaigne, car, s'il respecte la coutume, c'est qu'il la croit juste [36]. Pour le maintien de la stabilité de l'État, le peuple doit persister dans sa croyance en la valeur des coutumes monarchiques. Elles ont l'avantage d'éviter la principale cause de troubles dans les États : la désignation de leurs chefs. Se disputer sur le choix des gouvernants risque de conduire à des guerres civiles [37]. C'est pourquoi, après avoir accordé qu'il est apparemment déraisonnable « de choisir, pour gouverner un État, le premier fils d'une reine » [38], Pascal justifie ce choix pour éviter les troubles que font naître les interrègnes.

La croyance du peuple en la valeur de la monarchie est d'autant plus forte que le respect qu'on doit aux rois a été préparé par le respect qu'on doit aux grands seigneurs. Pascal est ainsi conduit à distinguer des autorités qui s'appuient sur la force des coutumes, ou autorités d'établissement, et des autorités que reconnaît notre raison, ou autorités naturelles. On respecte les nobles par coutume, les philosophes et les savants par raison. Pascal a longuement expliqué cette distinction dans les *Trois discours sur la condition des Grands*, probablement destinés au fils aîné du duc de Luynes et rapportés par Nicole [39].

II - *Il faut se ranger aux opinions du peuple sur l'État*

Seuls les « chrétiens parfaits » peuvent comprendre que le peuple a raison de respecter les grandeurs d'établissement [40 et 41]. Si nous n'admettons pas le postulat théologique de la corruption de la nature humaine et de la raison elle-même, devons-nous conclure que toute l'argumentation de Pascal revient à justifier l'ordre politique existant ? Non sans doute, mais qu'il est dangereux de vouloir le bouleverser au nom d'une justice idéale et de lois prétendument universelles. Ce serait folie de modifier les institutions avant d'éduquer le peuple, d'en faire un ensemble de « chrétiens parfaits » ou, comme on dira à l'époque des Lumières, de « philosophes ». En changeant radicalement les institutions sans avoir pris la précaution d'éduquer préalablement le peuple, les Révolutionnaires de 89 n'ont pu éviter les guerres civiles, qui sont « le plus grand des maux » [42].

Bref, Pascal a en commun avec les Encyclopédistes ce principe qu'il faut changer les hommes avant les institutions. S'il n'est pas révolutionnaire, il n'est pas, non plus, conservateur. Il a tenté de comprendre, à la lumière de sa foi et de sa raison, les fondements sur lesquels reposent les institutions politiques. Puisque ces fondements sont, contrairement à nos souhaits, non de droit mais de fait, il faut que le fonctionnement de l'État repose sur un fait indiscutable car naturel : la filiation de ses chefs. Ce que nous appelons le droit résulte de coutumes qu'avec la force de l'habitude nous avons confondues avec des lois universelles [43]. Puisqu'il est illusoire de penser qu'on puisse trouver des lois universelles, il convient de respecter la coutume la moins déraisonnable du temps : la monarchie héréditaire, garante de la stabilité des institutions.

Montaigne, La Boétie, Pascal se rejoignent dans leur tentative d'expliquer la genèse de l'État par les coutumes. Avec La Boétie, Pascal conviendrait que le peuple est responsable de sa servitude. À la différence de La Boétie, il ne se limite pas à une attitude accusatrice. Une société sans autorité est, en effet, contradictoire dans les termes. Sur quel fondement assurer alors l'autorité ? Sur une coutume, car le peuple ne peut distinguer coutume et raison. Il ne suffit donc pas, à la manière de Montaigne, de rejeter toutes les coutumes ou encore de se borner à suivre celles de son pays. D'où le compromis pascalien : l'autorité politique doit reposer sur une coutume généralement acceptée et respectée et que peut justifier une argumentation raisonnable. Cette coutume acceptable et respectable est la monarchie héréditaire parce qu'elle prévient les séditions qui naissent à l'occasion du vide des interrègnes. La solution de Pascal peut, aujourd'hui, nous paraître contestable. Mais le problème politique majeur est incontestablement, aujourd'hui comme hier, celui d'une succession sans troubles des gouvernants. C'est le principal mérite de la contribution de Pascal à la réflexion politique de l'avoir décelé en nous rappelant que « la raison ne peut mieux faire, car la guerre civile est le plus grand des maux » [44].

NOTES

1. « Nous sommes tantost par la longue licence de ces guerres civiles, envieillis, en une forme d'estat si débordée – *Quippe ubi fas versum atque nefas* (où le juste et l'injuste sont confondus : Virgile, *Géorgiques*, I, 505) – qu'à la vérité c'est merveille qu'elle se puisse maintenir » (Montaigne, *Essais*, III, ch. IX ; t. III, pp. 189-190 des éditions Garnier frères, 1958, avec notes de Maurice Rat).

2. « Je vois par nostre exemple que la société des hommes se tient et se coust, à quelque pris que ce soit. En quelque assiete qu'on les couche, ils s'appilent et se rengent en se remuant et s'entassant, comme des corps mal unis qu'on empoche sans ordre, trouvent d'eux-mesme la façon de se joindre et s'emplacer les uns parmy les autres, souvant mieux que l'art ne les eust sçeu disposer » (*ibid.*, p. 190).

3. « La nécessité compose les hommes et les assemble. Cette cousture fortuite se forme après en loix ; car il en a été d'aussi farouches qu'aucune opinion humaine puisse enfanter, qui toutesfois ont maintenu leurs corps avec autant de santé et longueur de vie que celles de Platon et Aristote sçauroyent faire » (*ibid.*, p. 190). « Ces grandes et longues altercations de la meilleure forme de société et des reigles plus commodes à nous attacher, sont altercations propres seulement à l'exercice de nostre esprit » (*ibid.*, p. 190). « On demandoit à Solon s'il avoit estably les meilleures loys qu'il avoit peu aux Athéniens : "Ouy bien, respondit-il, de celles qu'ils eussent receuës" » (*ibid.*, p. 191).

4. « Non par opinion mais en vérité, l'excellente et meilleure police est à chacune nation celle soubs laquelle elle s'est maintenuë. Sa forme et commodité essentielle despend de l'usage. Nous nous desplaisons volontiers de la condition présente. Mais je tiens pourtant que d'aller desirant le commandement de peu en un estat populaire, ou en la monarchie une autre espece de gouvernement, c'est vice et folie » (*ibid.*, p. 191).

5. « Rien ne presse un estat que l'innovation : le changement donne seul forme à l'injustice et à la tyrannie. Quand quelque piece se démanche, on peut l'estayer : on peut s'opposer à ce que l'alteration et corruption naturelle à toutes choses ne nous esloingne trop de nos commencemens et principes. Mais d'entreprendre à refondre une si grande masse et à changer les fondemens d'un si grand bastiment, c'est à faire à ceux qui pour descrasser effacent, qui veulent amender les desfauts particuliers par une confusion universelle et guarir les maladies par la mort » (*ibid.*, pp. 191-192).

6. « La conservation des estats est chose qui vray-semblablement surpasse nostre intelligence. C'est, comme dict Platon, chose puissante et de difficile dissolution qu'une civile police. Elle dure souvent contre des maladies mortelles et intestines, contre l'injure des loix injustes, contre la tyrannie, contre le desbordement et ignorance des magistrats, licence et sedition des peuples » (*ibid.*, p. 194).

7. « Tout ce qui branle ne tombe pas. La contexture d'un si grand corps tient à plus d'un clou. Il tient mesme par son antiquité : comme les vieux bastimens, ausquels l'aage a desrobé le pied, sans crouste et sans cyment, qui pourtant vivent et se soustiennent en leur propre poix » (*ibid.*, p. 195).

8. La Boétie se demande d'abord « comme il se peut faire que tant d'hommes, tant de bourgs, tant de villes, tant de nations endurent quelquefois un tyran seul qui n'a puissance, que celle qu'ils lui donnent ; qui n'a pouvoir de leur nuire, sinon de tant qu'ils ont vouloir de l'endurer, qui ne sauroit leur faire mal aucun, sinon lorsqu'ils aiment mieux le souffrir que lui contredire » (La Boétie, *De la servitude volontaire*, p. 132, édition G.F. Flammarion, 1983, avec notes de Simone Goyard-Fabre).

9. « Deux peuvent craindre un, et possible dix mais mille, mais un million, mais mille villes, si elles ne se défendent d'un, cela n'est pas couardise » (*ibid.*, p. 134). « Ce sont donc les peuples mêmes ; qui se laissent ou plutôt se font gourmander, puisqu'en cessant de servir ils en seraient quittes. C'est le peuple qui s'asservit, qui se coupe la gorge, qui, ayant le choix ou d'être serf ou d'être libre, quitte sa franchise et prend le joug, qui consent à son mal, ou plutôt le pourchasse » (*ibid.*, p. 136).

10. « Celui qui vous maîtrise tant n'a que deux yeux, n'a que deux mains, n'a qu'un corps, et n'a autre chose que ce qu'a le moindre homme du grand et infini nombre de vos villes, sinon que l'avantage que *vous* lui faites pour vous détruire. D'où a-t-il pris tant d'yeux, dont il vous épie, si *vous ne les lui baillez ?* » (*ibid.*, p. 138). (C'est nous qui soulignons).

11. « Cherchons donc par conjecture, si nous en pouvons trouver, comment s'est si avant enracinée cette opiniâtre volonté de servir, qu'il semble maintenant, que *l'amour même de la liberté ne soit pas si naturel* » (*ibid.*, p. 139). Car « si nous vivions avec les droits que *la nature* nous a donnés et les enseignements qu'elle nous apprend, nous serions naturellement obéissants aux parents, sujets à la raison et serfs de personne » (*ibid.*, pp. 139-140).

12. Selon la nature, nous sommes, en effet, « naturellement libres, puisque nous sommes tous compagnons, et ne peut tomber en l'entendement de personne que nature ait mis aucun en servitude, nous ayant tous mis en compagnie » (*ibid.*, p. 141).

13. « Les hommes naissant sous le joug, et puis nourris et élevés dans le servage, sans regarder plus avant, se contentent de vivre comme ils sont nés, et ne pensent point avoir autre bien ni autre droit que ce qu'ils ont trouvé, *ils prennent pour leur naturel l'état de leur naissance* » (*ibid.*, p. 145).

14. « *La coutume*, qui a en toutes choses grand pouvoir sur nous, n'a en aucun endroit si grande vertu qu'en ceci, de nous *enseigner à servir* et, comme l'on dit de Mithridate qui se fit ordinaire à boire le poison, pour nous apprendre à avaler et ne trouver point amer le venin de la servitude » (*ibid.*, p. 145).

15. « Il ne se pouvait faire que le Persan eût regret à la liberté, ne l'ayant jamais eue, ni que le Lacédémonien endurât la sujétion, ayant goûté la franchise » (*ibid.*, p. 148).

16. « On ne se plaint jamais de ce que l'on n'a jamais eu, et le regret ne vient point sinon qu'après le plaisir, et toujours est, avec la connaissance du mal, la souvenance de la joie passée. La nature de l'homme est bien d'être franc et de le vouloir être, mais aussi sa nature est telle que naturellement il tient le pli que la nourriture lui donne (...). Ils disent qu'ils ont toujours été sujets, que leurs pères ont ainsi vécu » (*ibid.*, p. 150).

17. « Le Grand Turc s'est bien avisé de cela, que les livres et la doctrine donnent, plus que toute autre chose, aux hommes le sens et l'entendement de se reconnaître et de haïr la tyrannie. » (*ibid.*, p. 151). « La liberté leur est toute ôtée, sous le tyran, de faire, de parler et quasi de penser » (*ibid.*, p. 152).

18. *Ibid.*, p. 155. Par exemple, « les théâtres, les jeux, les farces, les spectacles (...) étaient aux peuples anciens les appâts de la servitude, le prix de leur liberté, les outils de la tyrannie ». Les tyrans pouvaient ainsi « endormir leurs sujets sous le joug » (*ibid.*, p. 156).

19. R.G. Schwartzenberg, *L'État spectacle : Éssai sur et contre le star system en politique*, éd. Flammarion, 1977.

20. « Les premiers rois d'Égypte ne se montraient guère qu'ils ne portassent tantôt un chat, tantôt une branche, tantôt du feu sur la tête et, ce faisant, par l'étrangeté de la chose, ils donnaient à leurs sujets quelque révérence et admiration » (La Boétie, *op. cit.*, p. 158).

21. Cf. Pascal, *Pensées*, Brunschvicg 310, Lafuma 797 et aussi B. 307, L. 87, ainsi que B. 308, L. 25.

22. La Boétie, *op. cit.*, p. 159.

23. *Ibid.*, p. 160.

24. Stanley Milgram, *Soumission à l'autorité* (traduction, Calmann-Lévy, 1974).

25. « Cinq, six ont eu l'oreille du tyran. » (La Boétie, *op. cit.*, p. 162). « Ces six ont six cents qui profitent sous eux, et font de leurs six cents ce que les six font au tyran. Ces six cents en tiennent sous eux six mille, qu'ils ont élevés en état, auxquels ils font donner ou le gouvernement des provinces, ou le maniement des deniers » (*ibid.*, p. 163). « Et qui voudra s'amuser à dévider ce *filet*, il verra que, non pas les six mille, mais les cent mille, mais les millions, par cette *corde*, se tiennent au tyran, s'aident d'icelle comme, en Homère, Jupiter qui se vante, s'il tire *la chaîne*, d'amener vers soi tous les Dieux » (*ibid.*, p. 163).

26. « Avoir toujours l'œil au guet, l'oreille aux écoutes, pour épier d'où viendra le coup (...) ; n'avoir aucun ni ennemi ouvert ni ami assuré ; ayant toujours le visage riant et le cœur transi, ne pouvoir être joyeux et n'oser être triste ! » (*ibid.*, p. 170).

27. « Il y a sans doute des lois naturelles ; mais cette belle raison corrompue a tout corrompu » (Pascal, *Pensées*, Brunschvicg 294, Lafuma 60).

28. « L'unité jointe à l'infini ne l'augmente de rien, non plus qu'un pied à une mesure infinie ; le fini s'anéantit en présence de l'infini, et devient un pur néant. Ainsi notre esprit devant Dieu ; ainsi notre justice devant la justice divine. Il n'y a pas si grande disproportion entre notre justice et celle de Dieu, qu'entre l'unité et l'infini » (*ibid.*, B. 233, L. 418).

29. « J'ai passé longtemps de ma vie en croyant qu'il y avait une justice ; et en cela je ne me trompais pas ; car il y en a, selon que Dieu nous l'a voulu révéler. Mais je ne le prenais pas ainsi, et c'est en quoi je me trompais ; car je croyais que notre justice était essentiellement juste, et que j'avais de quoi la connaître et en juger. Mais je me suis trouvé tant de fois en faute de jugement droit, qu'enfin je suis entré en défiance de moi et puis des autres. J'ai vu tous les pays et hommes changeants ; et ainsi, après bien des changements de jugement touchant la véritable justice, j'ai connu que notre nature n'était qu'un continuel changement, et je n'ai pas changé depuis ; et si je changeais, je confirmerais mon opinion » (*ibid.*, B. 375, L. 520).

30. Si l'homme connaissait la justice, il n'aurait pas établi « cette maxime, la plus générale de toutes celles qui sont parmi les hommes, que chacun suive les mœurs de son pays ; l'éclat de la véritable équité aurait assujetti tous les peuples, et les législateurs n'auraient pas pris pour modèle, au lieu de cette justice constante, les fantaisies et les caprices des Perses et Allemands » (*ibid.*, B. 294, L. 60).

31. « Mien, tien. Ce chien est à moi, disaient ces pauvres enfants ; c'est là ma place au soleil. Voilà le commencement et l'image de l'usurpation de toute la terre » (*ibid.*, B. 295, L. 64).

32. Cf. Montaigne, *Essais*, II, ch. XII, *Apologie de Raymond Sebon*, Garnier, t. II, p. 289 : « Il est croyable qu'il y a des lois naturelles, (...) mais en nous elles sont perdues ».

33. « Ils confessent que la justice n'est pas dans ces coutumes, mais qu'elle réside dans les lois naturelles, communes en tout pays. Certainement ils le soutiendraient opiniâtrement, si la témérité du hasard qui a semé les lois humaines en avait rencontré au moins une qui fût universelle ; mais la plaisanterie est telle, que le caprice des hommes s'est si bien diversifié, qu'il n'y en a point. Le larcin, l'inceste, le meurtre des enfants et des pères, tout a eu sa place entre les actions vertueuses. Se peut-il rien de plus plaisant, qu'un homme ait droit de me tuer parce qu'il demeure au-delà de l'eau, et que son prince a querelle contre le mien, quoique je n'en aie aucune avec lui ? Il y a sans doute des lois naturelles ; mais cette belle raison corrompue a tout corrompu » (Pascal, *Pensées*, B. 294, L. 60).

34. « La justice est sujette à dispute, la force est très reconnaissable et sans dispute » (*ibid.*, B. 298, L. 103) ; « ne pouvant trouver le juste, on a trouvé le fort » (*ibid.*, B. 297, L. 86).

35. « Justice, force. Il est juste que ce qui est juste soit suivi, il est nécessaire que ce qui est le plus fort soit suivi. La justice sans la force est impuissante ; la force sans la justice est tyrannique. La justice sans force est contredite, parce qu'il y a toujours des méchants ; la force sans la justice est accusée. Il faut donc mettre ensemble la justice et la force ; et, pour cela, faire que ce qui est juste soit fort, ou que ce qui est fort soit juste » (*ibid.*, B. 298, L. 103).

36. « Montaigne a tort : la coutume ne doit être suivie que parce qu'elle est coutume, et non parce qu'elle est raisonnable ou juste ; mais le peuple la suit par cette seule raison qu'il la croit juste. Sinon, il ne la suivrait plus, quoiqu'elle fût coutume ; car on ne veut être assujetti qu'à la raison ou à la justice » (*ibid.*, B. 325, L. 525). Cf. *ibid.*, B. 326, L. 66.

37. « Le plus grand des maux est les guerres civiles » (*ibid.*, B. 313, L. 94).

38. *Ibid.*, B. 320, L. 977.

39. « Il y a dans le monde deux sortes de grandeurs ; car il y a des grandeurs d'établissement et des grandeurs naturelles. Les grandeurs d'établissement dépendent de la volonté des hommes, qui ont cru avec raison devoir honorer certains états et y attacher certains respects. (...) Les grandeurs naturelles sont celles qui sont indépendantes de la fantaisie des hommes, parce qu'elles consistent dans des qualités réelles et effectives de l'âme ou du corps, qui rendent l'une ou l'autre plus estimable, comme les sciences, la lumière de l'esprit, la vertu, la santé, la force. (...) l'injustice consiste à attacher les respects naturels aux grandeurs d'établissement, ou à exiger les respects d'établissement pour les grandeurs naturelles » *Second discours sur la condition des Grands*, rapporté par Nicole, in *Œuvres Complètes de Pascal*, présentation et notes de Louis Lafuma, éd. Le Seuil, coll. L'Intégrale, 1963, p. 367.

40. « Raison des effets. Gradation. Le peuple honore les personnes de grande naissance, les demi-habiles les méprisent, disant que la naissance n'est pas un avantage de la personne, mais du hasard. Les habiles les honorent, non par la pensée du peuple, mais par la pensée de derrière. Les dévots qui ont plus de zèle que de science les méprisent, malgré cette considération qui les fait honorer par les habiles, parce qu'ils en jugent par une nouvelle lumière que la piété leur donne, mais les chrétiens parfaits les honorent par une autre lumière supérieure. Ainsi se vont les opinions succédant du pour au contre, selon qu'on a de lumière » (Pascal, *Pensées*, B. 337, L. 90).

41. Ainsi que le commente Jacques Chevalier, « Pascal part de ce fait, sur lequel il se refuse à fermer les yeux : les mœurs et les coutumes varient ; elles manifestent partout confusion et contrariété. Les demi-savants concluent de là qu'il n'y a point de morale. Le peuple persiste à affirmer qu'il y a un bien et un mal, que le juste est à distinguer de l'injuste. Il a raison contre eux, et Pascal se range à son avis, mais en jugeant les choses d'après une pensée de derrière la tête : car cette justice, ce n'est pas dans l'homme mais en Dieu qu'il la faut chercher » (J. Chevalier, *Pascal*, pp. 241-242, éd. Plon-Nourrit, coll. « Les maîtres de la pensée française », 1922).

42. Pascal, *Pensées*, B. 313, L. 94.

43. « La justice est ce qui est établi ; et ainsi toutes nos lois établies seront nécessairement tenues pour justes sans être examinées, puisqu'elles sont établies » (*ibid.*, B. 312, L. 645).

44. *Ibid.*, B. 320, L. 977.

Après la communication d'ANDRÉ PÉRÈS

JEAN-B. NEVEUX — Le mot de Révolution n'a pas le même sens au XVIIe siècle que celui qu'il a pris par la suite.

TAKAHARU HASEKURA — La coutume doit être suivie... M. Maeda a montré que cette phrase appartient à Montaigne, qui, selon Pascal, a tort. L'opinion de Pascal commence avec la phrase qui suit. L'édition de Philippe Sellier est la première qui indique la bonne ponctuation.

KYRIAKI CHRISTODOULOU — Vous avez cité la phrase de Montaigne sur la constitution de la société comme rassemblement fortuit. Dans quelle mesure la notion de Nature entre-t-elle dans cette considération ? Montaigne montre à propos de Platon et d'Aristote qu'une société de cannibales vaut mieux que leurs sociétés conçues artificiellement. La notion de Nature tient une place dans ses idées politiques.

ANDRÉ PÉRÈS — La science politique n'est pas prise au sérieux par Montaigne. Le fait d'en parler ne peut selon lui modifier l'évolution. Il se méfie des constructeurs de systèmes. C'est une sorte d'empirisme épistémologique.

THÉRÈSE GOYET — On se tiendrait dans l'équilibre mouvant de Pascal si on renforçait son sens de la justice comme chose positive en intensifiant dans son texte : « il y a *sans doute* des lois naturelles ». *Sans doute* est très affirmatif. Pascal ne veut pas qu'on efface une certaine rationalité de l'être.

Kyriaki CHRISTODOULOU

L'être et le paraître de la grandeur
chez Montaigne, Pascal et La Bruyère

La distinction ontologique entre οὐσία [1] et συμβεβηκός [2] qu'Aristote établit pour définir la quiddité, le τί ἦν εἶναι [3] devait se prêter à une belle carrière et à une riche application dans les domaines de l'axiologie et de la morale. En effet, prenant très souvent l'accident pour l'essence, le paraître pour l'être, l'homme procède à une hiérarchie des valeurs qui finit par dénaturer l'être du fait qu'il lui incorpore des qualités qui défigurent son essence. C'est dire que le jugement fonctionne chez l'homme de façon défectueuse à partir du moment où il lui procure des images fallacieuses de la réalité. Au niveau social, ce manque de discernement mène très souvent à un classement inadéquat du mérite et des grandeurs, ce qui donne un fondement illusoire aux institutions humaines. Le problème, vieux comme la philosophie, n'est pas passé inaperçu chez Montaigne, Pascal et La Bruyère, qui l'ont posé de manière différente suivant la nature de leurs préoccupations morales. Dans ce qui suit nous allons essayer de le cerner chez chacun de ces trois moralistes en vue de relever les motifs de leur attitude respective vis-à-vis de l'ordre de la grandeur. Soucieux de traiter la question de façon naturelle, nous inverserons l'ordre chronologique. Nous rangerons de ce fait Pascal après La Bruyère car celui-ci transcende, de par sa vision métaphysique de la grandeur, les vues des deux autres auteurs.

> « C'est le jouïr, non le posséder, qui nous rend heureux »
>
> (Montaigne, *Essais*, I, XLII, 262)

1. *L'appel à l'être*

Si l'on cherche à résumer la leçon de Montaigne, on est sûr de la formuler par des impératifs du genre « faire bien l'homme et dûment » (III, XIII, 1110), « jouir loyalement de son être » (*ibid.*, 1115), tous se centrant sur le besoin de vivre en accord avec ce qui constitue l'essence de l'homme – esprit et bête – sans perdre de vue ce Moi qui se réalise dans l'exercice de toutes les facultés de la nature humaine. Passer tour à tour de la « boutique », autrement dit de la scène du monde, à l'« arrière-boutique » définie comme le lieu de rendez-vous avec soi-même [4], voilà en quoi consiste aux yeux de Montaigne l'acte de vivre le rapport quotidien avec autrui. C'est dans cet esprit que le bourgmestre de Bordeaux a énoncé l'aphorisme : « Le Maire et Montaigne ont toujours été deux, d'une séparation bien claire » (III, X, 1012), soucieux de prévenir ceux qui assument de hautes fonctions contre les dangers de l'aliénation. La transformation de l'existence qu'entraîne le changement des qualités de l'être, Montaigne l'a exprimée sous diverses formes dans son livre : « (...) quant et l'être tout un, change aussi l'être simplement, devenant toujours autre d'un autre. Et par conséquent », conclut-il, « se trompent et mentent les sens de nature, prenant ce qui apparaît pour ce qui est, à faute de bien savoir que c'est qui est » (II, XII, 603) [5]. C'est ce qu'il dira plus tard dans un style savoureusement concret [6] à propos de ceux qui font, à ce qu'il écrit, « du masque et de l'apparence (...) une essence réelle » et qui « entraînent leur office jusqu'en leur garderobe », s'avérant du même coup incapables de dissocier « la peau de la chemise ». « Je ne puis leur apprendre », plaisante Montaigne à leur égard, « à distinguer les bonnetades qui les regardent de celles qui regardent leur commission [= charge], ou leur suite, ou leur mule » (III, X, 1012).

Dans l'essai « Sur des vers de Virgile », le gentilhomme doublé du moraliste formule dans les termes qui suivent la définition de la noblesse. « La noblesse », note-t-il, « est une belle qualité, et introduite avec raison [7] ; mais d'autant que c'est une qualité (...) qui peut tomber en un homme vicieux et de néant, elle est en estimation bien loin au-dessous de la vertu : c'est une vertu, si ce l'est, *artificielle* et *visible* [8] ; dépendant du temps et de la fortune (...), vivante [entendons : qui ne dure pas longtemps] et mortelle ; sans naissance non plus que la rivière du Nil » (III, V, 850). Si j'ai insisté sur cette énumération des caractéristiques de la noblesse de la part de Montaigne, c'est pour montrer que tout Pascal et tout La Bruyère sont là, en puissance (δυνάμει), comme dirait Aristote [9]. De cette série de restrictions et de prédicats qui, par leur rythme dégressif, finissent par dégonfler le beau ballon – la noblesse – je vais en détacher deux. Je m'arrêterai en particulier sur les adjectifs « artificiel » et « visible », afin de mettre l'accent sur la remarque de Montaigne selon laquelle la noblesse est une invention de l'*ars*, de l'artifice humain – Pascal la qualifiera de « grandeur d'établissement » –, et pour montrer qu'en abusant les sens elle vaut par son aspect théâtral, spectaculaire. « La plupart de nos vacations [= occupations] sont farcesques » (III, X, 1011), affirme Montaigne dans son souci de montrer qu'elles tirent leur fondement de la farce, de la comédie [10]. « Il a un grand train, un beau palais, tant de crédit, tant de rente », lisons-nous dans l'essai I, XLII, où Montaigne semble devancer de près Pascal et La Bruyère ; « tout cela est autour de lui, non en lui » (p. 259), ajoute-t-il au sujet du personnage dont il est question et qu'on fait valoir par l'extérieur.

Si le chapitre sur les « puissances trompeuses » doit au génie de Pascal de lui avoir donné forme et vie, la paternité de l'idée sur le rôle de la coutume et de l'imagination dans l'appréciation de l'humain revient à Montaigne. « Pourquoi estimant un homme, l'estimez-vous tout enveloppé et empaqueté ? », insiste l'auteur sur un ton doctoral. « Il ne nous fait montre que des parties qui ne sont aucunement siennes, et nous cache celles par lesquelles seules on peut vraiment juger de son estimation. C'est le prix de l'épée que vous cherchez, non de la gaine » (*ibid.*). Bien d'autres passages des *Essais* sont consacrés à ce rôle trompeur de l'amour-propre sans cesse poussé, par « la vanité d'une opinion fantastique. » (II, XVI, 626), à muer l'être en paraître [11]. Cette nécessité de revendiquer les droits de l'être auprès du paraître, et ce souci de préserver l'authenticité de l'essence humaine, c'est tout ce que le seigneur de Montaigne recommande à ces altesses royales qui ont désappris à « se communiquer comme Jacques et Pierre, au moins à soi-mêmes » (III, X, 1012). À tous ces grands incapables de considérer leur empire « comme accident [12] étranger » (*ibid.*), notre sage tient à rappeler, à l'heure de clore son livre, cette vérité éclatante : « Si avons-nous beau monter sur des échasses, car sur des échasses encore faut-il marcher de nos jambes. Et au plus élevé trône du monde si [= encore] ne sommes assis que sur notre cul » (III, XIII, 1115).

> « La prévention du peuple en faveur des
> grands est si aveugle (...) que, s'ils s'avisaient
> d'être bons, cela irait à l'idolâtrie »
> La Bruyère (G.1) [13]

2. *L'être du paraître*

« Qui a vu la cour a vu du monde ce qui est le plus beau », dit La Bruyère dans ses *Caractères* ; « qui méprise la cour, après l'avoir vue, méprise le monde », continue-t-il, avant de conclure le chapitre « De la cour » par la remarque suivante : « Un esprit sain puise à la cour le goût de la solitude et de la retraite » (C., 100-101). Si ces trois temps dans la peinture de Versailles résument d'une part tout l'éclat d'une civilisation achevée, ils trahissent également, de l'autre, la fausse grandeur immanente à ce lieu sordidement splendide, microcosme d'un univers social qui ne vit que par les yeux et pour le paraître. Peintre occasionnel de la vraie grandeur, faute d'exemples en nombre suffisant, La Bruyère s'est vu contraint de s'arrêter sur la fausse dont les modèles proliféraient dans la classe qu'il fréquentait. Civilité et raffinement dans le choix du paraître sont peints dans les *Caractères* comme les dehors d'une noblesse démunie de sentiment et d'humanité : « La cour est comme un édifice bâti de marbre », est-il écrit dans le chapitre qui lui est consacré ; « elle est composée d'hommes fort durs, mais fort polis » (C., 10). Ailleurs, l'auteur appelle la fausse grandeur « farouche et inaccessible » (MP., 42) ; il peint sans égards son indifférence, sa méchanceté (G. 25) et le malin plaisir qu'elle goûte « à se faire prier, presser, solliciter, à faire attendre ou à refuser, à promettre et à ne pas donner » (M.P., 11). L'absence de toute qualité humaine chez ces gens arrogants, La Bruyère l'a exprimée dans une formule lapidaire à l'heure de les évaluer face au peuple que ces derniers ont pris, par « une règle de politique » (G., 22), l'habitude de mépriser : « Le peuple n'a guère d'esprit, et les grands n'ont point d'âme », souligne-t-il. Manque de discernement compensé par un « bon fond » chez l'un, défaut de cœur dissimulé sous des apparences trompeuses chez les autres, une fois mis sur les deux plateaux de la balance, La Bruyère n'hésite pas à opter : « je veux être peuple » (G., 25).

Des sentiments de pitié et d'indignation, chose rare pour une œuvre classique, se dégagent de cette confrontation avilissante pour la caste privilégiée. Bien avant le Figaro du *Barbier de Séville* [14] et après Montaigne [15], La Bruyère ne dissimule pas le mal que les grands font aux petits [16]. Au niveau de cette peinture on assiste chez lui à un jeu de miroir qui renvoie aux contempteurs du peuple tous les défauts de caractère, toutes les faiblesses et les petitesses qu'on dit inhérentes à cette classe défavorisée : « Avec de bons yeux », remarque l'auteur, « on voit sans peine la petite ville, la rue Saint-Denis, comme transportées à V*** ou à F*** [17] (...). Partout des brus et des belles-mères, des maris et des femmes, des divorces, des ruptures et de mauvais raccommodements » [18]. Malgré ce qu'on pense de la supériorité naturelle de la grandeur, suggère l'auteur, « tout le bas, tout le faible et tout l'indigne s'y trouvent. Ces hommes si grands », conclut-il, « ou par leur naissance, ou par leur faveur, ou par leurs dignités (...), tous méprisent le peuple, et ils sont peuple » (G., 53). Ridicules au fond de leur être (B.F., 4) et dépourvus de naturel (G., 50) [19], tous ces grands seigneurs finissent, de par les libertés qu'ils se permettent et le succès qui les couronne, par bouleverser les règles de la morale : « Il s'en faut peu que le crime heureux ne soit loué comme la vertu même » (J., 113), écrit La Bruyère après Pascal [20], après La Fontaine [21], et après Molière évoquant dans *Amphitryon* [22] les droits amoureux du Roi-Soleil. Indifférents et aveugles devant l'esprit et le mérite, incapables de la moindre réflexion (E.F., 16), ces piètres nobles qui fabriquent et qui détiennent la vérité [23], auraient honte, au dire de leur domestique scandalisé, « de primer (...) s'ils pouvaient connaître leurs subalternes et se connaître eux-mêmes » (G., 21).

Tout ce monde incapable de bonheur, « inquiet et pauvre avec le superflu » (G., 25), ne laisse pas de dissimuler, ainsi que Bossuet l'a bien montré dans l'« Oraison funèbre d'Anne de Gonzague », des passions vives et des malheurs authentiques : « Il y a un pays où les joies sont visibles, mais fausses, et les chagrins cachés, mais réels » (C., 63), nous livre le témoin oculaire du manège des honneurs. Cette peinture indignée de la grandeur est bien plus cruelle – et pour cause – à l'endroit des manieurs d'argent, « ours » [24] qui annoncent *Turcaret*, et des acquéreurs de titres honorifiques, les Sosie (B.F., 15) et les Champagne (B.F., 18), les Sylvain (B.F., 19) et les Giton (B.F., 83), tous levés un jour nobles après s'être couchés roturiers (Q.U., 1). Critique [25] du trône discret mais lucide, La Bruyère exprime dans ses *Caractères* toute l'inquiétude de l'homme d'esprit devant la nullité et la déchéance morale des « enfants des Dieux » (M.P., 33) et des fils des héros (J., 106) incapables de prévenir cette recrudescence d'hommes d'argent susceptibles de miner le bel édifice d'antan à l'intérieur duquel ceux-ci dormaient du sommeil du juste...

« Ce sont misères… d'un roi dépossédé »
Pascal, *Pensées*, fr. 116.

3. *Le discours de la grandeur. La raison des effets*

Dans les *Trois discours sur la condition des grands* adressés au futur duc de Chevreuse, Pascal procède à une démystification de la noblesse. Il la dépeint comme une qualité issue du hasard qui repose sur un compromis social, à savoir une institution dont le rapport avec le droit naturel est nul.

C'est dans le cadre du « Second discours » qu'il définit les « grandeurs naturelles », « qualités réelles et effectives de l'âme et du corps », comme « indépendantes de la fantaisie [26] des hommes » [27]. Il s'ensuit, à bien interpréter ce dernier prédicat antonymique, que Pascal dissocie ces qualités non accidentelles des grandeurs dépendant d'un arbitraire social reconnu par la majorité – d'où le nom de « grandeurs d'établissement ». Il va sans dire que le moraliste prescrit la différence de respect qu'entraîne la différence de grandeur : « estime » à l'égard de la grandeur naturelle, « respect d'établissement » vis-à-vis des grandeurs établies. Toujours est-il que le respect d'établissement ne laisse pas d'impliquer dans les *Pensées*, conformément à la raison des effets, la notion d'incommodité [28]. Déjà, à l'heure d'offrir sa machine arithmétique à cette reine de Suède dont Descartes fit son élève, Pascal saisissait l'occasion de saluer en celle-ci la rencontre du génie et de la condition, rencontre heureuse et exceptionnelle qui lui conférait au même titre que « le droit de commander » « le droit de persuader » [29]. Toutes ces idées qui l'ont préoccupé dans la considération des valeurs de ce monde, Pascal les a hiérarchisées dans les *Pensées* de façon rigoureuse dans le cadre de la dialectique des trois ordres. Sujets à un mouvement ascendant, ces trois ordres, à savoir l'ordre du corps, l'ordre de l'esprit et l'ordre de la charité, sont séparés entre eux par « une distance infinie » (entendons : infiniment grande, incalculable), ce qui exclut, dans le sens de la progression, toute sorte d'intervention de l'ordre inférieur dans l'ordre supérieur. Alexandre roi n'a aucune prise sur Archimède savant, Archimède savant n'a aucun empire sur la sainteté de Jésus-Christ. C'est l'ascension qu'Aristote définirait comme une εἰς ἄλλο γένος μετάβασις [30]. Dans le cadre du devenir historique, seuls saint Louis et Christine de Suède ont pu réaliser, ne serait-ce que par « accident », κατὰ συμβεβηκός, ce genre de transgression et confondre en une seule personne deux grandeurs de nature différente.

L'ordre attribué à la chair dans la hiérarchie des valeurs n'épuise pas chez Pascal tout le statut de la grandeur. Fruit d'une concupiscence – d'une *libido dominandi* – dont l'auteur dévoile la violence originelle, la force fondatrice [31] transcendée en justice [32], la noblesse semble faite pour rouler sur un mécanisme socio-politique dont l'imagination et la coutume forment les principaux facteurs de fonctionnement et de maintien. « On ne veut pas que j'honore un homme vêtu de brocatelle et suivi de sept ou 8 laquais », dit Pascal. « Et quoi ! il me fera donner des étrivières si je ne le salue. Cet habit c'est une force » (fr. 89) [33]. Et notre auteur de reprendre, après ce court dialogue sur le signe et son signifié, le début d'un des passages de Montaigne que nous avons cités [34] et de s'étonner que ce dernier, qui en fait sépare dans cet endroit précis l'être du paraître de la grandeur, ne puisse voir la raison des effets. Le rôle de cette puissance trompeuse qui « donne le respect (...) aux lois, aux grands » [35], j'ai nommé l'imagination, de même que l'appui que lui apporte sa sœur puînée, la coutume, sont analysés de l'intérieur dans bien des fragments des *Pensées*. Au nombre de ceux-ci citons celui qui nous invite à voir l'homme derrière le roi accompagné de tout cet appareil redoutable qui ploie « la machine » (fr. 25), ou encore celui qui traite de l'enfant roi dont se rient les cannibales, tous deux puisés dans Montaigne [36]. « La puissance des rois », écrit Pascal, « est fondée sur la raison et sur la folie du peuple » (fr. 26). Le chapitre sur l'imaginaire institutionnel vise à montrer chez l'auteur, selon la logique du « renversement continuel du pour au contre », que « l'homme est vain par l'estime qu'il fait des choses qui ne sont point essentielles » (fr. 93). C'est montrer que l'erreur principale de l'homme réside dans le fait de se méprendre sur l'être véritable des choses sur ce qu'Aristote appelle l'őν ᾗ őν [37]. Montaigne qualifie à son tour le peuple de « juge peu exact, facile à piper [= tromper], facile à contenter » (III, VII, 918) – La Bruyère le dit capable d'adoration idolâtre [38] – mais ajoute, qu'à y regarder de près, la différence entre « un paysan et un roi, un noble et un vilain, (...) un riche et un pauvre » ne réside que « dans leurs chausses » (I, XLII, 260). Il conclut de la sorte avec l'auteur des *Pensées* que le peuple fait, au même titre que ceux qui le méprisent, preuve de sagesse et de folie.

L'idée est énoncée par Pascal dans une série de fragments groupés sous le titre « Opinions du peuple saines », ce qui fait penser, comme Gérard Ferreyrolles le note bien [39], à l'ὀρθὴ δόξα (= l'opinion droite) chez Platon [40]. Cette façon de voir du peuple chez Pascal, ainsi que celle qui procède de la « pensée de derrière [la tête] » et de la « raison des effets », fait partie de la dialectique de la grandeur. Conformément à cette dialectique, la naissance n'est pas un avantage effectif, une qualité naturelle immanente à la noblesse. C'est ce que pense l'habile, catégorie humaine chez Pascal – chez La Bruyère aussi (J., 55) –, et le contraire de ce que croit le peuple. Peuple et habile se rencontrent dans la vénération des grands et contribuent, chacun à sa manière, au maintien de la paix : l'habile par la pensée de derrière [41] mue par une force subversive latente que paralyse le danger d'une guerre civile ; le peuple, soumis à l'imaginaire collectif, par le fait de prendre le paraître pour l'être. « Le peuple et les habiles composent le train du monde » (fr. 83), note Pascal qui taxe par surcroît le peuple de folie et de raison. Le « demi-habile », catégorie avortée de l'habile, qui voit avec les yeux de l'habile mais juge sans la pensée de derrière, prétend qu'il faut donner le pouvoir au mérite et risque de ce fait de subvertir l'ordre établi. On reconnaît en lui le révolutionnaire « maudit », le rebelle à l'esprit pélagien [42]. C'est au niveau du demi-habile que Pascal situe le dévot, autre catégorie dénaturée du chrétien parfait. Muni de « plus de zèle que de science », le dévot méprise les grandeurs, qu'il regarde d'un œil négatif, conduit qu'il est par une lumière incapable de transpercer le réel. C'est au chrétien parfait que revient l'honneur d'évaluer la grandeur à son juste prix : porté à considérer, dans l'état postlapsaire, tout roi comme « un roi dépossédé » (fr. 116 et 117), il l'honore de bon gré par « une lumière supérieure » (fr. 90) [43] qui lui fait reconnaître en lui « le ministre de Dieu » dans le royaume de la concupiscence, cette dernière étant définie comme la source de toutes nos actions (fr. 97) [44]. C'est à partir de cette structure de géomètre [45] qu'on voit la place accordée par Pascal à l'ordre de la grandeur, à l'intérieur d'une société conçue comme la seule possible et dont les différences de classe dissimulent en vain la tragique égalité ontologique [46] d'une humanité déchue.

Si l'examen de la grandeur se fait chez Pascal sous l'optique de la misère de l'homme, chez Montaigne il n'implique aucun ordre métaphysique. Inscrit dans la problématique de son art de vivre, il s'oriente vers la quête d'une sagesse à la taille de l'homme et de la terre : « Concevez l'homme accompagné d'omnipotence, vous l'abîmez », nous dit-il, devançant de près l'idée pascalienne d'un roi sans divertissement : « Il faut qu'il vous demande par aumône de l'empêchement [= obstacle] et de la résistance ; son être et son bien sont en indigence » (III, VII, 919). Face à cette qualité dénaturante qui « artialise » l'être et qui l'incommode – Montaigne n'a-t-il pas écrit l'essai « De l'incommodité de la grandeur » ? – le sage revendique le droit de parler au nom de l'être et de la nature, seul guide valable et conseillère de l'homme. Pour ce qui est de La Bruyère, lecteur de Montaigne et de Pascal, il se situe, par rapport au problème traité, à mi-chemin entre les deux auteurs cités. Sans prétendre faire œuvre de prédicateur, ce qu'il souligne à propos de Pascal [47], il vise, à ce qu'il écrit, à « rendre l'homme raisonnable » [48], la raison qu'il invoque étant beaucoup plus l'antipode de la folie chez Pascal que l'antichambre de la sagesse dans Montaigne. Si les chapitres « De l'homme » et « Des jugements » s'offrent comme une variation de l'« Apologie de Raimond Sebond » [49], bien des traits de l'anthropologie des *Caractères* évoquent les vues de Pascal [50]. Citons entre autres le rôle des puissances trompeuses, l'ébauche d'une hiérarchie de valeurs à partir des trois ordres (G., 12 ; et J., 55) ou bien encore l'idée fugitive d'inscrire l'inégalité sociale dans l'ordre du métaphysique [51] sans pour autant s'arrêter sur l'idée du péché ou du salut. Bien que la vision du monde chez La Bruyère fasse par moments penser aux données augustiniennes – « le monde ne mérite point qu'on s'en occupe » (J., 75), nous dit-il – sa morale est loin de se présenter comme le résultat d'un effort de synthèse quelconque. Cette morale de l'honnête homme [52] et de l'homme de bien (G., 12 ; J., 55) est une morale du discontinu, à l'image de l'art figuratif, c'est pourquoi elle ignore l'esprit de système. Jules Brody appelle l'écriture de La Bruyère « discours phénoménal » par rapport au « discours nouménal » [53] de Pascal. Nous ferions un pas de plus dans ce sens en disant que le rapport de La Bruyère à Pascal, à Montaigne aussi, serait le rapport de la peinture à la dialectique, cette dernière entendue dans sa double acception, aussi bien comme l'art de conférer et de persuader que comme l'art de chercher méthodiquement la vérité.

NOTES

1. Aristote, *Cat.*, I b 26 et suiv. ; V, 2a 11, 4 b 18.

2. *Idem*, *Mét.*, IV, 7, 1017 a 7 et suiv.

3. *Ibid.*, VI, 4, 1029 b 13-14.

4. Voir K. Christodoulou, « La culture du moi dans l'élaboration de l'art de vivre de Montaigne » in *Considérations sur les « Essais » de Montaigne*, Athènes, 1984, pp. 105 et suiv. Cf. H. Friedrich, *Montaigne*, trad. R. Rovini, Paris, Gallimard, 1968, pp. 220 et suiv.

5. *Les « Essais » de Michel de Montaigne*, éd. Pierre Villey reprise par Verdun-Louis Saulnier, Paris, P.U.F., 1965. Nos références aux *Essais* renvoient à cette édition dont nous modernisons l'orthographe. Les trois chiffres indiquent respectivement le livre, l'essai et la page.

6. Sur ce style propre à Montaigne voir K. Christodoulou, « De l'abstrait au concret : aspects de la pensée et du style de Montaigne », in *Considérations sur les « Essais » de Montaigne, op. cit.*, pp. 93 et suiv.

7. À propos de la noblesse de Montaigne, voir J.J. Supple, « L'orgueil nobiliaire de Montaigne », in *Montaigne et les « Essais »*, Actes du Congrès de Bordeaux, Paris-Genève, Champion-Slatkine, 1983, pp. 100 et suiv. ; *idem, Arms versus Letters. The military and literary ideals in the « Essais » of Montaigne*, Oxford, Clarendon Press, 1984 . Cf. J.-P. Boon, *Montaigne gentilhomme et essayiste*, Paris, Éditions Universitaires, 1971, pp. 19 et suiv.

8. C'est nous qui soulignons.

9. *Mét.*, VIII, 6.

10. Voir K. Christodoulou, « Comédie de la grandeur et "raison des effets" chez Montaigne et Pascal », *Études de philosophie moderne présentées à Evanghélos Moutsopoulos, Diotima*, 17, 1989, pp. 28-36.

11. Voir *Essais*, III, V, 847. « Celui qui fait tout pour l'honneur et pour la gloire, que pense-t-il gagner en se produisant [= se montrant] au monde en masque, dérobant son vrai être à la connaissance du peuple ? » Cf. l'essai III, IX, 955 : « Qui que ce soit, ou art ou nature, qui nous imprime cette condition de vivre par la relation à autrui, nous fait beaucoup plus de mal que de bien. Nous nous défraudons [= frustrons] de nos propres utilités [= avantages] pour former les apparences à l'opinion commune. » Voir D. Polachgk, « Montaigne and Imagination. The Dynamics of Power and Control », in *Le Parcours des « Essais ». Montaigne 1588-1988*, Actes du colloque de Duke et de Chapel Hill, avril 1988, Paris, Aux Amateurs de Livres, 1989, pp. 135 et suiv.

12. Le terme est l'équivalent de συμβεβηκός chez Aristote.

13. Voir *Les Caractères ou les Mœurs de ce siècle*, éd. R. Garapon, Paris, Garnier, 1962. C'est d'après cette édition que nous citons les textes de La Bruyère. Les majuscules entre parenthèses indiquent les initiales du titre des chapitres ; le chiffre arabe, le numéro d'ordre du portrait à l'intérieur de chaque chapitre.

14. Acte I, sc. 2 : « Je me crus trop heureux d'en être oublié [= du ministre], persuadé qu'un grand nous fait assez de bien quand il ne nous fait pas de mal. »

15. *Essais*, III, IX, 968 : « Les princes me donnent prou s'ils ne m'ôtent rien, et me font assez de bien quand ils ne me font point de mal. »

16. « Des grands », 25 : « (...) Un homme du peuple ne saurait faire aucun mal ; un grand ne veut faire aucun bien, et est capable de grands maux » ; cf. toutefois *ibid.*, 22, où La Bruyère semble ironiser sur ce genre de rapports entre petits et grands. Pascal, à son tour, comme d'ailleurs Nicole et les prédicateurs de l'époque, n'a pas été sans toucher au problème. Voir « 3e discours sur la condition des grands » et *passim* dans les *Pensées*.

17. Versailles et Fontainebleau.

18. Cf. Pascal, *Pensées*, fr. 705 : « Les grands et les petits ont mêmes accidents et même fâcherie, et même passion... ». L'ordre des *Pensées* renvoie à la numérotation Lafuma.

19. Voir K. Christodoulou, « Grandeur et misère chez Pascal et La Bruyère : le portrait de Théognis », in *Le Portrait littéraire*, Lyon, Presses Universitaires de Lyon, 1988, pp. 113-119.

20. *Pensées*, fr. 770 ; cf. Nicole, *Essais de morale*, Paris, 1723, t. II, p. 230 : « La condition des grands étant jointe à la licence et au pouvoir de satisfaire ses inclinations, elle en engage plusieurs à des comportements déraisonnables et à des dérèglements bas. »

21. Voir, entre autres fables, « Les Animaux malades de la peste » et « Les Obsèques de la Lionne ».

22. Voir Prologue, vv. 127 et suiv. :

Lorsque dans un haut rang on a l'heur [= bonheur] de paraître,
Tout ce qu'on fait est toujours bel, et bon ;
Et suivant ce qu'on peut être,
Les choses changent de nom.

Cf. Rotrou, *Les Sosies*, vv. 103-104 :

Le rang des vicieux ôte la honte aux vices
Et donne de beaux noms à de honteux offices.

23. Voir « De la cour », 78. Cf. La Fontaine, « Les Obsèques de la Lionne » ;

Je définis la cour un pays où les gens,
Tristes, gais, prêts à tout, à tout indifférents,
Sont ce qu'il plaît au Prince ou, s'ils ne peuvent l'être,
Tachent au moins de le paraître...

24. « Des biens de fortune », 12 : « Le manieur d'argent, l'homme d'affaires est un ours qu'on ne saurait apprivoiser. »

25. Voir M. Lange, *La Bruyère critique des conditions et des institutions sociales*, Paris, Hachette, 1909.

26. À deux reprises dans les *Pensées,* Pascal cite l'exemple des Suisses, chez qui la roture tient lieu de noblesse. Voir fr. 50 et 828.

27. Voir, *Trois discours sur la condition des grands*, in Pascal, *Œuvres Complètes*, éd. établie par L. Lafuma, « l'Intégrale », Paris, Seuil, 1963, p. 367. C'est d'après cette édition que nous citons Pascal.

28. Voir fr. 32 : « Vanité. Les respects signifient : incommodez-vous » ; cf. fr. 80.

29. Voir *Lettre à la sérénissime reine de Suède*, *Œuvres complètes*, p. 280 : « Le pouvoir des rois sur les sujets n'est, ce me semble, qu'une image du pouvoir des esprits sur les esprits qui leur sont inférieurs, sur lesquels ils exercent le droit de persuader, qui est parmi eux ce que le droit de commander est dans le gouvernement politique. »

30. *Du ciel*, I, 2, 268 b 1. À propos de la dialectique des trois ordres chez Pascal, signalons que Philippe Sellier, dans sa communication sur le concept de tyrannie dans Pascal présentée au cours du colloque et à laquelle nous renvoyons notre lecteur, a démontré avec beaucoup de perspicacité, partant du fragment 92 de son édition des *Pensées* (cf. fr. 58 de l'édition Lafuma qui a eu tort de réunir deux fragments en un), que Pascal avait au départ distingué quatre ordres dans la hiérarchie de l'humain, qu'il a par la suite réduits à trois.

31. Voir fr. 828. Cf. « 1er discours sur la condition des grands », p. 366, où Pascal introduit la fable de l'usurpation.

32. Voir *Pensées*, fr. 81 : « Ne pouvant fortifier la justice, on a justifié la force, afin que le juste et le fort fussent ensemble, et que la paix fût, qui est le souverain bien. » Cf. fr. 103, 85, 97 etc. Sur cette théorie génétique de la société, voir L. Marin, *Le Portrait du roi*, Paris, Les éditions de minuit, 1981, pp. 41 et suiv.

33. Cf. fr. 95.

34. *Essais*, I, XLII, 259.

35. *Pensées*, fr. 44, p. 504.

36. *Essais*, I, XLII, 261 : « (...) aussi l'Empereur, duquel la pompe vous éblouit en public (...) voyez-le derrière le rideau, ce n'est rien qu'un homme commun » ; cf. l'essai I, XXXI, 213. Cf. Pascal, *Pensées*, fr. 101.

37. *Mét.*, III, 2, 1003 a 21.

38. « Des grands », 1.

39. *Pascal et la raison du politique*, Paris, P.U.F., 1984, p. 123.

40. *Rép*. IX, 585 b. Platon dissocie l'ὀρθὴ δόξα, qu'il met au bas de l'échelle, du savoir (ἐπιστήμη) et de l'intellection (νοῦς) ; cf. *Théet.*, 200 e et suiv.

41. Dans le mythe du roi naufragé présenté dans le « 1er discours sur la condition des grands », Pascal parle d'une « double pensée ».

42. G. Ferreyrolles, *op. cit.*, p. 113.

43. Cf. fr. 14 : « Les vrais chrétiens obéissent aux folies néanmoins, non pas qu'ils respectent les folies, mais l'ordre de Dieu qui pour la punition des hommes les a asservis à ces folies. *Omnis creatura subiecta est vanitati, liberabitur.* »

44. Cf. fr. 545, 796, 933, 145, etc.

45. Voir fr. 90 ; cf. fr. 91, 92, 93, 94, etc.

46. La Bruyère souscrit, à son tour, à cette identité ontologique entre grands et petits qu'il peint de l'extérieur : « À la cour, à la ville, mêmes passions, mêmes faiblesses, mêmes petitesses, mêmes travers d'esprit » (G., 53). Montaigne le dit à sa manière sans aucune nuance métaphysique : « Chaque homme porte la forme entière de l'humaine condition » (III, II, 805).

47. Voir *Discours sur Théophraste*, in La Bruyère, *Les Caractères, op. cit.*, p. 15 : Pascal « veut rendre l'homme chrétien ».

48. *Ibid.*

49. Voir A. Morillot, *La Bruyère*, Paris, Hachette, 1904, pp.184 et suiv.

50. Sur le rapport de ces vues voir R. Garapon, *Les « Caractères » de La Bruyère*, Paris, Sedes, 1978, pp. 114-115.

51. Voir « Des esprits forts », 49 : « Une certaine inégalité dans les conditions, qui entretient l'ordre et la subordination, est l'ouvrage de Dieu, ou suppose une loi divine : une trop grande disproportion, et telle qu'elle se remarque parmi les hommes, est leur ouvrage, ou la loi des plus forts. »

52. Voir A. Stegmann, *Les « Caractères » de La Bruyère ou la bible de l'honnête homme*, Paris, Larousse, 1972.

53. J. Brody, *Du style à la pensée, Trois études sur les « Caractères » de La Bruyère*, French Forum Monographs, n° 20, Lexington, Kentucky, 1980, p. 66.

Après la communication de KYRIAKI CHRISTODOULOU

ANTONY MCKENNA — La Bruyère critique surtout les manières de la Cour, non les fondements de l'ordre politique. Son argument est que les souffrances sur terre impliquent une vie éternelle ultérieure, autrement ce serait injuste. La nécessité des souffrances va contre les réformes. Sur un autre plan, sur les puissances trompeuses, La Bruyère reste un rationaliste ; il fait allusion aux puissances trompeuses, mais pour indiquer le bon usage de la raison, qui est cartésien.

KYRIAKI CHRISTODOULOU — Le rapport entre La Bruyère et Pascal, c'est celui de la peinture à la dialectique. La Bruyère est plus attentif dans sa critique politique ; il ose entamer le principe de la monarchie absolue. Il va plus loin que les bonnes manières. Il veut rendre l'homme raisonnable, pas faire une apologie ; il n'y a pas de dimension métaphysique.

DOMINIQUE DESCOTES — Pascal est plus profond lorsqu'il sonde les fondements du politique, mais La Bruyère est plus blessant, lorsqu'il atteint les personnes humaines, lorsqu'il dit aux Grands qu'ils sont incapables, corrompus...

THÉRÈSE GOYET — Le scandale social est vivement exprimé par La Bruyère. Il n'est pas juste de le comparer à Pascal sur la métaphysique. Mais le pessimisme de La Bruyère est aussi fondé et charitable que celui de Pascal. La Bruyère est plus près des hommes pour les piquer ; il est plus sentimental et pittoresque.

JEAN-B. NEVEUX — Pour La Bruyère, à la fin du siècle, le Roi et le peuple ont pour ennemis communs les Grands, qui sentaient venir la mort du Lion...

KYRIAKI CHRISTODOULOU — La Bruyère fait le portrait du bon roi, c'est une façon de critiquer qui ménage le trône.

Gérard FERREYROLLES

Jansénius politique : le *Mars Gallicus*

L'œuvre de Jansénius est loin de se réduire à l'*Augustinus*. Mais si déjà ce livre fameux est connu par son titre bien plus que par son contenu, que dira-t-on du *Mars Gallicus* ? Comme la plupart des pamphlets, il semble avoir disparu avec l'occasion qui l'avait fait naître. Pas tout à fait cependant : plus de quarante ans après sa parution, il était toujours interdit en France – signe d'une efficace encore redoutée ; Spinoza probablement l'a lu et Leibniz en tira l'idée de publier un *Mars Christianissimus* en 1684. Parmi la multitude des écrits polémiques suscités par la guerre de Trente Ans, il surnageait seul, avec la réputation que jamais adversaire n'avait pu satisfaire à ses raisons [1]. Aujourd'hui, à coup sûr, il mérite d'être revisité, parce que la dimension politique apparaît constitutive du jansénisme non seulement au XVIIIe siècle, mais dès le XVIIe : et si l'on remonte de Duguet, Le Gros ou Maultrot à Pascal, Nicole et Arnauld, pourquoi ne pas s'adresser au père fondateur, à l'éponyme lui-même ? D'autant que le *Mars Gallicus*, œuvre de circonstance, engage des principes qui dépassent les circonstances. La guerre de Trente Ans affronte, en même temps que deux camps, deux visions du monde : d'un côté, celle de Richelieu et des « politiques », qui en choisissant le camp des Hollandais calvinistes, des protestants d'Allemagne et des Suédois luthériens contre la catholique maison d'Autriche, manifestent leur préférence des intérêts temporels de l'État sur la perspective d'une réunification religieuse du continent ; de l'autre, celle des Espagnols et des « dévots », pour qui l'alliance avec les hérétiques est un crime de lèse-majesté divine inspiré par une « raison d'État » plus justement dénommable « raison d'enfer ». En bref, l'alternative se situe – sur le plan concret – entre Europe et Chrétienté ; sur le plan théorique, entre autonomie du politique et primauté du spirituel. La cause de Jansénius, sujet du roi d'Espagne, est connue d'avance : cela ne doit pas dispenser d'examiner ses arguments ; ensuite de quoi, nous essaierons de marquer sa place au sein de la constellation dévote avant d'esquisser une comparaison de sa politique avec celle de Pascal [2].

Pour saisir l'argumentation de Jansénius, il faut savoir contre qui elle se construit. Le *Mars Gallicus* est en effet la réfutation – massive : 452 pages – d'un in-octavo de 272 pages publié à Paris, chez Guillaume Loyson, en 1634 : *Questions décidées sur la justice des armes des rois de France, sur les alliances avec les hérétiques ou infidèles, et sur la conduite de la conscience des gens de guerre.* Son auteur est un certain Besian Arroy (1589-1677), qui serait resté totalement oublié des siècles suivants s'il n'avait provoqué la réponse qui l'écrase. Ce n'est pas le premier venu, toutefois : en 1634, il est docteur de Sorbonne depuis dix ans et théologal de Lyon. Son livre se divise en onze « questions » qu'on peut regrouper sous les trois chefs indiqués dans le titre : les trois premières traitent des justes prétentions de la monarchie française sur à peu près la moitié de l'Europe ; la « Question IV » résout le problème des alliances du roi de France avec les hérétiques ; enfin, les sept questions qui restent concernent les cas de conscience susceptibles de se poser aux soldats et capitaines (quand sont-ils coupables d'homicide ? Quand sont-ils tenus de restituer ? etc.). Jansénius écarte du débat presque toute cette dernière partie, de sorte que sa réplique ne comporte que deux livres : il examine en 43 courts chapitres « les raisons de la justice prétendue des armes (…) du roi de France » et, dans un second temps, en 45 chapitres, la légitimité de ses alliances. Sur ces 88 chapitres, un bon nombre se trouvent, par la force des choses, consacrés aux histoires de France et d'Espagne, ainsi qu'à des discussions juridiques : c'est la part la moins personnelle de Jansénius, celle où la critique a décelé la collaboration de l'érudit Pierre Roose – le chef-président du Conseil Privé des Pays-Bas à qui revient l'initiative du *Mars Gallicus* [3]. Dès qu'il le peut, Jansénius coupe court aux chicanes dynastiques et aux contestations procédurières que l'histoire a déjà tranchées non à coups de syllogismes, mais à coups de canon. Il renvoie par exemple aux jurisconsultes toute la « Question III » où Besian Arroy énumérait les droits de la couronne de France sur l'Empire, la Flandre, l'Artois, Milan, Naples et la Sicile, la Lorraine et l'Espagne. Ce qui intéresse l'auteur de l'*Augustinus*, c'est la dispute théologique appuyée sur des principes et des autorités indiscutables. D'où la possibilité, pour nous, de ramener un débat long et touffu à deux séries de propositions claires, portant l'une sur la justice de la guerre, l'autre sur la justice des alliances.

Sur les conditions qui légitiment une guerre, nos deux auteurs sont d'accord : il faut « que celui qui la fait ait autorité souveraine », « qu'elle soit faite pour une juste cause » et « que l'intention du souverain soit bonne et droite » [4]. Jansénius ne met nullement en doute l'autorité du roi de France et, pour ce qui est de la droiture de son intention, renvoie à Dieu qui seul connaît le cœur de l'homme [5]. Le point épineux est le second, celui de la « juste cause ». Or, pour le prouver, Arroy tombe dans une maladresse qui ressemble fort à un paralogisme : pour lui, le roi de France a juste cause de faire la guerre parce qu'il a « plus d'autorité souveraine que tout autre monarque du monde » [6]. Jansénius n'a pas de peine à montrer que son adversaire confond ici les critères qu'il avait commencé par distinguer : l'autorité du souverain est un point, la justice de sa cause en est un autre ; même s'il n'est de guerre juste que déclarée par un souverain légitime, la légitimité du souverain ne suffit pas à justifier la guerre qu'il déclare. Et pour quelles raisons le théologal de Lyon attribue-t-il plus d'autorité à son prince qu'à tout autre ? Il en développe quatre. Les rois de France sont marqués, lors de leur sacre, d'une onction « pareille » [7] à celle de la prêtrise qui leur confère un « caractère » ineffaçable ; ils ont la puissance miraculeuse de guérir les écrouelles ; ayant fait profession de la vraie foi depuis Clovis, ils ont mérité le titre de « très chrétiens » ; enfin, ils règnent en vertu d'une loi – la loi salique – qui est plus qu'humaine, car naturelle, éternelle et divine [8]. Arguties idéologiques aux yeux du lecteur moderne, et déjà de Jansénius : il est ridicule de faire de l'onction royale un huitième sacrement (Arroy a confondu sacrement et sacramental) [9] ; le pouvoir de guérir les écrouelles a fort peu de chances d'être miraculeux et, de toute façon, il ne signale aucune faveur spéciale de la divinité (un roi idolâtre comme Vespasien n'a-t-il pas rendu la vue à un aveugle, au dire de Tacite ?) ; si les titres sont de quelque poids, celui de « très catholique » porté par les rois d'Espagne l'emporte sur celui de « très chrétien » porté par les rois de France, puisque le premier distingue des hérétiques et des schismatiques alors que le second ne distingue que des juifs et des païens ; en dernier lieu, la loi salique n'est qu'une coutume inventée par les hommes [10].

La justice des alliances de Louis XIII est-elle plus assurée que celle de sa cause ? Besian Arroy peut tabler ici sur un certain nombre de précédents divinement cautionnés : Abraham n'a-t-il pas fait alliance avec Abimelech pour avoir habitation dans la terre de Canaan, les enfants de Jacob et de Joseph avec les Égyptiens, les Israélites sous Josué avec les Gabaonites ? De plus, il semble avoir pour lui saint Thomas, selon lequel la grâce ne détruit point la nature : le droit divin, qui met différence entre les fidèles et les infidèles, « n'ôte pas le droit humain » [11], qui est commun à tous. Si donc l'hérétique, en dehors de son hérésie, peut avoir de justes intérêts, il n'est pas injuste de s'allier à lui pour les défendre : on ne soutient pas alors son erreur, mais ses droits ; et réciproquement, « l'hérétique ou l'infidèle qui joint ses armes avec les nôtres pour nous faire faire raison de ce qui nous est dû, n'y joint pas l'hérésie, mais ses armes » [12]. Encore faudrait-il que la guerre des Hollandais contre le roi d'Espagne et des princes protestants d'Allemagne contre l'empereur eût le droit pour elle : ce que réfute d'abord Jansénius. Pour lui, les alliés de la France ne sont que des sujets en révolte contre leur souverain légitime. Ensuite, même si le roi de France ne cherche pas à soutenir l'hérésie, c'est bien le résultat qu'il procure indirectement, puisque « depuis la prise de Bois-le-Duc par l'assistance des Français, il n'y a ville ni bourg, depuis la belle ville d'Amsterdam jusqu'au dernier village, d'où ils [les Hollandais] n'aient chassé la religion catholique » [13]. Or, selon saint Thomas, une action est imputable à péché lorsque le mal qu'elle cause indirectement se trouve lié de façon ordinaire ou prévisible au bien qu'elle vise directement. Enfin, « il n'est pas permis de donner de nouveau aux fidèles des seigneurs ou maîtres infidèles » [14]. Ces trois arguments [15] sont suivis de commentaires sur l'Écriture tendant à montrer que les alliances entre le peuple de Dieu et les idolâtres de l'Ancien Testament n'étaient pas de véritables alliances, mais de simples traités de paix, et qu'en tout état de cause elles ne se concluaient pas au préjudice d'un prince fidèle.

Au vu de ces raisons contrastées, nos champions des causes française et espagnole apparaissent parfaitement représentatifs des deux courants qui partagent la pensée politique à l'époque de Richelieu : celui des « dévots » ou « catholiques zélés » d'une part, celui des « politiques » ou « bons Français » de l'autre [16]. Chacun des deux théologiens désigne clairement le camp auquel il appartient, Besian Arroy en parlant dans son Épître dédicatoire de l'« esprit suréminent » qui préside au gouvernement de la France, Jansénius en appelant le Père Joseph et Richelieu « deux Achitophels qui couvrent leur malice sous le capuchon et sous l'écarlate » [17] et en louant au contraire « tous les bons chrétiens » [18] qui, en France même, déplorent la politique étrangère du Cardinal. Surtout, les positions et arguments de l'un et de l'autre se retrouvent dans les principaux écrits antagonistes du temps.

Lorsqu'Arroy appuie, par exemple, les alliances avec les hérétiques sur la nécessité de tolérer ces mêmes hérétiques à l'intérieur des frontières françaises (« il les faut tolérer, de peur qu'en arrachant l'ivraie on n'arrachât aussi le bon grain ») [19], il rejoint un thème cher à la plupart des politiques, qui estiment la coexistence des religions infiniment préférable à la guerre civile : « On voit bien deux sortes de religions en France, mais on n'y voit qu'un parti. Ce qui faisait sa faiblesse fait sa force » [20]. Les dévots, inversement, poussent à l'extirpation de l'hérésie [21], et leur haine pour Richelieu est proportionnée aux espoirs qu'ils avaient pu placer en lui : Jansénius n'avait-il pas commencé par faire l'éloge du vainqueur de La Rochelle [22] ? Sur le chapitre des exemples vétéro-testamentaires invoqués pour justifier les alliances, les *Questions décidées* comme le *Mars Gallicus* entrent en écho avec divers textes caractéristiques : n'est-ce pas le sulfureux chanoine Machon qui écrivait dans son *Apologie pour Machiavel* que « tous les rois d'Israël et quelques-uns de ceux de Juda [avaient] suivi l'idolâtrie pour soulager leurs sujets, et causer le bien et l'utilité de leur État » [23] ? Dans le camp adverse, neuf ans avant Jansénius, l'auteur anonyme de l'*Admonitio* – un des plus virulents pamphlets anti étatistes – soulignait que Dieu avait puni de peines horribles le peuple élu pour ce qu'il s'était allié avec « les Palestins, Syriens et Egyptiens » [24]. Au fond, le débat entre Arroy et Jansénius se ramène à deux conceptions opposées des rapports entre temporel et spirituel : ou bien l'on considère que, la grâce ne détruisant pas la nature, la religion reconnaît l'autonomie du politique ; dès lors, les alliances protestantes ne représentent qu'une cause seconde ordonnée à cette fin parfaitement légitime qu'est le salut de l'État. Telle est la position de Besian Arroy, telle était celle du *Catholique d'État* qui inaugura en mai 1625 les campagnes de la presse cardinaliste : défendre son État par les moyens humains que la nécessité requiert, « cela est fondé sur le droit de nature et sur le droit des gens, lesquels la loi chrétienne n'a point effacés » [25]. Ou bien l'on considère que les rois, vicaires de Jésus-Christ, ne tenant leur mandat que « du grand empereur de la Cour du Ciel » [26], doivent faire passer les intérêts de leur couronne après ceux du souverain universel qu'ils représentent sur terre ; la conséquence en est que « le roi de France est obligé de rompre les alliances qu'il a avec les hérétiques, *même au préjudice de son État* » [27]. Telle est la position de Jansénius, telle était celle du parti dévot unanime : « Dieu est l'Auteur des États, il en veut être le Directeur » [28].

Mais à purement aligner Jansénius sur les thèses dévotes, on ne rend pas justice à l'originalité de sa contribution. Il se démarque de la doctrine défendue dans des libelles sortis pourtant de son propre camp – les *Mysteria politica*, l'*Admonitio*, les *Quaestiones politicaae quodlibeticae* – qu'il qualifie dans sa correspondance de « *sediotisi* », voire de « *seditiosissimi* » [29].

Pourquoi ? Parce qu'ils affirment que, quand un prince porte les armes contre la religion, ses sujets ne sont plus tenus de lui obéir, mais de lui résister. Et le paradoxe est que Jansénius doit débusquer cette erreur dans le livre même de Besian Arroy ! « Apprenez donc », lui lance-t-il dans le *Mars Gallicus*, « à discerner les alliances des princes fidèles avec les infidèles, du lien qui attache les sujets à leur souverain. (...) Quand le fidèle est sujet à un prince infidèle, ou l'infidèle à un prince fidèle (...), il est obligé de prendre les armes au premier commandement de son souverain » [30]. Jansénius serait-il plus politique que les politiques ? On pourrait le croire en lui appliquant ces deux critères qui servent à définir, chez E. Thuau, l'esprit étatiste : le rationalisme et le réalisme. Entre Arroy et Jansénius, qui est le rationaliste ? Celui qui s'extasie sur le miracle des écrouelles ou celui qui juge que semblables « cures » ne « passent point les forces de la nature » [31] ? Et qui est le réaliste, celui qui croit que Dieu a envoyé une colombe porter la Sainte Ampoule au baptême de Clovis pour le rendre prophète [32], ou celui pour qui – à l'instar du très étatiste Balzac – les États prennent naissance d'une injuste violence [33] ? Arroy, qui se permet d'appeler saint Thomas « mon Docteur », est en fait un chantre de la monarchie magique, et c'est l'augustinien Jansénius qui fait fond tout au long de son livre sur la théologie thomiste [34]. Curieusement, alors que « toutes les justifications de la politique étrangère de Richelieu reposent sur le droit naturel » [35], le *Mars Gallicus* défend au nom de ce même droit la politique opposée [36]. Comment un tel retournement est-il possible ? Il suffit de poser que le temporel est ordonné *naturellement* à l'éternel [37]. Le propre de la démarche jansénienne dans cet ouvrage consiste, nous semble-t-il, à utiliser un concept d'élaboration essentiellement thomiste au bénéfice de l'augustinisme politique [38].

Que reste-t-il de cette démarche chez un janséniste français comme Pascal ? Jansénius représente-t-il à ses yeux l'orthodoxie politique comme il incarne l'orthodoxie théologique ? En l'absence de toute référence ou allusion au *Mars Gallicus* dans son œuvre, c'est sur les positions et principes pris en eux-mêmes qu'il va falloir juger.

Remarquons tout d'abord que les critiques portées par Jansénius contre la religion monarchique à la française ne pouvaient pas ne pas rencontrer la démystification pascalienne du politique. On a vu que le *Mars Gallicus* refusait de reconnaître au roi un « caractère » qui lui serait sacramentellement conféré par l'onction ; or, c'est de manière ironique que Pascal place ces mots dans la bouche du peuple abusé et ébloui au passage de son roi : « le *caractère* de la divinité est empreint sur son visage » (*Pensées*, fr. 25-59) [39]. Jansénius dénie également aux lois fondamentales du royaume de France l'assimilation au statut de lois naturelles et éternelles – la loi salique étant ramenée à une simple « coutume » révocable « selon le bon plaisir des hommes » qui choisissent légitimement entre les divers modes de transmission du pouvoir, coutume au demeurant fort loin d'être observée (contrairement à ce que prétend Arroy) sans interruption depuis mille trois cents ans [40]. L'auteur du *Mars Gallicus* anticipe par là sur plusieurs fragments des *Pensées*, qui énoncent qu'« en peu d'années de possession les lois fondamentales changent » (fr. 60-94), que malgré la doctrine officielle il n'y a point d'État « qui ait duré 1000 ans » (fr. 280-312) sans enfreindre ses propres lois et qu'enfin la force qui est aux mains des maîtres succède « comme il leur plaît » (fr. 828-668), non moins légitimement par l'élection que par la naissance ou tout autre moyen.

Ces considérations ouvrent sur un deuxième terrain d'entente entre Jansénius politique et Pascal : le souci de distinguer les ordres. « Pourvu qu'on règne légitimement », dit le *Mars Gallicus,* « la loi salique ne donne point de nouveaux droits à ceux qu'elle fait héritiers, et n'en ôte point à ceux qui les font par d'autres voies » [41]. Jansénius ne cesse de remontrer à Arroy que, quand bien même les rois de France recevraient un « caractère » sacré, guériraient les écrouelles, mériteraient le titre de « très chrétiens » et régneraient en vertu d'une loi successorale éternelle, tout cela n'ajouterait rien à leur légitimité – qui est entière – non plus qu'à la justice de leur cause guerrière – qui est nulle. Pour quelle raison ? C'est qu'il n'y a nulle proportion entre ces ordres : contrairement à ce qu'affirmaient wicléfistes et hussites, « la puissance des magistrats employés au gouvernement de l'État, et de l'Église, ne dépend en façon quelconque de leur bonté ni de leur malice, moins encore de la production de quelque miracle » [42]. Pascal sait bien, lui aussi, qu'« on rend différents devoirs aux différents mérites » (fr. 58-91), qu'il « faut obéir aux supérieurs non pas parce qu'ils sont justes, mais parce qu'ils sont supérieurs » (fr. 66-100) – en un mot, que la légitimité d'une autorité se distingue formellement de la valeur personnelle de celui qui l'exerce comme de la justice des décisions qu'il peut prendre [43]. Si l'on cherche une illustration politique du fameux fragment sur les trois ordres, c'est dans le *Mars Gallicus* qu'on la trouvera : « Les saints », écrit Pascal, « ont leur empire, leur éclat, leur victoire, leur lustre et n'ont nul besoin des grandeurs charnelles ou spirituelles, où elles n'ont nul rapport, car elles n'y ajoutent ni ôtent », et Jansénius : « C'est l'onction de l'Esprit qui nous rend parfaits chrétiens, mais comme elle ne détruit point les dignités séculières, aussi ne les donne-t-elle point ; elle ne les peut accroître, comme elle ne les peut diminuer »[44].

Enfin, il est une conjonction relativement improbable que l'on peut observer à la fois chez Jansénius et Pascal : celle d'une vision réaliste des origines et de l'acceptation « idéaliste » du concept de loi naturelle. Chez les machiavéliens, le premier point annule le second ; chez Besian Arroy, le second annule le premier. « Se peut-il rien trouver de plus injuste que leurs commencements ? », interroge Jansénius à propos des royaumes et principautés, « Et néanmoins il n'y a rien de plus juste que leur progrès, le temps effaçant le crime de leur possession »[45]. Impossible ici de ne pas songer au fragment 60-94, où on lit que l'usurpation « introduite autrefois sans raison » est par la seule longueur du temps « devenue raisonnable ». Or, cette justification extrinsèque de l'établissement n'épuise pas toute la justice dont est susceptible, et même redevable, l'ordre du politique. « Il y a sans doute [*i.e. sans aucun doute*] des lois naturelles » dit Pascal [46], et Jansénius après avoir cité saint Thomas : « Tous les Docteurs ne disent-ils pas que la loi naturelle est comme une propriété de la nature raisonnable, qui a été imprimée en l'homme avec cette même nature ? C'est ce qui fait dire à saint Augustin : "Votre loi, mon dieu, punit le larcin, c'est-à-dire cette loi qui est écrite sur le cœur des hommes, *que le péché même ne peut effacer*" »[47]. De telles lois, qui viennent de plus haut que l'État, donnent son autorité à l'État mais n'en reçoivent point de lui, de sorte que « les coutumes suivies par les peuples, les arrêts des Parlements, les ordonnances des rois et la volonté des empereurs ne peuvent abolir ce qu'elles ordonnent, ni donner vogue à ce qu'elles condamnent »[48] ; ainsi Pascal pouvait-il écrire, à propos de l'interdiction des duels par le roi, cette phrase qui le sépare radicalement de Hobbes : « Ses édits si sévères sur ce sujet n'ont pas fait que le duel fût un crime ; ils n'ont fait que punir le crime qui est inséparable du duel »[49]. Enfin, le caractère *naturel* de ces lois entraîne une conséquence paradoxale mais qui se vérifie aussi bien chez Pascal que chez Jansénius, à savoir que les infidèles peuvent parfois les observer mieux que ne le font les catholiques : le *Mars Gallicus* montre les Turcs refusant de soutenir la rébellion des princes allemands pourtant secourue par la France [50], comme la campagne des *Provinciales* flétrira les jésuites pour avoir « permis aux chrétiens tout ce que les Juifs, les Païens, les Mahométans et les Barbares auraient en exécration »[51].

Il existe cependant un écart entre l'écrit de Jansénius et ce que Pascal a pu laisser sur la même matière. Dénonciateur de « la rage des Suédois » et du silence français sur « la ruine de la religion, le bannissement et la fuite des prélats, des religieux et des vierges » causés par leurs armes, Jansénius aurait sans doute peu apprécié l'admiration de Pascal pour une reine de Suède qui ne voit rien « au-dessus de sa puissance » et à qui il souhaite de régner « par une longue suite d'années *sur tant de triomphantes provinces* »[52]. Les circonstances, certes, ont évolué entre 1635 et 1652, mais Christine est encore luthérienne et ce qui se trahit dans ces deux perspectives opposées sur la Suède n'est rien de moins qu'une différence de principes concernant les rapports du politique et du religieux. Bien qu'il ne mette pas en cause la légitimité d'un souverain hérétique, Jansénius a pente – on l'a vu – pour l'augustinisme politique, qui lui fait dire que *protéger*, *défendre* et *étendre* la religion catholique « est le point où doivent butter [*i.e.* viser*] tous les royaumes temporels »[53]. L'idée de croisade intérieure ou d'impérialisme dévot ne lui fait pas peur : la gloire de l'Espagne à ses yeux est d'avoir, plus que toute autre nation, versé le sang des infidèles et répandu, au rythme de sa domination temporelle, « la vraie foi par l'Orient et par l'Occident »[54]. Évidemment, il est favorable à l'Inquisition[55] et ne voit dans la liberté de religion que cette « liberté d'errer et de se perdre, de laquelle saint Augustin parle de la sorte : "Y a-t-il une mort plus dangereuse pour l'âme que la liberté d'errer ?" »[56]. Pour Pascal, au contraire, l'Inquisition, « corrompue ou ignorante », forme avec la Société de Jésus « les deux fléaux de la vérité » (fr. 916-746) et il se sépare – comme l'a remarqué Ph. Sellier – de saint Augustin sur la question des conversions forcées : vouloir mettre la religion « dans l'esprit et dans le cœur par la force et par les menaces, ce n'est pas y mettre la religion mais la terreur »[57]. Cette position découle, en toute cohérence, d'une conception de l'État qui ne lui désigne aucune finalité transcendante : c'est à l'Église qu'il revient de protéger, défendre et étendre la vérité catholique, mais la paix dans les États (ou la guerre entre États) « n'a pour objet que de conserver les biens des peuples en assurance » (fr. 974-771).

Aussi longtemps que le *Mars Gallicus* démystifie la religion du politique tout en reconnaissant la validité de l'instance naturelle qu'il représente, Pascal sera en consonance avec lui ; il s'en détache, au contraire, quand Jansénius glisse de ses références thomistes à l'augustinisme politique.

C'est du *Mars Gallicus* que proviennent comme de leur source première les maux des jansénistes français du XVIIe siècle. Et pourtant, ils ne l'avaient pas nécessairement approuvé : « On sait de quelle manière », écrit

Lancelot à propos de Saint-Cyran, « il parla d'un ouvrage qu'on attribuait à un des évêques qui était peut-être un des plus grands amis qu'il eût au monde, et que n'approuvant pas le dessein de cet auteur, il témoigna qu'il avait été prêt d'écrire contre, si quelque occasion l'y avait engagé »[58]. Rodomontade nationaliste ou opportunisme politique ? Voire. Dès 1615, dans son *Apologie pour La Rocheposay*, Duvergier de Hauranne donnait toute licence aux princes chrétiens « de s'allier avec les infidèles pour en tirer du secours et s'en servir contre ceux qui les travaillent et qui les troublent injustement en la possession de leurs terres et de leurs principautés »[59]. Cette permission repose sur la même définition de la guerre juste qu'on vient de rencontrer chez Pascal et suppose la même prise en compte du droit naturel de l'État. Si l'on versait au dossier tel texte d'Arnauld contre la colonisation espagnole ou de Nicole sur la perfection d'une république d'où la vraie religion serait bannie[60] – sans parler de la *Lettre d'un avocat au Parlement* de Le Maistre et Pascal ni, *a fortiori*, des traités jansénistes du XVIIIe siècle – on trouverait sans doute dans la reconnaissance de la légitime autonomie du politique l'une des originalités du jansénisme français par rapport à son illustre, et bien involontaire, fondateur.

NOTES

1. Cf. Jean Orcibal, *Jansénius d'Ypres (1585-1638)*, Paris, Études augustiniennes, 1989, p. 240, n. 113.

2. Sur la guerre de Trente Ans, on consultera, outre *La France de Louis XIII et de Richelieu* de V.-L. Tapié (Flammarion, 1952), le « Que sais-je ? » de G. Livet (P.U.F., 1966) et, du même auteur, *Guerre et Paix de Machiavel à Hobbes* (A. Colin, 1972). Sur les circonstances de la composition et de la diffusion du *Mars Gallicus*, cf. A. de Meyer, « Jansénius et Roose, auteurs du *Mars Gallicus* », *Miscellanea historica in honorem L. van der Essen*, éd. Universitaires, Bruxelles-Paris, 1947, t. 2, pp. 831-836, et surtout le chapitre X du livre cité de J. Orcibal. La première édition du *Mars Gallicus* est de 1635, l'année où la France déclare la guerre à l'Espagne ; nous utilisons la traduction française in-8° (*Le Mars françois*) faite sur la 3e éd. et parue *s.l.* en 1637. Le traducteur n'est pas Hersent, comme on l'a cru longtemps, mais Jean Hughes Doroz, prêtre, ancien oratorien ; quant à Jansénius, il avait pris le pseudonyme d'Alexander Patricius Armacanus.

3. Cf. l'art. cité de A. de Meyer.

4. *Questions décidées*, pp. 12-13.

5. *Mars Gallicus*, p. 2.

6. *Questions décidées*, p. 16.

7. *Questions décidées*, p. 31.

8. Ces quatre rubriques forment les quatre « sections » de la « Question I ».

9. Le cérémonial du couronnement ne comporte que des « marques sacramentales ». Celles-ci, n'imprimant aucun « caractère » spirituel ni n'infusant de grâces habituelles, sont simplement l'équivalent d'une prière d'intercession (*Mars Gallicus*, livre I, chap. VI).

10. Ces différents points sont traités dans les chap. II-XII ; XIII; XIV-XXVIII ; XXIX-XXX du livre I du *Mars Gallicus*.

11. *Questions décidées*, p. 196. Arroy s'appuie ici sur *Summa theologiae*, IIa IIæ, q. 10, a. 10.

12. *Questions décidées*, p. 199.

13. *Mars Gallicus*, p. 255.

14. *Mars Gallicus*, p. 331. Cf. *Sum. theol.*, IIa IIæ, q. 10, a. 10.

15. Ils sont déployés respectivement dans les chap. II-VIII, IX-XXIV et XXV-XXX du second livre du *Mars Gallicus*.

16. Cf. la thèse d'Étienne Thuau, *Raison d'État et pensée politique à l'époque de Richelieu*, Paris, A. Colin, 1966.

17. *Mars Gallicus*, p. 389. Achitophel (ou Ahitophel) était un conseiller de David qui passa à la rébellion d'Absalon : le prototype biblique du traître (2 Samuel, 15, 12).

18. *Mars Gallicus*, p. 393. Il s'en prend, symétriquement, aux politiques : « Venez maintenant ici, politiques, qui vous rendez idolâtres de l'État, et regardez de quoi imiter et de quoi vous défendre en la conduite de Pilate » (p. 327).

19. *Questions décidées*, p. 197.

20. M. de Gellerain, *La France sauvée* (Paris, 1642), p. 5. L'un des meilleurs exposés est celui de Philippe de Béthune dans son *Conseiller d'État* (Paris, 1632), au chap. XVII de la Ière partie (« De la tolérance de deux religions dans un État »).

21. Vaure, *L'État chrétien* (Paris, 1626), p. 159 : « Un État monarchique ne peut durer endurant pluralité de religions. » Jansénius rappelle dans l'avant-dernier chapitre du *Mars Gallicus* que le roi de France jure, le jour de son sacre, d'exterminer l'hérésie de son royaume.

22. « J'ai écrit que le Cardinal de Richelieu a réduit les huguenots à petit pied » (Lettre à Saint-Cyran du 11 avril 1631, dans *Correspondance de Jansénius*, éd. Orcibal, Louvain-Paris, 1947, p. 515). Le passage visé se trouve au chap. 62 de sa *Notarum Spongia*.

23. Cité par Thuau, *op. cit.*, p. 343.

24. Cité *ibid.*, p. 111. Cf. le chap. XLI du livre II du *Mars Gallicus*, intitulé : « Dieu a châtié de peines temporelles dans le Vieux Testament les alliances avec les infidèles » (p. 431). Sur l'interprétation jansénienne et dévote de l'histoire, cf. notre « Influence de la conception augustinienne de l'histoire au XVIIe siècle », *XVIIe siècle*, n° 135, avril-juin 1982, pp. 224-225.

25. Dans Hay du Chastelet, *Recueil de diverses pièces pour servir à l'histoire*, Paris, 1635 (éd. 1643, p. 94 ; cf. p. 147).

26. *Mars Gallicus*, p. 310.

27. C'est le titre du chap. XVI du livre II du *Mars Gallicus* (p. 286). Ce qui est souligné ici et plus loin l'est par nous. On est à l'opposé de l'étatiste *Recueil de quelques discours politiques* (1632) : la religion « ne veut pas qu'on perde la terre pour gagner le ciel » (cité par Thuau, *op. cit.*, p. 311).

28. La formule est de Molinier dans ses *Politiques chrétiennes* (Paris, 1621), p. 30. Cf. Vaure, *L'État chrétien*, p. 243 : « Ce n'est pas à un Vice-Roi, ou lieutenant de province d'outrepasser la volonté du Roi, ni d'user de maximes contraires à celles qu'il lui a prescrites et ordonnées : *voire quand les lois du sujet gouvernant pour son Prince seraient bonnes de soi* ; ce n'est pas assez ; il faut qu'il gouverne selon le bon plaisir de son Maître et Seigneur. Or est-il que Dieu est le Roi des Rois, par conséquent ils doivent gouverner selon son bon plaisir ; autrement ils sont criminels de lèse-majesté » ; à mettre en parallèle avec ce passage du *Mars Gallicus*, p. 306 : « Que dirions-nous des gouverneurs, établis des rois pour régir quelques provinces, s'ils souffraient et permettaient le bannissement de leur roi et la ruine de son royaume

sans le secourir, (...) pour leurs intérêts particuliers et pour quelque animosité qu'ils auraient par ensemble, ou *à dessein de maintenir les droits et l'autorité de leur gouvernement* ? (...) En ce cas, ils n'agissent plus comme officiers et comme lieutenants, mais comme souverains, qui usurpent l'autorité du roi. »

29. Lettre à Calenus du 23 janvier 1626, éd. citée, p. 289.

30. *Mars Gallicus*, pp. 413-414.

31. *Mars Gallicus*, p. 63.

32. Cf. *Questions décidées*, Qu. I, section I, pp. 24-25.

33. Cf. *Mars Gallicus*, livre I, chap. XLIII (« Se trouvera-t-il peut-être un seul roi au monde qui se puisse vanter d'avoir le cœur net, s'il faut rechercher les premiers fondements de sa monarchie ? », p. 180). Cf. Guez de Balzac : « Il n'y a point aujourd'hui de légitime puissance dont le commencement n'ait été injuste » (*Premières lettres*, citées par E. Thuau, *op. cit.*, p. 253).

34. Par exemple, pour réfuter la prétention d'ériger la loi salique en loi naturelle et éternelle (*Mars Gallicus*, livre I, chap. XXX), pour condamner l'aide indirecte à l'hérésie (livre II, chap. XIV) ou la domination des infidèles sur les fidèles (livre II, chap. XXV).

35. E. Thuau, *op.cit.*, p. 408.

36. Cf. *Mars Gallicus*, livre II, chap. VIII : « L'alliance qui est faite entre les princes pour se donner secours contre tous et en toute occasion, n'est pas une vraie alliance : c'est une conjuration condamnée par les lois de Dieu, que la nature a gravées en nos esprits » (pp. 234-235) ; ou encore : « Il ne faut pas que les rois traitent aucune alliance, pour utile qu'elle soit à leur État, quand les lois de la nature, qui sont plus anciennes et plus fortes que les leurs, la trouvent mauvaise. Or elles trouvent sans doute mauvais non seulement la rébellion des sujets contre leurs princes, le ravissement des couronnes, l'usurpation des principautés, mais aussi les alliances et les secours qui fomentent ces crimes, qui les défendent, qui les appuient » (p. 239).

37. Cf. *Mars Gallicus*, livre II, chap. XIX : « Parmi les chrétiens, qui savent ce que c'est du royaume de la terre et de celui du ciel, c'est-à-dire de la République et de l'Église, il faut régler le temporel selon les lois de l'éternel, auquel il est référé naturellement. (...) On ne pèche pas moins contre l'ordre naturel, "lequel la loi éternelle veut être conservé et défend d'être troublé" dit le même Docteur [saint Augustin, *Contra Faustum*, XXII, 27], quand on renverse l'Église pour maintenir la République, que quand on préfère le corps à l'âme, le temps à l'éternité, la gloire des principautés de la terre à la gloire du ciel, et l'homme à Dieu » (p. 305).

38. Par « augustinisme politique », on désigne la doctrine qui assigne à l'État une fonction et une finalité proprement religieuses (cf. H.-X. Arquillière, *L'Augustinisme politique*, Paris, Vrin, 1955 ; 1ère éd., 1934). Le *Mars Gallicus* adopte cette perspective : « La terre ne doit regarder que le ciel ; les principautés et les empires de ce monde, ceux de l'autre ; le royaume des hommes, celui de Dieu ; la République, l'Église, comme la fin à laquelle elle est référée parmi les chrétiens » (p. 304). Jansénius, en citant des païens (Valère Maxime, p. 309 ; Cicéron, p. 448) qui partagent – pour le compte de leurs faux dieux – une telle vision, accomplit le paradoxe d'un augustinisme politique *naturel*. Il va de soi, enfin, que l'augustinisme politique n'est pas nécessairement la politique de saint Augustin.

39. Le premier numéro renvoie à l'éd. Lafuma (Paris, Luxembourg, 1952) ; le second, à l'éd. Sellier (Paris, Bordas, 1991).

40. « Coutume » : *Mars Gallicus*, p. 129 ; le « bon plaisir », p. 134 (cf. p. 126 : « Il n'importe que ce soit l'élection, ou la succession, l'adoption ou quelque transmission légitime qui fasse régner le mâle ou la femelle ») ; les infractions à la loi salique : livre I, chap. XXX à XXXVIII (notamment p. 129 : « Si les étrangers ne peuvent être rois, à cause de la loi salique, il y a environ 900 ans que vous n'avez eu de rois légitimes »).

41. *Mars Gallicus*, p. 126.

42. *Mars Gallicus*, p. 58.

43. Ce point est développé particulièrement sur le sujet de la peine de mort, à la XIVe *Provinciale*, éd. Cognet (Paris, Garnier, 1965), p. 258.

44. *Pensées*, fr. 308-339 ; *Mars Gallicus*, p. 66.

45. *Mars Gallicus*, p. 184. On est aux antipodes d'Arroy : « les crimes ne prescrivent point » (*Questions décidées*, p. 114).

46. *Pensées*, fr. 60-94. Sur ce point, nous nous permettons de renvoyer à notre *Pascal et la raison du politique*, Paris, P.U.F. (coll. « Épiméthée »), 1984, chap. IV.

47. *Mars Gallicus*, p. 131. Jansénius renvoie à saint Thomas, *Sum. theol.*, Ia IIæ, q. 91, a. 3 ; la citation de saint Augustin vient des *Confessions*, livre II. On peut rapprocher de ce passage de Jansénius l'expression du fr. 794-647 : « les lois de Dieu de la nature ».

48. *Mars Gallicus*, p. 238. On voit ici que le fait ne peut rien contre le droit, ni la loi positive contre la loi naturelle. Pour prendre des exemples chez Pascal (fr. 60-94), il est clair que les Lacédémoniens n'ont pas rendu juste le larcin en le mettant au nombre des « actions vertueuses », non plus que les Égyptiens l'inceste, etc. La violation d'une loi naturelle ne l'annule pas davantage qu'une faute de calcul ne rend caduques les règles de l'arithmétique.

49. XIVe *Prov.*, éd. citée, p. 273.

50. P. 229.

51. *Second Écrit des curés de Paris*, éd. citée des *Prov.*, p. 423. Le *Mars Gallicus* dit des Français ce que les *Provinciales* disent des jésuites. Par exemple : « Ne diriez-vous pas que les maximes d'État des hérétiques et des Turcs sont mieux fondées sur l'honnêteté et sur la piété, que celles des catholiques, puisqu'elles condamnent par le seul instinct de nature ce que la piété de quelques chrétiens ose justifier ? » (*Mars Gallicus*, p. 230) et : « Vous avez tellement oublié la loi de Dieu et tellement éteint les lumières naturelles que vous avez besoin qu'on vous remette dans les principes les plus simples de la religion et du sens commun » (XIVe *Prov.*, p. 256).

52. *Mars Gallicus*, pp. 233 et 389 ; Pascal, *Lettre à la Sérénissime Reine de Suède* (éd. Mesnard des *Œuvres complètes*, Paris, Desclée De Brouwer, t.II, 1970, p. 925).

53. *Mars Gallicus*, p. 295.

54. *Mars Gallicus*, p. 113. Que cette expansion puisse être recherchée par l'Espagne « à dessein d'en tirer quelque avantage de grandeur » (*ibid.*) ne gêne nullement Jansénius, qui confirme par là les accusations d'hypocrisie dont les politiques ne cessent d'accabler l'Espagne. Lorsque Pascal admet que l'Église a reçu « un grand avantage » de la découverte du Nouveau Monde – « puisque cela a procuré la connaissance de l'Évangile à tant de peuples qui fussent péris dans leur infidélité » (XVIIIe *Prov.*, p. 378) –, il se place sur le terrain strictement religieux : la mission n'est pas la colonisation, outre que rien ne ressemble dans ces lignes à une approbation des méthodes employées par les conquistadores (« on ne doit pas faire le moindre mal pour en faire réussir le plus grand bien », XIe *Prov.*, p. 204). La mission n'est pas non plus la croisade : Jansénius caresse ce dernier rêve (cf. lettre à Saint-Cyran du 5 mars 1621, éd. citée, p. 69), absent chez Pascal.

55. Cf. *Mars Gallicus*, pp. 115, 247. Les hérétiques, « il faut que l'Église et le bras séculier se joignent ensemble pour les étouffer » (p. 314). Jansénius cite Tertullien p. 266 : « Il faut forcer les hérétiques à leur devoir. Il ne les y faut pas appeler par douces paroles : leur opiniâtreté se doit vaincre par force, et non changer par persuasion. »

56. *Mars Gallicus*, p. 341. La citation d'Augustin vient de l'*Epist.* 166.

57. Fr. 172-203. Cf. le commentaire de Ph. Sellier, p. 238 (n. 4) de son édition citée des *Pensées*.

58. *Mémoires touchant la vie de M. de Saint-Cyran*, Cologne, 1738 (t.II, p. 283).

59. Pp. 46-47. Même point de vue chez Nicole dans ses *Pernicieuses conséquences de la nouvelle hérésie des jésuites contre le roi et contre l'État*, S.l., 1664 [1er février 1662].

60. Arnauld : lettre 388, du 12 novembre 1682, à Du Vaucel (*Œuvres*, Paris-Lausanne, S. d'Arnay, 1775-1783, t.II) ; on relèvera dans la lettre 731, du 25 août 1689, au même, une louange appuyée du *De Jure belli ac pacis* de Grotius, le père du droit des gens (*Œuvres*, t.III). Nicole : chap. II de l'essai *De la charité et de l'amour-propre* (*Essais de morale*, Paris, Desprez, nouvelle éd., 1733-1741, t.III).

Après la communication de GÉRARD FERREYROLLES

JEAN-B. NEVEUX — Ferdinand, roi catholique, était allié à la Saxe, chef de file des Luthériens. Jansénius n'en parle pas du tout. Le conflit entre Jansénistes et Jésuites s'inscrit dans le conflit corporatif des Universités en place et des collèges de Jésuites en création. Mais il y a deux factions chez les Jésuites, l'une profrançaise, l'autre proespagnole. De quel côté était Jansénius ? Il devait être contre la première, et pour la seconde...

GÉRARD FERREYROLLES — Au départ Jansénius était profrançais ; il a retourné son opinion et s'est trouvé pour les Espagnols. Les Jésuites avaient été enthousiastes pour le *Mars Gallicus*. Quant aux deux factions chez les Jésuites, l'auteur des *Provinciales* n'en aurait pas été surpris.

JEAN MESNARD — Le problème de fond, c'est celui du rapport entre jansénisme et thomisme. Mais il y a plusieurs thomismes. Le thomisme espagnol est en rapport avec le jansénisme français.

GÉRARD FERREYROLLES — Au début de sa carrière, Saint-Cyran se faisait fort de défendre publiquement n'importe quel article de la *Somme théologique*.

La monarchie de droit divin, concept anticlérical

Conférence publique de Jean Mesnard

Jean MESNARD

La monarchie de droit divin, concept anticlérical

Ce n'est pas dans l'œuvre de Pascal que l'on découvrira l'expression
« monarchie de droit divin »[1]. Et pour cause : il eût été le seul de son temps
à l'employer. Paradoxe, invraisemblance, pensera-t-on. Et l'on trouvera sans
peine des autorités pour appuyer la thèse contraire. Dans les dictionnaires
les plus récents, d'abord. Remontons même au Littré. Nous y lisons :

> Droit divin, droit considéré comme établi par Dieu. – Droit divin,
> droit par lequel les princes tiennent leur autorité de Dieu et non de la
> volonté des peuples qu'ils gouvernent. Monarchie de droit divin[2].

Quant au Robert, il propose l'article suivant :

> *Droit divin* : doctrine de la souveraineté, forgée au XVIIe s., et
> d'après laquelle le roi est directement investi par Dieu. *Monarchie de
> droit divin.* - Par ext. : *le Droit naturel*, considéré comme issu de
> Dieu, par oppos. au *Droit humain*. (Suit un exemple emprunté à une
> lettre de Voltaire, de 1771, opposant ironiquement, sur un tout autre
> sujet que la monarchie, droit humain, droit divin et droit diabolique)[3].

Le *Trésor de la Langue française* distingue expressément « droit naturel »
et « droit divin ». À propos de ce dernier il ouvre plusieurs rubriques :

> – *Droit divin.* Ensemble de prérogatives conférées par Dieu et, *p. ext.,*
> autorité, pouvoir qui en découlent. (Suit un exemple emprunté à
> Vigny, daté de 1850, opposant, à l'avantage du second, *« le suffrage
> universel »* au *« droit divin d'une dynastie de demi-dieux »*).
>
> – *Théorie du droit divin* et, p. ell., *droit divin.* Théorie élaborée au
> XVIIe siècle, selon laquelle le roi tient sa souveraineté de Dieu. (Suit
> un exemple emprunté à Mme de Staël, daté de 1817, faisant allusion à
> une *« loi positive de l'Angleterre »* condamnant *« quiconque
> soutiendrait le droit divin »*).
>
> – *Loc. adj. De droit divin.* En vertu du droit divin. *Roi, souverain,
> monarchie de droit divin. Les souverains continentaux restaient des
> monarques de droit divin au pouvoir théoriquement absolu. »*
> (Lefebvre, *Révol. fr.,* 1963, p. 88)[4].

Le XVIIe siècle est ainsi considéré comme une sorte d'âge d'or – ou d'âge maudit – de la monarchie de droit divin. Le sens de l'expression, tel qu'il résulte de la série des exemples cités, n'est sans doute nulle part mieux défini que dans l'article de Littré.

C'est d'ailleurs le sens qui se dégage, explicitement ou implicitement, des ouvrages des historiens. Citons ces lignes d'un remarquable analyste des institutions, Georges Pagès :

> La Monarchie d'Ancien Régime avait été, dès l'origine, absolue et de droit divin ; elle l'est plus que jamais sous Louis XIV. La doctrine monarchique, portée à sa perfection, est devenue une sorte de dogme. La discuter est une hérésie ; la combattre est un attentat contre les lois humaines et divines. C'est bien ce que signifie la phrase célèbre : « Quelque mauvais que soit un prince, la révolte de ses sujets est toujours infiniment criminelle. » En ce sens, l'évolution du principe monarchique est achevée [5].

Plus récemment, Michel Devèze, s'inspirant des leçons professées par un célèbre historien du droit, François Olivier-Martin, établit une heureuse distinction, dont nous aurons à nous souvenir, entre « monarchie sacrée », « monarchie absolue » et « monarchie de droit divin ». À propos de cette dernière, il déclare :

> La monarchie de droit divin est une conception idéologique de la souveraineté qui s'est dégagée plus tardivement que la monarchie absolue. En réalité, on ne peut vraiment parler de monarchie de droit divin que quand les souvenirs de l'élection, de l'acclamation populaire des anciens rois ont à peu près disparu et que la doctrine s'est imposée selon laquelle le roi tenait directement et immédiatement ses pouvoirs de Dieu, sans l'intermédiaire du peuple, ce qui n'était plus la théorie des théologiens du Moyen Age, pour qui « omnis potestas a Deo, sed per populum » : toute autorité suprême vient de Dieu, mais par l'« intermédiaire du peuple » [6].

Avant ces deux historiens, leur prédécesseur Lacour-Gayet avait pourtant avancé une définition un peu plus complexe. Le « droit divin » reposait, non pas sur un fondement, mais sur deux : « négation du droit populaire », sans doute ; mais aussi affirmation d'égalité entre le roi de France et le pape, volonté de résistance à « l'ambition du Saint-Siège » [7]. Ainsi apparaît au principe de la notion une composante que nous appellerons « anticléricale », ce qui ne signifie pas – faut-il vraiment le préciser ? – antireligieuse. Notre propos est de montrer qu'elle est la plus importante, et même la seule réelle.

Mais l'étude se complique singulièrement si l'on fait une constatation qui pourtant s'impose. Notre enquête dans les dictionnaires des XIXe et XXe siècles nous a montré l'absence de tout exemple emprunté à un texte du XVIIe siècle. Littré n'en donne d'ailleurs d'aucune époque. Or il est grand amateur d'exemples classiques. Serait-ce qu'il n'en a pas trouvé ? Robert s'en tient à un exemple du XVIIIe siècle, qui ne concerne pas notre sujet, et où l'on découvre un couple droit humain/droit divin absent des textes plus récents. Le *Trésor de la langue française*, qui a bénéficié de dépouillements beaucoup plus étendus, ne trouve rien à citer avant 1817.

Ce résultat négatif sera confirmé si l'on se reporte directement aux écrits du XVIIe siècle. D'abord aux dictionnaires. Il faut recourir de préférence à celui de Furetière (1690), de loin le meilleur pour tout ce qui touche aux réalités précises de l'époque. Qu'y lisons-nous ?

> *Droit divin* est celui qui a été ordonné et établi de Dieu, lequel nous a révélé ses volontés par ses prophètes. *Droit humain* ou *positif* ; celui qui a été établi par la justice des hommes [8].

On découvre, mieux que chez Voltaire, l'importance essentielle du couple droit divin/droit humain. Mais ce qu'il faut remarquer par-dessus tout, c'est qu'aucune mention, ni dans cet article ni dans un autre, n'est faite de l'expression « roi » ou « monarchie de droit divin ». Et cela à une époque où ce concept aurait connu son apogée !

Pour clore cette enquête, reportons-nous à l'*Encyclopédie*. Elle offre de loin le meilleur article sur le sujet. C'est l'œuvre d'un juriste ; mais la consonance est parfaite avec ce que disait plus brièvement Furetière :

> DROIT DIVIN, ce sont les lois et préceptes que Dieu a révélés aux hommes, et qui se trouvent renfermés dans l'Ecriture sainte ; tels sont les préceptes contenus dans le Décalogue, et autres qui se trouvent répandus dans l'Evangile.
> Le *droit divin* est de deux sortes : l'un fondé sur quelque raison, comme le commandement d'honorer ses père et mère ; l'autre, qu'on appelle *droit divin positif*, qui n'est fondé que sur la seule volonté de Dieu, sans que la raison en ait été révélée, tel que la loi cérémoniale des Juifs. Le terme de *droit divin* est opposé à celui de *droit humain*, qui est l'ouvrage des hommes.
> On ne doit pas confondre le *droit* ecclésiastique ou canonique avec le *droit divin* ; le *droit* canonique comprend à la vérité le *droit divin*, mais il comprend aussi les lois faites par l'Église, lesquelles sont un *droit humain* aussi bien que les lois civiles : les unes et les autres sont sujettes à être changées, au lieu que le *droit divin* ne change point.

La mission des évêques et des curés est de *droit divin*, c'est-à-dire d'institution divine.

Quelques auteurs prétendent aussi que les dîmes sont de droit divin ; d'autres soutiennent qu'elles sont seulement d'institution ecclésiastique, et autorisées par les puissances séculières[9].

Une vérification doit encore être faite dans les ouvrages de théorie politique du XVIIe siècle, notamment dans ceux qui traitent du pouvoir des rois, *Le Prince* de Guez de Balzac (1631), le traité *De la souveraineté du roi* de Cardin Le Bret (1632), le *Testament politique* de Richelieu, la *Politique tirée de l'Écriture sainte* de Bossuet. Le silence restera aussi épais.

Pour étendre de nouveau nos investigations jusqu'au XVIIIe siècle, où les ouvrages de droit et de politique se sont multipliés, il est tout naturel d'interroger l'in-folio classique de Louis de Héricourt, *Les Lois ecclésiastiques de France*. Il s'ouvre par une « distinction première », *Du droit divin et du droit humain*[10], où aucune application de la première notion à la monarchie n'est soupçonnable.

Est-ce à dire que, même si l'expression « monarchie de droit divin » se révèle obstinément absente, le concept ne soit pas présent ? Encore faudrait-il connaître sa signification exacte. Les historiens, notamment ceux de la culture, négligent par trop d'associer à l'étude des concepts celle de la terminologie qui leur correspond. Cette dernière offre, de toute évidence, un caractère préalable. Nous voilà obligés de remonter bien avant le XVIIe siècle. Dans l'histoire du terme et de la notion de droit divin et de leur application à la monarchie, certains moments cruciaux sont à saisir. Pour les repérer et les analyser, il faut essayer de répondre à quelques questions bien précises. Quand l'expression « droit divin » fait-elle son apparition dans le langage, et avec quel sens ? A quelle époque le concept, ou un autre susceptible d'être confondu avec lui, a-t-il été appliqué à un certain type de monarchie ? Des tournants se marquent-ils dans l'histoire correspondante ? Quand le vocabulaire des historiens modernes, enregistré dans les dictionnaires, s'est-il constitué ? Voilà la matière d'une longue étude, périlleuse en ce qu'elle exigerait des « dénombrements entiers » malaisément réalisables. Il faudra laisser quelque place à l'approximation. Mais les grandes lignes devraient apparaître fermement dessinées.

C'est longtemps après les débuts du christianisme que l'expression « droit divin, *jus divinum* » fera son entrée dans les textes. Nous aurons à montrer les raisons de ce retard, qui entretiennent un rapport essentiel avec l'analyse que nous devons mener. L'une d'elles peut être indiquée dès maintenant. L'expression présente un caractère juridique, théologique, foncièrement abstrait, qui ne permettait pas son emploi, ni même sa conception, par des auteurs pratiquant un langage plus proche de la vie et de l'humanité, en un mot, un langage littéraire : c'est le cas des rédacteurs du Nouveau Testament, puis des Pères de l'Église. Pourtant, dans ces écrits à valeur de sources paraissent d'abord beaucoup d'idées qui, par la suite, seront revêtues d'une forme nouvelle. Il en est qui concernent le pouvoir des rois.

En fait, dans le Nouveau Testament, il n'est pas directement question de ce pouvoir. C'est la conduite à tenir par les sujets, par les chrétiens dispersés dans l'Empire romain, qui est seule considérée. Mais le commentaire peut aller au-delà. Un passage fondamental de saint Paul y prêtait :

> Que tout le monde soit soumis aux puissances supérieures ; car il n'y a point de puissance qui ne vienne de Dieu, et c'est lui qui a établi toutes celles qui sont sur la terre. Celui donc qui s'oppose aux puissances résiste à l'ordre de Dieu ; et ceux qui y résistent attirent la condamnation sur eux-mêmes. Car les princes ne sont point à craindre lorsqu'on ne fait que de bonnes actions, mais lorsqu'on en fait de mauvaises. Voulez-vous ne point craindre les puissances ? Faites bien, et elles vous en loueront. Le prince est le ministre de Dieu pour vous favoriser dans le bien. Que si vous faites mal, vous avez raison de craindre ; parce que ce n'est pas en vain qu'il porte l'épée. Car il est le ministre de Dieu pour exécuter sa vengeance, en punissant celui qui fait de mauvaises actions. Il est donc nécessaire de vous y soumettre, non seulement par la crainte du châtiment, mais aussi par un devoir de conscience. C'est pour cette même raison que vous payez le tribut aux princes, parce qu'ils sont les ministres de Dieu, toujours appliqués aux fonctions de leur emploi. Rendez donc à chacun ce qui lui est dû, le tribut à qui vous devez le tribut, les impôts à qui vous devez les impôts, la crainte à qui vous devez la crainte, l'honneur à qui vous devez de l'honneur [11].

Ce texte comporte bien des nuances, que les théoriciens de l'absolutisme ont été portés à faire disparaître. Si l'autorité « qui vient de Dieu » est principalement celle du prince, il faut aussi faire place à toutes celles qui s'exercent dans la société, celle du magistrat, celle du père de famille. L'autorité est conçue comme ordonnée au bien, ce qui lui impose certaines limites. Ce bien n'a de portée qu'humaine ; il consiste dans l'ordre et l'harmonie qu'établissent les lois. De plus, à l'époque de saint Paul, le prince, qui est païen et souvent persécuteur, peut donner des ordres contraires à la loi de Dieu, celui, par exemple, de sacrifier aux idoles, comme sous Néron. Le chrétien ne peut évidemment obéir à de tels ordres ; il doit plutôt risquer le martyre. Mais il n'est pas pour autant dispensé de se conformer à la loi en tout ce qu'elle ordonne pour le bien de l'État ; encore que le détenteur du pouvoir, l'empereur, soit infidèle au vrai Dieu.

Jésus semble aller plus loin lorsqu'il dit à Pilate : « Tu n'aurais aucun pouvoir sur moi s'il ne t'avait été donné d'En Haut » [12]. Mais, en utilisant ce pouvoir pour faire crucifier Jésus, Pilate, s'il exécute le plan de Dieu, ne saurait être dit inspiré par Dieu. En dépit de son origine, son pouvoir reste purement humain.

La distinction des royaumes terrestres et du royaume de Dieu est d'ailleurs formellement effectuée dans les autres « lieux » du Nouveau Testament. Dans le même entretien avec Pilate, Jésus ne déclare-t-il pas : « Mon royaume n'est pas de ce monde » ? La référence fondamentale est certainement fournie par la célèbre réponse de Jésus aux Pharisiens qui l'interrogeaient sur le tribut à verser à l'empereur César, souverain étranger de la Palestine : « Rendez donc à César ce qui est à César et à Dieu ce qui est à Dieu » [13]. La distinction du spirituel et du temporel et celle des deux autorités à suivre en chaque domaine est parfaitement établie. Mais l'une d'elles, celle de César, n'est guère que de fait et n'est plus rapportée à Dieu.

Enfin une perspective complémentaire est offerte par le mot de saint Pierre au grand prêtre de Jérusalem : « Il faut plutôt obéir à Dieu qu'aux hommes » [14]. Seule l'autorité de Dieu est à suivre en toutes circonstances.

Dans la perspective néo-testamentaire, il y a donc deux sujets de l'autorité, Dieu et César, et un seul sujet de l'obéissance, le peuple chrétien. Mais, si l'autorité de Dieu est absolue, celle de César, même si elle en émane, est relative, en ce sens qu'elle ne s'exerce qu'à condition de ne pas contredire la première. Le peuple peut et doit donc faire son choix, en acceptant les risques qui en découlent. C'est afin de combattre les abus auxquels pouvait donner lieu cette double appartenance que Jésus et les Apôtres ont prêché la soumission aux puissances temporelles.

Un langage nouveau sera-t-il apporté par saint Augustin († 430) ? Certes, à son époque, les données du rapport entre l'ordre civil et l'ordre religieux ont complètement changé. L'Église s'est solidement constituée, elle s'est unifiée, et forme comme une autre société dans la société profane. Puis, par l'édit de Milan (313), Constantin a fait du christianisme la religion de l'Empire. Les tensions anciennes ont-elles pour autant disparu ? Jusqu'à un certain point seulement : les persécutions sont désormais exclues. Mais il existe toujours un ordre temporel et un ordre spirituel, le premier régi par l'empereur, désormais établi à Constantinople, le second par l'évêque de Rome, qui possède la prééminence sur les autres évêques, et qu'on appellera beaucoup plus tard le pape. L'empereur et le pape peuvent se considérer, chacun à sa façon, comme héritiers de l'Empire romain. Le second apparaîtra même de plus en plus comme tel lorsque la mort de Théodose (395) brisera l'unité de l'Empire et que le sac de Rome par les Wisigoths d'Alaric (410) laissera présager la fin prochaine de l'Empire d'Occident. Des interférences, entraînant des conflits entre les deux pouvoirs, sont évidemment possibles.

Dans l'ouvrage majeur de politique et d'histoire qu'est *La Cité de Dieu* (413-426), cette situation est au cœur de la pensée de saint Augustin. A vrai dire, l'opposition qu'il établit entre la Cité terrestre et la Cité de Dieu peut se considérer de deux manières. En son sens le plus profond, elle est de caractère mystique : difficile à percevoir dans le présent, elle ne se découvrira tout à fait qu'à la fin des temps, par le jugement qui séparera les réprouvés des élus, les premiers n'ayant eu pour fin que les valeurs terrestres, celles qui relèvent de l'amour de soi, les autres les valeurs éternelles, celles de l'amour de Dieu. Les sujets de l'Empereur et les membres de l'Église, qui sont souvent les mêmes, appartiennent en puissance soit à l'une, soit à l'autre de ces deux Cités. Mais, en un autre sens, se distinguent ici-bas société profane et société religieuse, chacune d'elles possédant ses droits et ses devoirs. Sur ce point, l'attitude de saint Augustin ne diffère pas de celle du Nouveau Testament : il faut rendre à César ce qui est à César et à Dieu ce qui est à Dieu, avec cette nouveauté toutefois qu'entre Dieu et l'homme existe désormais clairement la médiation de l'Église et de son chef, le successeur de Pierre, le vicaire de Jésus-Christ. Vis-à-vis de l'État, gardien de la paix et de la justice, l'obéissance est requise en tout ce qui est de son ressort. Toutefois, le pessimisme de saint Augustin quant à la Cité terrestre et le caractère absolu prêté aux valeurs de la Cité de Dieu, qui doivent s'imposer même aux États, ont favorisé pendant le Moyen Age une interprétation théocratique, ou plus exactement hiérocratique, de son œuvre, aboutissant à soumettre la société civile à l'autorité de l'Église et du pape [15]. L'« augustinisme politique » [16] ainsi défini ne représente aucunement la pensée de son auteur prétendu. Mais il est clair que ce dernier n'est guère disposé à reconnaître le moindre caractère divin à l'autorité temporelle. Son langage, où les termes philosophiques sont très discrètement employés, exclut d'ailleurs toute formule de ce genre.

On n'en trouvera pas davantage dans les textes conciliaires ou pontificaux qui, au long des siècles, refléteront, soit la pensée de saint Augustin, soit son durcissement dans l'« augustinisme politique ». Dans le premier sens, une référence essentielle a été fournie par une lettre du pape Gélase à l'empereur d'Orient Anastase, le seul empereur en titre depuis qu'à la division de l'empire à la mort de Théodose (395) a succédé la disparition de l'Empire d'Occident (fin Ve siècle). La lettre affirme avec force l'existence de deux principes fondamentaux qui régissent le gouvernement de ce monde : « l'autorité sacrée des pontifes et la puissance royale ». La prééminence, inscrite dans les termes, du pouvoir pontifical ne nuit pas à la distinction radicale des deux domaines. La confusion du sacré et du profane était le propre de l'Empire païen :

> Depuis l'avènement de Celui qui, seul, aurait pu se dire à la fois vrai roi et vrai prêtre, il n'appartient plus à aucun empereur de prendre le titre de pontife, et à aucun pontife de revendiquer la pourpre royale [...]. Les empereurs chrétiens s'adresseront aux pontifes lorsque la vie éternelle sera en jeu, et les pontifes useront de la protection des empereurs dans le cours de la vie temporelle [17].

On voit comment l'autorité, que Dieu seul possède dans son unité, se répartit sur terre entre deux pouvoirs, ayant chacun son domaine propre. La nature de ces pouvoirs n'est pas considérée comme dépendant de la manière dont ils ont été acquis, et notamment du rôle joué par le peuple : on sait que le choix de l'empereur s'accompagne en principe d'acclamation, et que le pape est élu.

Le passage de l'augustinisme proprement dit à l'« augustinisme politique » s'accomplit lorsque le pouvoir spirituel tend à l'emporter sur le pouvoir temporel. La christianisation de plus en plus complète, non seulement de l'Empire, mais des jeunes monarchies barbares, notamment en Gaule, aboutissait à une association très étroite, dans l'unité de la foi, entre les deux pouvoirs. Le spirituel l'emportant sur le temporel, la prééminence revenait naturellement au pape ; de plus, les charges spirituelles s'exerçant dans le domaine temporel, les princes devaient se mettre au service de l'autorité religieuse et lui prêter main forte pour le bien et le salut des âmes ; ils devaient aussi accepter de recevoir conseils et réprimandes quant à la conduite à tenir vis-à-vis des ecclésiastiques dépendant de leur souveraineté, et même quant à l'exercice de leur pouvoir en général, soumis à des règles morales, c'est-à-dire étroitement dépendantes de la religion. Telle est la situation qui s'établit au temps du pape Grégoire le Grand (590-604) [18].

Situation confirmée par l'institution du sacre pour les rois francs. C'est à sa demande que Pépin le Bref, fondateur de la dynastie des Carolingiens, fut, en 754, sacré par le pape Étienne II. Mais si cet acte renforçait son pouvoir et celui de ses descendants, il faisait surtout de lui, comme la tradition tendait à s'en établir, un ministre d'Église, recevant une sorte d'ordination, analogue à celle d'un évêque. S'il tenait son pouvoir de Dieu, c'était par la médiation de l'Église [19].

L'union entre monarchie et papauté, remplissant l'une comme l'autre de véritables fonctions ecclésiastiques, ne fut jamais aussi complète que sous Charlemagne, en la personne de qui le pape Léon III, qui le sacra en l'an 800, fit revivre l'empire d'Occident. Bien différent d'un Constantin ou d'un Théodose, le grand empereur associe intimement son rôle sacerdotal et son rôle royal. Il ne gouverne pas seulement ses États ; il est le chef temporel d'une Église dont le pape se limite strictement à son rôle de chef spirituel [20].

Mais ce dernier rôle était la clef de tout le reste. Un empereur s'écartait-il de ses devoirs envers la religion, il était susceptible, comme pécheur, d'être déposé. Ce fut le sort du malheureux fils de Charlemagne, Louis le Débonnaire, ou le Pieux, en 833. Le pape devenait juge des souverains ; il pouvait suspendre sur eux la menace, souvent exécutée, de l'excommunication [21]. Des conflits multiples prêtaient à une affirmation de plus en plus forte de la prééminence du pape, notamment sous Grégoire VII, qui fit aller l'empereur Henri IV « à Canossa » (1077). Son pontificat marque le sommet d'un « augustinisme politique » évidemment peu favorable au droit divin des rois, à supposer que l'expression eût été déjà forgée.

En fait, ce langage ne pouvait se constituer que dans un certain état de civilisation, non antérieur à l'aube du XIIIe siècle. Il fallait que se manifestât de manière plus tangible la distinction du profane et du sacré. Résultante, pour une bonne part, du progrès de la vie urbaine, du développement du commerce, de l'accroissement de la richesse. Toutes données qui provoquèrent, dans un souci à la fois de réaction et d'adaptation, la naissance des ordres mendiants, dominicains et franciscains, en même temps serviteurs naturels du pouvoir pontifical, duquel seul ils dépendaient. Il fallait aussi, dans l'ordre intellectuel, une meilleure assimilation du droit romain, d'essence naturelle et rationnelle, et la codification, réalisée principalement par le *Décret* de Gratien (XIIe siècle), d'un droit canon jusque-là épars. Il fallait enfin une plus grande autonomie de la raison par rapport à la foi, de la philosophie par rapport à la théologie.

La découverte de l'aristotélisme, au début du XIIIe siècle, eut à cet égard des conséquences incommensurables. L'œuvre de saint Thomas d'Aquin, contemporaine du règne de saint Louis, introduisait dans la connaissance et dans le monde une rationalité que n'avait pas connue la scolastique antérieure.

Aussi bien est-ce à cette période de renouveau qu'apparaît un langage dont nous n'avons pas trouvé trace auparavant. C'est d'abord, comme il est naturel, un canoniste, Étienne de Tournai, qui nous en fournit un exemple à la fin du XIIe siècle. Évoquant l'unique Cité qu'est l'Église, avec le Christ comme unique roi, il y distingue deux peuples, deux vies, deux gouvernements et une double juridiction. « Les deux peuples sont les deux ordres des clercs et des laïques, les deux vies la spirituelle et la charnelle, les deux gouvernements le sacerdoce et l'empire, la double juridiction le droit divin et le droit humain » [22]. Comme on le voit, c'est le sacerdoce qui est « de droit divin » ; l'empire est « de droit humain ».

La même distinction se trouve ensuite reçue en théologie. Il n'est que de se reporter à l'œuvre maîtresse du XIIIe siècle, la *Somme* de saint Thomas d'Aquin.

La pensée du Docteur s'y définit à la fois avec netteté et nuances à propos de la question suivante : les infidèles peuvent-ils avoir souveraineté sur les fidèles ? La situation évoquée correspond tout particulièrement à l'état de la chrétienté commençante, en fonction de laquelle ont été établies les règles posées dans le Nouveau Testament. Mais elle est susceptible de généralisation ; et surtout elle permet d'énoncer des concepts de grande portée. En premier lieu cette distinction : tout ce qui touche à la souveraineté est « ex jure humano » ; la distinction des fidèles et des infidèles est en revanche « ex jure divino ». Ce que la suite précise et complète : « *Jus autem divinum, quod est ex gratia, non tollit jus humanum, quod est ex naturali ratione.* » Si l'Église, qui a pour elle l'autorité de Dieu, peut ôter le pouvoir aux infidèles, elle ne doit pas abuser de ce droit, pour éviter tout scandale [23]. À plus forte raison, dans un État chrétien, le droit divin de l'Église doit laisser place au droit humain des rois. La séparation est consommée entre le rationnel et le religieux.

L'analyse est encore poussée plus loin dans une question fondamentale de la *Somme*, relative à la pertinence de la distinction entre droit naturel et droit positif. On y voit que cette pertinence est envisagée parallèlement à propos du droit humain et du droit divin. Le droit humain naturel découle de la raison universelle, dans la mesure où le péché la laisse subsister. Le droit humain positif résulte de lois élaborées par les volontés humaines, s'exprimant dans le domaine public ou dans le domaine privé. Le droit divin, appelé ainsi « *quod divinitus promulgatur* », se divise de même en droit naturel et droit positif. Est de droit naturel en ce sens ce qui est naturellement juste, mais sans que l'homme le perçoive, d'où nécessité de révélation. Est de droit positif ce qui est simplement l'expression de la volonté de Dieu : la révélation, fruit de la grâce, est alors plus que jamais nécessaire [24]. Si l'on applique ces distinctions à la monarchie, qui, comme on le sait et comme l'implique encore ce nouveau texte, ressortit au « droit humain », il n'est sur ce point de choix qu'entre deux options, celle d'une monarchie « de droit naturel », dont le principe serait inscrit dans l'humanité même, ou « de droit positif », c'est-à-dire résultant d'une décision volontaire. Toutefois, selon saint Thomas, fidèle à l'esprit d'Aristote, l'homme étant un être essentiellement sociable, et la société préexistant à l'individu, le pouvoir temporel a toujours son fondement dans la nature.

Cette distinction d'une double juridiction est-elle conciliable avec un autre texte célèbre du même auteur, tiré du *Commentaire sur les Sentences* ? Il y est dit que

> la puissance spirituelle et la puissance temporelle dérivent l'une et l'autre de la puissance divine ; d'où il suit que la puissance temporelle est soumise à la puissance spirituelle seulement dans la mesure où il en a été ainsi disposé par Dieu, c'est-à-dire en ce qui regarde le salut de l'âme ; il vaut alors mieux obéir à la puissance spirituelle qu'à la temporelle. Mais en ce qui regarde le bien de la cité, il vaut mieux obéir à la puissance temporelle qu'à la spirituelle [25].

Si les deux puissances ont l'une et l'autre Dieu pour origine, ne faut-il pas dire qu'elles sont l'une et l'autre « de droit divin » ?

Pour éviter cette confusion, il n'est que de revenir au texte déjà cité du canoniste Étienne de Tournai. Les deux « gouvernements », le sacerdoce et l'empire, y sont distingués des deux « juridictions », qui sont le droit humain et le droit divin. Si le sacerdoce et l'empire ont l'un et l'autre Dieu pour origine, comme il résulte du *Commentaire sur les Sentences,* on peut en dire autant du droit divin et du droit humain. Mais la relation au Dieu origine ne s'opère pas chaque fois de la même façon. Dans le cas de l'empire, et du droit humain, c'est le Dieu créateur de la nature qui est en cause, d'une nature accessible à la simple raison : c'est le « Dieu des philosophes et des savants ». Dans le cas du sacerdoce, et du droit divin, c'est le Dieu de la Rédemption et de la grâce, celui qui, dans le temps, a institué l'Église : c'est le « Dieu de Jésus-Christ ». Le statut de l'empire est de droit humain naturel ; celui du sacerdoce, de droit divin positif. S'ils ont même origine, ils diffèrent de nature. De plus – différence non moins capitale, quoique implicite – si l'empire tient son pouvoir de Dieu, il n'est pas médiateur vers Dieu, à moins d'être subordonné au sacerdoce. Pour le premier, Dieu est cause et non pas fin ; sa fin est le « bien commun ». Pour le second, Dieu est à la fois cause et fin. On voit dans quelles conditions chacun a son domaine propre, et y est souverain. Toutes les distinctions se combinent de manière parfaitement cohérente, au moins à un esprit attentif et non prévenu.

Mais que devient la société, que devient le peuple dans cette perspective ? Le rapport que l'une et l'autre entretiennent avec l'autorité temporelle est encore du ressort du droit humain. Un droit qui se résume dans sa fin, la réalisation du bien commun. La société compose une unité fondée sur un ordre de ses parties, qui transcende la somme des individus. La souveraineté ne repose pas sur une délégation du peuple, mais sur l'aptitude de celui, ou de ceux qui l'exercent à garantir et comme à symboliser le bien commun. Au cas où cette loi n'est pas respectée, l'ordre est atteint et les sujets, dans certaines conditions définies avec prudence, peuvent être déliés du devoir d'obéissance. Mais il n'est pas de révolte qui ne doive tendre à la restauration d'un bien commun aussi différent que possible des intérêts individuels [26].

Quoi qu'il en soit, en matière de droit, aucune distinction n'est plus fondamentale que celle qui oppose le droit divin et le droit humain. Elle est même préalable à toutes les autres. Sans doute peut-on la faire remonter à la période de transition entre l'antiquité et le Moyen Age, à la répartition qui s'établit, dans les *Etymologies* d'Isidore de Séville (VIIe siècle), entre « choses divines » et « choses humaines ». Mais il y a loin d'un simple inventaire, si riche soit-il, à une élaboration conceptuelle qu'on ne peut trouver réalisée avant la fin du XIIe siècle et surtout le XIIIe. Les ouvrages qui en témoignent, notamment la *Somme* de saint Thomas, restent des sources majeures pour la pensée du XVIIe siècle.

Toutefois le régime monarchique, comme toute l'organisation de la cité terrestre, est expressément rattaché au « droit humain ». Le progrès conceptuel réalisé n'a guère fait plus que de donner une assise philosophique au précepte évangélique « Rendez à César ce qui est à César et à Dieu ce qui est à Dieu ». Il est vrai que la portée de ce précepte avait été longtemps réduite au détriment de César. Il était nécessaire de rétablir l'équilibre.

Mais les textes qui reconnaissent le plus clairement l'autonomie du pouvoir temporel ne lui prêtent aucun caractère « de droit divin ». Si le concept est formé, toute application à la monarchie semble exclue. La conjonction ne pouvait s'opérer sans un véritable renversement des positions établies. Qui osera s'y risquer ?

L'entrée en force du rationnel et du profane dans la pensée et dans la vie au cours du XIIIe siècle a rarement abouti à des synthèses aussi harmonieuses et aussi équilibrées que celle de saint Thomas d'Aquin. L'évolution favorisait une affirmation plus tranchée de l'autonomie de l'État au détriment de la puissance ecclésiastique. Elle conduisait aussi l'Église à prêter davantage d'attention au monde pour lui-même, par suite à accentuer son emprise sur le domaine temporel. Que ces deux tendances se soient heurtées violemment, il n'y a pas lieu d'en être surpris. Ce qui est plus remarquable, c'est que le conflit qui, dans les dernières années du XIIIe siècle et les premières du XIVe, s'éleva entre le pape Boniface VIII et le roi de France Philippe le Bel, ait gardé pour très longtemps une signification exemplaire. Il appartient réellement à l'actualité du XVIIe siècle. En 1655, le savant Pierre Dupuy, garde de la Bibliothèque du Roi, publiait, sous forme d'un gros in-folio bardé de pièces originales, sous la marque très officielle des imprimeurs Cramoisy, une *Histoire du différend d'entre le pape Boniface VIII et Philippe le Bel, roi de France*, qui demeure, . encore aujourd'hui, une source. A la fin du siècle, un autre érudit, plus connu encore, Adrien Baillet, l'auteur de la *Vie de Descartes*, et qui avait été bibliothécaire du Président Lamoignon, écrivait, sous une forme plus ramassée, une *Histoire des démêlés du pape Boniface VIII avec Philippe le Bel*[27], destinée à un public plus étendu. Aussi bien l'épisode avait-il marqué, d'une manière fracassante, les débuts de ce qu'on a appelé, d'un terme employé d'ailleurs anachroniquement, le « gallicanisme », du moins dans son application politique. Les multiples écrits qu'il avait suscités, traités, pamphlets, mémoires, actes pontificaux et royaux, évidemment demeurés manuscrits, soulevaient des problèmes de fond de portée générale et méritaient d'autant plus d'être connus qu'ils formaient un ensemble sans équivalent sur la question des rapports entre le pouvoir spirituel et le pouvoir temporel. La masse des documents publiés par Pierre Dupuy appelle seulement un examen critique et un complément, notamment du côté des traités théoriques, dont la découverte a été relativement récente.

Rappelons brièvement les faits [28]. Il y eut deux conflits successifs entre Boniface VIII et Philippe le Bel. L'un et l'autre suscités par l'existence de chevauchements inévitables entre le champ du temporel et celui du spirituel. L'un et l'autre envenimés par l'intransigeance des protagonistes, assistés, l'un de ses fidèles dans la Curie romaine, l'autre des « légistes » de son Conseil, Pierre Flote, d'abord, puis le fougueux Guillaume de Nogaret, et par leur souci commun de dépasser le terrain de la diplomatie concrète pour s'élever à celui des principes de leur pouvoir.

Le premier était d'ordre financier. Au début de l'année 1296, pour soutenir une guerre contre l'Angleterre, c'est-à-dire pour une cause nationale et temporelle, le roi décida de lever de lourdes taxes sur les biens d'Église. Menacé d'excommunication, il prit une mesure interdisant toute exportation de numéraire hors de France, mesure ruineuse pour le pape. La conciliation fut obtenue au cours de l'année 1297, non sans qu'eussent circulé actes, lettres, décrétales et écrits divers, revendiquant, les uns la souveraineté du roi sur toutes les personnes et toutes les terres de son royaume, les autres la « franchise » des clercs et la juridiction du pape sur tous les princes chrétiens.

Le second conflit fut de caractère plus directement politique. En juillet 1301, l'évêque de Pamiers, Bernard Saisset, fit l'objet de poursuites pour avoir comploté contre la souveraineté du roi dans la province de Languedoc. Convoqué à la Cour, à Senlis, il y fut emprisonné à la fin de novembre. La riposte du pape fut extrêmement vive. Pour nous en tenir à l'essentiel, il expédia deux bulles, *Ausculta fili* (5 décembre 1301) et *Unam sanctam* (18 novembre 1302), dans lesquelles s'exprimaient de la manière la plus formelle l'unité de l'Église, avec un seul corps et une seule tête, la soumission nécessaire des rois chrétiens au chef de cette Église, conséquence de la supériorité du salut éternel sur tous les biens terrestres, le droit pour le pape d'intervenir dans les États en cas de péché, *ratione peccati*, formule évidemment applicable à Philippe le Bel pour usage abusif des biens ecclésiastiques, le droit même de déposer le roi. Ultime et radicale manifestation de l'« augustinisme politique ».

En face, dès le début de 1303, Nogaret imagina tout un plan de bataille. Il eut l'audace de traiter le pape comme le pape traitait le roi : c'est-à-dire de le taxer lui-même de péché, de porter des accusations odieuses, sans doute fortement exagérées, non seulement sur les circonstances suspectes de son élection, mais sur sa foi et sur ses mœurs, partant de mettre en cause la légitimité de sa charge. Mais si le pape pouvait se poser en juge du roi, l'inverse n'était pas vrai. Devant quelle juridiction traduire le pontife coupable, et, en même temps, faire disculper le roi ? Une seule se présentait, le Concile, dont il n'était pas encore établi qu'il dût être convoqué directement par le pape. Selon une procédure destinée à un bel avenir, appel fut donc fait au Concile, un appel auquel le roi s'efforça, non sans quelque succès, d'associer les grands de son royaume, son clergé et celui des pays voisins. Restait à notifier l'acte au pape, avant qu'il eût pu reprendre l'initiative en excommuniant solennellement Philippe le Bel. L'appel aurait ensuite un effet suspensif. Nogaret se chargea de cette périlleuse entreprise, pour laquelle il utilisa le concours du clan romain opposé à Boniface VIII, celui des cardinaux Colonna. Au début de septembre 1303, le pape fut assiégé dans la petite ville d'Anagni, lieu de sa naissance, où il passait habituellement l'été. Son palais forcé le 7 septembre, ses assaillants envahirent sa chambre, prêts à lui faire violence. Selon la légende, Nogaret l'aurait souffleté. Il est plus probable qu'il se contenta de lui notifier l'appel. Tout en protestant que la convocation du Concile n'appartenait qu'à lui seul, Boniface VIII laissa faire. Très éprouvé par cette terrible humiliation, il revint à Rome quelques jours plus tard et y mourut le 11 octobre.

La victoire du roi fut consacrée par l'annulation des actes dirigés contre son pouvoir : suite de longues négociations menées sous les pontificats de Benoît XI (1303-1304) et surtout Clément V (1305-1314) – le Français Bertrand de Got.

Ainsi des incidents qui auraient pu demeurer mineurs se sont aggravés, et ont pris une portée symbolique. Le roi s'est affirmé l'égal du pape, et sa victoire a définitivement limité les prétentions du siège romain à un pouvoir universel. Des écrits qui avaient jalonné les deux conflits, les uns étaient désormais dépassés, les autres ouvraient la voie à l'avenir. Aux pièces de circonstance, lourdes déjà d'affirmations doctrinales, se sont ajoutés des traités de caractère proprement juridique et théologique, où s'expriment de façon plus complète, et avec des nuances diverses, les positions des deux partis. Traités eux aussi, malgré leur forme théorique, liés aux circonstances, datant tous de 1302, donc contemporains des débuts du second conflit. Du côté du pape, le *De ecclesiastica potestate* de Gilles de Rome et le *De regimine christiano* de Jacques de Viterbe ; du côté du roi, le *De potestate regia et papali* de Jean de Paris. Tous gens d'Église, tous, comme Philippe le Bel lui-même et ses conseillers, chrétiens fervents, tous disciples de saint Thomas. C'est donc dans un langage religieux que se formulent les positions royales comme les positions papales : affirmation qui peut s'étendre aux mémoires et pièces polémiques inspirés par les conseillers du roi, notamment Guillaume de Nogaret. Si la théologie a été investie par la rationalité, toute la pensée politique se définit à son tour en termes théologiques [29].

Il est donc naturel de s'interroger sur la présence de la notion de droit divin dans toute cette littérature.

Ce sont les formules de saint Thomas que nous retrouvons, mais les unes ou les autres selon la tendance des auteurs. La distinction du droit humain et du droit divin n'est utilisée que par les défenseurs du pape. Jacques de Viterbe déclare en toute clarté : « Qu'un homme soit au-dessus des hommes est de droit humain, comme s'accomplissant par la nature. Qu'un fidèle soit au-dessus des fidéles est de droit divin, comme venant de la grâce ». Gilles de Rome en déduirait, en s'appuyant sur saint Augustin, que, les biens de la grâce étant les biens ultimes, les biens de la nature ne sont biens que dans la mesure où ils sont ordonnés à cette fin, ce qui entraîne, dans tous les cas, la subordination du temporel au spirituel. Jacques de Viterbe, plus compréhensif, et plus authentiquement thomiste, tient que la grâce ne supprime pas la nature, mais l'achève : l'autorité temporelle a donc son domaine propre ; mais elle ne trouve sa « forme » définitive qu'une fois consacrée par l'autorité spirituelle. Même s'il peut revendiquer un pouvoir d'origine divine, le roi n'en est pas moins hiérarchiquement soumis au chef de l'Église. La distinction des deux droits aboutit nécessairement à exclure le droit divin des rois, pour ne garder que celui des papes : nous sommes dans l'univers d'une pensée cléricale.

Défenseur du parti opposé, Jean de Paris n'a donc garde de la reprendre : s'il mentionne le droit divin du pape, c'est sans parler du roi. En revanche, il s'inspire de très près du passage déjà cité du *Commentaire sur les Sentences*. Qu'une puissance soit supérieure à une autre ne signifie pas nécessairement que celle-ci dérive de celle-là : il faut tenir compte de l'ordre dans lequel elles s'exercent. « Aussi bien, il est des cas où la puissance temporelle est supérieure à la puissance spirituelle, à savoir dans les choses temporelles. Et si la première est parfois soumise à la seconde, ce n'est pas parce qu'elle en découle ; toutes les deux découlent d'une puissance suprême, c'est-à-dire divine, de manière immédiate, *immediate*. C'est pourquoi l'inférieure n'est soumise à la supérieure que dans les domaines où la puissance suprême l'y a soumise ». Le mot important est l'adverbe *immediate*, c'est-à-dire sans médiation, et, pour le roi, sans la médiation du pape, adverbe plusieurs fois repris dans les écrits de circonstance composés lors du différend, notamment ceux de Nogaret. Le pouvoir du roi dérivant directement de Dieu : voilà ce que les historiens tardifs, commettant une grave impropriété, ont eu dans l'esprit lorsqu'ils ont forgé le concept de monarchie de droit divin. Mais ils ne se sont pas suffisamment avisés qu'employée en ce sens, comme d'ailleurs en son sens obvie, dès lors que, par une audace invraisemblable en pays chrétien, il eût été appliqué à la monarchie, cette formule religieuse opposait le pouvoir du roi, non à celui du peuple, mais à celui du pape : elle était donc d'essence anticléricale.

Au début du XIVe siècle, la théorie de ce qu'il faut appeler, non « la monarchie de droit divin », mais « la monarchie d'élection divine », « la monarchie participation au pouvoir divin », ou, ce qui, en l'occurrence, revient au même, « la monarchie de droit naturel », est déjà entièrement formée.

Comment se fait-il donc que son origine a été rapportée au XVIIe siècle ? Suivons le déroulement de l'histoire, en insistant sur quelques épisodes significatifs.

La victoire remportée par Philippe le Bel et par ses légistes affaiblit considérablement la papauté, dont le pouvoir continua d'être atteint, aussitôt après, par son transfert à Avignon, et surtout par le lamentable conflit de clans et d'intérêts qui fit durer de 1378 à 1417, sous le nom de grand schisme d'Occident, l'existence simultanée de plusieurs papes opposés. Lors des conciles de Constance (1414-1417) et de Bâle (1431-1437) furent amplement exprimées des thèses favorables à la supériorité des conciles sur les papes, c'est-à-dire de l'Église en corps sur le chef de l'Église. Elles ne s'imposèrent pas : finalement le Saint-Siège reprit l'initiative sous le pontificat de Pie II (1458-1464).

Entre temps, les États avaient affirmé davantage leur indépendance dans le domaine religieux. C'est en France que fut promulgué, par le roi Charles VII, l'acte le plus important, la Pragmatique Sanction de Bourges (1438). Elle limitait considérablement les pouvoirs fiscaux et judiciaires du pape en France et soumettait le choix des évêques et des abbés à l'élection par leurs chanoines et par leurs religieux. L'Église de France – ou « gallicane » – affirmait ainsi ses « libertés », et le roi prenait davantage le contrôle de son clergé. Non sans protestations de la part de Rome. L'accord auquel se prêta le pape Léon X, par le Concordat de Bologne, en 1516, fut encore plus avantageux pour le roi François Ier, qui se faisait reconnaître le droit de nommer lui-même les titulaires de tous les bénéfices, et disposait ainsi d'un clergé à sa dévotion. Situation qui dura jusqu'à la Révolution. On voit qu'après Philippe le Bel, la pratique a largement remplacé la théorie, l'administration et la diplomatie la théologie et le droit canon.

Des circonstances nouvelles et le bouleversement des mentalités ramenèrent au premier plan, à l'aube du XVIIe siècle, la théorie du pouvoir royal. L'humanisme et le retour général à l'antiquité décuplèrent les effets qu'avait eus, au XIIIe siècle, la découverte d'Aristote : le domaine du profane se trouva considérablement accrû. Parallèlement, au sens de la cohésion sociale se substituait l'exaltation de l'individu. Les souverains, temporels et spirituels, n'étaient que plus tentés de s'affirmer ; le besoin de centralisation gagnait l'Église comme l'État. Cependant la Réforme avait brisé l'unité de l'Église, rompu les liens de certains États avec Rome et abouti souvent à la constitution d'Églises nationales. La Réforme catholique était animée par le désir de retrouver l'unité, une unité qui ne pouvait guère s'organiser qu'autour du pape.

Le Concile de Trente (1545-1563) consacrait sur beaucoup de points l'autorité du Souverain Pontife, déclarant même que ses décisions la laissaient entièrement sauve [30] : il se reconnaissait convoqué et clos sur l'ordre du Saint-Siège [31], et se soumettait à la confirmation d'une bulle [32]. Dans telle pièce insérée parmi les actes du concile, le « vicaire du Christ sur la terre » invitait tous les rois et princes chrétiens à soutenir ses desseins [33]. Bien des questions disputées étaient ainsi implicitement résolues dans un sens favorable à Rome. Il n'est pas surprenant que la réception du Concile en France ait soulevé de graves difficultés : le Parlement refusa obstinément de l'enregistrer ; seul le clergé le reçut dans son assemblée de 1615 [34].

À la même époque, et même un peu plus tôt, en 1540, était née la Compagnie de Jésus, qui connut un essor fulgurant. En la fondant, saint Ignace de Loyola avait fait œuvre moderne, en ce qu'il prenait en compte les acquis de l'humanisme aussi bien que l'élargissement du monde en proposant à ses religieux deux tâches essentielles : l'éducation de la jeunesse, la mission en terre lointaine. Mais, dans sa structure interne, la Compagnie ressemblait beaucoup aux ordres mendiants : elle n'était liée à aucun territoire national et relevait exclusivement de Rome. Entre les vœux prononcés par ses membres, ceux de chasteté, de pauvreté et d'obéissance communs à tous les ordres se complétaient par un vœu spécial d'obéissance au pape. Elle constituait donc une véritable armée au service de la cause du Saint-Siège dans sa lutte traditionnelle contre les pouvoirs nationaux. Une armée remarquablement organisée, aussi souple que puissante, où les esprits modérés ne manquaient pas, mais les violents non plus. Sur elle se concentrèrent les attaques des défenseurs traditionnels de l'Église et de la monarchie, particulièrement nombreux chez les théologiens, les légistes et les parlementaires.

Est-ce à dire que cette nouvelle situation ait fait apparaître l'expression « monarchie de droit divin » ? Nullement. Il n'est que de considérer quelques épisodes saillants.

Les troubles de la Ligue retiennent d'abord l'attention. Sur le pouvoir, sur la légitimité des rois, ils donnent lieu à la publication d'une abondante littérature, principalement sous forme de pamphlets, dont le seul équivalent antérieur remontait au temps du conflit entre Philippe le Bel et Boniface VIII. Mais les données du problème sont nouvelles. La tension entre le roi et le pape se double d'une autre, entre le catholicisme et l'hérésie.

La crise fut déclenchée, en 1584, par la mort du duc d'Anjou, dernier frère d'Henri III, qui, lui-même, n'avait pas d'enfants. Dès lors, la dynastie des Valois allait s'éteindre et la succession était destinée à revenir à une nouvelle branche de la famille des Capétiens, celle de Bourbon, dont le chef était un prince protestant et, circonstance aggravante, relaps, Henri, roi de Navarre. La Ligue, puissante dans toute la France, et particulièrement à Paris, regroupait les catholiques les plus violents, les plus opposés à une telle solution. Le duc de Guise, son chef, proposait de mettre sur le trône l'oncle d'Henri de Navarre, le vieux cardinal de Bourbon ; mais il songeait en même temps à sa propre maison, celle de Lorraine, qu'il prétendait descendre de Charlemagne. En attendant, le parti se déchaînait contre Henri III, conduit à faire cause commune avec son cousin de Navarre. La riposte fut l'assassinat du duc de Guise à Blois (fin décembre 1588), vengé le 1er août suivant par celui d'Henri III, à Saint-Cloud, par le moine jacobin Jacques Clément. La Ligue, dirigée désormais par le duc de Mayenne, frère du duc de Guise, demeura maîtresse de la capitale jusqu'au moment où celui qui était devenu Henri IV, ayant abjuré le protestantisme à Saint-Denis et obtenu le sacre à Chartres, y fit son entrée, en mars 1594.

De ces années tourmentées, nous omettrons les violences, verbales et physiques, fomentées par la dictature des Seize et par un clergé enflammé, où quelques curés parisiens côtoyaient les moines mendiants, les manifestations spectaculaires et outrancières dont les rues de Paris furent le théâtre, la politique d'alliance avec l'Espagne et avec Rome, étroitement unies. Toutes expressions d'un catholicisme agressif. Nous négligerons aussi, du côté opposé, de dépeindre le milieu des « politiques », ces magistrats et gens de loi, foncièrement modérés, qui croyaient à la possibilité d'unir la foi catholique et l'esprit national dans le ralliement à l'héritier légal du trône. Ils se plaçaient évidemment, mais avec beaucoup plus de souplesse, comme le prouve la subtile *Satire Ménippé* (1593), qui traduit leurs vues, dans la lignée des anciens légistes. Pour dégager les aspects intellectuels du conflit, sur le point qui nous intéresse, nous aurons simplement recours à deux pamphlets, émanant respectivement de chacun des deux partis.

Le premier vient évidemment des politiques. Il s'intitule *La Démonologie de Sorbonne la nouvelle*, autrement dit de cette Sorbonne qui avait été épurée par les Seize et qui, dès lors, était école de démonologie plutôt que de théologie. Cette pièce mérite une particulière attention parce qu'elle enferme l'expression de *jure divino*, « de droit divin », nullement, d'ailleurs, comme bien l'on pense, appliquée à la monarchie, mais, avec un mélange d'ironie et d'indignation, à certaines propositions prêtées à cette nouvelle Sorbonne, qui les aurait réellement qualifiées de telles. Entre autres :

> Il est permis aux sujets de se rebeller contre leur roi légitime…
> Qui meurt faisant la guerre contre son roi est martyr...
> Il n'est pas en la puissance du pape d'absoudre le roi et le remettre en son état…
> Qu'il est permis au sujet d'assassiner son roi… [35]

Il est éminemment significatif que puissent être ainsi présentées avec pertinence comme « de droit divin » des propositions aussi ruineuses pour le pouvoir des rois. Car le droit divin concerne la religion, non l'État. Il consacre en la circonstance ce qu'on peut appeler un cléricalisme anti-royal.

Le second pamphlet est d'origine ligueuse. Mais il a été publié en 1594. Les passions commencent à s'apaiser. Ce *Dialogue d'entre le maheustre et le manant*, c'est-à-dire entre le gentilhomme soldat au service d'Henri IV et le bourgeois parisien ligueur, évite, dans la peinture des deux adversaires, tout excès caricatural. Les deux regards portés sur le problème de la royauté offrent donc un caractère plausible. Le manant affirme

> que nul ne peut être roi ni commander à un peuple catholique qu'il ne soit catholique […], et qu'il n'ait été et ne soit hérétique.

A quoi le maheustre répond :

> Le roi est celui à qui de droit appartient la couronne, comme le plus proche à succéder.

Réplique du manant :

> N'est le royaume de succession, mais d'élection [36].

Explication par la suite :

> Les couronnes et royaumes chrétiens ne sont héréditaires, mais
> électifs selon les constitutions divines et humaines, et le royaume de
> France n'est acquis par succession, ains par la force de la loi du
> peuple qui l'élit et le donne au premier mâle capable de la couronne et
> habile au sacre.

Au reste, la première des lois fondamentales du royaume

> est que le roi soit très-chrétien et catholique et qu'il jure de conserver
> l'Église catholique, apostolique et romaine jusques à son sang. Or est
> que le roi de Navarre est un hérétique, relaps et excommunié, la
> moindre desquelles qualités le rend très indigne et incapable
> d'approcher cette couronne.

Le maheustre revient alors à son principe et lui donne une coloration
religieuse : « Je dis que tel qu'il est, soit hérétique, soit catholique, vous ni
moi ne le pouvons rejeter puisqu'il a plu à Dieu le faire naître roi naturel et
légitime » [37]. Et de rappeler le texte fondamental, appui de la théorie du roi
élu de Dieu : « Saint Paul dit qu'on obéisse à ses supérieurs tels qu'ils
soient, non seulement pour la crainte qu'on doit avoir d'eux, mais aussi pour
l'acquit de sa conscience, parce que Dieu le veut et l'entend ainsi » [38].
Le manant ne demeure pas moins ferme sur ses positions :

> Le peuple fait et crée les rois pour leur obéir en choses saintes, civiles
> et raisonnables, selon qu'eux-mêmes jurent et promettent à leur
> peuple ; [...] mais s'ils se convertissent en hérétiques, hypocrites ou
> tyrans, nous ne les connaissons point pour roi [39].

Reste que les deux interlocuteurs se déclarent bons catholiques. Mais,
pour le ligueur, tout dans l'État est subordonné à la religion ; pour le
« politique », il y a une réalité autonome de l'État, dont la religion n'est
« que l'ornement », affirmation, sans doute excessive, qui lui vaut d'être
traité de machiavéliste et d'athé [40].
Ainsi celui qui fait relever la monarchie de Dieu seul est celui qui la veut
indépendante du pouvoir spirituel : catholique, mais anticlérical. Celui qui la
soumet au peuple et va jusqu'à la déclarer élective et révocable est le
catholique zélé, porté à suspecter partout l'hérésie et liant constamment le
politique au religieux, d'ailleurs très étroitement conçu. Il est évident que le
rôle dévolu au peuple est lui-même subordonné à son respect de
l'orthodoxie, et qu'il serait désavoué s'il y manquait.

Les jésuites n'étaient pas apparus au premier plan lors des événements de la Ligue. Mais sur le terrain de la doctrine, ils occupent une position prééminente. Ils sont non seulement adversaires impitoyables de l'hérésie, mais ardents défenseurs de la suprématie pontificale. La continuité qui s'établit entre leur doctrine et certaines des thèses les plus extrêmes soutenues au temps de la Ligue n'est nulle part plus apparente que sur la fameuse question du *régicide*. On a vu que l'assassinat d'Henri III par Jacques Clément avait été magnifié par les prédicateurs parisiens : ce fut notamment le cas du fougueux curé de Saint Benoît, Jean Boucher. Dès 1594, un élève des jésuites en leur collège de Clermont, Jean Chastel, essaya d'attenter à la vie d'Henri IV, ce qui entraîna, pour quelques années, l'expulsion de la Compagnie hors de France. La théorie du régicide fut défendue, en termes qui excitèrent le scandale, par le jésuite espagnol Mariana, auteur du *De rege et regis institutione* (1599) [41]. Elle fut tout spécialement incriminée lors de l'attentat de Ravaillac, en 1610. Les jésuites étaient pourtant alors rentrés en France, où leurs collèges étaient devenus indispensables à l'éducation de la jeunesse, et ils avaient même obtenu, en 1604, la faveur, lourde de conséquences, de fournir le confesseur du roi.

Les grands théologiens jésuites, Bellarmin (1542-1621) [42] et Suarez (1548-1617) [43], élaboraient d'ailleurs des doctrines du pouvoir fort nuancées. Ils eurent à prendre en compte, non seulement la situation française, mais celle qui s'était établie en Angleterre sous le règne du roi Jacques Ier, monté sur le trône en 1603. A la suite de la conspiration des poudres, le souverain protestant avait exigé de ses sujets catholiques, en 1606, un *serment d'allégeance*, par lequel ils reconnaissaient sa légitimité et déclaraient que le pape n'avait aucun pouvoir de le déposer ni d'exercer aucune autorité temporelle dans son royaume, non plus que de dégager ses sujets de leur serment d'obéissance ; à plus forte raison qu'ils condamnaient l'idée que les rois excommuniés pussent être déposés ou assassinés par leurs sujets. La réaction du pape Paul V et celle de nombreux théologiens ultramontains fut extrêmement vive ; mais il y eut aussi des esprits conciliateurs [44].

Bellarmin, pour sa part, niait que les papes pussent déposer les rois. Il affirmait l'indépendance du pouvoir spirituel et du pouvoir temporel. Il refusait au premier le droit de s'exercer directement sur le second. Mais le pape disposait cependant d'un pouvoir *indirect* sur les rois : la fin de la communauté étant le bien des âmes, il pouvait intervenir lorsque celui-ci était en jeu. Si modéré que fût Bellarmin, le pouvoir royal s'en trouvait bel et bien limité. De plus, si la souveraineté vient de Dieu, elle est confiée au peuple, qui a charge de la transmettre. La forme particulière du gouvernement, monarchique ou autre, est simplement de droit positif. Dans la société ecclésiastique, la monarchie est au contraire de droit divin, puisque le pape est le successeur de Pierre. Les théories les plus nuancées sont en fin de compte de même structure que les plus excessives.

On en retiendra surtout que, dans les doctrines de type ultramontain, si le pouvoir des rois est bien d'origine divine, il ne l'est que d'une façon *médiate* : mais à la médiation du pape fait de plus en plus nettement place la médiation du peuple – terme d'ailleurs éminemment ambigu. Le peuple est implicitement conçu comme le peuple chrétien, porteur d'un pouvoir tant religieux que civil, et dont le roi doit être le reflet. A l'extrême, le peuple, médiateur de Dieu, est aussi le médiateur du pape. La théorie demeure foncièrement *cléricale*.

Au contraire, les parlementaires et toute une partie de la Faculté de Théologie affirment à satiété, non pas que la monarchie est de droit divin – une telle expression n'est jamais employée – mais que le roi tient son pouvoir *immédiatement* de Dieu, qu'il relève de Dieu seul, ce qui signifie simplement qu'il participe à l'ordre naturel créé par Dieu. Dès lors, le pouvoir religieux n'a pas à intervenir dans son fonctionnement : la thèse est anticléricale. Par un renversement piquant, mais très compréhensible, ce sont ces mêmes esprits qui veulent soumettre le pape, dont ils ne sauraient contester le pouvoir de droit divin, à une sorte de contrôle populaire sous la forme du concile, détenteur de la pleine souveraineté en matière religieuse. En fait, dans l'Église comme dans l'État, l'évolution se faisait inéluctablement dans le sens de la monarchie.

C'est cette évolution qu'il faut brièvement décrire, sans attendre rien de véritablement nouveau dans le domaine des idées, ni du vocabulaire dans lequel elles s'expriment.

Du côté de la papauté, la monarchie s'affirmera de plus en plus comme spirituelle. Sa revendication principale, fortement soutenue par les jésuites, concernera la définition de la doctrine : ce sera celle de l'*infaillibilité*. De longtemps, aucun concile ne sera plus convoqué. Certes, des conflits de juridiction, de finances ou de prestige pourront continuer à s'élever avec les États. Mais les papes se montreront singulièrement plus prudents et useront davantage de la diplomatie. Non sans bénéficier encore, par leurs privilèges spirituels, de moyens nombreux d'exercer un pouvoir indirect. Mais c'était là nécessité naturelle, objet, non de déclarations fracassantes, mais de pratique admise.

Du côté de la royauté, c'est l'indépendance qui gagne, entraînant une mainmise croissante sur l'Église « gallicane », avec quelques frictions, mais de portée limitée, dans les rapports avec l'Église de Rome. Plus qu'une affirmation grandissante du « droit divin » – en fait, on le sait, d'un pouvoir tenu immédiatement de Dieu – ce qui frappe, c'est la laïcisation grandissante de ce pouvoir. Mais il n'y a pas lieu d'en être surpris : la dernière formule, si l'on va au fond des choses, a le même sens que la première. L'élément religieux ne diminue pas pour autant ; mais il est de plus en plus réservé à l'intériorité. Le modèle du roi chrétien, le thème des devoirs des rois, les principes de l'éducation du prince prennent la place des théories de la souveraineté et de l'origine des pouvoirs.

Ce qui est le plus remarquable, c'est que cette évolution a été cautionnée et réalisée par le concours décisif de membres de l'Église, et notamment de trois prélats que leurs fonctions rendaient aptes à faire accepter par l'Église de France, et même par celle de Rome, des nouveautés fort peu conciliables avec les traditions pontificales. Ce furent Richelieu, Marca et Bossuet.

Le premier, en posant la « raison d'État » au principe de sa politique, se plaçait sur un terrain purement profane et « laïque ». Il entendait faire passer l'intérêt de la nation dont il était premier ministre avant celui de l'Église dont il était prince. La grandeur qu'il voulait pour la France ne pouvait être atteinte sans l'abaissement de l'Empire et de l'Espagne ; ce qui entraînait la guerre contre des nations catholiques et l'alliance avec des nations protestantes, comme la Suède et certaines principautés allemandes. Que de chemin parcouru depuis la Ligue ! Certes, c'était là suivre une tradition nationale, mais qui avait provoqué bien des heurts avec le Saint-Siège. Des trésors de diplomatie, prolongés par ceux que déploya ensuite Mazarin – encore un cardinal, et italien de surcroît ! – permirent de surmonter les principales difficultés. L'esprit « dévot » n'était plus représenté à la tête de l'État ; sa vitalité s'affirmait surtout dans une vie religieuse qui, pour n'être nullement tentée de rompre avec Rome, n'en prend pas moins de plus en plus un caractère français. Des synthèses autrefois peu concevables se réalisent.

Pierre de Marca n'a pas – de loin – la même envergure [45]. Mais ce Béarnais, président au Parlement de Toulouse avant d'entrer dans l'Église et de devenir évêque, fidèle de Richelieu, a composé pour le cardinal-ministre et publié en 1641 un *De concordia sacerdotii et imperii*, dont le titre suffit à montrer que, comme à la même époque Pierre Dupuy, il faisait rentrer dans l'actualité les anciennes querelles médiévales. Il plaide lui aussi vigoureusement la cause du roi, reprenant des termes maintes fois employés : « La majesté a été confiée aux rois d'une façon immédiate ; elle est indépendante du pouvoir ecclésiastique », qui, dit-il ailleurs, « n'atteint pas les choses temporelles » [46]. Le livre fut mis à l'*Index* et son auteur dut se soumettre. Il n'en fut pas moins le véritable chef du clergé de France lors de l'affaire du jansénisme, où il sut faire converger les vœux du roi et ceux du pape [47], pour le plus grand dommage de Port-Royal, victime de l'union entre le pouvoir spirituel et le pouvoir temporel. Union qui connut encore bien des éclipses, mais sans en revenir aux anciens conflits.

Bossuet fut, plus que tout autre, un signe de contradiction [48]. Le précepteur du Dauphin est de culture royale, et son attachement indubitable à Rome ne l'empêchera pas de servir la cause de l'Église gallicane et de la tradition monarchique. La *Politique tirée de l'Écriture sainte*, de caractère essentiellement moral, pédagogique, pratique, vise d'abord à former un bon roi. Les passages proprement théoriques y sont assez peu nombreux. Les thèses traditionnelles s'y retrouvent sans changement substantiel, mais exprimées avec une ferveur et une vigueur toutes personnelles : « L'autorité royale est sacrée » ; « Les princes [...] agissent comme ministres de Dieu et ses lieutenants sur la terre » [49]. Principes tempérés cependant par le fait que le roi demeure comptable envers Dieu de son autorité. De même, « l'autorité royale est absolue » [50]. Ce dernier adjectif, tout profane, est en fait celui qui, hors d'un cadre religieux, prend alors le plus d'importance. Propositions tout à fait « gallicanes » : « Le sacerdoce dans le spirituel et l'empire dans le temporel ne relèvent que de Dieu » [51] ; « L'impiété déclarée, et même la persécution n'exemptent pas les sujets de l'obéissance qu'ils doivent aux princes » [52]. C'est tout à fait dans le même sens, quoique en termes plus juridiques et rigoureux, qu'est rédigé le premier article de la fameuse déclaration de 1682, celui qui touche au rapport du pouvoir spirituel et du pouvoir temporel [53]. La protestation du pape était inévitable ; mais elle ne pouvait guère avoir d'efficacité.

Le XVIIe siècle n'a donc pas inventé la monarchie à caractère divin ; il a recueilli l'héritage de plusieurs siècles. Ce qui le caractérise, c'est beaucoup plus le progrès de la monarchie absolue, c'est aussi la prééminence des réalités profanes, même lorsque le langage religieux est employé.

Il resterait une autre recherche à mener : celle de savoir par quel auteur ou à quelle époque a été créée l'expression impropre, mais destinée à un si grand succès, « monarchie de droit divin ». Cette recherche appartiendrait encore à notre sujet ; mais elle nous conduirait bien au-delà du XVIIe siècle. À en juger par les exemples relevés dans les dictionnaires, elle n'est pas antérieure à la Révolution. Si elle émane de milieux antireligieux aussi bien qu'antimonarchiques, elle en devient une seconde fois anticléricale.

Pour être paradoxales, les conclusions auxquelles conduit la présente étude n'en sont pas moins solidement assurées.

Tout d'abord, l'expression « monarchie de droit divin » n'a été forgée et n'a pris son sens aujourd'hui usuel qu'à une date non antérieure à la Révolution. En particulier, sauf recherches approfondies qui déterreraient peut-être quelques exemples peu significatifs, elle n'est jamais employée dans les écrits politiques du XVIIe siècle. L'expression « droit divin » elle-même, qui s'applique uniquement à la révélation, à ce qu'on appellera plus tard le surnaturel, et non à la nature créée, n'apparaît pas avant le XIIe siècle. Elle n'a été appliquée à la monarchie qu'à partir du moment où son sens s'est perdu.

Ce qu'on a désigné de cette manière est donc ce qui, de la fin du XIIIe siècle jusqu'au XVIIIe, est conçu comme monarchie tenue immédiatement de Dieu, ou dépendant de Dieu seul. Formules dont l'interprétation est impossible si l'on ne se place pas dans la perspective des conflits séculaires entre le sacerdoce et l'empire. Si le roi se réclame de Dieu seul, c'est pour affirmer son indépendance par rapport au pontife romain, prétendant, comme vicaire du Christ, à la souveraineté sur tous les rois de la terre. C'est donc dans un esprit *anticlérical*. L'idée d'une souveraineté populaire et son refus éventuel n'ont pas de rapport direct avec cette théorie. L'opposition établie entre le peuple et le roi, et au profit du peuple, est un thème d'origine *cléricale,* développé par les défenseurs du pape, et que l'on trouve aussi, pour des raisons parallèles, chez les protestants. Dans chacun des deux camps, celui du pape et celui du roi, théologiens, juristes, polémistes ont accumulé les arguments et les ouvrages. Le XVIIe siècle n'apporte pas dans ce combat de nouveautés substantielles. Il ne fait au fond que consacrer, en renforçant l'un et l'autre, l'indépendance du pouvoir spirituel et du pouvoir temporel, dans une union qui progresse en dépit de tous les heurts.

NOTES

1. En revanche, l'auteur des *Provinciales* relève à plusieurs reprises, chez ses adversaires, le recours, sur des questions de morale, à la notion de « droit divin », non sans faire des réserves sur son caractère scolastique ; voir l'éd. Cognet-Ferreyrolles, Paris, Bordas, Class. Garnier, 1992, 5e lettre, p. 86 ; 12e, pp. 226, 227.

2. T. I, 2e partie, Paris, Hachette, 1863, p. 1245.

3. T. II, Paris, 1955, p. 1396.

4. T. VII, Paris, CNRS, 1977, p. 515.

5. *La Monarchie d'Ancien Régime en France (de Henri IV à Louis XIV)*, Paris, A. Colin, 1928, p. 182.

6. « La doctrine d'Olivier-Martin sur la monarchie française de droit divin », *Le Sacre des Rois*, Paris, Les Belles-Lettres, 1985, p. 243.

7. Voir des pages essentielles sur notre sujet dans *L'Éducation politique de Louis XIV*, 2e éd., Paris, Hachette, 1923 [1re éd., 1898], pp. 211-274.

8. *Dictionnaire*, t. I, Amsterdam, 1690. L'édition de La Haye, 1727, donne un article encore meilleur, contenant d'abord cette définition : « loi ou volonté divine révélée ».

9. T. V, Paris, Briasson, 1755, p. 124.

10. Nlle éd., Paris, Les Libraires associés, 1771, p. 1.

11. Rom., XIII, 1-7. Nous citons la traduction de Le Maistre de Sacy.

12. Jean, XIX, 11.

13. Matth., XXII, 21 ; cf. Marc, XII, 17 ; Luc, XX, 25.

14. Actes, V, 29.

15. On trouvera d'excellentes analyses dans E. Gilson, *Introduction à l'étude de saint Augustin*, 2e éd., Paris, Vrin, 1943, pp. 225-242.

16. H.-X. Arquillière, *L'Augustinisme politique, Essai sur la formation des théories politiques au Moyen Age*, 2e éd., Paris, Vrin, 1955 [1re éd., 1933]. Quelques nuances sont apportées à ces vues dans l'ouvrage essentiel de Georges de Lagarde, *La Naissance de l'esprit laïque au déclin du Moyen Age*, t. I, *Bilan du XIIIe siècle*, 3e éd., Louvain-Paris, Nauwelaerts, 1956, p. 35, n. 12 ; p. 40, n. 32.

17. *Ibid.*, p. 34.

18. H.-X. Arquillière, *op. cit.*, pp. 121-141.

19. *Ibid.*, pp. 142-146.

20. *Ibid.*, pp. 154-169.

21. *Ibid.*, pp. 170-198.

22. G. de Lagarde. *op. cit.*, p. 40.

23. *Summa Theologica*, IIa IIæ, q. 10, a. 10, Concl.

24. *Ibid.*, q. 57, a. 2, ad 3. L'article de l'*Encyclopédie* cité plus haut, n. 9, s'inspire de très près de ce passage.

25. *In Sent.*, II, dist. 44. Nous traduisons le texte latin donné par G. de Lagarde, *op. cit.*, t. II, *Secteur social de la scolastique*, 2e éd., 1958, p. 133, n. 33.

26. *Ibid.*, pp. 79-83.

27. Paris, Cramoisy, 1655.

28. Nous nous appuyons principalement sur la synthèse de Jean Favier, *Philippe le Bel*, Paris, Fayard, 1978, pp. 250-288, 316-328, 343-393 et, pour l'épilogue, 394-425.

29. Sur le sens de la querelle, nous utilisons Jean Rivière, *Le Problème de l'Église et de l'État au temps de Philippe le Bel*, Louvain-Paris, 1926 ; et la synthèse très dense de G. de Lagarde, *op. cit.*, t. I, pp. 189-210, et t. II, pp. 121-137 ; sans oublier les pièces publiées par Pierre Dupuy, *op. cit.*

30. *Sacrosancti Œcumenici et Generalis Concilii Tridentini Canones et Decreta*, publiés par Philippe Chifflet, Cologne, 1644, pp. 36, 72, 190.

31. *Ibid.*, pp. 51, 192.

32. *Ibid.*, pp. 196-200.

33. *Ibid.*, p. 51.

34. A.-G. Martimort, *Le Gallicanisme de Bosuet*, Paris, Cerf, 1953, pp. 97-98.

35. Nous empruntons ce texte à l'édition de la *Satire Ménippée,* accompagnée de commentaires et de pièces annexes, t. III, Ratisbonne, M. Kerner, 1752, pp. 361-362.

36. *Ibid.*, pp. 375-376.

37. *Ibid.*, pp. 380-381.

38. *Ibid.*, p. 384.

39. *Ibid.*, p. 409.

40. *Ibid.*, p. 376.

41. *Dictionnaire de Théologie catholique,* art. *Mariana*, t. IX/2, Paris, Letouzey, col. 2336-2338 et *Tyrannicide*, t. XV/2, 1950, col. 1987-2016, principalement 1995-2004.

42. *Ibid.*, t. II/l, 1905, col. 560-599, principalement 589-595.

43. *Ibid.*, t. XIV/2, col. 2638-2728, principalement 2709-2721.

44. Voir, par exemple, Victor Martin, *Le Gallicanisme politique et le clergé de France*, Paris, Picard, 1929, pp. 258-260 ; A.-G. Martimort, *op. cit.*, pp. 68-70.

45. Voir la monographie de F. Gaquère, *Pierre de Marca*, Paris, Lethielleux, 1932.

46. *Ibid.*, pp. 154-155.

47. *Ibid.*, pp. 261-276.

48. On consultera principalement A.-G. Martimort, *op. cit.*

49. Bossuet, *Politique tirée [...] de l'Écriture sainte*, éd. Jacques Le Brun, Genève, Droz, 1967, pp. 64, 65.

50. *Ibid.*, p. 92.

51. *Ibid.*, p. 259.

52. *Ibid.*, p. 198.

53. Voir le texte de la *Déclaration* dans V. Martin, *op. cit..*, pp. 312-314, en note.

Pratique et philosophie du droit

Dominique DESCOTES

La chicane chez les géomètres

> Quiconque conteste une proposition fondée sur la démonstration est ignorant ou malicieux, ou peut-être les deux ensemble.
>
> Abraham BOSSE.

Le monde des géomètres français du XVIIe siècle rappelle parfois *Les Plaideurs* de Racine. Quelques exemples : en 1634, une polémique oppose Morin aux jurés qui ont réprouvé sa méthode de mesure des longitudes, Étienne Pascal, Hérigone, Mydorge et Beaugrand ; en 1638, c'est la violente attaque de Beaugrand contre la *Géométrie* de Descartes ; la même année, commence entre Fermat et Descartes la controverse sur la méthode *de maximis et minimis*. De 1636 à 1644, les méthodes de perspective de Desargues subissent les assauts successifs de Beaugrand, Tavernier, Curabelle et du *lobby* des maîtres maçons. Enfin, la cycloïde a suscité deux polémiques jusqu'en 1647, d'abord entre Roberval et Torricelli, puis en 1658 avec le concours de Pascal. Si, comme le dit la *Suite de l'histoire de la roulette*, une polémique rend « divertissantes » les affaires de géométrie, le milieu savant contemporain n'a pas dû s'ennuyer bien souvent.

Ces controverses portent d'abord sur des questions de priorité et de propriété intellectuelle. L'idée du droit d'un auteur sur ses écrits et ses inventions n'est pas encore aussi mûre qu'aujourd'hui, mais les sciences sont en ce point en avance sur les lettres : en poésie, le plagiat se distingue difficilement de l'*imitatio* : à Scudéry qui reproche au *Cid* de copier servilement l'espagnol, l'Académie répond que les « larcins de l'auteur » sont des « traductions » qui « ne font pas toute la beauté de la pièce » : car « en bien peu de choses imitées il est demeuré au-dessous de l'original », « il en a rendu quelques-unes meilleures » et « y a ajouté beaucoup de pensées, qui ne cèdent en rien à celles du premier auteur ». Dans les sciences, tout revient à « l'honneur de la première découverte » ; mais cette primauté n'a pas plus de sanction juridique que dans les lettres. Les géomètres travaillent généralement en ordre dispersé, sans autorité qui oriente leurs recherches et enregistre leurs résultats ; parfois ils les annoncent à quelques amis par correspondance. L'enquête de l'Académie Le Pailleur auprès de ses correspondants sur la nature et l'état de leurs travaux est une initiative originale. Une règle tacite d'honnêteté veut qu'il ne soit pas « dans le style des géomètres » de proposer des questions impossibles, comme la quadrature du cercle. Fermat l'a fait parfois sur ses triangles en nombres, mais justement pour faire découvrir l'impossibilité de la question. On ne pose pas non plus, ajoute Descartes, des questions qu'on ne sait pas résoudre soi-même. C'est pourtant ce qui a été imputé à l'Anonyme avant que Pascal publie ses solutions : en 1658, Huygens écrit à Boulliau et à Sluse que les problèmes sur la roulette lui semblent « si difficiles » qu'il doute « si celui même qui les a proposés les pourrait tous résoudre… Autrement il est fort aisé d'inventer des problèmes impossibles » ; il confie même à Wallis, sans s'apercevoir du caractère contradictoire de cette supposition, qu'il soupçonne l'Anonyme de proposer des problèmes impossibles pour obtenir des résultats qu'il désespère de trouver par lui-même. Il est toujours difficile de déterminer les priorités réelles : il suffit qu'un géomètre annonce une découverte, pour qu'on voie Roberval sortir de ses tiroirs un résultat équivalent, soi-disant trouvé dix ou douze ans plus tôt. L'habitude du Père Mersenne de proposer simultanément les mêmes problèmes à plusieurs correspondants provoque des rivalités et des rancœurs. La communauté savante s'entend sur la règle de la première publication : dans la *Lettre à M. de Sluse*, Pascal rapporte qu'à peine a-t-il découvert la dimension du solide formé par une spirale autour d'un cône, que Roberval « dit qu'il avait résolu ce problème depuis longtemps : il n'en avait jamais rien voulu communiquer à qui que ce soit, voulant le réserver pour s'en servir en cas de nécessité » ; mais « aussitôt qu'il sut que je l'avais résolu », dit Dettonville, « il déclara qu'il n'y prétendrait plus », car n'ayant jamais produit sa solution, « il la devait quitter à celui qui l'avait produite le premier ». Dans ce cas, Roberval a dû céder parce qu'il avait gardé son secret. Les difficultés commencent lorsque la diffusion est restreinte à des cercles si étroits qu'elle reste pratiquement lettre morte. C'est encore ce qui est arrivé à Roberval : Pascal le défend dans l'*Histoire de la roulette* en soutenant que ses découvertes ont été largement diffusées parmi les géomètres français. Les défenseurs de Torricelli admettent d'autant moins cet argument que Pascal lui-même, lorsqu'il a lancé son concours, les ignorait complètement, ce qui montre bien que la priorité du Professeur sur la Trochoïde n'était pas si notoire qu'il le prétendait. Naturellement, de pareils procédés engendrent de solides rancunes, et l'on retrouve sur

Roberval de sévères jugements posthumes, comme celui qu'on lit dans les marges de l'exemplaire d'Arnauld de la *Lettre à M. de Sluse* : « Ce géomètre avait toujours des solutions *in petto*, à ce qu'il voulait faire croire. Et de toutes ses brillantes inventions prétendues on n'a trouvé rien après sa mort. Il n'était rien moins que sincère. Il n'avait guère de solution, c'est la seule raison qui l'empêchait de la faire voir. »

De la discussion sur les priorités à l'accusation de vol, il n'y a qu'un pas. Roberval et Pascal le franchissent pour Torricelli et Beaugrand, accusés de s'être appropriés secrètement des découvertes de plusieurs géomètres français pour se faire valoir aux yeux des Italiens. Wallis a aussi porté contre l'Anonyme organisateur du concours sur la roulette l'accusation de s'être servi, pour ses recherches, des mémoires envoyés par les concurrents. Dans sa lettre à M. de Ribeyre, Pascal écrit que « ce n'est pas un moindre crime de s'attribuer une invention étrangère qu'en la société civile d'usurper les possessions d'autrui », et « qu'un homme d'honneur ne doit point souffrir de s'en voir accusé, sans s'exposer au péril que son silence tienne lieu de conviction ».

Plusieurs polémiques portent aussi sur l'universalité et la fécondité des méthodes. Desargues, par exemple, a beaucoup choqué par sa prétention, apparente jusque dans ses titres, de posséder des méthodes universelles de perspective, de gnomonique, ou de coupe de pierres. La contestation prend alors la forme d'une plainte pour tromperie sur la valeur de la méthode : les auteurs des *Avis charitables* soutiennent que les méthodes de Desargues, loin d'être universelles, sont inutilisables dans de nombreux cas ; qu'elles ne permettent pas de construire des cadrans solaires orientaux ou occidentaux, c'est-à-dire parallèles au cercle méridien ; qu'en certains lieux du monde, elles exigent des constructions démesurées et presque irréalisables ; que sa technique, malgré les apparences, est d'une difficulté considérable, parce qu'elle emploie des verges métalliques malcommodes avec lesquelles la fixation du style aboutit au massacre complet du cadran : « On peut assurer avec vérité que cette manière universelle n'est qu'une idée », écrivent ses ennemis, « ou, comme parle l'Auteur même, un projet brouillon, qui n'a jamais eu et ne saurait avoir (avec facilité) d'existence en pratique. » Ces critiques conduisent parfois à la réfutation totale de la méthode : c'est par là que Descartes s'en prend à la méthode *de maximis et minimis* de Fermat ; comme il n'a pas exactement compris, à cause de l'excessive brièveté de son auteur, la manière dont elle s'applique à la tangente à la parabole, il tente de montrer qu'elle est inutilisable sur les autres coniques. Il répète donc mot pour mot sur l'hyperbole et l'ellipse le raisonnement de Fermat sur la parabole, et parvient sans difficulté à conclure que la méthode conduit toujours à des résultats faux. Il complète son attaque en défiant Fermat de trouver la tangente à une courbe nouvelle, le « galand ». Il est vrai que, sur ce point, la preuve s'est retournée contre lui, puisque Fermat a résolu le problème proposé.

Une autre matière de contestation naît des conventions admises de façon plus ou moins générale sur les limites dans lesquelles doivent se tenir les démonstrations géométriques. La chicane trouve souvent matière à s'exercer sur les démonstrations qui paraissent prendre trop de liberté avec ces règles. La critique de la méthode des indivisibles, à laquelle Pascal répond dans sa *Lettre à Carcavi,* est trop connue pour qu'on s'y arrête longtemps. Elle repose sur l'idée qu'il n'existe pas de proportion entre les hétérogènes, point, ligne, surface et volume : jamais des points ajoutés n'engendrent une ligne, ni des lignes une surface. On n'a donc pas le droit, disent les adversaires des indivisibles, de parler de sommes de lignes ou de plans, car ces expressions ne sont pas acceptables en géométrie. On trouverait un reproche analogue chez Descartes fait à la méthode *de maximis et minimis*, celui de comporter une inacceptable élision des homogènes. La démonstration de Fermat consiste en effet à proposer par exemple l'équation : $be = 2 ae + e^2$, que l'on divise par e, ce qui suppose d'abord que e n'est pas nul. Mais tout de suite après, dans le résultat : $b = 2a + e$, Fermat prend e = o et supprime les termes où e subsiste. Descartes récuse cette méthode, et propose une technique d'élision des termes en e qui évite la contradiction. Le style juridique est encore plus sensible dans les objections qui imposent, comme limite dans les démonstrations géométriques, le nombre de trois dimensions. C'est un des reproches formulés par le Père Lalouvère dans le sixième Livre de son *Veterum Geometria* : dans ses traités, Dettonville recourt à des corps de quatre dimensions ; mais, selon le Père Lalouvère, ces *solida* ὑπερτριδιασάλικα, qui concrétisent les sommes pyramidales, ne peuvent être admis partout : acceptables en cours de démonstration, ils doivent nécessairement laisser place, à la fin, aux trois dimensions naturelles. Sa propre démonstration, ajoute-t-il, évite ces « arabismes » nés de l'algèbre, indignes de la géométrie.

Sous ces querelles d'apparence purement théorique se dissimulent des intérêts très différents. Parfois, il s'agit de disputes privées, qui mettent seulement en cause la fierté ou l'honneur des parties. Lorsqu'en janvier 1638, Descartes reçoit par l'entremise de Mersenne le *Methodus ad disquirendam maximam et minimam,* il se souvient des critiques formulées par Fermat contre sa loi de réfraction ; il croit même y voir un défi personnel : le *Methodus* comporte une section sur le problème sensible des tangentes, dont il dit dans sa *Géométrie* qu'il est « le plus utile et le plus général » qu'il ait « jamais désiré savoir ». La méthode nouvelle de Fermat lui semble un défi par lequel le Toulousain cherche à montrer qu'il en sait plus que les autres. Il n'a d'ailleurs pas tort : Fermat estime peu la « voie pénible » et longue prise par Descartes « pour ces tangentes dans sa *Géométrie* » ; ses pointes discrètes n'ont pu échapper à Descartes, qui déteste toujours qu'on affecte de lui apprendre quelque chose. L'affaire prendra donc la forme d'un règlement de compte personnel.

Parfois, une querelle cache un intérêt professionnel. En 1634, Roberval reçoit au Collège Royal de France la chaire de Ramus. Cette chaire étant périodiquement remise au concours, il a l'habitude de conserver en poche ses découvertes, pour soutenir d'éventuels défis. Il cache ainsi la quadrature de la roulette, sa méthode de construction de la tangente à la même courbe, les solides autour de la base et de l'axe. Lorsque Torricelli découvre certains de ces résultats, Roberval lui envoie des réclamations, et relève des erreurs, notamment sur le solide de l'axe de la roulette. S'il montre dans cette dispute une telle rigueur, ce n'est pas seulement à cause de son caractère notoirement infernal, mais aussi parce qu'il pense que Torricelli a, par une voie secrète, plagié ses travaux, et qu'il ne veut pas laisser abaisser son prestige professoral par un adversaire qu'il juge indigne.

Parfois des corporations s'affrontent à coups de propositions géométriques. Il existe par exemple un réseau de jésuites géomètres, à la pointe de l'activité culturelle de la Compagnie, et qui ne contribue pas moins à sa gloire que ses casuistes. Ce n'est pas par hasard qu'à dix ans d'intervalle, le Père Noël dédie son *Plein du vide* et le Père Lalouvère son *Veterum Geometria promota* au Prince de Conti : on devine là une campagne destinée à attirer sur la Compagnie le reflet de la gloire des Grands. Le Livre VI du *Veterum Geometria promota* cite constamment ses auteurs pour faire pièce à Dettonville : sur les sommes de sinus, il renvoie toute la gloire de la découverte sur Grégoire de Saint-Vincent ; contre la méthode des indivisibles, il invoque le *Cylindrica et Annularia* du Père Tacquet, notamment la « Proposition XII » du Livre I et la « Proposition II » du Livre II. Et le Père Lalouvère enfin ne manque pas de se mettre en valeur, avec l'humilité apparente nécessaire à un religieux.

Plus caractéristique encore est le cas des adversaires de Desargues. En 1642 paraît une série de libelles, les *Avis charitables sur les diverses œuvres et feuilles volantes du sieur Girard Desargues Lyonnais*. Leurs auteurs sont si ignorants en mathématiques qu'ils sont obligés de joindre à leurs ouvrages une lettre inédite de Beaugrand, vieille de deux ans, contre le style, les méthodes et les théories proprement géométriques de Desargues. Sur tout le reste en revanche, perspective, cadrans solaires, architecture et coupe de pierres, les auteurs sont beaucoup plus à leur aise : ce sont des artisans et des maîtres maçons, qui attaquent très violemment les méthodes de Desargues. Deux ans plus tard, un nouvel ennemi publie un *Examen des œuvres du sieur Desargues* : Jacques Curabelle est « maçon, tailleur de pierres », peut-être maître, et « de plus il se prétend géomètre ». Ce sont donc des artisans et des praticiens en gnomonique et architecture, qui défendent leur gagne-pain contre Desargues. Non sans raison : dans ses ouvrages publiés depuis 1636, Desargues ne prétend pas seulement dépasser les Anciens sur la théorie des coniques, ce qui irrite alors Beaugrand, il se vante aussi d'avoir des méthodes pratiques plus efficaces et universelles que les maîtres maçons, des méthodes dépouillées du mystère dont on les entoure d'ordinaire, mises à la portée des simples ouvriers, ne nécessitant ni le grand nombre de données, ni le matériel compliqué des professionnels. On comprend le souci des maîtres maçons de disqualifier cet intrus qui prétend rendre inutiles leurs secrets professionnels et mettre leur pratique entre les mains des ouvriers les moins habiles. Souci d'autant plus vif que Desargues ne manque jamais de leur reprocher « leur pratique tatonneuse, en laquelle règle ils se mécontent souvent à faute de l'entendre à fond », leur ignorance, même chez ceux qui « se piquent de maîtrise » des « démonstrations géométriques », leur conservatisme étroit qui leur fait refuser les méthodes nouvelles, et leur habitude d'« étourdir les novices » au lieu de les éclairer, pour établir leur prestige. Les *Avis charitables* roulent sur une question de dignité sociale : qui, des artisans ou des « excellents contemplatifs », c'est-à-dire des purs géomètres, dont Desargues fait sans cesse l'éloge, est le véritable juge de l'excellence des méthodes et des ouvrages ? Les maîtres maçons refusent de sacrifier leur crédit ; Desargues est obligé de protester contre les pièges que lui tend le *lobby* mobilisé contre lui : « Je n'ai point une cabale d'ouvriers comme [Curabelle] a ses compagnons coteries ; par le nombre et par la crierie desquels il voudrait m'opprimer ; et comme il sait que je ne travaille point de la main, il me voudrait engager à quelque travail effectif de maçonnerie ou bien à dépendre de la discrétion des ouvriers, ses compagnons coteries. »

Enfin, les intérêts en cause touchent parfois l'orgueil national. La controverse entre Roberval et Torricelli manifeste la rivalité entre le groupe des géomètres italiens, alors en perte de vitesse, et le cercle en plein essor regroupé autour du Père Mersenne. La rivalité nationale s'est aussi révélée vive avec l'intervention de Wallis dans le concours de la roulette. Pris entre le groupe de Pascal et le groupe anglais, Huygens a bien senti le chauvinisme de Wallis : « Ce Monsieur Wallis », écrit-il à Carcavi le 27 mars 1660, « témoigne certes d'avoir l'esprit prompt, et il y a du plaisir à voir comme il tâche à toute force de maintenir l'honneur de sa nation. » Ces disputes ne sont pas insignifiantes : elles témoignent de la plus ou moins grande vitalité des groupes scientifiques qui s'opposent.

Les formes prises par ces querelles varient selon les intérêts et l'esprit qui animent les contestants. Les disputes purement privées n'apparaissent que dans des correspondances parfois confidentielles. C'est par exemple seulement après un long échange épistolaire que Roberval expédie à Torricelli une lettre ouverte de mise au point. La querelle *de maximis et minimis* est plus complexe puisque Roberval et Étienne Pascal répondent à Descartes à la place de Fermat, qui ne les avait nullement autorisés, n'ayant pas été averti à temps de leur intervention. Descartes traite cette dispute selon son caractère, à la fois comme un duel et comme un procès. Il en parle comme d'un « cartel », c'est-à-dire un défi pour un combat singulier, que lui aurait lancé Fermat ; le mot désigne aussi ces conférences contradictoires entre théologiens catholiques et protestants tenues devant un public d'auditeurs et un bureau chargé de surveiller la régularité du débat. Descartes se présente d'abord comme un bretteur appelé par provocation, qui estime devoir refuser le combat contre un adversaire indigne : « Comme il y en a qui refusent de se battre en duel contre ceux qui ne sont pas de leur qualité, ainsi je pense avoir quelque droit de ne me pas arrêter à leur répondre. » Mais bientôt, il se dit obligé d'honneur à répondre, ce qui témoigne d'un certain souci aristocratique de sa gloire parmi les géomètres. Constatant que Fermat est défendu par ce qu'il prend pour deux témoins, il en recherche à son tour auprès de Mydorge, Hardy et Desargues. Enfin c'est aussi en généreux qu'il propose la paix des braves : « Vous pouvez assurer M. de Fermat et de Roberval et les autres, que je ne me pique nullement de ce qui s'écrit contre moi, et que, si lorsqu'on m'attaque un peu rudement, je réponds quelquefois à peu près de même style, ce n'est qu'afin qu'ils ne pensent pas que ce soit la crainte qui me fasse parler plus doucement ; mais que comme ceux qui disputent au jeu, lorsque la partie est achevée, je ne m'en souviens pas du tout, et ne laisse pas pour cela d'être tout prêt à me dire leur serviteur. » Cependant, la correspondance révèle aussi que cette générosité n'empêche pas Descartes de prendre des précautions dignes d'un robin pour ce « petit procès de mathématiques » : il prend copie des pièces, les communique à ses seconds, demande à Mersenne de retenir les originaux, de les recopier à la suite sur des cahiers, pour empêcher qu'on n'en falsifie un mot.

Certaines contestations revêtent un aspect semi-public, parce qu'elles engagent une personnalité officielle. C'est le cas de la dispute de Pascal avec le Père Médaille qui lui imputait d'avoir pris aux Italiens ses expériences sur le vide. Le retentissement de la thèse du Jésuite présentée à l'hôtel de Ribeyre autorise Pascal à demander réparation par lettre ouverte à M. de Ribeyre lui-même, qui montre assez de prudence pour éviter un règlement de comptes.

La querelle revêt d'emblée un aspect officiel lorsqu'elle a été provoquée par l'autorité politique ; elle se poursuit alors devant des instances juridiques. C'est le cas de l'affaire Morin : Richelieu fait constituer en 1634 une commission d'examen devant laquelle Morin présente sa méthode de détermination des longitudes. Le verdict du jury n'ayant pas satisfait le candidat, la controverse se poursuit longtemps. Mais parfois, par la mauvaise volonté des parties, la querelle ne débouche pas. Entre Desargues et les artisans, l'affaire est publique dès le début : en 1642, le Père Dubreuil publie chez Melchior Tavernier la *Perspective pratique*, où la méthode de Desargues se trouve déformée à un point qui exige une rectification publique par placards et par affiches intitulés *Erreurs incroyables...* et *Fautes et faussetés énormes...* Le Père Dubreuil répond aussi publiquement par ses *Diverses méthodes universelles et nouvelles* (1642), et Tavernier orchestre la publication des *Avis charitables*. Desargues rétorque en 1643 par la *Perspective aux théoriciens* et par deux défis insérés dans le *Traité de la coupe des pierres* et la *Gnomonique* d'Abraham Bosse. De même en 1644, l'*Examen des œuvres du sieur Desargues* et la *Faiblesse pitoyable du sieur G. Desargues employée contre l'Examen fait de ses œuvres* de Curabelle sont annoncés par placards et publiés ; Desargues riposte par de nouveaux tracts et affiches (*La Honte du sieur Curabelle*) : l'affaire semble mûre pour les tribunaux. Le 23 avril, Desargues envoie à Curabelle une sommation par sergents « au sujet de ses affiches calomnieuses », et une requête au Parlement pour le forcer à se rétracter ; l'adversaire répond par une contre-enquête. Les parties vont être convoquées, quand la constitution du jury bloque toutes les opérations. Desargues, proteste Curabelle, ne veut pas « des vrais experts pour les matières en conteste, il ne demande que des gens de sa cabale, comme de purs géomètres, lesquels n'ont jamais eu aucune expérience des règles des pratiques en question » alors que seuls « les excellents architectes et jurés maçons » ont « les théories compétentes, comme étant géomètres de la perspective et cadrans » et « la connaissance si les règles sont faciles à pratiquer » : c'est eux seuls que Curabelle accepte au jury. Desargues répond que, parmi les « faits en contestation, les uns regardent la géométrie contemplative, d'autres la grammaire, autres la police, autres le droit » : le jury doit comprendre des géomètres, des maîtres maçons et « Messieurs de la Cour ». Curabelle discute alors sur les compétences : il admet les « Messieurs de la Cour », à condition que les experts aient seuls « voix et pouvoir ». Ces chicanes durent assez longtemps pour que Curabelle échappe en fin de compte à la justice.

Sans doute est-ce le souvenir de ces querelles qui conduit Pascal à renforcer les formes juridiques de son concours sur la cycloïde. Le défi est chez les géomètres une procédure fréquente qui permet de vérifier qu'un concurrent possède véritablement un résultat, ou que sa méthode est efficace. En 1593, van Roomen lance un défi sur une équation du 45e degré ; Tallemant rapporte comment Viète y répond : « Un hollandais, nommé Adrianus Romanus, savant aux mathématiques, mais non pas tant qu'il croyait, fit un livre où il mit une proposition à résoudre à tous les mathématiciens de l'Europe... On montre la proposition à M. Viète, qui se met à une des fenêtres de la galerie (...) et avant que le Roi en sortit, il écrit deux solutions avec du crayon », puis tant d'autres que « sur l'heure » A. Romanus, plein d'enthousiasme, décide de le rencontrer. C'est sur un autre ton que Desargues s'adresse aux auteurs qu'il juge incapables de comprendre sa géométrie dans le *Traité de la coupe des pierres* et la *Gnomonique* de Bosse (1643) : que son adversaire, le « vieux docteur », résolve le problème que Desargues lui propose ; qu'il trouve « s'il peut, autrement on ne le croira pas ». Dans la *Perspective* de Bosse de 1648, il lance un autre défi : 100 pistoles à qui découvrira dans ses écrits matière à reproche grave ! L'esprit du défi pascalien sur la roulette est différent : il ne s'agit pas de démontrer l'incapacité des autres, Pascal connaît trop la valeur d'un Roberval ou d'un Fermat, il veut à la fois comparer la puissance de sa méthode aux autres et rendre hommage à ceux qui pourraient obtenir des résultats équivalents aux siens.

Pascal médite soigneusement l'organisation du concours, en termes qui trahissent l'expert en droit. Premier principe : l'organisateur anonyme proposant des prix par pure libéralité, il est maître des règles du concours et peut en disposer à son gré. Second principe : l'Anonyme est cependant obligé vis-à-vis des concurrents d'employer les moyens qui leur sont le moins dommageables. Pour la matière du concours, Pascal accorde aux candidats d'envoyer, non pas la rédaction complète des solutions, mais seulement leur méthode générale, avec le calcul d'un cas fixé. Il s'agit d'une grâce puisque rien n'oblige le maître du concours à faire cette concession, mais elle est de stricte justice, puisque l'achèvement des calculs n'exige pas l'habileté d'un maître et dépend plutôt des circonstances étrangères que du génie des hommes. Les règles complémentaires jouent aussi en faveur des concurrents : si la méthode est donnée, on pardonne des erreurs de calcul ; en revanche un calcul faux donné seul n'a aucune valeur. Les clauses qui règlent l'envoi et la réception des mémoires demandent une explication : le souci de l'Anonyme est encore de couper court aux contestations. Le principe est que nul ne doit être cru sur sa bonne foi, pas plus les concurrents que les organisateurs. Pascal accorde aux concurrents un délai de trois mois, au terme desquels les contributions doivent être parvenues à Paris. La vérification et l'enregistrement doivent être effectués, non au départ de l'envoi, mais à réception. Ces deux points ont fait l'objet de vives contestations. Première objection : le délai de trois mois favorise les géomètres français, aux dépens des étrangers, qui subissent le handicap des délais de transmission. Qui favorise défavorise, remarque Wallis, lui-même victime de ces délais. Pascal en convient. Mais il répond que l'inconvénient est sans remède, qu'il est maître de son règlement, et que l'envoi d'une contribution implique l'acceptation des règles qu'il a instituées pour le concours. Seconde objection : enregistrer les envois au départ plutôt qu'à l'arrivée serait une manière plus juste de déterminer l'antériorité de la découverte, que de faire dépendre la date d'enregistrement des aléas des transports en temps de guerre. C'est ce qu'ont fait Wallis en faisant dater son envoi par un notaire, et le Père Lalouvère en priant Fermat de contresigner son manuscrit. La défense de Pascal repose sur deux principes convergents. On ne peut admettre des demandes qui n'ont pas de bornes : si l'on acceptait l'enregistrement à l'envoi, le jury ne pourrait jamais commencer ses délibérations, puisqu'il serait tenu d'attendre indéfiniment des mémoires envoyés à temps, mais retardés ou peut-être perdus par les transports. Ce serait porter tort aux concurrents qui se seraient effectivement tenus aux délais : la règle qui oblige à choisir les moyens les moins dommageables impose donc l'enregistrement à l'arrivée. Dans son *De cycloïde*, Wallis se gausse de ce luxe de précautions. Mais la hargne dont le Père Lalouvère et lui poursuivent Pascal montre *a contrario* qu'il n'était pas inutile. D'ailleurs, si perfectionné fût-il, ce règlement ne protégeait pas Pascal contre son propre jury. On sait que les problèmes sur la roulette ont été proposés en deux temps : ceux de juin 1658 touchent les mesures et les centres de gravité de la cycloïde et de ses solides de révolution ; ceux d'octobre portent sur les surfaces courbes des solides. Lorsqu'il lance le concours, Pascal dispose d'une méthode générale qui lui permet de résoudre intégralement les premiers problèmes ; mais pour l'appliquer aux seconds problèmes, il lui faut une donnée préalable, la mesure de la ligne courbe de la cycloïde. Comme au mois de juin cette donnée lui manque encore, il propose seulement les problèmes qui ne la demandent pas. Quelque temps après, une lettre de Wren la lui apporte. Pascal peut alors lancer publiquement son second défi sur les surfaces courbes. Or, de ses difficultés sur la rectification de la roulette, Roberval ne pouvait rien ignorer, puisqu'après la publication de la circulaire de juin, il a appris à Pascal qu'il avait déjà résolu plusieurs des problèmes posés. Il a donc regardé Pascal chercher la longueur de la cycloïde, sans lui dire qu'il l'avait en poche, et il a attendu que Wren la révèle pour dire qu'il connaissait depuis longtemps ce résultat dont Pascal avait besoin. Roberval y mit-il de la malveillance ? Pascal apprécia-t-il le procédé ? On ne peut donc s'étonner de voir les géomètres recourir constamment au style et aux formes littéraires en usage chez les juristes.

Parmi ces genres figure le mémoire ou *Factum*, c'est-à-dire un récit abrégé destiné à informer les juges des faits d'un procès. Pascal en a composé contre les casuistes pour les Curés de Paris. En géométrie, il est l'auteur de l'*Histoire de la roulette* : il ne s'agit pas d'une histoire du développement logique des idées comme la Conclusion des *Traités de l'équilibre des liqueurs et de la pesanteur de la masse de l'air*, qui montre ⋅ comment les principes de l'hydrostatique sont dégagés des erreurs qui les obscurcissaient. C'est une histoire juridique qui vise à rendre à chacun ce qui lui appartient dans l'étude de la roulette : à Mersenne l'invention de la courbe et des premiers problèmes ; à Roberval la quadrature, le centre de gravité et les tangentes, et la cubature des solides ; à Wren la rectification de la courbe ; enfin à Pascal les centres de gravité des solides, des surfaces courbes et la rectification générale des roulettes ; Pascal mentionne aussi les inventions indépendantes de Descartes et de Fermat. Enfin il dénonce les usurpateurs : Beaugrand voleur de Roberval et de Fermat et dissimulateur ; Torricelli exploiteur des papiers de Galilée, et plagiaire. Carlo Dati contesta vigoureusement cette *Histoire* dans la *Lettera di Timauro Antiate*. Ces mémoires témoignent du constant souci d'alimenter le dossier par des pièces indiscutables : Descartes envoie à Mydorge les copies des pièces sur la querelle *de maximis et minimis* ; il conserve et fait conserver les originaux des pièces ou les fait copier sur des cahiers. Pour tout ce qui touche sa *Géométrie*, il demande à Mersenne de ne lui transmettre que des pièces garanties hors de contestation, et il précise : des documents signés, et dont l'auteur accepte qu'ils soient éventuellement publiés. Le même souci paraît dans les querelles sur la roulette : comme pour les *Provinciales*, Pascal a travaillé à partir de dossiers fournis par Roberval : manuscrits de la correspondance avec Mersenne, Torricelli et Fermat, et imprimés comme le *Brouillon projet d'exemple...* de Desargues (1640). *L'Histoire de la roulette* révèle l'existence de ces pièces sans les citer, pour ne pas alourdir ; en revanche la *Lettera di Timauro Antiate* donne toutes les lettres échangées par les géomètres français et italiens sur la cycloïde dans les années 1640 : l'ensemble n'a pas grande valeur littéraire, mais constitue un corpus documentaire incomparable.

À côté de ces mémoires figurent les réquisitoires. Le plus violent est la lettre de Beaugrand au Père Mersenne de mars 1638, contre la *Géométrie* de Descartes. Dans un pur style de plaidoyer, Beaugrand commence par proclamer que la vérité offense toujours les âmes susceptibles et attire la haine aux personnes trop sincères. Puis il accuse Descartes d'avoir pillé le *De aequationum recognitione et emendatione* de Viète (1615). L'accumulation des griefs est impressionnante. La méthode pour augmenter et diminuer les racines des équations ? Descartes l'a prise à Viète. La règle pour ôter le second terme d'une équation ? Prise à Viète. La règle pour réduire les nombres rompus des équations à des entiers ? Volée à Viète. La règle pour égaler la quantité connue d'une équation à une autre ? Volée à Viète. Beaugrand s'arrête un instant pour dauber l'hypocrisie de Descartes, qui profite de l'ignorance des autres pour « déguiser ses larcins », afin de mieux assener le coup de grâce : la méthode de réduction des équations du quatrième degré au troisième degré n'est, elle aussi, qu'un plagiat de Viète. Conclusion : à l'instar de Chrysippe, Descartes met dans ses livres « des ouvrages entiers des auteurs qui l'ont précédé ». Trois brèves pièces complètent le massacre, sur les équations du second degré, sur le nombre de racines que comporte une équation, et sur les racines réelles et imaginaires. Ce plaidoyer d'accusation, où la matière mathématique entre d'elle-même dans une forme juridique, attira naturellement à Beaugrand une solide rancune de la part de Descartes.

D'autres réquisitoires sont plus modérés, telle la lettre ouverte de Roberval à Torricelli (1647), dont le ton assez sec dans l'ensemble, comme il convient à un ouvrage qui départage les torts, est atténué par sa forme littéraire. Roberval y affecte un style d'honnête homme savant ; aux développements géométriques, il mêle pour l'agrément des vers latins ; avec une certaine ironie, il rappelle même à Torricelli que leurs querelles n'ont pas de quoi bouleverser l'Europe, et qu'une passion excessive convient mal à des géomètres ; il propose enfin réconciliation, à condition que Torricelli lui cède sur toute la ligne. Quelque temps plus tard, Pascal écrit contre le Père Lalouvère la *Suite de l'histoire de la roulette*, cette fois tout à fait sur le ton de l'honnête homme, avec un humour inspiré des *Provinciales*.

La défense s'exprime dans des plaidoyers d'une diversité tout aussi significative. Paradoxalement, le juriste Fermat écrit les plus mauvais. Contre les opuscules précis et circonstanciés de Descartes contre sa méthode *de maximis et minimis*, il se montre toujours trop bref, incapable d'expliquer clairement les fondements de sa méthode d'une manière qui dissiperait les fausses interprétations qu'en donne Descartes, incapable même de se faire comprendre à fond de ses propres défenseurs, et remettant toujours au lendemain une explication de fond. Après le trop bref *Methodus ad disquirendam maximam et minimam* de 1638 qui esquisse seulement une technique de calcul, sans en donner la raison ni en expliquer les paradoxes, non seulement Fermat n'explique pas pourquoi il s'estime en droit de considérer dans son raisonnement une même grandeur d'abord comme non nulle, puis comme nulle, mais dans l'application de sa méthode, il néglige même de préciser en quoi la recherche des tangentes enferme un maximum ou un minimum. Il ne peut donc s'en prendre qu'à lui-même des contresens de Descartes sur sa pensée. Même si la *Méthode de maximis et minimis expliquée et envoyée par M. Fermat à M. Descartes* témoigne bien de l'efficacité du procédé par l'exemple de la tangente au galand, elle ne contient rien qui explique ses fondements ni qui dissipe les soupçons de paralogisme. La justification en reste aux recettes, sans remonter aux raisons. Descartes n'a donc aucune raison de renoncer à ses objections. Fermat en est d'ailleurs au fond conscient : en 1643, dans une lettre à Mersenne, il avoue : « Pour rendre la chose entièrement claire, et parfaitement démontrée, il faudrait un traité entier, que je ne refuserai pas de faire, dès que je pourrai trouver du loisir assez pour cela. » Inutile de dire qu'il n'en fit jamais rien.

Beaucoup plus adroit est le plaidoyer du Père Lalouvère dans le *Veterum Geometria* (1660). Son livre est pour lui le moyen de réfuter hautement les accusations de plagiat et d'imposture formulées par le jury du concours. En dehors des démonstrations, qui attestent que Lalouvère avait bien une méthode personnelle, l'ouvrage revient en deux endroits sur le déroulement des faits : Lalouvère insiste par exemple sur l'interdiction qui lui a été faite par son supérieur d'envoyer ses méthodes, et sur la garantie que représente la signature de Fermat apposée sur son manuscrit. Mais c'est surtout dans le Livre VI qu'il tente de rétablir son honneur aux dépens de Dettonville. Pascal, soutient-il, n'a inventé que des dénominations nouvelles, de « somme triangulaire » et de « somme pyramidale », dénominations fort mal venues d'ailleurs. Mais il n'a pas inventé ses résultats. La proposition fondamentale du *Traité du sinus* et l'usage de ce que Leibniz appellera le « triangle caractéristique » se trouvent avant lui chez un autre Jésuite, Grégoire de Saint-Vincent, qui, contrairement à Dettonville, avoue qu'il les tient de Pappus. Les « Propositions VI, VIII et IX » montrent que Pascal n'a pas non plus inventé ses concepts : sommes triangulaires et sommes pyramidales ne sont au fond rien d'autre que les équivalents arithmétiques des onglets du *Traité des trilignes* ; mais ces concepts ont été inventés bien avant Pascal. Par qui ? Par Lalouvère lui-même, et avec dix ans d'avance, avec les *quadratrices* de son *Quadratura circuli et hyperbolae segmentorum*.

Dans les propositions suivantes, le Jésuite pousse son avantage : concédant qu'en dehors de quelques fautes méticuleusement épinglées, Dettonville a donné des solutions exactes, il soutient que ses méthodes à lui parviennent aux mêmes résultats par des voies meilleures : les démonstrations de Pascal par les indivisibles sur les sommes de sinus surtout, manquent de rigueur, demeurent même souvent parfaitement incompréhensibles ; Lalouvère s'en tient à la géométrie à l'ancienne, supérieure aux procédés algébriques comme aux indivisibles, parce qu'elle évite l'emploi des hétérogènes et le recours à la quatrième dimension.

Le Livre VI s'achève par une ample péroraison. La méthode de Dettonville est-elle vraiment nouvelle (« Proposition XV »)? En fait, ce n'est que vantardise, d'autant plus que, comme l'a démontré le Jésuite anversois Tacquet, les indivisibles ne sont acceptables qu'autant qu'ils se ramènent aux règles de la géométrie des Anciens. Cette géométrie souveraine, c'est celle qu'a suivie Lalouvère, et dont il reprend l'éloge. Les problèmes traités par les modernes sont-ils vraiment plus difficiles que ceux résolus par les Anciens ? Lalouvère concède que certains problèmes les surpassent, comme ceux de la roulette, qu'il vient justement de résoudre lui-même. Mais il réaffirme l'excellence des Anciens : et son titre le pose en véritable successeur et continuateur : *Veterum Geometria promota...* Le plaidoyer attire ainsi un rayon de leur gloire sur les Jésuites, et enlève à Dettonville l'avantage d'avoir résolu rigoureusement les problèmes de la roulette.

Le plaidoyer est parfois si subtil qu'il arrive à se glisser jusque dans les démonstrations.

On connaît l'avertissement du *Traité des trilignes*, où Pascal avoue qu'il aurait pu se passer des sommes triangulaires pour démontrer avec moins de difficulté ses « Propositions V, XIII, XIV et XV » par la méthode de Roberval. Cette « méthode assez connue » lui aurait permis de supprimer la dualité des problèmes de juin et d'octobre. Mais, continue-t-il, il a préféré employer pour ces quatre propositions comme pour les autres sa propre méthode. À ses yeux en effet, la proposition de Roberval, même si elle facilite les démonstrations, n'est au fond qu'une conséquence de la sienne sur les sommes triangulaires, qui s'en déduit directement en supposant que la balance comporte des poids nuls. Maintien de l'homogénéité méthodologique, choix des démonstrations proches de la raison des effets, originalité de sa démarche : tel est le discret plaidoyer enfermé dans ce bref avertissement.

Plus étrange est le cas du *De cycloïde* de Wallis. Le *Récit de l'examen* exclut Wallis du prix ; Pascal note que les paralogismes enfermés dans sa méthode l'ont conduit à donner pour « la raison du solide de la roulette à l'entour de l'axe à la sphère de sa roue », 23 à 2, puis 37 à 4.

Kokiti Hara a remarqué un curieux passage du *De cycloïde* (§ 30), dans lequel Wallis étudie le rapport du solide engendré par la demi-roulette CZAF en tournant autour de CF, à la demi-sphère engendrée par un mouvement semblable du demi-cercle CzF.

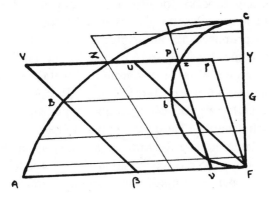

$$\frac{\text{Solide de CZAF}}{\text{Solide de CzF}} = \frac{\Sigma \, 9 \, Zz}{\Sigma 2Yz} + \frac{5}{2}$$

Ce rapport est établi à partir d'une relation entre les solides engendrés par les trapèzes VβvP et les triangles uFp tournés autour de CF, qui dans la division indéfinie, composent les solides précédents :

$$\frac{\text{Solide de VβvP}}{\text{Solide de uFp}} = \frac{9 \, Zz}{2 \, Yz} + \frac{5}{2}$$

Il faut donc évaluer le rapport $\dfrac{9 \, Zz}{2 \, zY}$.

Or Wallis remarque que l'on pourrait croire ce rapport égal à 18/2 ; lui-même y a d'ailleurs été pris, puisque ce rapport conduit au résultat critiqué par Pascal :

$$\frac{\text{Solide CZAF}}{\text{Solide CzF}} = \frac{\Sigma \, 9 \, Zz}{\Sigma \, 2 \, zY} + \frac{5}{2} = \frac{18}{2} + \frac{5}{2} = \frac{23}{2}$$

C'est ce faux résultat que Wallis a d'abord envoyé au jury, et qu'il tente de justifier dans la version définitive de son traité, où il indique immédiatement que, du fait que les triangles uFp ne sont pas tous égaux entre eux, « *non licet sic arguere* », et « *quaerenda est alia ratio* » ; ce calcul apologétique tend en fait à suggérer que ce que le jury a pris pour une grave erreur de méthode n'est en réalité qu'une inadvertance excusable. Le cas est encore plus flagrant pour la seconde erreur que Wallis commet en voulant corriger la première, et la manière dont il déguise un vrai paralogisme en un « *facilis lapsus* » qui aurait consisté à faire tourner le triligne CAF autour de la base AF au lieu de l'axe CF. Le plaidoyer est ici à la limite de la mauvaise foi, mais il est si discret dans les démonstrations du *De cycloïde* que le lecteur l'aperçoit à peine.

Naturellement, ces procès géométriques s'achèvent sur des textes qui rappellent les sentences des juristes. Deux exemples suffiront. Dans le genre de la conciliation proposée par un arbitre officieux, figure la lettre de Desargues à Mersenne, du 4 avril 1638, sur la querelle *de maximis et minimis*. Elle commence par un hommage équitable aux personnes d'honneur que sont Descartes, Roberval et Étienne Pascal. « À ce que j'ai pu comprendre », ajoute Desargues, « il n'y a que du malentendu en la plupart de cette affaire. » Il accorde à Descartes qu'une solution vraiment générale du problème des tangentes ne devrait pas s'appuyer sur des propriétés particulières des courbes, comme chez Fermat ; mais il ajoute que, pour sa part, il s'y serait pris par ses propres méthodes qui permettent de traiter la question de façon vraiment universelle. Cette lettre mesurée ne mit pourtant pas fin à la querelle.

De style très différent, le *Récit de l'examen* du concours de la roulette se présente comme le compte rendu de délibération d'un jury composé de géomètres et réuni sur convocation de Carcavi, son président. Les pièces du Père Lalouvère et de Wallis sont d'abord toutes deux examinées dans leur histoire, dans le contexte de leur correspondance avec le jury, pour définir leurs intentions et la valeur qu'ils accordent à leurs solutions : les lettres du Père Lalouvère confirment son aveu de la fausseté de ses calculs, et la renonciation au prix. Du côté de Wallis, le rappel de ses hésitations sur ses propres résultats jettent le doute sur sa méthode. Suit la réfutation méthodique du mémoire de Wallis, à partir du paralogisme principal, qui consiste « en ce qu'il raisonne de certaines surfaces indéfinies en nombre, et qui ne sont pas également distantes entre elles, de même que si elles l'étaient », d'où découlent des fautes telles que la comparaison « comme nombre à nombre » des grandeurs incommensurables. Quelques lignes arrêtent le jugement et restituent le prix à l'auteur du concours. Ce qui frappe dans cette pièce, c'est sa rigueur juridique. Le contraste est saisissant avec la *Suite de l'histoire de la roulette* et l'*Addition à la suite*, où le style polémique et presque mondain reprend le dessus.

Ces querelles valent-elles vraiment la peine qu'on s'y intéresse ? Le contraste entre la dignité de la Science et les chicanes des savants prête parfois plus à s'affliger qu'à se réjouir. Ces querelles sont bien souvent le symptôme de la vitalité de leur recherche ; on ne comprend pas bien sans elles pourquoi telle invention a été effectuée par tel géomètre plutôt que tel autre. D'autre part, du point de vue littéraire, ces disputes ne sont pas insignifiantes. On y découvre en filigrane des conceptions qui ont pris ailleurs une dimension plus vaste. Il n'est pas indifférent d'y trouver des traces de l'esprit aristocratique et de l'esprit robin, diversement dosés selon les individus. Lorsque, par exemple, Pascal compare le plagiat dans l'ordre des sciences au larcin dans la société civile, que fait-il d'autre que d'esquisser une doctrine qui, par la *Lettre à Christine de Suède*, aboutira au fragment des *Pensées* sur les trois ordres ? Ce n'est donc pas seulement le tempérament chicaneur des géomètres qui se manifeste dans ces « petits procès de mathématiques », mais parfois une véritable vision du monde.

Références

Les *Lettres de A. Dettonville* et les textes connexes sont cités d'après les *Œuvres*, éd. Brunschvicg, Boutroux et Gazier, « Les Grands Ecrivains de la France », Paris, Hachette, 1904-1914. Autrement : éd. Mesnard, Paris, 1964 (t. 1) et 1970 (t. 2).

Fermat, *Œuvres*, éd. Tannery et Henry, Paris, 1891-1922.

Mersenne, *Correspondance*, Paris, P.U.F., 1945-

Roberval, *Mémoires de l'Académie des Sciences depuis 1666 jusqu'à 1699*, VI, Paris, 1730.

Torricelli, *Opere*, ed. Loria et Vassura, Faenza, 1919.

Desargues, *Œuvres*, éd. Poudra, Paris, 1864. Pour le *Brouillon projet*, voir Taton, *L'Œuvre mathématique de Girard Desargues*, Paris, 1951.

Descartes, *Œuvres*, éd. Adam et Tannery, Paris, 1897-1913.

Wallis, *Opera mathematica*, Oxoniæ, 1695-1699.

Lalouvère, *Veterum Geometria promota in septem de Cycloïde Libris et in duabus adjectis Appendicibus*, Toulouse, 1660.

Tallemant des Réaux, *Historiettes*, éd. Adam, Paris, 1960.

Noël, *Le Plein du vide*, Paris, 1648 ; *Gravitas Comparata*, Paris, 1648. Voir les *Œuvres* de Pascal par J. Mesnard, t. II.

L. Auger *Un savant méconnu, Gilles Personne de Roberval*, Paris, 1962.

J. Itard, « Pierre Fermat », Suppl. à la *Revue de Mathématiques élémentaires*, Basel, Boston, Stuttgart, 1979.

P. Costabel, « Essai sur les secrets des traités de la roulette » in *L'Œuvre scientifique de Pascal*, Paris, 1964.

K. Hara, *L'Œuvre mathématique de Pascal*, Osaka, 1981.

Après la communication de DOMINIQUE DESCOTES

JEAN MESNARD — On considère en général ces querelles entre savants comme de simples cas psychologiques. À tort : on voit que des problèmes juridiques s'y dessinent. On est à la naissance du droit. Dans ce rapport entre le droit et la rhétorique, la manière de raisonner juridique et la manière de s'exprimer apparaissent deux aspects de la conquête de la rationalité. Certaines notions sont communes aux deux domaines, comme celle de jugement par exemple. On voit aussi avec quel génie les savants du XVIIe siècle ont transformé des situations de recherche, où il n'était question que de trouver la vérité, en situations de conflit : c'était peut-être le moyen de rendre les choses plus intéressantes, comme aujourd'hui dans le sport, à un niveau plus bas que celui de la haute recherche scientifique.

DOMINIQUE DESCOTES — Certains conflits ont des incidences financières. Dans le concours de la roulette, le Père Lalouvère a renoncé au prix ; *a posteriori* Wallis a écrit qu'il n'attachait pas d'importance aux *nummulos* proposés par l'Anonyme. En revanche, lorsque les artisans maçons s'en prennent à Desargues et à ses méthodes, ils défendent leur gagne-pain. Ils répondent en techniciens : certains *Avis charitables* insistent sur le fait que les méthodes de Desargues en gnomonique sont non seulement peu pratiques, mais aussi qu'elles doivent aboutir à ravager complètement le cadran solaire qu'il faut construire. La controverse est d'autant plus dure que des intérêts financiers sont en jeu.

Martine PÉCHARMAN

Loi et probabilité.
Le problème du droit dans la pensée
d'Arnauld, Pascal et Nicole

Si l'on prétendait proposer un problème éthique en demandant « s'il faut ou non... aimer ses parents », on ne mériterait que d'être « rabroué », déclare Aristote dans les *Topiques* (I, 11, 105 a 5-6) [1], car la prémisse d'un problème éthique ne peut prendre en compte une « opinion universellement rejetée » (qui serait : « il ne faut pas aimer ses parents ») ; qu'il faille aimer ses parents, est l'exemple d'une « question parfaitement claire pour tout le monde » (*ibid.*, I, 10, 104 a 5-7). Pour qu'un problème éthique puisse être soumis à discussion, il faut donc que, des deux réponses qu'on peut lui apporter, sous forme d'affirmation ou de négation, aucune ne s'impose avec évidence.

La doctrine probabiliste exposée par Pascal à partir de la *Cinquième Lettre écrite à un Provincial* [2] bouleverse les conditions auxquelles les *Topiques* subordonnent la position des problèmes éthiques : car, comme le montre en particulier la *Quatorzième Lettre*, aussi bien les défenses que les commandements les plus naturels aux hommes peuvent être niés par des « opinions probables », que les nouveaux casuistes prennent pour prémisses de ce que Pascal appelle leur « raisonnement étrange » ou « raisonnement impie » [3]. Ces « opinions probables » ne répondent pas à la description donnée par Aristote des « idées admises » pouvant former les prémisses d'une déduction dialectique sur une question de morale, et qui supposent, ainsi que l'a montré J. Brunschwig, un partage entre des « secteurs de l'opinion » [4]. En effet, les *endoxa* se définissent comme « les opinions partagées par tous les hommes, ou par presque tous, ou par ceux qui représentent l'opinion éclairée, et pour ces derniers par tous, ou par presque tous, ou par les plus connus et les mieux admis comme autorités » (*Top.*, I, 1, 100 b 21-23). Dans tous les cas, ce sont des opinions « dominantes » [5]. Mais, pour les nouveaux casuistes de la *Cinquième Provinciale*, une opinion probable n'est pas telle, parce qu'elle serait accréditée par la totalité, ou presque, des hommes, ou par la totalité, ou presque, des docteurs : il suffit, pour qu'elle soit dite « probable », qu'elle soit accréditée par l'autorité d'un seul docteur grave [6].

Dans cet écart entre les « opinions probables » selon les nouveaux casuistes, et les « idées admises » selon Aristote, ce que le probabilisme conserve néanmoins de la définition aristotélicienne des *endoxa*, c'est la valeur de l'approbation : la notion d'autorité, ou d'approbation, fait de la probabilité, comme du caractère « endoxal » [7], une détermination de l'opinion « pour une raison extérieure » à elle, comme le dit Aristote (*Top.*, I, 2, 100 b 1-2), au lieu d'être une détermination de l'opinion par elle-même. La probabilité d'une opinion, entendue comme son approbation, quel que soit le nombre de garants allégués, n'est qu'une propriété extrinsèque de cette opinion.

La *Dissertation théologique sur la probabilité*, qui constitue la *Note première* de Wendrock sur la *Cinquième Provinciale* [8], propose l'analyse épistémologique de cette probabilité-approbation, qualité extérieure de l'opinion. On y voit Arnauld et Nicole [9] y récuser toute division des opinions qui confondrait, dans une même énumération, les propriétés qui leur sont essentielles, et cette propriété – la probabilité –, qui ne leur appartient qu'extérieurement : car il ne faut pas mêler les considérations sur les opinions prises en soi, et les considérations sur ces mêmes opinions prises relativement à la connaissance que nous en avons. « Si on les regarde absolument & en elles-mêmes, elles sont toutes ou vraies ou fausses : il n'y en a point de probables : car ce qui est faux n'est point probable, mais improbable ; & ce qui est vrai est plus que probable, puisqu'il est tout à fait certain. (...) Mais si on regarde ces mêmes opinions, par rapport à notre manière de les concevoir, alors il faut en admettre un autre genre, qui est celui des opinions probables... » (Section première, § II, pp. 107-108). Terme relatif, et non absolu, la probabilité « convient également au vrai et au faux » (*ibid.*, § XI, pp. 125-126), et il faut, comme le propose la *Logique* de Port-Royal (II, XV), substituer à la mauvaise division des opinions en vraies, fausses, et probables, une division en deux temps : d'abord entre les opinions vraies et fausses, puis une nouvelle division, des unes et des autres, en certaines et probables.

La probabilité-approbation des nouveaux casuistes s'avère donc n'être, quand on en fait l'analyse épistémologique, qu'une « manière de concevoir », elle est la modalité de la connaissance quand il y a ignorance de la fausseté ou de la vérité d'une proposition considérée absolument :

162

« L'esprit de l'homme.... ne juge le faux & le vrai probable, que parce qu'il ignore la fausseté de l'un & la vérité de l'autre » (*Diss. théol.*, Section Première, § II, p. 108). Mais ce dont on ignore la vérité ou la fausseté, ne laisse pas d'être vrai, ou faux, « dans l'éternelle vérité » (*ibid.*) ; c'est une proposition vraie dans l'éternelle vérité qui paraît douteuse à qui ignore sa vérité, et une proposition fausse, qui paraît probable à qui ignore sa fausseté. Ainsi des préceptes moraux, qui doivent être les règles de nos actions : « Si on les considère absolument, & tels qu'ils sont en eux-mêmes, rien n'est plus évident ; puisqu'ils ne sont autre chose que cette loi éternelle & souveraine, cette vérité & cette justice souveraine & éternelle, qui est la loi naturelle, sur laquelle les hommes doivent régler toutes leurs actions (...). Mais quoique cette loi soit par elle-même évidente, elle ne le paraît pourtant pas à tous les hommes, tant les ténèbres que le péché originel a répandues dans leur esprit, sont épaisses. Il n'y a presque aucun point dans cette loi de lumière & de vérité, qui non seulement n'ait été révoqué en doute par plusieurs personnes, mais même rejeté par des nations entières, qui ont approuvé l'erreur qui y est opposée. Car quel est le crime, si horrible qu'il puisse être, qui n'ait passé pour juste & pour permis dans quelque partie du monde ? » (*ibid.*, § XI, pp. 126-127).

Comme il apparaît sur cet extrait, l'analyse par Arnauld et Nicole de la probabilité, comme d'une « manière de concevoir » extérieure à la vérité ou fausseté de l'opinion, *i.e.* comme d'une simple modalité de la connaissance, distincte de cette autre modalité qu'est la certitude, a des conséquences quant au statut accordé par Port-Royal à la théorie du droit, en ce qu'elle met nécessairement en rapport la question de cette modalité cognitive qu'est la probabilité, avec la question du statut de l'obligation à l'égard d'une loi en soi absolument vraie, la « loi naturelle ». Est-ce que, lorsque j'agis selon une opinion probable, je puis être considéré comme « *deobligatus* », « dégagé » – selon la formule citée par Pascal dans la *Sixième Provinciale* [10] –, à l'égard de la loi naturelle ? Les nouveaux casuistes entendent la probabilité d'une opinion sur un point de morale, comme une qualité qui dispense de l'obligation attachée à la loi naturelle. Mais il nous paraît que la théorie de la probabilité comme d'une manière de connaître ce qui est en soi nécessairement ou vrai, ou faux, a pour fonction, dans la *Dissertation* d'Arnauld et Nicole, de rendre impossible ce « dégagement » de l'obéissance à la loi naturelle : c'est parce qu'elle ne se contente pas de l'identification entre la probabilité des nouveaux casuistes et la simple approbation, mais qu'elle l'interprète, plus radicalement, comme une modalité cognitive, que l'analyse épistémologique a pour effet d'interdire que l'obligation attachée à la loi naturelle soit elle-même seulement probable.

La question du droit, telle qu'elle est attestée dans la *Dissertation théologique sur la probabilité*, doit donc être posée dans les termes d'un problème d'ordre cognitif : qu'en est-il du rapport entre la connaissance de la loi naturelle, et l'obligation attachée à cette loi ? Si la loi naturelle, en soi absolument vraie, ne fait pour nous l'objet que d'une « opinion probable », cette probabilité dispense-t-elle de l'obligation d'observer son commandement ou son interdiction ? Cette question constitue en fait une reformulation, d'un point de vue théologique, du problème aristotélicien – dans l'*Éthique à Nicomaque*, III, 2 – des rapports entre l'ignorance et l'action involontaire : l'action faite selon une opinion probable fausse, *i.e.* l'action qui contredit un commandement de la loi naturelle, peut-elle être tenue pour involontaire, parce qu'elle se fait par ignorance de ce commandement ? Ou encore : la probabilité étant la modalité que prend la connaissance, quand on ignore ce qu'est la chose prise absolument, peut-on dire qu'elle excuse de péché celui qui, en s'y conformant, ferait une action défendue par la loi naturelle ? Cette conséquence n'est pas interdite par le seul rappel de la distinction augustinienne entre la volonté qui porte à l'action, et la volonté qui porte au péché [11], distinction qui permet de tenir pour péché l'action faite par ignorance de la loi ; elle l'est plutôt, de manière strictement interne, par le traitement même de la probabilité comme d'une modalité épistémique, qui suppose l'absence de la connaissance certaine des choses en elles-mêmes. En effet, l'analyse cognitive, en tant qu'elle ne se contente pas de l'identification du probable et de l'approuvé, révèle que des vérités qui sont en elles-mêmes nécessaires peuvent faire l'objet soit d'une connaissance certaine, soit d'une connaissance probable, la probabilité n'étant pas un degré de la certitude, mais seulement un degré de la connaissance, qui suppose que l'on soit dans l'incertitude quant à la nature de la chose jugée ; ainsi, sans récuser qu'il puisse exister des opinions probables sur les règles mêmes du droit naturel [12] – puisqu'on ne peut nier qu'une opinion fausse, contraire à une loi naturelle, puisse, dans la relation de connaissance, paraître probable, *i.e.* être crue –, on est autorisé à affirmer qu'une telle opinion, qui fait d'une action défendue par le droit naturel une action permise [13], ne peut être tenue pour la cause d'une action involontaire, car « l'erreur qui fait prendre dans ces matières le faux pour le vrai, n'est pas absolument invincible » [14]. La probabilité n'étant pas une propriété intrinsèque de l'opinion, mais seulement une manière de la concevoir, elle ne peut être alléguée, en ce qui concerne la connaissance des vérités universelles comprises dans la loi naturelle, comme une ignorance qui ferait de l'action contraire à la loi naturelle une action involontaire, au lieu d'un péché ; car, précisément, la loi naturelle ne souffre en soi aucune indétermination, et la seule opinion probable est déjà, au regard du droit naturel, une privation de connaissance : privation de la connaissance certaine de ce qui est absolument vrai. Arnauld montre ainsi, dans la *Seconde apologie de Jansénius* (Livre III, chap. XIII) [15], que, s'agissant de la connaissance des préceptes éthiques, la modalité épistémique de la certitude est une perfection qui m'est naturellement due. L'ignorance du droit naturel ne conduit pas seulement, en permettant ce que la loi naturelle défend, à rendre les vérités éthiques contingentes, alors qu'elles sont nécessaires ; elle est, plus fondamentalement, défaut d'une perfection due à la nature humaine. Pour cette raison, l'obligation attachée au droit naturel ne souffre pas de variation, et ne saurait être modifiée, s'agissant d'un objet tel que la loi naturelle ou éternelle, par la distinction entre la connaissance certaine et la connaissance probable. Comme le dit Pascal dans la *Pensée* 644-910, « en regardant la chose en elle-même », on ne peut rendre le duel probable, *i.e.* on ne peut être « dégagé » de la loi qui défend de tuer. Mais les nouveaux casuistes ne savent pas ce qu'est « la chose en elle-même », car l'unité d'une action n'est pour eux qu'apparente, et se résout en fait en une série de « circonstances » [16], ou événements disjoints. C'est le seul nom « duel » qui donne une unité fictive, ou factice, à cette série de circonstances que sont le fait d'aller dans un champ, de se promener dans ce champ en attendant un homme, et de se défendre si on est attaqué [17]. Aucune de ces circonstances n'est, prise séparément, défendue par la loi naturelle (il y a défense du « duel, mais non pas de se promener », *Pensée* 722-922), et leur somme ne saurait l'être davantage, puisque la volonté ne se porte jamais que sur des circonstances qui se donnent une à une. À cette atomisation de l'action, qui se décompose selon un ordre de succession, et ne conserve d'unité que nominale, il faut opposer que la connaissance certaine de l'action, *i.e.* l'assurance que l'action est, ou non, comprise dans les commandements du droit naturel, est naturellement due à l'homme. L'obligation ne peut être rendue probable, car on a autant d'obligation, quant à la loi naturelle, qu'il est possible à la nature humaine d'avoir de lumière. Nul ne peut, *de jure*, ignorer la vérité de la loi naturelle, cette connaissance étant supra factuelle [18], et inhérente à la nature de l'homme, même si la chute l'a comme obscurcie.

« Lumière confuse », « connaissances... éteintes ou troublées » (*Pensée* 149-430), la connaissance... de la loi naturelle a en effet, selon Pascal, le même sort, après le péché originel, que la *vis cogitandi* chez les fous selon Descartes : celle-ci est, « non pas à la vérité *éteinte*, mais *troublée* » (*perturbata*), répond Descartes à Arnauld, qui la redoute « tout à fait éteinte & perdue » (*extincta*) [19] ; celle-là n'est que « ternie », dit Pascal, et non absolument éteinte (*Pensée* 109-392). Ainsi, même dans l'état post lapsaire, « encore qu'on ne puisse assigner le juste, on voit bien ce qui ne l'est pas » (*Pensée* 729-951), on connaît bien « le mal et le faux », même si l'on ne peut dire ce qui est bon (*Pensée* 905-385). Il s'avère donc impossible de faire l'hypothèse d'un nominalisme pascalien, en ce qui concerne les notions de juste et d'injuste ; impossible de dire que c'est l'établissement qui « fait » le juste et l'injuste, en voulant dire par là que les principes éthiques eux-mêmes seraient l'objet d'une décision arbitraire. Certes, dans les sciences, parce que nous rencontrons un infini au niveau des principes (« ceux qu'on propose pour les derniers ne se soutiennent pas d'eux-mêmes et... ils sont appuyés sur d'autres qui en ayant d'autres pour appui ne souffrent jamais de dernier », *Pensée* 199-72), « nous faisons des derniers qui paraissent à la raison comme on fait dans les choses matérielles où nous appelons un point indivisible, celui au-delà duquel nos sens n'aperçoivent plus rien, quoique divisible infiniment et par sa nature » (*ibid.*). Mais, en matière d'action, les « principes du vrai » ne peuvent qu'être identiques à la « vérité essentielle », *i.e.* à Dieu lui-même, dont ils sont « inséparables » [20]. Quand il s'agit des principes pratiques, on ne rencontre pas la régression à l'infini qui, selon *L'Esprit géométrique*, contraint les sciences à un « ordre inférieur » par rapport à un impossible « ordre absolument accompli » [21], et qui, selon les *Pensées*, contraint à « faire » des « premiers » principes. On rencontre plutôt l'éternité d'un être, et d'une loi identifiée à cet être : Dieu, qui est « la justice... même » [22], ou la volonté de Dieu, « qui est seule toute la bonté et toute la justice » (*Pensée* 948-668). Comme l'écrit encore Nicole dans l'*Évangile du lundi de la première semaine de Carême* [23], les « lois de Dieu » sont « Dieu même et sa volonté toute-puissante ». On peut dire, indifféremment, « la loi éternelle », « la justice divine », « la vérité », voire « Dieu même », parce que « tous ces noms ne signifient que la volonté de Dieu, et la volonté de Dieu est Dieu même » [24]. Seul un être éternel (or l'« éternité subsiste », selon la formule de la *Pensée* 428-195) peut constituer « le vrai principe » (*Lettre* de Pascal à Mme Périer, 1er avril 1648) [25], la règle « pour juger de ce qui est bon » : « Tout ce qu'il veut nous est bon et juste, tout ce qu'il ne veut pas (mauvais et injuste) » (*Pensée* 948-668).

On pourrait objecter que, s'il est vrai qu'un nominalisme affectant les notions éthiques de bien et de mal est ainsi d'emblée interdit quant au pouvoir qu'auraient les lois humaines de faire le juste et l'injuste, il n'est peut-être pas évité au niveau même de la loi naturelle, dès lors qu'on identifie celle-ci à la volonté de Dieu. On connaît par le *De legibus* de Suarez [26] le conflit qui a opposé au Moyen-Âge l'interprétation de la loi naturelle comme *lex indicativa*, à son interprétation comme *lex praeceptiva*. Soit la loi naturelle doit s'entendre comme un *dictamen rectae rationis*, intrinsèquement nécessaire, et indépendant de toute volonté, même divine, et alors, au lieu de désigner Dieu comme son législateur, en étant le signe de sa volonté supérieure, elle indique seulement ce qui est bon en soi et mauvais en soi, ce qu'il faut donc faire, ou éviter. Soit, à l'opposé – et c'est la position soutenue par Ockham –, on ne peut parler de « loi », pour la loi naturelle, que s'il y a véritablement prescription, et donc stricte dépendance à l'égard de la volonté de Dieu, et la loi nous signifie alors quelle est la volonté de Dieu sur ce qu'il faut faire, ou éviter. Pour cette seconde interprétation, il n'est aucun acte qui soit mauvais, sinon en tant seulement qu'il est défendu par Dieu, et un tel acte pourrait être fait bon, si Dieu tout-puissant l'ordonnait : la loi naturelle ne consiste qu'en préceptes établis par Dieu, et que son omnipotence pourrait changer, voire supprimer, si bien que les actions ne sont justes ou injustes, que parce qu'elles sont commandées ou interdites par Dieu. On doit dire : est juste, ce que Dieu veut, et injuste, ce que Dieu ne veut pas, et non : Dieu veut ce qui est juste, et ne veut pas ce qui est injuste. Ce sont en fait deux conceptions de l'obligation attachée à la loi naturelle qui s'affrontent, dès la définition de la loi naturelle comme *indicativa*, ou *praeceptiva* : peut-on soutenir – comme on pourrait le conclure de la première acception – que la loi naturelle serait absolument obligatoire quand bien même Dieu n'existerait pas, ou bien doit-on dire que la loi naturelle n'oblige que parce qu'elle est absolument dépendante de la volonté de Dieu ? Doit-on rechercher le bien intrinsèque, et éviter le mal intrinsèque, même si Dieu n'existe pas, ou n'est-il de mal et de bien que par la toute-puissance de Dieu, qui pourrait anéantir cette distinction même ? Si l'on essaie de trouver une place, dans cette polémique, pour les auteurs de la

Dissertation théologique sur la probabilité, comme pour l'auteur des *Provinciales* et des *Pensées*, force est de constater qu'il faut envisager, pour les situer, une « voie moyenne », même si elle ne se confond pas avec la voie thomiste à laquelle Suarez se rallie [27]. En effet, au lieu du pur volontarisme divin qui serait un argument en faveur d'un nominalisme éthique à la manière d'Ockham, les textes cités de Nicole et Pascal font état d'une indistinction entre la volonté divine et Dieu lui-même. La volonté n'est pas tant une faculté de Dieu, que Dieu même, elle a l'éternité et la nécessité de « l'être universel » (*Pensée* 564-485) qui est la règle de nos actions. En outre, « l'intelligence des mots de bien et de mal » (*Pensée* 473-500) ne nous est pas donnée, selon Pascal, de même façon que l'intelligence des mots primitifs dans l'ordre géométrique : alors que la lumière naturelle spéculative nous fait seulement connaître « le rapport entre le nom et la chose », et non « la nature » de la chose [28], la lumière naturelle pratique est, elle, connaissance simultanée d'un existant et d'une essence, connaissance d'un être qui est la justice essentielle. En ce qui concerne les « principes les plus simples » connus par les « lumières naturelles » dans l'ordre éthique, on n'a plus à distinguer entre l'intelligence des mots de bien et de mal, et la connaissance certaine de propositions telles que : « *Un particulier n'a pas droit sur la vie d'un autre* » [29]. On n'a pas ici à disjoindre, comme on le fait dans l'ordre géométrique, le problème de l'intellection des mots primitifs (qui, en outre, ne nous feraient rien connaître de la nature des choses) et celui de la compréhension des premières vérités (qui porteraient, seules, sur les propriétés essentielles des choses) : car ni l'une ni l'autre ne se distingue de la connaissance, à laquelle nous sommes tous naturellement tenus, de la « justice de Dieu » [30].

La probabilité apparaît donc comme une modalité de la connaissance nécessairement inadéquate par rapport à un principe éthique qui n'admet pas la contingence, et nécessairement en défaut par rapport à la connaissance certaine de l'être nécessaire avec lequel se confond ce principe : la connaissance seulement probable de ce qui ne saurait être contingent n'entraîne pas la possibilité de suspendre l'obligation attachée à la loi naturelle. Mais la *Dissertation théologique sur la probabilité* ne limite pas à cette première conclusion son apport à la réflexion sur le droit. En effet, sans quitter le problème cognitif du rapport entre les notions de probabilité et d'obligation, Arnauld et Nicole sont amenés à faire varier cette relation, en la combinant avec une distinction entre le droit naturel et le droit positif humain. La probabilité s'avère bien pouvoir être dite la cause d'une action involontaire, non-imputable comme péché à son auteur, mais seulement en ce qui concerne l'ignorance du droit positif humain : il faut « porter un autre jugement des opinions qui appartiennent au droit positif... humain », que des « opinions probables fausses, qui ne sont contraires qu'au droit naturel & à la loi naturelle », car il est « constant pour ce qui regarde le droit humain », « qu'une probabilité fausse excuse quelquefois de péché » (Troisième Section, § VII, p. 194).

La distinction entre le droit naturel et le droit positif humain, quand elle s'insère dans une discussion épistémologique du statut de la probabilité, doit être entendue comme une véritable réélaboration de la distinction aristotélicienne – dont la *Quatrième Provinciale* restitue la littéralité contre les nouveaux casuistes, mauvais lecteurs de l'*Éthique à Nicomaque* – entre l'ignorance « en général (des) règles (du) devoir », et l'ignorance « qui regarde le fait en particulier »[31]. Là où Aristote distingue entre « l'ignorance des règles générales » de l'action (ignorance qui ne rend pas l'action involontaire, mais au contraire attire sur elle le blâme), et « l'ignorance des particularités de l'acte, c'est-à-dire de ses circonstances » (*Éth. Nic.*, III, 2, 1110 b 32-34)[32], qui, seule, peut être dite rendre l'action involontaire, la *Dissertation théologique sur la probabilité* (*loc. cit.*) distingue entre l'obligation inhérente à la loi naturelle, et l'obligation qui revient au droit positif humain, non pas comme entre deux modes d'obligation afférents à deux types de *droit*, mais plutôt comme s'il s'agissait d'une différence entre obligation *de droit* et obligation *de fait*[33] : ce sont des lois qui sont ici frappées de la contingence qui, selon Aristote, affecte les différentes particularités d'une action, *i.e.* « toutes les circonstances au sein desquelles l'action se produit » (1111 a 15-16). La *Dissertation* peut ainsi montrer qu'il y a comme une vérité de l'erreur commise par les nouveaux casuistes lorsqu'ils réduisaient le droit naturel à un corps de vérités seulement contingentes, mais c'est à la condition d'un déplacement de la sphère du droit naturel à celle du droit positif humain. En effet, comme le marque expressément Arnauld dans la *Seconde apologie de Jansénius*, à la différence de la connaissance certaine de la loi naturelle, la connaissance certaine du droit positif humain n'est pas naturellement due à l'homme. On ne saurait exiger la connaissance certaine de lois dont le nombre et l'inscription temporelle et spatiale sont arbitraires, pas plus qu'on ne saurait exiger cette modalité de la connaissance en ce qui concerne les « faits particuliers, qui sont sans nombre et sans limite, et (qui) se peuvent diversifier en une infinité de manières » (L. III, ch. XIII). Quand l'objet de la connaissance est lui-même contingent (lois positives humaines et circonstances des actions), la probabilité n'est pas privation d'une connaissance dont la perfection serait naturellement due à l'homme. Comme le disait le commentaire par saint Thomas de la distinction aristotélicienne entre l'ignorance de l'universel (*katholou*), et l'ignorance des singuliers (*kath' ekasta*), il y a une obligation universelle de connaissance des préceptes universels du droit, mais non une obligation de connaissance des contingents particuliers (*Summa theologiae*, Ia IIae, q. 76, a. 2) ; dès lors que la connaissance même du droit positif humain est interprétée dans les termes aristotéliciens et thomistes de la connaissance des singuliers, on peut dire, à la manière d'Arnauld dans l'*Apologie pour les religieuses de Port-Royal*, que « cette doctrine, qu'une opinion probable, quoique fausse en soi, excuse de péché, est fausse et véritable tout ensemble. Elle est fausse dans la loi naturelle, mais elle est véritable dans les lois humaines... » (I, XII) [34]. Mais cette vérité ne suppose pas seulement que l'on se transporte en un autre lieu que celui des principes éthiques ; elle exige encore que l'on y soit meilleur néo-académicien que les nouveaux casuistes, et que l'on y ait toujours pour règle de suivre le plus probable, loin de pouvoir choisir le moins probable [35]. L'analyse épistémologique de la probabilité interdit en effet ce choix, qui se fonde selon les casuistes sur la seule approbation (fût-elle limitée à un seul docteur grave) d'une opinion.

C'est donc pour des raisons cognitives que le droit positif humain n'est pas susceptible du même type d'obligation que le droit naturel : les règles du droit positif humain ne peuvent être retrouvées par la lumière naturelle à partir de principes universels et par voie de conséquences proches et lointaines, comme c'est le cas, selon Nicole (*Des jugements téméraires*, ch. IX) [36], pour les commandements contenus dans la loi naturelle. La probabilité n'est ainsi admise, au titre de représentation pouvant nous faire agir involontairement contre une loi, que lorsque les préceptes qui nous obligent n'ont pas, selon la formule de Nicole encore (*De la vigilance chrétienne*, ch. VII) [37], « une vérité fixe et invariable », mais sont aussi contingents que des faits singuliers. On le voit, lorsque la *Dissertation théologique*, partant de la différence entre les modalités épistémiques de la certitude et de la probabilité, développe une distinction entre la modalité déontique attachée à la loi naturelle et celle qui est attachée aux lois positives humaines, elle retravaille la distinction aristotélicienne entre ce que Pascal appelle l'ignorance « du droit » et l'ignorance « du fait » de telle manière que cette distinction ne peut plus recouper seulement la question de la subsomption des actions particulières sous une régle universelle [38], *i.e.* le problème de l'application de la loi naturelle aux actions prises dans leurs circonstances singulières. Plutôt que ce problème, qui n'est autre, pour Aristote et saint Thomas, que celui de l'achèvement, en une action singulière, du syllogisme de la raison pratique [39], la polémique sur la probabilité met au premier plan la question de la connaissance du droit positif humain. Que nous n'ayons pas la connaissance certaine des contingents particuliers, devient alors : nous n'avons pas une obligation de connaissance des lois positives, dans la mesure où celles-ci, tout autant que les actions singulières, sont frappées de contingence, et la modalité déontique qui convient au droit positif humain est donc hétérogène à celle qui revient seulement au droit naturel.

Une telle hétérogénéité suppose une acception très restrictive du droit positif humain, manifestée dans l'interprétation des lois humaines à la manière des circonstances singulières de l'action selon Aristote. La disjonction opérée, pour des raisons cognitives, entre le droit positif humain et le droit naturel ne saurait être comprise sans procéder à une tentative de définition de ce « droit positif humain ». Or les *Pensées*, tout autant que les *Discours sur la condition des grands*, nous paraissent précisément procéder à une délimitation très rigoureuse du champ d'application de la notion d'« établissement », qui répond à cette exigence de définition et qui permet d'expliquer, par la nature même du droit positif humain, le statut des modalités cognitive et déontique qui lui sont associées dans la *Dissertation théologique sur la probabilité*. C'est par « la seule volonté des législateurs », *i.e.* par un « établissement humain », que le fils d'un duc est mis en possession de ses biens (« Premier discours », p. 366), c'est « parce qu'il a plu aux hommes », qu' « en un pays on honore les nobles, en l'autre les roturiers ; en celui-ci les aînés, en cet autre les cadets » (« Second discours », p. 367 A). La fantaisie, qui est la seule règle de l'arbitraire humain (*Pensée* 767-306), est de même manière au principe des différences entre les modes de gouvernement et de succession du pouvoir (*Pensée* 828-304 et *Pensée* 977-320). À la lumière de ces textes, il paraît fondé de soutenir que, lorsque Pascal déclare que « la justice est ce qui est établi... » et que « toutes nos lois établies seront nécessairement tenues pour justes..., puisqu'elles sont établies » (*Pensée* 645-312), la notion d'établissement (et la notion de droit positif humain qui lui correspond dans la *Dissertation*)

171

doit être réservée à ces lois seulement qui règlent des matières laissées indifférentes par la loi naturelle : alors que, lorsque le roi interdit le duel, ce n'est pas sa défense qui fait du duel un crime, mais qu'elle ne fait que « punir le crime qui est inséparable du duel » (*Quatorzième Provinciale*, p. 440 A), par contre, quand les législateurs décident du mode de répartition des biens entre les hommes, ou des formes du pouvoir politique, « cela est sujet à varier » (*Pensée* 767-306), comme tous les « principes... que l'imagination des hommes a témérairement introduits en chaque lieu » (*Pensée* 44-82). C'est alors seulement que la formule : *injuste, parce que défendu ; juste, parce que commandé,* qui ne saurait signifier la présence chez Pascal d'un nominalisme éthique – rendu par avance impossible par la réflexion sur les principes –, se vérifie pleinement, comme l'atteste le « Second discours » : « La chose était indifférente avant l'établissement : après l'établissement elle devient juste, parce qu'il est injuste de la troubler. »[40] L'« établissement » voit son efficace limitée aux matières qui excèdent la distinction entre les choses essentiellement bonnes et essentiellement mauvaises, *i.e.* qui ne sont pas déjà prescrites ou interdites par la loi naturelle ; il ne concerne que les choses « d'elles-mêmes indifférentes et non commandées »[41]. La dénomination de « loi positive humaine », ou de « droit positif humain », ne devrait donc être utilisée, *stricto sensu*, ni lorsqu'il s'agit de lois de l'État qui sont la particularisation du droit naturel, ni lorsque les lois de l'État permettent ce que la loi naturelle défend. Ce qui est déjà commandé ou interdit par la loi naturelle, ne devient pas juste ou injuste par une simple déclaration humaine, et ce qui n'est pas permis par la loi naturelle, ne saurait le devenir par un commandement humain. Si les « lois positives » sont pour Port-Royal aussi contingentes que les circonstances singulières d'une action pour Aristote, force est de n'utiliser ce terme, en toute rigueur, que pour les lois de l'État qui règlent ce qui n'est pas essentiellement bon ou mauvais au regard de la loi naturelle. Ainsi, quand on poursuit la lecture de ce passage de l'*Apologie pour les religieuses de Port-Royal* dans lequel Arnauld reconnaît une vérité de la doctrine des opinions probables, mais seulement quant aux « lois humaines », on y découvre, simultanément, quelle est la raison pour laquelle la doctrine des opinions probables, absolument fausse dans le droit naturel, a un point de vérité dans le droit positif humain, et que cette raison suppose la restriction de la notion de loi positive, ou « établissement », que l'on vient de décrire : « La raison de cette différence < *sc.* entre la loi naturelle et les lois humaines > est que les choses qui sont mauvaises selon la loi naturelle sont mauvaises en soi ; ... au lieu que ce qui n'est mauvais que parce qu'il est défendu par quelque loi positive, n'est pas essentiellement mauvais... » (I, XII). La loi positive humaine est une loi « *purement humaine* »[42], qui ne contient rien qui soit une application du droit naturel, mais qui ne peut non plus le contredire, puisqu'elle se situe en dehors de la distinction des choses essentiellement bonnes et des choses essentiellement mauvaises. Une loi de l'État qui autoriserait l'adultère, le meurtre ou le larcin ne serait pas, à proprement parler, une loi positive humaine, puisqu'elle prétendrait légiférer sur autre chose que ce qui est laissé indifférent du point de vue de la loi naturelle. Ce n'est que de la loi positive entendue selon une double négation (ni particularisation du droit naturel, ni infraction au droit naturel), que l'on peut dire que ce qu'elle commande devient juste, parce que commandé. S'il est vrai que le droit positif humain consiste en des « déclarations de la volonté de ceux qui ont autorité pour faire ces lois »[43], son arbitraire est tempéré de ce que ces déclarations n'opèrent de choix que parmi des choses « indifférentes en elles-mêmes » : le libre arbitre des nomothètes humains ne peut se porter à l'un ou à l'autre de deux contraires que pour des choses qui n'ont pas déjà été discernées par la loi naturelle, et ce n'est que s'agissant des choses qui ne sont ni essentiellement bonnes ni essentiellement mauvaises, qu'il faut obéir aux lois seulement « parce qu'elles sont lois » (*Pensée* 66-326). De ces lois seules, on doit dire qu'il ne faut pas « prétendre examiner si (elles) sont justes ou non, indépendamment de ce qu'elles sont lois »[44].

La variation que subit la relation entre la modalité cognitive de la probabilité d'une part, les modalités déontiques distinctes assignées au droit naturel et au droit positif humain d'autre part, se fonde donc sur une limitation du sens à accorder à la « positivité » des lois humaines. Cette limitation implique, nous semble-t-il, une modification de la notion aristotélicienne et thomiste de « juste politique », qui se traduit notamment chez Nicole par une distinction entre la « justice véritable et réelle » et la « justice légale »[45]. Selon l'*Éthique à Nicomaque* (V, 10, 1134 b 18 - 1135 a 6), le *dikaion politikon* se divise en un juste naturel (*physikon*) et un juste légal (*nomikon*), mais cette division est en outre une division à l'intérieur du contingent, de ce qui peut être autrement qu'il n'est (*tôn endechomenôn kai allôs echein*, 1134 b 31) : s'agissant de la nature humaine, le « naturel » ne saurait être confondu avec l'immuable, au contraire il n'est de juste « naturel » que s'il se particularise sous la forme du juste « légal », *i.e.* « par convention » (*synthèkè*, 1134 b 32). Cette commune contingence du juste naturel et du juste légal interdit de penser une discontinuité entre ces deux termes qui divisent le juste politique : c'est le juste politique qui est à la fois naturel et légal, mais aussi, dans les deux cas, susceptible de changement (*amphô kinèta*, 1134 b 32), car, comme l'a si bien montré P. Aubenque [46], on ne doit pas exiger du juste naturel une universalité qui contredirait la nature humaine elle-même. Lorsque saint Thomas commente ce passage de l'*Éthique*, il donne en même temps le moyen de conceptualiser la continuité nécessaire entre la loi naturelle et les lois positives humaines : certes, ce qui est juste selon le droit positif pouvait être, à l'origine, ceci ou cela, indifféremment, comme l'a dit Aristote (*nomikon de ho ex archès men ouden diapherei outôs è allôs*, 1134 b 20-21), et ce n'est qu'une fois institué, que le juste légal s'impose comme tel ; mais son institution même doit être pensée comme une manière de dérivation à partir de la loi de nature, la dérivation *per modum particularis determinationis* (*Summa theologiae*, Ia IIæ, q. 95, a. 2), qui est le mode imposé par l'impossibilité, pour les principes communs de la loi naturelle, de s'appliquer partout, toujours et à tous de la même manière, en raison de la grande variété des choses humaines. Tout au contraire, la distinction du droit naturel et du droit positif humain dans la *Dissertation théologique sur la probabilité* ne peut être analysée comme une distinction, à l'intérieur d'un genre commun (le juste politique), entre deux formes de justice, dont la seconde dériverait continûment de la première. Le droit naturel n'est pas pour Arnauld et Nicole l'un des termes d'une division interne à l'ordre politique, mais d'une division qui fait au contraire apparaître l'altérité radicale entre l'ordre éthique (les lois naturelles et leurs conséquences) et l'ordre politique *stricto sensu* (le pur établissement). Le juste politique ne s'identifie plus qu'au seul juste légal, *i.e.* aux seules lois de l'État que recouvre la notion restreinte d'établissement.

Le repli du « juste politique » sur le seul « juste légal », opposé au « juste naturel », interdit de parler d'une nature commune de la loi naturelle et de la loi positive, et rend impossible que l'on parle d'une dérivation de la loi positive (dans son sens restreint) à partir du droit naturel. L'analyse des raisons de la modification de statut de la probabilité, selon qu'elle est rapportée au droit naturel ou au droit positif, nous fait ainsi découvrir l'impossibilité de proposer une définition de la loi en général, qui conviendrait aussi bien à la loi positive qu'à la loi naturelle. La division aristotélicienne du juste politique en un juste naturel et un juste légal se redoublait, chez saint Thomas, d'une définition de toute loi comme d'un *dictamen rationis per modum præcipiendi* (*Summa theologiae*, Ia IIæ, q. 92, a. 2) : qu'il s'agisse d'une loi positive ou de la loi naturelle, il y a une commune justice de toute loi, et un précepte qui ne participerait plus de cette justice perdrait l'essence de la loi, pour n'en conserver que le nom (Ia IIæ, q. 93, a. 3). En tant qu'elle est, elle aussi, *dictamen rationis*, et qu'elle se déduit, même si ce n'est que *per modum determinationis*, et non *per modum conclusionis*, des principes universels contenus dans la loi naturelle, toute loi positive humaine se voit reconnaître chez saint Thomas une obligation *in foro interno*. Par contre, la distinction du droit naturel et du droit positif humain, telle qu'elle est invoquée dans la *Dissertation théologique sur la probabilité*, nous paraît se fonder sur une distinction plus radicale encore, entre deux sens de la loi : la restriction du juste politique au juste légal, ou à l'établissement, ne doit pas en effet être confondue avec un argument qui viserait à conclure, de la contingence et variabilité des lois humaines, qu'il n'y a pas de droit naturel ou de lois naturelles [47]. Un tel argument récuserait la notion même d'un double droit, naturel et positif, alors qu'il s'agit ici de réduire le juste politique au juste légal pour mieux préserver l'existence du juste naturel (« il y a sans doute des lois naturelles... », *Pensée* 60-294), en interdisant de le rechercher, ou de chercher à le réaliser, dans les lois positives humaines. L'argumentation pascalienne propre aux *Pensées* sur la justice tout particulièrement, nous paraît manifester que le juste naturel n'appartient pas au droit positif humain et que chacun de ces deux droits a une existence réellement séparée de l'autre. Pascal isole la nature du droit positif humain de celle du droit naturel, en faisant l'*Épochè* de toute application de la justice essentielle dans l'ordre politique. L'*Épochè* n'est pas la négation du droit naturel, elle consiste plutôt à se placer, d'emblée, au seul plan des lois positives humaines – lieu du « continuel changement » qui est la marque de « notre nature » –, en faisant abstraction de toute référence aux principes du droit naturel, pour mieux discerner et la pureté sans mélange de l'« essentiellement juste » et les ressorts propres de « notre justice », *i.e.* de l'ordre politique [48]. Sans avoir à déduire l'ordre politique du droit naturel, et sans non plus nier le droit naturel pour ne parler que d'un droit positif, le procédé pascalien permet de reconnaître l'existence distincte d'un ordre politique, dont la nature ne s'analyse qu'à la condition de lui refuser le prédicat d'« essentiellement juste » : la régulation de l'ordre politique n'est qu'interne, et peut se décrire – ainsi dans la *Pensée* 828-

175

304 – par le jeu respectif des « cordes de nécessité » et des « cordes d'imagination ». Le gain de connaissance est en fait double : car si la nature de l'ordre politique ne saurait être assignée qu'à la condition de s'abstraire de toute référence à la justice essentielle, réciproquement, la véritable justice demeure inconnaissable, aussi longtemps que l'on prétend la déchiffrer sur le texte toujours changeant des lois positives humaines. Tant la connaissance de l'ordre politique comme d'un ordre auto-réglé, que celle *veri juris* (*Pensée* 86-297), n'est possible qu'au prix d'une *epochè* qui détache, du juste politique, la juridiction du juste naturel. Ne doit-on pas alors parler pour Pascal d'une pure homonymie de la loi, ou justice ? Homonymie, car l'argument pascalien nous confronte bien à deux sens hétérogènes, pour un même nom : le nom « justice » a deux sens, celui de « justice éternelle » et celui de « justice légale » (*Pensée* 269-692), auxquels correspondent, pour le nom « loi » dans la *Dissertation*, les termes de « loi naturelle » et de « loi positive humaine ». Selon l'un des sens du nom « justice » – celui de « justice éternelle » –, la justice est identifiée à Dieu même, alors que selon le sens de « justice légale », elle tient toute dans le fait d'obéir aux lois positives parce qu'elles sont lois, et rien d'autre (« … il y faut obéir parce qu'elles sont lois, … et… proprement (c'est) la définition de la justice », *Pensée* 66-326). Ainsi, ce n'est qu'en faisant l'*epochè* de l'application de « la véritable équité » dans les maximes « qui sont parmi les hommes », que l'on peut discerner ce qu'est « toute l'équité » au niveau des lois strictement positives : car la justice légale est bien, dans son ordre propre, « toute l'équité », selon un sens encore plein – nonobstant son altérité avec le sens de la justice essentielle – de la justice. L'homonymie de la justice n'a pas le statut de l'équivocité dénoncée dans la *Seconde Provinciale* pour le mot de « grâce suffisante », et qui tient à ce que l'on use d'une part du mot en tant qu'il signifie une chose « réelle et effective », et de l'autre seulement du son de ce mot, « qui n'est que du vent », *flatus vocis* [49]. Qu'il y ait homonymie de la loi ou de la justice signifie au contraire que le terme de « loi » n'est pas un vain mot, quand on parle de « loi positive », ni le terme de « justice », quand on parle d'une « justice légale ». Il ne s'agit, pour Pascal, ni de nier l'existence du droit naturel au profit du seul établissement, ni, à l'inverse, de nier qu'il y ait un juste politique, comme on pourrait être tenté de le conclure, en réservant au terme de « justice » un sens unique, celui du « juste naturel », précisément pour cette raison que les lois positives humaines ne sont pas la justice essentielle [50]. Mais il ne s'agit pas non plus d'échapper à cette double exclusion pour souscrire, à la manière de saint

Thomas, à une analogie par référence à quelque chose d'un, *per respectum ad unum* [51], qui rapporterait la loi positive à la loi naturelle. La spécificité du procédé pascalien d'*epochè* tient plutôt à ce qu'il nous est enjoint de nous en tenir à un repli sur soi de la loi positive : son essence est « toute ramassée en soi », elle est « loi et rien davantage » (*Pensée* 60-294), il est donc interdit de voir en elle une essence qui participerait de l'essence de la loi naturelle ou justice essentielle. Le terme de « loi » ne peut être tenu pour un terme « analogue », qui conviendrait *per prius*, premièrement, proprement et principalement, à la loi naturelle, et seulement *per posterius*, de manière dérivée ou subordonnée – *i.e.* en référence à cette première signification ou « signification focale » [52] –, à la loi positive.

C'est donc sur une homonymie de la loi et de la justice que se fonde la distinction entre la modalité déontique associée à la loi naturelle, et celle qui convient à la loi positive humaine : car s'il y a un autre sens, lui aussi total, de la justice dans l'ordre politique réglé, outre par la force, par l'établissement, il s'avère impossible de faire de l'obligation afférente à la loi naturelle l'archétype de toute obligation. L'objet de l'obéissance n'a pas à être essentiellement juste, l'établissement est une source suffisante d'obligation. Mais si l'on détient ainsi, grâce à Pascal, la raison ultime du rapport différencié de la modalité cognitive de la probabilité au droit naturel et au droit positif humain, n'est-ce pas au péril d'autoriser le « *probabiliter obligatus* » impossible au regard du droit naturel, en le déplaçant dans l'ordre des lois positives humaines, de la même façon que l'on a déplacé la doctrine des opinions probables du droit naturel au droit positif humain pour lui reconnaître une part de vérité ? Il est encore nécessaire, pour éviter cette conséquence, que l'on s'enquière de ce qui fonde l'obligation d'obéir à la loi positive : s'il est vrai que la loi positive oblige parce qu'elle est loi, et rien d'autre, cette obligation ne saurait pourtant être l'effet du seul établissement, car on ne peut être obligé par une loi positive que s'il y a d'abord obligation d'obéir à son commandement. Il ne suffit pas, à cet égard, d'alléguer simplement la domination des auteurs de ce commandement, qui, d'après la *Pensée* 828-304, seraient les plus forts, *i.e.* le « parti dominant » ou les « maîtres », dans le rapport de forces originel. Car ce qui demeure, lorsque la question porte sur l'obligation elle-même, et sur son fondement plus que sur son origine, c'est que l'obligation d'obéir aux commandements de « la plus forte partie » ne saurait, sans contradiction, être l'effet d'une première loi établie par les maîtres ; cette loi, en effet, en supposerait toujours une précédente pour être elle-même obéie. Pour éviter l'absurdité de cette régression à l'infini dans la recherche du fondement de l'obligation politique elle-même, il faut pouvoir montrer l'existence d'une obligation de faire ce que les plus forts commandent, avant même qu'il y ait obligation de faire telle action parce que les plus forts le commandent. Or il nous paraît que, pour la résolution de ce dernier problème, les réflexions de Nicole sur la nature de l'ordre juridico-politique constituent le complément indispensable à la fois de l'*epochè* pascalienne du juste naturel dans l'ordre politique désormais considéré pour lui-même, et de l'explication pascalienne de la régulation interne du politique [53]. Nicole, développant à cet égard des réflexions associées à la notion de « providence » dans la *Quatorzième Provinciale*, ou à la notion d'« ordre de Dieu » dans les *Pensées* [54], nous permet en effet de penser qu'on n'est pas simplement contraint *de facto* à l'obligation politique, mais qu'il y a une obligation naturelle de l'obligation politique elle-même (« ... l'obligation d'obéir à ces lois ne vient pas de ces lois mêmes » [55]), sans que pour autant cette obligation première fasse de la seconde son dérivé, *i.e.* sans que s'annule l'homonymie de la loi attestée par l'*epochè* pascalienne. Il ne s'agit pas en effet, en fondant l'obligation politique dans une obligation naturelle, de restaurer ce dont on a fait abstraction, à savoir la translation continue du droit naturel au droit positif humain, mais de faire dépendre l'obéissance due aux lois positives d'une nécessité présidant à l'existence même du contingent. C'est ainsi que, dans son traité *De la soumission à la volonté de Dieu* (I, II) [56], Nicole formule l'exigence d'une double considération en ce qui concerne la volonté de Dieu : il faut la considérer comme la règle de nos actions, mais aussi comme la cause de tous les événements. Pour que notre considération de la volonté divine soit complète, il faut donc avoir égard à elle non seulement comme à la loi naturelle (règle de nos actions), mais aussi comme à la cause de cet événement contingent qu'est l'établissement ; à cette volonté-« ordre de Dieu » [57] est associée une autre obligation que l'obligation selon la loi naturelle : l'obligation divine d'obéir aux lois parce qu'elles sont lois. Sans que la contingence de ce qui est établi soit menacée par cette nouvelle considération, l'établissement peut désormais apparaître comme l'instrument d'une nécessité immanente aux événements, alors que la nécessité de la loi naturelle demeure transcendante aux lois positives humaines. La contingence même du droit positif humain est voulue par la providence divine [58], car s'il n'y avait des lois positives, s'il n'y avait le pur établissement humain, les sociétés périraient. La contingence de l'établissement s'inverse ainsi, du point de vue des fins et des voies de la providence divine, en une nécessité conditionnelle : « Dieu veut que les États politiques subsistent », c'est là une loi absolument nécessaire, une loi qui « n'est pas probable, mais certaine » (*Pensées sur divers sujets de morale*, LXXXIX) [59]. Il n'y aura donc pas de régression à l'infini, quant au fondement de l'obligation politique, car notre obéissance aux lois positives « se termine... à Dieu » (*De la grandeur*, Seconde Partie, ch. I) [60].

La *Logique* d'Arnauld et Nicole compte la proposition « *Dieu commande d'honorer les Rois* » parmi les propositions « exprimées d'une manière moins ordinaire », et pour lesquelles on ne reconnaît pas immédiatement « quel en est le sujet & quel en est l'attribut » [61]. L'analyse seulement grammaticale, qui réduit les notions de « sujet » et « attribut » d'une proposition à celles de « premier » et « dernier » termes dans l'ordre d'énonciation, et pour qui le sujet de la proposition considérée est donc *Dieu*, et son attribut, *le fait de commander d'honorer les Rois*, est une analyse fautive, que l'on doit corriger en se fiant à « l'unique et véritable règle... de regarder par le sens ce dont on affirme < *sc.* le sujet >, & ce qu'on affirme < *sc.* l'attribut > ». Pour Arnauld et Nicole, le véritable statut de cette proposition, *i.e.* son statut logique, n'apparaît qu'à la condition de la développer en disant que *Dieu commande que les Rois soient honorés*, car il est alors « visible... que mon intention principale... est d'affirmer quelque chose des Rois », et « ainsi ce que je dis du commandement de Dieu n'est proprement qu'une proposition incidente, qui confirme cette affirmation, *les Rois doivent être honorés* » [62]. Le passage grammatical de l'actif au passif manifeste que, dans la proposition initiale – proposition complexe formée d'une incidente et d'une principale –, la véritable principale est « *les Rois doivent être honorés* », alors que « cette proposition : *la loi divine commande*, qui paraissait la principale, n'est qu'une proposition incidente..., qui est jointe à l'affirmation à qui la loi divine sert de preuve » [63]. J.-C. Pariente a commenté cet exemple récurrent de la *Logique* en montrant que la proposition « *la loi divine commande* », « ... a pour seule fonction de modifier l'affirmation principale contenue dans *les Rois doivent être honorés*, en énonçant le fondement de ce devoir » [64]. Cette proposition incidente énonce en fait le fondement véritable de l'obligation politique, à savoir : la loi divine qui rend nécessaire l'établissement même de ce que Nicole appelle un « ordre de dignité » entre les hommes, ordre « fixe, invariable, évident » [65], lors même que les formes qu'il prend n'ont rien de fixe et d'invariable. La véritable proposition incidente décelée par l'analyse logique désigne l'incidence de l'ordre de Dieu dans l'ordre politique lui-même : il est nécessaire, selon la considération des voies de Dieu, qu'il y ait des règles arbitraires dont le contenu soit contingent, et cela suffit à fonder l'obligation politique, en faisant de la providence divine la norme immanente de l'établissement humain.

NOTES

1. Nous citons les *Topiques* dans la traduction de J. Brunschwig, Paris, Les Belles Lettres, 1967.

2. Toutes les références aux *Provinciales* (de même que les références aux *Pensées* ou aux autres écrits de Pascal) seront faites d'après l'édition Lafuma des *Œuvres Complètes* de Pascal, Paris, Le Seuil, 1963.

3. *Op. cit.*, p. 436 B et p. 437 B.

4. Cf. *Introduction* aux *Topiques*, II, p. XXVIII.

5. Ce terme est proposé par J. Brunschwig dans ses *Notes complémentaires* aux *Topiques* (note 3 sur la page 2, p. 114).

6. Cette réduction porte à son comble l'erreur que constitue déjà, selon Pascal, la confusion entre les maximes d'action et les jugements concernant des événements, *i.e.* entre la crédibilité d'un énoncé portant sur le caractère permis d'une action et la créance que nous pouvons accorder à un jugement sur la vérité d'un fait (cf. *op. cit.*, p. 390 A, sur la « plaisante comparaison... des choses du monde à celles de la conscience »).

7. Nous empruntons ce néologisme à J. Brunschwig, qui l'utilise, non dans sa traduction des *Topiques*, mais dans son *Introduction* (*e.g.* p. XXXV) et ses *Notes complémentaires*.

8. Nous citons d'après *Les Provinciales, avec les notes de Wendrock traduites en français*, nouvelle édition, 1712, tome I. « Wendrock » est le pseudonyme de Nicole, mais en ce qui concerne la *Dissertation*, ce nom recouvre une collaboration entre Arnauld et Nicole.

9. La *Dissertation* n'est pas, dans son état final, entièrement d'Arnauld : elle comporte, à partir de la sixième édition (1700) de la version latine des *Provinciales* (avec les notes de Wendrock traduites en français par Mlle de Joncoux), des paragraphes ajoutés par Nicole ; ainsi, comme l'a noté J. Laporte (*La Doctrine de Port-Royal, La morale (d'après Arnauld)*, Paris, Vrin, 1951, p. 31, note 2), le paragraphe XI de la Section Première.

10. Cf. p. 395 B.

11. Dans la *Quatrième Provinciale*, Pascal montre la nécessité, quant à ce problème de l'action involontaire, d'ajouter à la lecture du « prince des philosophes », celle du « prince des théologiens », qui montre que celui qui fait, par ignorance ce qu'il était obligé de ne pas faire, fait son action parce qu'il la veut faire, même s'il ne veut pas pécher, et qui en conclut que l'on est fondé à parler d'un « péché d'ignorance », qui « ne peut être commis que par la volonté de celui qui le commet », bien que cette volonté « se porte à l'action et non au péché » (cf. citation d'Augustin par Pascal, p. 386 B).

12. La *Dissertation* entend dans le même sens la « loi naturelle » et le « droit naturel », qui sont deux termes substituables *salva veritate*, du fait de leur commune identification au terme de « loi éternelle » (cf., pour ces synonymies, Section Troisième, § VII, p. 194). La notion de « droit naturel » dans la

Dissertation répond ainsi strictement à la notion de « loi de Dieu » dans les *Provinciales* ; mais, dans ses *Lettres*, Pascal préfère éviter l'usage du mot de « droit naturel », qui lui paraît, avec les mots de « droit divin » et de « droit positif », relever surtout de la pratique casuistique du « *distinguo* » (cf. *Douzième Provinciale*, p. 427 B).

13. La *Pensée* 948-668 montre au contraire que cela même qui est permis par Dieu (*i.e.* les « choses qu'il a laissées sans défense générale »), n'est pas « toujours permis », mais peut nous être défendu « comme le péché », par une manifestation particulière de la volonté divine.

14. Arnauld, *Nouvelle défense de la traduction du* Nouveau Testament *imprimée à Mons*. Livre Premier, chap. XIV, in *Œuvres*, Paris-Lausanne, t. VII.

15. In *Œuvres*, tome XVII.

16. *Septième Provinciale*, p. 398 B.

17. *Ibid.*

18. Pascal rappelle ainsi, dans la *Quatrième Provinciale*, que, d'après l'*Éthique à Nicomaque* (III, 2), seule l'ignorance « du fait », et non l'ignorance « du droit », rend les actions involontaires (p. 386 B).

19. Cf. *Quatrièmes objections*, in éd. Adam-Tannery (= AT) des *Œuvres* de Descartes, t. IX-1, p. 159, et *Quatrièmes réponses*, AT IX-1, p. 177.

20. Cf. *Entretien avec M. de Saci*, p. 294 B.

21. *Op. cit.*, p. 350 A.

22. *Quatorzième Provinciale*, p. 436 A.

23. In *Essais de morale*, Paris, Desprez, 1715, t. X.

24. Nicole, *De la soumission à la volonté de Dieu*, I, ch. II (in *Essais de morale*, t. I).

25. *Op. cit.*, p. 273 A.

26. Suarez, *De legibus, ac Deo legislatore*, Lib. 2, cap. 6 (« *An lex naturalis sit vere lex divina praeceptiva ?* »), in *Selections from Three Works of Francisco Suarez*, The Classics of International Law edited by J. Brown Scott, n° 20, vol. I, Oxford, Clarendon Press, 1944, pp. 119 *sq.*

27. Cette *media via* consiste à soutenir que la loi naturelle n'est pas seulement indicative du bien et du mal, mais qu'elle contient en outre une interdiction du mal, et une prescription du bien (*op.cit.*, p. 121).

28. *De l'esprit géométrique*, p. 350 B.

29. Cf. *Quatorzième Provinciale*, p. 435 A.

30. *Ibid.*, p. 436 A.

31. Cf., pour ces termes, la citation d'Aristote par Pascal, p. 386 B.

32. Nous citons ici l'*Éthique à Nicomaque* dans la traduction de J. Tricot, Paris, Vrin, 1959, p. 124.

33. La distinction entre ces deux formes de l'obligation répond à la distinction entre « l'ignorance du droit naturel », qui n'excuse pas de péché, et « l'ignorance de fait, et de droit positif », qui, elle, excuse de péché (cf. Arnauld, *Seconde apologie de Jansénius*, L.III, ch. XIII, pour ces termes, et pour le traitement analogue réservé au « droit positif », et aux « faits particuliers »).

34. In *Œuvres*, t. XXIII.

35. *Dissertation théologique sur la probabilité*, Section Quatrième, § II. Cf. aussi Nicole, *Du procès injuste*, IV-V et VIII (*Essais de morale*, t. VI).

36. *Essais de morale*, t. I.

37. *Essais de morale*, t. IV.

38. Pour ce problème, cf. saint Thomas, *Summa theologiae*, Ia IIæ, q. 77, a. 2 et q. 99, a. 2. Cette question est traitée en d'autres lieux par Arnauld (*Quatrième dénonciation du péché philosophique*, in *Œuvres*, T.XXXI, p. 281, qui cite *Summa theologiae*, Ia IIæ, q. 94, a. 6) et par Nicole (*De la faiblesse de l'homme*, ch. XI ; *De la connaissance de soi-même*, II, ch. IV, in *Essais de morale*, t. I et t. III).

39. Pour ce syllogisme, cf. Aristote, *Éthique à Nicomaque*, VI, 13 et VII, 5 ; saint Thomas, *Summa theologiae*, la IIæ, q. 13, a. 3, q. 77, a. 2 et q. 94, a. 4.

40. Cf. p. 367 A. Cf. de même Arnauld, *Réponse de Madame de Longueville à la réplique de Madame de Nemours* : « Ce qu'elles [*sc.* les lois humaines] prescrivent est indifférent en soi-même ; c'est-à-dire, qu'il n'est pas naturellement juste : mais sitôt qu'il est commandé par la loi, il cesse d'être indifférent, et devient juste parce qu'il est commandé » (in *Œuvres*, t. XXXVII) ; *Seconde lettre au sieur des Lyons* (1er octobre 1677) : « ... dans ces sortes de choses, où l'on voit bien qu'il n'y a rien de réglé par le droit naturel, il faut obéir aux lois, non parce qu'elles sont justes, mais parce qu'elles sont lois ; ou ce qui est la même chose, il faut croire que les lois sont justes dès qu'elles sont lois ; parce que dans toutes les choses qui étaient indifférentes avant que d'être réglées par des lois, il est juste d'observer dans chaque pays, ce qui a été réglé par les lois reçues » (*ibid.*). Cf. Pascal, *Pensée* 60-294, sur « cette maxime, la plus générale de toutes celles qui sont parmi les hommes, que chacun suive les mœurs de son pays ».

41. Nicole, *De l'obéissance*, XXII (*Essais de morale*, t. V, p. 16). En matière éthique, il faut interdire la thèse soutenue par les Épicuriens, selon qui « rien n'est juste ou injuste par sa nature, mais seulement par l'institution des hommes » : la notion d'« établissement » ne permet pas de développer un conventionnalisme éthique (cf. pour cette condamnation de l'épicurisme, Arnauld, *Règles du bon sens, pour bien juger des écrits polémiques dans des matières de science...* in *Œuvres*, t. XL).

42. Arnauld, *Difficultés proposées à M. Steyaert*, diff. XCI, in *Œuvres*, t. XL.

43. Arnauld, *Réponse à un écrit pour Madame de Nemours*, in *Œuvres*, t. XXXVII, p. 286.

44. Arnauld, *Difficultés proposées à M. Steyaert*, diff. XCVII, in *Œuvres*, t. IX, p. 409. Cf. aussi Pascal, *Pensée* 60-294 : « Qui leur obéit parce qu'elles sont justes, obéit à la justice qu'il imagine, mais non pas à l'essence de la loi. Elle est toute ramassée en soi. Elle est loi et rien davantage. »

45. *Le Procès injuste*, I, XIII-XVI (*Essais de morale*, t. IX).

46. P. Aubenque, « La loi selon Aristote », in *Archives de philosophie du droit*, Paris, 1980, t. XXV, pp. 147-157. Dans cet article, P. Aubenque propose une métaphore, pour rendre compte de la commune variabilité du droit naturel et du droit positif : le droit naturel est seulement la « traductibilité » entre eux des différents droits positifs, et non un « texte juridique » qui serait « l'archétype » de toutes ces traductions.

47. La réponse à cet argument suppose pour Aristote que l'on distingue entre la naturalité propre à une nature immuable, et la naturalité propre à l'homme (*Éthique à Nicomaque*, V, 10 ; cf. aussi saint Thomas, *Summa theologiae*, IIa IIæ, q. 57, a. 2).

48. *Pensée* 520-375 : « J'ai passé longtemps de ma vie en croyant qu'il y avait une justice et en cela je ne me trompais pas, car il y en a selon que Dieu nous l'a voulu révéler, mais je ne le prenais pas ainsi et c'est en quoi je me trompais, car je croyais que notre justice était essentiellement juste, et que j'avais de quoi la connaître et en juger, mais je me suis trouvé tant de fois en faute de jugement droit, qu'enfin je suis entré en défiance de moi et puis des autres. J'ai vu tous les pays et hommes changeants. Et ainsi après bien des changements de jugement touchant la véritable justice j'ai connu que notre nature n'était qu'un continuel changement et je n'ai plus changé depuis (...) ». Cf. le commentaire d'Arnauld sur cette *Pensée*, dans sa *Lettre à Périer père* de 1668 (*Œuvres*, t. I).

49. *Seconde Provinciale*, p. 377 A.

50. Pour cette objection, cf. saint Thomas, *Summa theologiae*, IIa IIæ, q. 57, a. 2.

51. Pour cette formule, voir *Summa theologiae*, Ia, q. 13, a. 6. cf aussi Ia IIæ, q. 95, a. 2, pour la notion de *ratio legis*, qui fonde ce rapport d'analogue, de la loi positive à la loi naturelle.

52. Comme le rappelle P. Aubenque dans son article « Sur la naissance de la doctrine pseudo-aristotélicienne de l'analogie de l'être » (in *Les Études philosophiques*, nos 3/4, 1989, p. 294), le terme de « *focal meaning* », que nous traduisons ici, a été proposé par G.E.L. Owen.

53. Voir en particulier *De la grandeur* et *De la charité et de l'amour-propre* (*Essais de morale*, t. II et t. III).

54. *Quatorzième Provinciale* : « ... il a plu à sa < *sc.* Dieu > providence de conserver les sociétés des hommes... » (p. 435 B). *Pensée* 14-338 : « Les vrais chrétiens obéissent aux folies néanmoins, non pas qu'ils respectent les folies, mais l'ordre de Dieu qui pour la punition des hommes les a asservis à ces folies. »

55. *Sur la pratique de la vigilance chrétienne*, ch. VII (*Essais de morale*, t. IV).

56. In *Essais de morale*, t. I.

57. Cf. *Des devoirs mutuels des inférieurs et des supérieurs*, II (*Essais de morale*, t. VI).

58. Cf. *De la grandeur*, Première Partie, ch. II et ch. VI ; Seconde Partie, ch. I (*Essais de morale*, t. II).

59. *Essais de morale*, t. VI.

60. *Essais de morale*, t. II, p. 144.

61. *La Logique ou l'Art de penser*, éd. par P. Clair et F. Girbal, Paris, Vrin, 1981 (2de éd.), Seconde Partie, ch. XI, p. 144.

62. *Ibid.*, p. 145.

63. *Ibid.*, Troisième Partie, ch. IX, p. 207.

64. J.-C. Pariente, *L'Analyse du langage à Port-Royal*, Paris, Les Éditions de Minuit, 1985, p. 144.

65. *Des devoirs mutuels des inférieurs et des supérieurs*, XXVIII-XXIX (*Essais de morale*, t. VI).

Après la communication de MARTINE PÉCHARMAN

PIERRE FORCE — Sur les droits naturel et positif : vous dites que le juste naturel n'appartient pas pour Pascal au juste politique. Mais Pascal est plus thomiste : saint Thomas parle de continuité entre loi naturelle et positive ; Pascal, avec une argumentation pyrrhonienne, arrive à un résultat presque pareil : si la justice humaine est relative et arbitraire, il faut s'étonner qu'il y ait un ordre juridique, donc il doit y avoir quelque chose comme la loi naturelle. Dans les lois existantes, on ne peut distinguer ce qui relève de la loi naturelle et de la loi positive, mais il y a des deux.

CHRISTIAN MEURILLON — Vous séparez les domaines du droit naturel, identifié avec la volonté de Dieu, du droit positif, autonome dans le champ humain. Or Nicole envisage le cas du droit positif divin. Par exemple, l'interdiction du travail du sabbat. Le droit positif divin entre-t-il dans le domaine de l'approbation ?

MARTINE PÉCHARMAN — Pour le droit positif divin, on peut se reporter au Livre. Pour le droit positif humain, Arnauld et Nicole disent qu'il faut promulgation, publicité de la loi, et réception.

JEAN MESNARD — Il y a un problème du rapport de Pascal et de Nicole dans Wendrock : qu'est-ce qui revient à chacun des deux ? D'autre part, il faut distinguer droit et morale : les *Provinciales* portent sur la morale et posent des problèmes de droit ; leur finalité n'est-elle pas de faire sortir la morale du droit ? Le probabilisme est un juridisme. Les *Provinciales* ramènent à la conscience et à la grâce.

MARTINE PÉCHARMAN — J'ai choisi des textes corroborés par les trois auteurs, Pascal, Arnauld et Nicole. Il y a chez Nicole une spécificité : la recherche d'un fondement théologique de l'obligation politique, en maintenant une analyse précise de l'ordre politique même. Pour la seconde question, les *Provinciales* vont contre un droit purement de tribunal. Mais elles identifient morale et droit naturel.

GÉRARD FERREYROLLES — Objection sur la coupure entre droit naturel et droit positif. Il faut plutôt dire que le droit positif joue à l'intérieur des limites du droit naturel. Car il y a inclusion de l'un dans l'autre du point de vue formel : l'obéissance à la loi positive est elle-même de droit naturel. Et du point de vue matériel : dans la prohibition naturelle de l'homicide, il y a des lois positives, par exemple des types d'homicides répréhensibles, et d'autres non (la peine de mort). C'est la définition, selon Domat, du statut des lois arbitraires.

LAURENT THIROUIN — Le larcin, l'inceste, dit Pascal, ont été rangés parmi les actions vertueuses. Il ne faut pas chercher à se débarrasser de la pensée de Pascal pour la faire entrer dans nos catégories. Pour Pascal, il y a des lois techniquement meilleures que d'autres, qui règlent mieux. Celles qui règlent le mieux ne sont pas les plus vertueuses. Même si au regard de la pure justice aucune d'entre elles n'a rien de mieux que les autres.

GÉRARD FERREYROLLES — Pascal ne dit pas que ces actions ont été considérées comme légales, mais comme *vertueuses*. Il y a des actions « vertueuses » illégales : le suicide de Lucrèce, par exemple. Mais Pascal fait surtout la distinction du droit et du fait : une faute de calcul ne détruit pas les règles de l'arithmétique. Ce n'est pas parce qu'ici ou là on viole la loi naturelle qu'elle n'existe pas. Saint Paul affirme à la fois la loi naturelle et le fait que certains la violent. Le fragment Lafuma 60 est un catalogue de lois naturelles.

THÉRÈSE GOYET — Il y a dans la Bible beaucoup de violations des lois naturelles qui sont approuvées. D'autre part, saint Paul lie la violation des lois naturelles à l'athéisme.

PIERRE FORCE — Aristote a une conception probabiliste de la loi naturelle : une loi physique, c'est ce qui arrive toujours ou le plus souvent.

HÉLÈNE BOUCHILLOUX — Vous avez cité les fragments Lafuma 729 et 905. Dans le droit positif on peut discerner parfaitement ce qui contredit le droit naturel, mais non assigner le juste ; cela ne revient-il pas à dire que la loi naturelle se réduit au droit positif, dans sa forme ?

ANTONY MCKENNA – Gérard Ferreyrolles cite le fragment 60, comme recueil de lois naturelles : mais ce sont des actes que ceux qui soutiennent qu'il existe des lois naturelles seraient tentés d'avancer. En fait, il y a deux questions : d'une part, est-ce que la loi naturelle existe ? D'autre part, pouvons-nous la connaître ?

Simone GOYARD-FABRE

La philosophie du droit de Jean Domat
ou la convergence de l'ordre naturel
et de l'ordre rationnel

Jean Domat (1625–1696) a été formé au droit, comme tous les jurisconsultes de son temps, par la lecture et le commentaire du *Corpus juris civilis*. Plus encore que le droit romain auquel il reproche, « malgré des lois très justes », de porter encore, en de certaines dispositions [1], les stigmates de la cruauté païenne, il admire l'art des jurisconsultes qui, avant tout soucieux d'équité – *jus est ars boni et aequi* –, se faisaient « les prêtres de la justice » [2] et, suivant la leçon d'Aristote, recherchaient, dans les diverses situations qu'ils examinaient, une juste distribution des choses (*res*).

Cependant, Domat ne cache pas son inclination pour le jansénisme. Marqué par l'*Augustinus* [3] de Jansen, il a de l'homme, griffé par le péché originel, une conception pessimiste et, comme son ami Pascal, il souligne tout ensemble et la misère de l'homme sans Dieu et, tout au contraire, la félicité de l'homme en Dieu et avec Dieu. Cependant, même si Domat sait gré à l'abbé de Saint-Cyran et au grand Arnauld d'avoir insufflé au jansénisme sa rigueur et son altitude morales, il n'a pas été engagé de manière directe dans les débats redoutables qui virent s'affronter implacablement les Jansénistes de Port-Royal et les Jésuites ; il n'a pas voulu non plus chercher sa voie dans les subtilités théologiques du second jansénisme. Il était même sensible à la trop grande diversité des prises de position qui, à l'intérieur du mouvement janséniste, infléchissaient une doctrine incapable d'unité tantôt vers la pensée augustinienne, tantôt vers les thèses thomistes, ou bien encore l'inclinaient soit vers le rigorisme moral soit vers la polémique antiromaine. Néanmoins, Domat adhérait pleinement aux exigences de la morale chrétienne qui constituent le sol fondamental de ces multiples courants : en estimant que la vérité de l'homme ne peut être hors de Dieu, il a toujours défendu l'autonomie et l'inviolabilité des consciences en les rapportant à la grande loi divine de nature.

À cette vision anthropologique et morale qu'étayent de multiples références scripturaires, correspond la conception du droit que Domat expose dans ses deux grands traités : *Les Lois civiles dans leur ordre naturel* (1689) et *Les Quatre livres du droit public* (publiés de manière posthume en 1697) [4]. Dans cette œuvre magistrale, Domat, à la différence de Pascal, n'entreprend pas une apologétique et il demeure étranger aux élans du mysticisme. Avocat du Roi au présidial de Clermont-Ferrand, la pratique juridique le maintient toujours au contact des expériences quotidiennes, banales ou spectaculaires : ventes, servitudes, successions, gages, crimes et délits, procès etc., et sa méditation sur le droit n'est jamais une spéculation abstraite. Lorsque le chancelier d'Aguesseau, qui tenait en très haute estime à la fois l'homme de bien et le brillant avocat, déclarait voir en lui « le jurisconsulte des magistrats », il indiquait la remarquable alliance que scellaient en la pensée de Domat les clartés de la théorie et la sagesse de la pratique.

Pour Domat en effet, les puissances normatives et régulatrices du droit ne se peuvent penser qu'en les rapportant à l'horizon méta-juridique où se découvrent les « sources de la justice » et les « premiers principes des lois ». Comme l'avait dit Cicéron et comme le redira bientôt Montesquieu, non seulement le juriste ne comprend véritablement le droit qu'il met en pratique qu'en se faisant philosophe, mais, plus précisément, il lui faut retrouver dans le droit des hommes la marque de la grande et fondamentale loi de nature. Fidèle à la longue tradition jusnaturaliste, Domat forme donc le dessein de penser « les lois civiles selon leur ordre naturel ».

En vérité, la vaste entreprise que Domat a menée à bien ne se borne pas à vivifier les tendances jusnaturalistes classiques. Elève de Cujas qui lui avait enseigné que le droit romain était « la raison écrite », il est aussi proche du grand Arnauld et de Pierre Nicole et il sait l'importance de la « logique de Port-Royal » en tant qu'« art de penser » : il ne peut donc qu'être sensible à la maîtrise intellectuelle que promettent les puissances de la raison, lors même qu'un jugement critique en reconnaît les limites. Dès lors, « l'art de penser propre à former le jugement » dont les Jansénistes de Port-Royal avaient disséqué toutes les finesses lui sert de référence et de modèle pour penser « l'ordre » du monde juridique qui lui est familier mais dont l'amplitude et la diversité ne sont pas sans le mettre mal à l'aise. En replaçant les lois civiles dans leur ordre naturel, Domat entend donc élaborer pour le droit l'équivalent de la « grammaire générale et raisonnée » dont Arnauld et Nicole avaient dégagé les lignes de force en auscultant le langage et le raisonnement.

Ainsi le projet de Domat ne vise-t-il à rien de moins qu'à montrer que si les lois civiles et politiques ne trouvent leur vérité juridique que dans « l'ordre naturel » voulu de Dieu, c'est par « la lumière naturelle » de la raison que les hommes « ont dans l'esprit les impressions de la vérité et de l'autorité de ces lois naturelles »[5]. L'ordre naturel et l'ordre des raisons se rejoignent : le présupposé méta-juridique de tout dispositif juridique et le présupposé méthodologique de la connaissance du droit sont tels que l'ordre ontologique et l'ordre logique se prêtent un mutuel appui. C'est à cette convergence des deux ordres que nous consacrerons ici quelques réflexions.

I – *Le droit et son ordre naturel*

Dès les premières lignes du *Traité des lois* Domat écrit : « Rien ne devrait être plus connu des hommes que les premiers principes des lois qui règlent et la conduite de chacun en particulier et l'ordre de la société qu'ils forment ensemble. » Il poursuit : « Ceux mêmes qui n'ont pas les lumières de la religion où nous apprenons quels sont ces principes, devraient au moins les reconnaître en eux-mêmes, puisqu'ils sont gravés dans le fond de notre nature. » Il est donc clair d'emblée que la religion et la connaissance de la nature humaine se doivent entraider pour découvrir et comprendre « l'esprit de ces principes qui sont les fondements de tout ce qu'il y a de justice et d'équité » dans les lois humaines. En effet, la religion nous enseigne des vérités que Dieu a voulues et qu'il nous fait sentir à la fois par l'esprit et par le cœur[6]. Bien que Domat ait perçu les qualités exemplaires du droit romain, il lui reproche d'avoir manqué de cette délicatesse humaniste qui reconnaît dans la nature humaine les capacités d'« amour » et de générosité qui, selon lui, ont toujours fait défaut au paganisme. Par conséquent, il entend rechercher, au tréfonds de la nature que Dieu a donnée à l'homme, ce qui confère sa valeur à l'immense corpus des lois civiles.

1 – *La nature de l'homme*

Sans doute peut-il paraître banal, à la fin du XVIIe siècle, de construire une philosophie politique ou juridique en s'en remettant premièrement à un canevas anthropologique : de Machiavel à Montaigne, ou de Descartes à Hobbes, les philosophes ont été soucieux de dégager « le patron de l'humaine nature » et de souligner en lui, tout ensemble, le rôle éminent de la raison et l'omniprésence des passions. Dès lors, il est clair que la raison est, disent-ils couramment, au service du droit tandis que les passions risquent de le subvertir. De même, les jurisconsultes, tels Bodin ou Pufendorf ou, aussi bien, les maîtres de l'École de Salamanque, en ont appelé à la raison pour comprendre la texture profonde du droit et pour dénoncer les semences de désordre qui rôdent dans les passions. Mais Domat ne s'apparente exactement ni au rationalisme de son siècle ni au jusnaturalisme de l'*École du droit de la nature et des gens* qui supplante le droit naturel classique. On pourrait soutenir que, janséniste, il est évidemment augustinien et qu'il reprend le thème de la patristique chrétienne et de la théologie médiévale selon lequel Dieu est le principe et la fin d'une Création qu'Il a faite à Son image et qu'Il gouverne selon Son vœu conformément à Sa parole. Certes, la fidélité de Domat envers ces thèses est incontestable. Pourtant, il les assortit d'inflexions caractérisées. Ainsi, Dieu ayant, dit-il, « proportionné la nature de chaque chose à la fin pour laquelle il l'a destinée »[7], c'est « pour nous » que Dieu a fait toutes choses : « tout ce que renferment la Terre et les Cieux n'est qu'un appareil pour tous nos besoins », appareil qui, d'ailleurs, « périra quand ils cesseront ». Donc, à l'homme, reconnu sur la scène du monde comme un centre vers quoi tout converge, Dieu « a voulu apprendre lui-même » un certain nombre de vérités[8]. Celles-ci lui sont transmises à la fois par la science de la religion qui, outre les mystères et les vérités de la foi, enseigne les préceptes par lesquels la loi divine guide les mœurs, et par la « science des lois qui règlent la justice que les hommes se doivent les uns aux autres dans toutes les sortes d'affaires ». On ne saurait du reste négliger le rapport très étroit qui s'établit entre le droit civil et le droit canonique. Dieu demeure donc sans cesse attentif à l'homme ; et, en retour, la vérité de l'homme réside, comme l'enseignent et sa nature et ses mœurs, dans la tension qui le tourne vers Dieu. Donc, la pente humaniste qui conduit Domat à situer l'homme, comme déjà le font beaucoup de penseurs de son temps, au-devant de la scène et à lui imputer la responsabilité de ses conduites personnelles, de ses mœurs et du gouvernement des sociétés qu'il forme, ne signifie nullement qu'il « prend acte du désenchantement du monde induit par la pensée scientifique moderne »[9]. Si l'humanisme de Domat accorde à l'homme une nette prééminence dans le tout de la Création, il ne situe toujours néanmoins l'homme que dans son rapport à Dieu. Comme Pascal, Domat pense que l'homme privé de Dieu est misérable parce qu'il ne trouve en lui-même que « le vide infini » de son esprit et de son cœur et, qui pis est, « que les semences des misères et de la mort »[10].

En revanche, la félicité de l'homme en Dieu et avec Dieu vient de ce que le Créateur a fait l'homme « pour connaître et pour aimer », de sorte que la première loi de la créature humaine est la loi d'amour par laquelle Dieu a voulu que l'homme puisse guider son cœur, c'est-à-dire sa volonté, et incliner son esprit, c'est-à-dire son entendement. Autant dire par conséquent que, livrée à elle seule, la raison qui – cela est indubitable – est la marque spécifique de l'humaine nature, demeurerait grevée d'incertitude et de précarité. Pour échapper au « dérèglement de l'amour » [11], donc, pour être sûre d'elle et acquérir la constance qui donne consistance à ses œuvres, elle a besoin des « lumières naturelles » qui dépendent de la volonté providentielle, et il lui faut « en bien user ».

Évidemment, pour connaître cette loi d'amour fondamentale et première, pour en capter l'esprit et saisir « comment elle est le fondement de toutes les autres » [12], il importe de voir, en accord avec les saintes Écritures, que « c'est pour Dieu même que Dieu a fait l'homme » et qu'Il l'a fait à Sa semblance. C'est en effet « dans cette ressemblance de l'homme à Dieu » que nous découvrons en quoi consiste sa nature : « C'est pour le connaître qu'Il lui a donné un entendement ; c'est pour l'aimer qu'Il lui a donné une volonté ; et c'est par les liens de cette connaissance et de cet amour qu'Il veut que les hommes s'unissent à Lui pour trouver en Lui, leur véritable vie et leur unique félicité » [13].

Mais il n'y a pas de mysticisme chez Domat. Avocat du Roi, il a besoin d'un solide réalisme pour trancher les différends. Il sait donc d'expérience que l'homme est bien loin d'avoir toujours l'amour de Dieu que Dieu a voulu pour lui. La lumière de la raison « ne règne pas en chacun de telle sorte qu'il en fasse toujours la règle de sa conduite » [14]. Mais Domat éprouve cette carence ou cette déviance moins douloureusement que son ami Pascal ; à ses yeux, un tel dévoiement n'ouvre pas tragiquement la béance d'un « gouffre infini » ; moins pessimiste, plus modéré et de manière plus concordante avec les philosophies de son siècle, il reconnaît que l'égarement de l'homme est dû aux passions parce que, incitant l'homme à se mettre à la place de Dieu, elles le détournent de la divine loi d'amour et lui font oublier qu'elle est le précepte suprême auquel il doit obéir [15]. Comme le constate également Locke, qui est l'exact contemporain de Domat, cela non seulement prouve la fragilité de l'homme mais indique les dangers auxquels la vie sociale et les mœurs sont sans cesse exposées. En effet, « l'autorité des lois naturelles » veut la sociabilité de l'homme et, par conséquent, la paix [16]. Certes, l'institution familiale, l'obligation à la *bona fides*, l'amitié, la solidarité dans le travail... sont autant d'exemples qui attestent, contre les tentations individualistes du XVIIe siècle, que les liens sociaux sont essentiels à la nature de l'homme [17] et se sont depuis toujours manifestés [18] puisque l'homme a besoin de l'homme pour vivre et pour se perpétuer dans la vie. Pourtant, les hommes violent souvent ces « lois capitales » et force est bien d'admettre que la société est « dans un état étrangement différent de celui qui devait être élevé sur ces fondements et cimenté par cette union » [19]. L'amour mutuel, en fait, se distend ; l'amitié est pervertie chaque fois qu'elle devient l'occasion de satisfaire des intérêts personnels ; au désintéressement que réclame la pureté de la loi d'amour, se substitue l'attachement à des biens sensibles [20] ; trois sortes de troubles dans la société – les procès, les crimes et les guerres – blessent l'union des hommes [21]. Alors, dans une société qui s'égare et s'aliène, on voit déferler, contre toute raison, le flot des désirs, la démesure de l'ambition, la *libido dominandi*, l'appétit de puissance, les abus, les injustices, la malignité... Comme, sur cette pente, l'homme en vient à substituer à l'amour mutuel par lequel la loi divine unit les hommes dans la recherche du bien commun, un « autre amour », tout opposé, qui s'appelle « l'amour-propre » et qui, véritable « peste universelle », n'« attache l'homme qu'à lui-même », ce venin est « la source d'un déluge de maux » [22]. Alors, le désordre risque fort de supplanter l'ordre.

L'analyse des passions que suggère Domat en faisant écho aux accents jansénistes des solitaires de Port-Royal et, tout particulièrement, de Pierre Nicole, se situe entre la philosophie de Descartes ou de Hobbes et la tristesse infinie de Pascal devant la « chute ». Avec des accents très augustiniens, Domat estime que le scepticisme de Pascal est excessif car, quelles qu'en soient les défaillances devant les assauts répétés de la passion, la raison « règne en tous de manière que les plus injustes aiment assez la justice pour condamner l'injustice des autres et la haïr » [23]. Il demeure donc fidèle à cette « philosophie de la présence » qu'implique la pensée du christianisme. Il se souvient que, selon saint Augustin, « la lumière luit dans les ténèbres » [24] parce que Dieu, quoi qu'il advienne, demeure « le maître intérieur » que le plus grand tort de tous les païens est d'avoir méconnu. La nature humaine enveloppe des rayons de l'éternelle sagesse. Lors même que le cours des sociétés humaines est déréglé et que l'oubli de la loi d'amour y a introduit des désordres, l'ordre voulu de Dieu conserve sa vérité intemporelle et sa valeur éminente : « Il est toujours vrai que ces lois divines et essentielles à la nature de l'homme subsistent immuables et qu'elles n'ont pas cessé d'obliger les hommes à les observer » [25]. C'est pourquoi il est impératif de tracer le plan de la société que, lors de la Création, Dieu a voulu établir sur les fondements de ces deux lois primordiales dont dérivent toutes les autres, l'une commandant la recherche et l'amour du souverain bien commun à tous les hommes, l'autre les obligeant à s'unir et à s'aimer [26] : l'amour de l'ordre divin et l'amour du prochain sont les deux principes naturels qui portent l'ordonnancement de la société telle que Dieu l'a conçue.

2 – L'ordre naturel des sociétés et de leurs lois

Il ne saurait être question pour Domat de comprendre les sociétés humaines ou les règles qui les régissent en les situant dans les perspectives laïques du contractualisme. Le rationalisme mécanistique qu'exprime la philosophie de Hobbes est, aux yeux de Domat, privé d'âme parce qu'il ignore l'éminente justice naturelle voulue de Dieu. Lors même qu'il s'agit là d'une lecture quelque peu simplificatrice de l'œuvre hobbienne, il n'en faut point conclure que Domat donne expressément son adhésion au naturalisme aristotélicien. Il admet plutôt que « l'ordre de Dieu » sous-tend les sociétés, qu'il est la trame de leurs législations et qu'en conséquence, on ne peut juger de la valeur des cités et de leur organisation qu'en examinant le rapport que les lois civiles entretiennent avec les lois naturelles.

L'idée peut paraître banale. Il est plus prudent de dire qu'elle correspond à la philosophie classique qui, de Cicéron et de saint Augustin à saint Thomas puis aux solitaires de Port-Royal, en a véhiculé le concept en distinguant soigneusement les exigences qui relèvent du « droit naturel » et les obligations qui procèdent du droit positif. Lorsque Domat explique, au chapitre XI du *Traité des lois*, dont la lecture fascinera Montesquieu au point de lui inspirer le titre de *L'Esprit des lois*, que les diverses lois « se réduisent à deux espèces » : les « lois immuables » et les « lois arbitraires », il se souvient, par delà la terminologie qu'il semble emprunter à la Seconde Scolastique, de l'admirable passage du *De legibus* dans lequel Cicéron ciselait une somptueuse définition de la loi naturelle : « Suivant l'avis des plus sages, la loi n'est point une invention de l'esprit humain, ni un règlement établi par les différents peuples, mais quelque chose d'éternel, qui gouverne le monde entier par la sagesse de ses décrets, ordres ou défenses. Cette loi, disaient ces sages, première et dernière tout à la fois, est l'esprit de Dieu, qui sait ordonner ou défendre en toute sagesse. De là vient que cette loi, que les dieux ont donnée au genre humain, a été si justement célébrée.

Elle n'est autre en effet que la raison ou l'esprit du sage qui sait ce qu'il faut prescrire aux hommes et ce qu'on doit leur interdire de faire... Cette loi (qui nous porte au bien et nous détourne du mal) a non seulement précédé l'origine des peuples et des sociétés civiles, mais elle est aussi ancienne que la Divinité même dont la providence gouverne le ciel et la terre... Il y avait en effet une règle, provenant de la nature même des choses, portant les hommes au bien et les détournant du mal. Ce n'est pas quand elle a été écrite que cette règle est devenue une loi, mais elle l'était dès son origine, car elle est née avec l'esprit divin. Ainsi la vraie loi, la loi primitive, celle qui est apte à commander et à défendre, est la droite raison de Jupiter souverain » [27]. Cicéron, en assimilant la loi naturelle à la *recta ratio*, recueillait l'enseignement de la morale stoïcienne. Domat met plutôt sa conception de la loi naturelle en accord avec le dogme chrétien qu'ont enseigné les docteurs de l'Église et que les jansénistes de Port-Royal ont adopté. En outre, même s'il ne le dit pas de manière explicite, probablement pour des motifs religieux, il n'est guère douteux qu'il se sente proche des thèses de Pufendorf et de Locke pour qui, la première loi de toutes les lois étant d'obéir aux lois, l'obéissance aux lois positives est une loi naturelle.

Reste à préciser l'acception stricte de ces deux types de lois.

Les lois immuables, qui peuvent encore être dites « divines » ou « naturelles » [28], se placent toutes dans l'orbe de ce que Bodin, un siècle plus tôt, avait appelé « la grande loi de Dieu et de nature » et que Locke, à la même époque que Domat, désigne comme « la loi fondamentale de nature » [29]. Ces lois « sont naturelles et tellement justes toujours et partout qu'aucune autorité ne peut ni les changer ni les abolir » ; absolues, universelles et éternelles, elles expriment la nécessité que régit la raison de Dieu. Il ne s'ensuit pas qu'elles soient des lois causales et déterminantes ; elles sont bien plutôt la maxime d'un devoir qui engage la responsabilité de chacun. Aussi bien Domat dégage-t-il de la nature de ces lois naturelles une véritable théorie de l'obligation qui, plus profonde que le *vinculum juris* établi par le droit positif, est une « obligation naturelle » s'affirmant sur un fond métaphysique où se lisent à la fois la sage puissance du Créateur et la conscience de spiritualité de l'homme.

Quant aux lois arbitraires, elles sont l'œuvre de l'arbitre humain : ce sont « celles qu'une autorité légitime peut établir, changer et abolir selon le besoin » [30] ; dans leur pluralité, elles sont donc relatives et muables. Mais Domat ne soupçonne pas du tout les élans que prendra deux siècles plus tard le positivisme juridique : il n'accepte pas l'idée – il est vrai non point thétique, mais seulement hypothétique – avancée par Grotius dans le *De jure belli ac pacis* selon laquelle le droit qui régit les sociétés « serait ce qu'il est, même si Dieu n'existait pas » [31] et il se détourne radicalement de la thèse de Hobbes affirmant que l'État-Léviathan est « le seul législateur ». Il ne saurait penser que les règles institutionnelles par lesquelles la normativité est introduite dans les conduites humaines trouvent leur principe d'existence et leur justification dans le pouvoir de décision des hommes. S'il est vrai que les lois civiles sont bien, comme disait Grotius, des « establissements humains », la transcendance de l'ordre divin, selon Domat, s'impose, ineffaçable, à leur horizon.

C'est pourquoi l'idée du *Juste*, qui appartient par essence à l'infinie perfection de Dieu, est l'archétype irréfutable de toutes les lois positives : les *dictamina* de la Justice divine commandent à tous partout et toujours, sans avoir même besoin d'être publiés [32]. Les lois naturelles, que Domat identifie au Juste en soi, offrent ainsi aux lois civiles le paradigme que les hommes ne doivent pas perdre de vue dans leur œuvre positive.

Dès lors, exposer « les lois civiles dans leur ordre naturel », c'est d'abord montrer que « les lois immuables ou naturelles sont tellement essentielles aux engagements qui forment l'ordre de la société » que leur inobservance ruine les fondements de l'ordre social. C'est montrer ensuite que la valeur des lois arbitraires tient à ce que, nonobstant des failles et des dévoiements, elles ne violent pas l'esprit des lois naturelles qui renvoie toujours aux deux *dictamina* originaires de Dieu : ainsi des règles éthiques ou juridiques comme ne point tuer, ne faire tort à personne, rendre à chacun ce qui lui est dû... ne sont-elles que des extensions de l'amour de l'ordre divin et de l'amour du prochain [33].

Mieux que quiconque, le magistrat qu'est Domat sait qu'il existe des lois qui sont apparemment de simples conventions : ainsi en est-il des règles requérant qu'il y ait cinq, ou six, ou sept témoins pour l'ouverture d'un testament, établissant la prescription après vingt, trente ou quarante ans, ou fixant le poids des monnaies... Pourtant, il faut remarquer, dit-il, que l'existence de telles lois a été rendue nécessaire par la difficulté qu'il y a, en de certaines conditions, à appliquer les lois immuables. Ainsi, c'est une loi naturelle qu'à sa mort, un père laisse ses biens à ses enfants ou encore qu'il puisse disposer de ses biens par testament. Mais si l'on ne réglemente pas cette liberté naturelle, ou bien un père ne pourra disposer de rien ou bien il pourra priver ses enfants de toute part en sa succession et donner tous ses biens à des étrangers [34], créant de la sorte une situation insolite et contre nature. De même, c'est une loi naturelle et immuable que le maître d'une chose en demeure le maître jusqu'à l'instant où il s'en dépouille volontairement ou en est dépouillé par quelque voie juste et légitime ; mais c'est une autre loi naturelle que les possesseurs d'une chose n'encourent pas le risque d'être perpétuellement troublés. Que l'on donne à ces deux lois une extension illimitée et l'on verra combien elles sont antinomiques. Il faut donc qu'une loi arbitraire limite ou règle la propriété en fixant le temps des prescriptions [35]. C'est également par droit naturel qu'un enfant n'ayant pas encore l'usage ferme de la raison ne doit pas, de lui-même, conduire ses affaires ou administrer ses biens ; c'est pourquoi il appartient à une loi arbitraire de fixer l'âge de la majorité [36], à partir duquel il sera juridiquement capable. Il faut donc savoir compléter avec prudence l'obligation naturelle par des règles arbitraires qui en précisent ou en fixent les limites. Ainsi se trouve enrayé le dérèglement que les passions et l'amour-propre risquent sans cesse d'introduire dans la société puisque la complémentarité des deux espèces de lois maintient chacun, par la contrainte ou par la force, dans la voie de ses engagements [37]. D'ailleurs, les dispositions juridiques dont les hommes ont inventé l'usage pour régler par exemple l'échange, le dépôt, le prêt, la tutelle, les successions... « ont toujours leur fondement dans quelque principe de l'ordre de la société » [38] : ainsi en est-il aussi du droit des fiefs ou des substitutions qui répondent à une « exigence d'utilité publique ».

Mais il ne suffit pas de dire que, dans la plupart des lois, pour des raisons d'harmonie sociale, une partie de ce qu'elles ordonnent est de droit naturel tandis qu'une autre partie relève de l'arbitre humain [39]. En effet, s'il est vrai que la justice des lois naturelles « est toujours la même dans tous les temps et dans tous les lieux » tandis que la justice des lois arbitraires consiste « dans l'utilité particulière qui se trouve à les établir », on ne saurait oublier que « l'autorité universelle de toutes les lois consiste dans l'ordre divin qui soumet les hommes à les observer » [40]. Donc, jusque dans les lois arbitraires, les lois naturelles, qui sont la justice même, ont autorité sur notre raison, laquelle, d'ailleurs, « ne nous est donnée que pour sentir la justice et la vérité et nous y soumettre » [41]. En aucun cas, l'homme ne saurait se dérober à cette obligation sans déchoir puisqu'elle est « l'objet naturel de la raison » et que, comme telle, il n'est pas possible de prétendre l'ignorer sans renoncer à son humanité. Ce n'est donc que « parce que les hommes n'ont pas toujours la raison assez pure pour recevoir cette justice (naturelle), ou le cœur assez droit pour y obéir » que les puissances temporelles imposent l'autorité des lois arbitraires.

En définitive, même si quelques lois naturelles s'assortissent d'exceptions, dispenses ou tempéraments [42], les lois n'ont de justice et d'autorité que par leur rapport à l'ordre de la société et à l'esprit des deux lois naturelles fondamentales que leur enseigne la lumière naturelle de la raison : la raison n'est elle-même que « la vue et l'usage de ces règles », comme ne faire tort à personne, être sincère dans ses engagements, être fidèle dans l'exécution de ses promesses [43]. Les subtilités par lesquelles on a prétendu, au cours de l'histoire du droit, aménager ces règles naturelles sous prétexte de convenance ou d'opportunité conjoncturelle, ont en fait blessé, en même temps que le droit et l'équité, la raison elle-même.

Ainsi est-il clair selon Domat que « c'est par l'esprit et l'intention des lois qu'il faut les entendre et en faire l'application » [44]. Les lois étant « les règles de l'ordre de la société », il faut que les unes ordonnent, que d'autres permettent, que toutes punissent et répriment ceux qui les bafouent. Une telle vocation, que le juge, tout particulièrement, doit bien comprendre dans l'exercice de son office, a sa source dans les deux premières lois naturelles qui commandent toute la hiérarchie des règles juridiques, les lois les plus générales étant plus proches que les lois plus particulières de ces deux lois fondamentales en quoi s'exprime la volonté de Dieu [45]. Lors donc que les lois suivent bien l'ordre du monde, elles marquent l'obligation de l'homme à la société et elles indiquent, selon les lumières mêmes de la raison, la destination de l'homme. Ce disant, Domat suit la tradition augustinienne selon laquelle non seulement le temporel et le spirituel sont liés, mais aussi selon laquelle le naturel et le divin (le surnaturel) sont inséparables, celui-ci seul rendant celui-là compréhensible et valide. Ainsi se trouve mis en évidence le fondement du rapport qui doit exister entre les lois positives établies par les hommes et la divine loi de nature : toutes les lois s'enracinent dans l'unité originelle de la Création en quoi elles puisent leur normativité et leur universelle exigibilité.

On a dit fort pertinemment que, selon Domat, une « théologie de l'amour » [46] sous-tend l'univers juridique. Toutefois, s'il est juste de dire que Domat reprend à son compte les idées-forces de la tradition qui, de saint Augustin à Bossuet, constituent, contre les déviations jésuites du XVIIe siècle et contre tous les positivismes à venir, une éloquente défense de la loi naturelle, ce n'est pas la moindre originalité de l'avocat janséniste de rattacher sa philosophie du droit aux requêtes primordiales de la raison. L'exposé des « lois civiles dans leur ordre naturel » doit suivre l'ordre rationnel. En effet, si le droit des hommes puise sa valeur de juridicité dans la divine justice qui gouverne la grande nature, il appartient à la raison humaine d'en faire la démonstration.

II – *Le droit selon l'ordre rationnel*

Un postulat méta-juridique se tapit dans l'œuvre juridique de Domat et indique sa proximité avec les thèses du grand Arnauld : c'est à savoir que, malgré le péché et la chute, la loi naturelle est demeurée présente au tréfonds de la nature humaine. Or, s'il appartient à la raison des hommes de saisir l'essentielle justice de l'ordre naturel que Dieu a originairement mise dans le monde, elle a aussi la tâche d'exposer l'enchaînement des requêtes qu'elle impose aux constructions juridiques destinées à enrayer les désordres des sociétés humaines. Avant Leibniz, Domat recourt donc à une « *nova methodus* » dont l'office est de mettre en évidence le lien serré qui, dans l'immense sphère du droit, en relie toutes les maximes à l'universelle loi d'amour qui est leur fondement naturel [47].

La raison n'a donc pas pour tâche, comme le pense Hobbes, d'instituer la société civile et d'en construire l'architecture juridique par le raisonnement et le calcul. Depuis des siècles, les lois et les maximes du droit existent. Dans leur diversité, elles sont même pléthoriques. Avant Leibniz, Domat estime qu'il appartient à la méthode qui suit les « lumières de la raison », de « les mettre en ordre ».

1 – *La logique et l'ordre naturel*

Domat, formé au droit romain et fasciné par la facture exemplaire qui le fit considérer comme « la raison écrite », semble emprunter la voie ouverte par Bodin dans sa *Juris universi distributio* et suivie par de nombreux jurisconsultes depuis la Renaissance : en effet, à ses yeux, le droit romain, malgré les carences ou les déficiences qu'explique en grande partie le paganisme de la Rome ancienne, a recueilli de manière superbe les « règles naturelles de l'équité » [48] et il donne l'exemple d'un corpus dans lequel toutes les maximes du droit tendent à puiser leur unité dans leurs principes premiers. Pourtant, Domat estime que cette tendance n'est pas allée jusqu'à son accomplissement : assurément, le droit romain apporte, dans leur détail impressionnant, « les matériaux » [49] qui expriment les intentions finalisées des lois naturelles ; mais cette expression y demeure désordonnée et mêlée à des considérations d'autre nature qui glissent en lui des ferments d'hétérogénéité. Quant au droit français, privé ou public, il offre, dit Domat, une silhouette brouillée, en laquelle s'amoncellent en se superposant et, parfois, en s'entremêlant, des décisions législatives, des ordonnances royales, des coutumes propres aux provinces, la jurisprudence des tribunaux..., si bien que « l'autorité fixe et absolue », déjà occultée dans les exposés du droit romain, le plus souvent, s'y dérobe. Aussi, bien que ces vastes édifices juridiques enveloppent en leur dispositif ce droit « juste et naturel » qui, en leur conférant leur essentielle juridicité, en permet l'usage régulateur, il est malaisé de découvrir en eux l'ordre fondamental et le dessein qui les animent.

Le projet épistémologique de Domat est de faire servir les lumières de la raison humaine à arracher ces principes fondateurs à la brume qui les cache. D'ailleurs, la raison qui, même en l'homme déchu, consiste dans « le discernement du bien et du mal », peut « donner la vue de ces vérités » qui naissent avec nous [50] ; elle permet par conséquent – il suffit pour cela de faire d'elle « un bon usage » – de reconnaître dans la pléthore des lois un fondement « essentiel » et « solide » qui n'est rien d'autre que « la conduite de Dieu sur les hommes et cet ordre où il conserve la société dans tous les temps et dans tous les lieux par sa toute-puissance et par sa sagesse » [51]. Ainsi peuvent se rejoindre *l'ordre naturel* et *l'ordre rationnel* : le premier est l'ordre voulu de Dieu ; le second est l'ordre que la raison humaine fait effort pour expliciter. À tout le moins l'ordre que retrouve la raison dans le désordre des lois humaines est-il bien l'index du grand dessein par lequel Dieu veut faire régner universellement la justice.

De même que la logique de Port-Royal, la logique de Domat est donc moins « l'art de penser » que l'art de *bien* penser. Elle ne procède pas, en une marche hypothético-déductive, à la construction d'un système juridique, mais elle implique une réflexion capable d'atteindre les puissances normatives tapies dans les multiples replis des règles positives. En s'interrogeant sur l'articulation des règles et de leurs principes régulateurs, elle cherche à atteindre « l'esprit des lois ».

Montesquieu se souviendra de cette démarche rationnelle dont ce n'est pas la moindre originalité que de se séparer de la logique traditionnelle établie sur une postulation *a priori*. La logique de Domat recherche, à partir du droit existant et en lui, les « préceptes » qui le commandent et qui correspondent tout à la fois à la téléologie divine et aux besoins naturels de la société. On voit donc le jurisconsulte auvergnat prendre de la sorte ses distances vis-à-vis de Grotius et de Descartes, quelle que soit la distinction intellectuelle qu'il leur reconnaît. Il refuse en effet les vérités simplement spéculatives qui ne sont, à ses yeux, qu'une composition rationnelle, assurément belle mais dépourvue de prégnance et de vérité juridiques. Comme Arnauld et Nicole, il entreprend, en élaborant la connaissance du droit, de donner non point une réponse dogmatique mais *rhétorique* au problème de la nature des règles juridiques – une réponse, en tout cas, qui rejoigne son naturalisme méta-juridique. On peut dire par conséquent que, loin de céder aux tentations systématisantes du rationalisme de son siècle, il entend restituer à la « jurisprudence » « l'ensemble et l'unité » qui l'anime. Sa démarche, loin de se calquer sur la méthode d'analyse et de synthèse que, toutes nuances confondues, la volonté de rationalité de Grotius, de Descartes ou de Hobbes, avait forgée, répond plutôt au vœu qu'avait formulé Bacon [52] : « Si les lois », disait ce dernier, « ont été accumulées les unes sur les autres au point de former un grand nombre de volumes, ou de présenter une confusion telle qu'il soit nécessaire de les refondre et de les réduire en un seul corps dégagé de contradictions et d'obscurités : qu'on s'occupe sans délai d'un tel travail » [53].

2 – *Les vertus de l'ordre rationnel*

Comme, avant lui, La Boétie et Montaigne, comme, après lui, Montesquieu, Domat se refuse à opposer la *nature* et la *raison*. Si donc, selon lui, les lois immuables se distinguent des lois arbitraires, cela ne signifie pas qu'elles sont antithétiques. Certes, l'idée du droit naturel qu'enveloppent les lois immuables possède un caractère transcendant dont le *Corpus juris civilis*, le *Digeste* et les *Institutes* ont, jadis, superbement rendu compte ; et Domat, comme Montaigne, pense que « la justice en soi, naturelle et universelle, est autrement réglée, et plus noblement, que n'est cette autre justice spéciale, nationale, contrainte au besoin de nos polices » [54]. Mais conclure de là, sans plus de nuances, que Domat prend place parmi les doctrinaires du jusnaturalisme, est une interprétation abusivement simplificatrice car les lois civiles ou « arbitraires » que posent les hommes ne sont ni établies à la ressemblance de l'universelle et paradigmatique loi naturelle ni déduites d'elle. Si donc Domat ne critique pas les théories du droit naturel dont il est même très proche sur certains points, il ne les accepte pas sans prêter à leur procédure de subtiles inflexions. Tout particulièrement, c'est par la mise en œuvre de sa logique rhétorique qu'il s'efforce de montrer, dans l'accumulation des lois arbitraires qui s'est effectuée au fil des temps et dans toutes les sociétés, tout ensemble la présence d'un ordre naturel fondateur et l'enchaînement – c'est-à-dire l'ordre des raisons – par lequel toutes les lois lui sont reliées [55]. Les vertus de cette rationalité rhétorique sont frappantes.

Ainsi, les « lois de la police temporelle » – entendons : les lois civiles en tant qu'elle sont distinctes des lois de la religion – ont une extrême diversité que, explique Domat, on peut envisager sous différents angles. Il faut d'abord remarquer qu'elles concernent le droit des gens, le droit public et le droit privé [56], chacun de ces domaines traitant de ses matières propres : ambassades, guerres et traités de paix... ; droit du souverain, justice ou finances... ; engagements entre particuliers, successions, hypothèques, contrats... En second lieu, on peut établir une typologie en laquelle on distingue le droit romain, le droit canonique, les ordonnances royales, les coutumes. On reconnaît aussitôt que, en ces diverses catégories et selon la perspective adoptée, l'autorité, et même l'usage de ces diverses espèces de lois sont différents. Pourtant, chacune de ces règles entretient un rapport fondamental avec la loi de nature par laquelle Dieu a destiné l'homme à l'amour [57]. Seulement, pour saisir ce rapport qui unit toutes les règles à leur principe fondateur et recteur, il faut qu'un « bon usage » soit fait de la raison – ce bon usage étant précisément cela même qui a fait défaut aux compilateurs romains et que la plupart des théoriciens du jusnaturalisme n'ont pas su acquérir. L'ambition de Domat est de pallier cette carence par sa nouvelle logique.

En une première approximation, l'on pourrait penser que sa « *nova methodus* » s'apparente aux méthodes de la rationalité scientifique de son siècle, dont la « droiture d'esprit » apporte dans la connaissance ordre, netteté, justesse et fermeté [58]. En effet, d'une part, les « sciences humaines », et, singulièrement, la « science des lois » requièrent un savoir synthétique : c'est pourquoi elles doivent s'enrichir de l'apport des sciences médicales, des arts libéraux, de la logique et de la métaphysique. D'autre part, par delà ce projet « synthétiste » dans lequel se prolongent les ambitions universalistes de l'humanisme renaissant, Domat, proche du rationalisme de son siècle, entend bien montrer que « l'enchaînement de définitions, de principes et de démonstrations » tel que l'établit la géométrie [59], offre un modèle méthodologique simple qui, permettant « d'observer l'ordre naturel de la suite et des liaisons qu'ont entre elles les choses dont on doit parler », sert de guide à la fois dans la recherche et dans l'exposition de ces matières.

Néanmoins, en examinant de plus près les textes de Domat, l'on s'aperçoit que, quelles que soient l'évidence et la certitude dont il crédite, comme Descartes ou Hobbes, le « pas » du modèle géométrique, ce n'est pas sa procédure qu'il met en œuvre ni dans ses traités ni dans ses harangues. Dans la rigueur de ses longues chaînes de raisons, la démarche *more geometrico* demeure en effet à ses yeux analytique, déductive et abstraite. Or rien n'est plus diversifié et plus concret, rien n'est plus vivant que le droit ; il n'est donc pas possible que la multitude des règles qui se rapportent à l'infinie diversité des matières et des faits auxquels elles s'appliquent dérive, par simple déduction logique, d'un précepte premier comme d'un axiome de géométrie. Comprendre ce qu'est le droit ne consiste pas à partir d'un hypothétique commencement afin de suivre, pas à pas, les effets qu'il engendre. Comme le montre l'activité exemplaire du juge ou du magistrat, « l'enchaînement qui lie toutes les lois aux deux lois naturelles fondamentales » [60] n'est pas affaire de déduction mais d'*interprétation*. Lorsque les lumières de la raison éclairent les principes naturels que Domat désigne comme des « lois immuables », elles ne visent nullement à les faire reconnaître comme un point de départ ou une origine, mais sans même qu'il soit nécessaire de raisonner, comme un fondement de sens et de valeur. C'est bien pourquoi le juge, dans l'exercice de son office, ne s'en remet pas à l'esprit de géométrie. Les multiples lois arbitraires positives sont pour lui comme un « grand livre » dans la lecture duquel il avance moins en s'aidant de preuves et de démonstrations qu'en repérant des indices et des signes dont il cherche la signification. Sachant la pertinence du vieil adage *Summum jus, summa injuria*, il est moins attentif à l'ordonnancement géométrique des règles qu'à la convenance de leur sens eu égard aux espèces dont il a à juger. Dès lors, l'œuvre juridictionnelle ou jurisprudentielle ne saurait se ramener à appliquer de manière discursive une règle générale à un cas particulier ; elle consiste à réfléchir, avant de faire usage de la règle, à l'assiette de son sens. « Esprit de finesse » si l'on veut, cette « judiciaire » incline la raison à retrouver la lumière naturelle et divine qui, jusque dans le détail des lois arbitraires, est le principe ordonnateur et la clef du droit.

La raison n'est donc pas, selon Domat, comme elle l'est selon Pascal, une raison corrompue qui a tout corrompu. Elle peut, elle sait déchiffrer, jusque dans les détails de l'œuvre juridique complexe des hommes, les marques de la loi naturelle fondamentale et de la volonté divine qui a promu la justice et l'amour.

Ainsi l'ordre rationnel rejoint-il l'ordre naturel dans l'exacte mesure où celui-ci est le principe immanent non pas seulement de l'univers mais aussi des œuvres humaines. Comme saint Augustin, Domat, par sa vision du monde, en vient à concevoir une hiérarchie des ordres qui n'a rien d'une combinatoire, mais qui, de palier en palier, est parcourue par le souffle de l'Esprit. Son ample projet épistémologique n'a pas d'autre justification que de glorifier ce souffle puissant qui donne tout son prix au droit des hommes : « mettre les lois dans leur ordre naturel ; distinguer les matières du droit et les assembler selon le rang qu'elles ont dans le corps qu'elles composent naturellement ; diviser chaque matière selon ses parties ; arranger en chaque partie le détail de ses définitions, de ses principes et de ses règles, n'avançant rien qui ne soit clair par soi-même ou précédé de tout ce qui peut être nécessaire pour le faire entendre » [61]. Il ne s'agit pas en cela de répéter en écho la méthode de Descartes car, précise la Préface des *Quatre livres du droit public*, cette démarche a pour but de mettre les lois « chacune en son jour », ou, comme le dit le *Traité des lois*, consiste à mettre chacune d'elle à sa « place naturelle ». Par cette mise en perspective hiérarchisée, se révèle « l'esprit des lois » dont Montesquieu explicitera l'éminente puissance normative puisque les lois, dira-t-il, sont « les rapports nécessaires qui dérivent de la nature des choses » et se trouvent, horizontalement, entre les divers êtres et, verticalement, entre la « raison primitive » et les différents êtres [62]. Quoi qu'il en soit, l'avocat du Roi ne doute pas un instant que le principe d'« union » dont la pléthore des lois est le reflet soit l'index du « souverain bien » auquel le Dieu créateur a voulu destiner l'humanité [63].

Penser, comme le fit Grotius, que le droit serait ce qu'il est, « même si Dieu n'existait pas » est, pour Domat, une impossibilité absolue. Que le droit positif soit un « établissement humain » n'est pas contestable. Mais, seule, une exégèse spirituelle en livre la juridicité : la vérité du droit réside essentiellement dans le rapport de sens et de valeur qu'il entretient avec son principe fondateur, c'est-à-dire avec l'autorité de Dieu.

On pourrait croire que Domat, dans son adhésion à la parole augustinienne, n'ouvre pas de perspectives nouvelles sur le monde du droit. Pourtant, en se séparant de Pascal qui déplore le désert de la raison, il entend bien être, comme l'écrira Boileau, « le restaurateur de la raison dans la jurisprudence » [64] et montrer, ce faisant, que tout jurisconsulte, par son interprétation des lois, doit être capable de juger comme le commande la justice naturelle de Dieu. La mise en mouvement du droit jusque dans les sociétés en dérive que pervertissent et les passions et l'oubli de Dieu, doit être un chemin de rédemption.

NOTES

1. Jean Domat, *Traité des lois*, I, § 1 : « Ils acceptaient d'ôter la vie à leurs esclaves et à leurs enfants. »

N.B. Dans la suite de ce texte, nous nous référons, sauf mention spéciale, à la réédition des œuvres de Domat donnée par la *Bibliothèque de philosophie politique et juridique*, Caen, d'après l'édition Joseph Rémy.

2. *Digeste*, I, 1, 11.

3. L'*Augustinus* parut en 1640, deux ans après la mort de son auteur, Jansen ou Jansénius, évêque d'Ypres (1585-1638).

4. Le *Traité des lois* constitue la longue préface de ces deux traités.

5. *Traité des lois*, IX, § 5.

6. *Ibid.*, I, § 2.

7. *Ibid.*, I, § 3.

8. *Les Quatre livres du droit public*, I, titre XVII, p. 288.

9. M.-F. Renoux-Zagamé, « Domat, le Salut, le Droit », in *Revue d'histoire des Facultés de droit et de la science juridique*, 1989, n° 8, p. 77.

10. *Traité des lois*, I, § 3.

11. *Ibid.*, IX, § 2.

12. *Ibid.*, I, § 3.

13. *Ibid.*, I, § 3.

14. *Ibid.*, IX, § 6.

15. *Ibid.*, I, § 4.

16. *Ibid.*, I, § 6 et 7.

17. *Ibid.*, I, § 8.

18. *Ibid.*, III, § 1 et 2.

19. *Ibid.*, I, § 8.

20. *Ibid.*, IX, § 1.

21. *Ibid.*, VIII, § 1-4.

22. *Ibid.*, IX.

23. *Ibid.*, IX, § 6.

24. Saint Augustin, *Confessions*, VII, 9.

25. *Traité des lois*, I, § 8.

26. *Ibid.*, I, § 7.

27. Cicéron, *De legibus*, livre II, § 4 ; Domat ne pouvait connaître le passage correspondant du *De Republica*, alors perdu, qui, livre III, § 22, parfait encore la définition de la loi naturelle.

28. *Traité des lois*, XI, § 1.

29. Cf. J. Bodin, *Methodus* de 1566 et *Les Six livres de la République* de 1576 ; J. Locke, *Essais sur la loi naturelle* (1664).

30. *Traité des lois*, XI, § 1.

31. Grotius, *Droit de la guerre et de la paix* (1625), *Prolégomènes*, 6, XI.

32. *Traité des lois*, XII, § 1.

33. *Ibid.*, XI, § 4.

34. *Ibid.*, XI, § 7.

35. *Ibid.*, XI, § 8.

36. *Ibid.*, XI, § 9.

37. *Ibid.*, XI, § 7.

38. *Ibid.*, XI, § 12.

39. *Ibid.*, XI, § 11.

40. *Ibid.*, XI, § 20.

41. *Ibid.*, XI, § 20.

42. *Ibid.*, XI, § 21.

43. *Ibid.*, IX, § 5.

44. *Ibid.*, XII, § 7.

45. *Ibid.*, XII, § 18.

46. M.-F. Renoux-Zagamé, art. cit., p. 88.

47. *Traité des lois*, XI, § 28.

48. *Ibid.*, XIII, § 10.

49. *Ibid.*, XI, § 19.

50. *Ibid.*, IX, § 5.

51. *Ibid.*, IX, § 6.

52. Bacon, *De accumulatione legum nimia*, aphorisme 59, édition J. Rémy, Préface de l'éditeur, p. IX, in *Les Quatre livres du droit public*.

53. Il n'y a donc rien d'étonnant que, dans les *Quatre livres du droit public*, Domat se soit appesanti tout à la fois sur le statut des universités (livre I, titre XVII, pp. 286 *sqq.*) et sur l'office du juge (livre II, pp. 359 *sqq.*).

54. Montaigne, *Essais*, III, I, 15.

55. *Traité des lois*, I, § 8.

56. *Ibid.*, XIII, § 5.

57. *Ibid.*, I, § 3.

58. *Les Quatre livres du droit public*, livre I, titre XVII, p. 286.

59. *Ibid.* pp. 306-307.

60. *Ibid.*, I, § 8.

61. *Les Lois civiles dans leur ordre naturel*, Préface, p. VI.

62. Montesquieu, *L'Esprit des lois*, Livre I, chap. I.

63. *Traité des lois*, VI, § 1.

64. Lettre de Boileau à Brossette en date du 15 juin 1704, in *Œuvres complètes*, éd. Escal, p. 869.

Jean ROHOU

Pour un ordre social fondé sur l'intérêt :
Pascal, Silhon, Nicole et Domat
à l'aube de l'ère libérale

La société médiévale et renaissante, dominée par l'agriculture et l'élevage, c'est-à-dire par la reproduction des processus naturels, d'une faible technologie destinée à les aider et d'une hiérarchie sociale stable, soumettait l'individu à la collectivité ; elle tendait à refuser l'innovation et l'écart au bénéfice de traditions garanties par une idéologie théocratique. Elle condamnait donc vigoureusement l'égocentrisme et l'intérêt, dangereusement centrifuges. Nos sociétés technologiques et démocratiques, où les hommes, par leur industrie, inventent leur condition économique, politique, idéologique sont au contraire libérales. Elles favorisent, dans certaines limites, l'initiative personnelle, en économie mais aussi dans les idées, les opinions, les votes, les mœurs. Elles considèrent l'intérêt personnel comme la motivation productrice du bien-être général.

C'est cette révolution fondamentale qui a transformé l'attitude face à *l'amour-propre*, qui désigne aujourd'hui le « sentiment légitime que nous avons de notre propre valeur et qui, avec une grande sensibilité à la critique et au ridicule, inspire le désir de toujours faire mieux que les autres »[1].

Certes, le christianisme avait toujours reconnu un amour-propre légitime. Mais c'était un sentiment subordonné, première forme de l'amour de Dieu à travers celui de sa créature. Il insistait sur l'amour-propre perverti, narcissisme auto-idolâtre « qui se termine à l'homme sans être rapporté à Dieu »[2] et qui est la source de tous les mauvais comportements de la créature déchue. « *Prima hominis perditio fuit amor sui* », écrit saint Augustin[3], qui en fait le principe de la détestable cité terrestre[4].

L'acception nouvelle apparaît au XVIIe siècle, quand s'affirment les prémices – économiques, sociales, mentales et même, en certains pays, politiques – du libéralisme. Elle résulte d'un renversement de valeur – du négatif au positif – et d'un changement de perspective. Au cours des années 1640 et surtout à partir de la Fronde (1648-1652), cette notion d'amour-propre, quasiment absente jusque-là de la psychologie laïque, s'y développe jusqu'à devenir notre principe selon La Rochefoucauld, Pascal, le vieux Corneille, voire La Fontaine ou Molière. Il ne s'agit plus, dans une perspective religieuse, d'une auto-idolâtrie, opposée à l'amour de Dieu, mais, dans une perspective sociologique, d'un égocentrisme intéressé : « l'intérêt est l'âme de l'amour-propre » [5], étant entendu que « par le mot d'*Intérêt*, on n'entend pas toujours un intérêt de bien, mais le plus souvent un intérêt d'honneur ou de gloire » [6]. Même des auteurs spirituels comme Pascal ou Bossuet hésitent entre l'acception traditionnelle et la nouvelle [7]. C'est au même moment qu'*intéressé*, qui signifiait *lésé* – c'est-à-dire impliqué malgré soi et à son détriment – prend le sens *d'attaché à ses avantages personnels.*

Ce passage à une vision positive est très net chez Hobbes – dont les ouvrages paraissent de 1642 à 1658 et sont bien connus en France, où il réside de 1640 à 1651, publiant à Paris son *De Cive* – et chez Spinoza [8]. Penseurs de sociétés déjà travaillées par le libéralisme économique et politique, ils posent « en premier lieu, comme inclination générale de toute l'humanité, le Désir perpétuel et incessant d'acquérir la puissance et de l'accroître » [9], principe de prospérité économique, d'équilibre social et de bonheur personnel [10]. Ils peuvent identifier intérêt, utilité, raison et vertu. « C'est lorsque chaque homme cherche avant tout l'utile qui est sien que les hommes sont les plus utiles les uns aux autres. Car plus chacun cherche l'utile qui est le sien et s'efforce de se conserver, plus il est doué de Vertu [...] ou, ce qui revient au même [...], plus grande est la puissance dont il est doué pour agir selon les lois de sa nature, c'est-à-dire [...] pour vivre sous la conduite de la Raison » [11].

Le regard des Français sur l'amour-propre et l'intérêt ne deviendra usuellement positif qu'à partir de 1690 [12]. Auparavant, il est très majoritairement négatif. Je crois qu'il y a là un problème historique fort intéressant. En effet, l'homme classique est un être frustré de raison d'être, frustré de l'essentiel, comme le montrent à la fois une littérature souvent tragique et des auteurs spirituels qui, d'Arnauld, Nicole et Pascal à Bossuet et Malebranche, lui assignent comme principe une avidité inextinguible. Mais c'est une avidité affective et spirituelle. Rares sont ceux qui parlent de l'avidité de profit, encore plus ceux qui y voient une solution possible à la condition humaine. Malebranche par exemple s'oppose vigoureusement à l'idée que « c'est l'intérêt qui fait les sociétés ». Il n'y a pas « autre chose que la vérité et la justice qui [puisse] nous unir étroitement les uns avec les autres » [13].

Ce refus s'explique par le fait que la vision des observateurs français et la réalité qu'ils analysent sont l'une et l'autre défavorables à l'intérêt et, par exemple, fort différentes de celles d'une république de marchands et de banquiers. Leur avis sur les Hollandais est significatif. Ils « sont fort laborieux et industrieux. Ils ne plaignent pas le travail pourvu qu'il y ait du profit » [14]. Mais c'est ce dernier point qui scandalise. Nos compatriotes regardent avec dédain ces gens gouvernés par leurs intérêts [15] et ce « pays où le démon de l'or, couronné de tabac, est assis sur un trône de fromage » [16]. Car notre pays est soumis à un absolutisme qui prive ses sujets d'initiative ; il est dominé par une classe que définit le refus du travail – modèle que toute l'élite veut imiter [17]. L'idéologie exalte la gloire et les valeurs idéales et méprise l'intérêt et les valeurs matérielles. Or, les Hollandais manquent d'esprit et du sens « de l'honneur et de l'amour » : ils « n'aiment rien que l'argent » [18]. Si bien que même Saint-Évremond, qui vit en Angleterre et connaît les Pays-Bas, tout en notant la vigueur, dans cette république marchande, de « l'amour qu'on a pour la patrie », qui y « est un véritable amour-propre » [19], regarde cela avec une hauteur de vieux Romain. « On se persuade que les Hollandais aiment la liberté et ils haïssent seulement l'oppression. Il y a chez eux plus de rudesse dans les esprits que de fierté dans les âmes et la fierté de l'âme fait les véritables Républicains [...]. S'ils aiment la République, c'est pour l'intérêt de leur trafic plus que par une satisfaction qu'ils aient d'être libres » [20].

Bref, les ouvrages français ne sont pas favorables au libéralisme, parce que c'est la vision nobiliaire ou absolutiste qui s'y exprime. Lorsqu'on trouve un ouvrage émanant d'un autre lieu socio-idéologique, c'est tout différent. Voici les premières lignes du *Parfait négociant* de Savary (1675) : « De la manière que la Providence de Dieu a disposé les choses sur la terre, on voit bien qu'il a voulu établir l'union et la charité entre tous les hommes puisqu'il leur a imposé une espèce de nécessité d'avoir toujours besoin les uns des autres. Il n'a pas voulu que tout ce qui est nécessaire à la vie se trouvât en un même lieu, il a dispersé ses dons afin que les hommes eussent commerce ensemble et que la nécessité mutuelle qu'ils ont de s'entraider puisse entretenir l'amitié entre eux. » Mais ce discours est exceptionnel. Dans la France de Colbert règne un mercantilisme bullioniste qui, par opposition à un libéralisme productif, est une sorte de concurrence prédatrice dans le cadre clos d'un absolutisme. Il considère en effet que les biens existent par eux-mêmes et en quantité fixe, limitée. Il ne s'agit pas de produire la richesse, mais de l'accaparer, de thésauriser. « On demeurera facilement d'accord », écrit Colbert, « qu'il n'y a que l'abondance d'argent dans un État qui fasse la différence de sa grandeur et de sa puissance. » Or, « il n'y a qu'une même quantité d'argent qui roule dans toute l'Europe [...]. On ne peut augmenter l'argent dans le royaume qu'en même temps l'on n'en ôte la même quantité dans les États voisins ».

Deuxième raison de cette hostilité au libéralisme, c'est qu'il ne connaît guère en France de développement positif, alors que ses aspects négatifs y sont éclatants. D'une part, l'absolutisme a ruiné l'autonomie des féodaux, qu'il soumet à un libéralisme de la faveur. « La maison des rois », écrit Mme de Motteville, « est comme un grand marché, où il faut nécessairement aller trafiquer pour nos intérêts » [21]. « Les rois font des hommes comme des pièces de monnaie ; ils les font valoir ce qu'ils veulent, et l'on est forcé de les recevoir selon leur cours, et non pas selon leur véritable prix » [22]. Dès 1644, Balzac notait avec amertume que désormais les gens « préfèrent le Profit à la Gloire [...]. Ce malheureux intérêt, qui devrait n'être connu que des banquiers de Gênes et d'Amsterdam [...], est maintenant le Dieu de la cour » [23]. D'autre part, sous le couvert de l'absolutisme, c'est la finance qui commence à dominer. Mais secrètement et comme honteusement, et non pour la production mais pour la spéculation [24]. Enfin Richelieu et surtout Mazarin ont une politique machiavélique, guidée par « la raison d'État, qui est celle de l'Intérêt » [25]. Tous ces inconvénients furent particulièrement éclatants pendant la Fronde, « chaos [...] d'intrigues » où se croisaient une « multitude d'intérêts différents » [26], où l'« on voyait régner un esprit d'intérêt universel » [27].

Ainsi l'intérêt, dans la France des années 1640 à 1685, n'est pas le principe d'un dynamisme productif, mais d'une concurrence parasitaire pour la faveur et pour un profit prédateur. Et les contemporains sont d'autant plus sensibles à ce caractère négatif qu'ils le regardent en moralistes et avec une vision antihumaniste, nostalgique d'idéalisme héroïque et religieux. Il est donc remarquable que dans un tel contexte quelques-uns aient eu l'intelligence et le courage de s'écarter de la condamnation morale de l'amour-propre et de l'intérêt pour en constater les effets positifs. Plusieurs jansénistes sont ici au premier rang : ils avaient l'habitude d'analyser les choses par eux-mêmes, sans adhésion paresseuse aux idées reçues.

Commençons par un domaine caractéristique de la France classique : la vie mondaine. Les moralistes mondains proposent l'idéal d'une *honnêteté* qui « n'est souvent que l'amour-propre bien réglé » [28]. « C'est ce ménagement de bonheur pour nous et pour les autres que l'on doit appeler honnêteté, qui n'est à le bien prendre que l'amour-propre bien ménagé » [29].

La Rochefoucauld – qui recommande lui aussi cette *honnêteté* [30] – est un analyste plutôt qu'un moraliste. Il décèle les ruses de l'amour-propre, mais il ne se mêle pas de le juger, encore moins de le condamner. Au contraire, il admire son habileté protéiforme [31] et certains de ses effets : l'amitié (M. 81, 83 et 88), la bonté (M. 236), la fidélité (M. 247), le courage face à la mort (M. 46, 504). « L'intérêt met en œuvre toutes sortes de vertus et de vices » (M. 253) et, lui « que l'on accuse de tous nos crimes, mérite souvent d'être loué de nos bonnes actions » (M. 305). L'amour-propre et l'intérêt sont les seuls ressorts possibles d'une « amitié [...] vraie et parfaite » (M. 83 et 81).

La Rochefoucauld voit donc les effets positifs de l'intérêt dans la vie relationnelle, mais il nie qu'il en ait aux plans économique et politique. « Le luxe et la trop grande politesse dans les États sont le présage assuré de leur décadence parce que, tous les particuliers s'attachant à leurs intérêts propres, ils se détournent du bien public » (M.S. 52) [32]. Pour défendre Fouquet et les financiers, accusés de voler l'État, Pellisson montre au contraire, quarante ans avant la célèbre fable de Mandeville, que le luxe est bénéfique. « Si leur avidité dérobe ces biens à leur patrie, leur luxe [...] les lui rend aussitôt [...]. Ce n'est point pour eux qu'ils amassent [...], c'est pour le boulanger, c'est pour le pourvoyeur, pour le marchand, pour le parfumeur, pour le brodeur, pour l'orfèvre, pour le maçon, pour l'architecte, pour le peintre, pour le doreur » [33].

Silhon présente une défense générale de l'égocentrisme, de « cet instinct [...] de Nature qui nous porte [...] à chérir tout ce qui a aidé à nous donner l'être, tout ce qui aide à le conserver et tout ce qui pourvoit à ses besoins [...]. L'intérêt est une des propriétés et une des dépendances nécessaires de l'être créé raisonnable [...]. En vouloir bannir l'intérêt ce serait vouloir ôter d'une machine les ressorts qui la font mouvoir » [34]. C'est parce qu'il désigne ordinairement « l'intérêt du bien ou des richesses » que ce terme « est devenu si odieux » ; mais son sens est bien plus large et l'intérêt est louable quand il est soumis à la raison et vise « les choses qui font subsister la société » (p. 80-81). C'est là le second argument de Silhon. L'intérêt « est le principe et l'origine de tous les ordres sous lesquels les hommes vivent [...]. Il est le lien de la vie civile et l'âme de l'économique » et la raison de la subordination politique. Enfin, troisième argument, « l'intérêt ne se rencontre pas moins dans le chemin de la grâce qu'en celui de la nature. L'espérance y accompagne la charité et Dieu, qui veut être aimé pour l'amour de lui-même [...], permet aussi que nous le recherchions pour l'amour de nous » (p. 78).

On sait que Pascal dénonce l'*honnêteté* mondaine, ménagement réciproque des amours-propres, au nom de l'authenticité morale. « Le *moi* est haïssable : vous, Miton, le couvrez, vous ne l'ôtez pas pour cela. Vous êtes donc toujours haïssable. » La civilité en supprime « l'incommodité » mais non pas « l'injustice » fondamentale (Laf. 597 ; Br. 455). Pour ce qui est du jeu des intérêts dans les mécanismes économiques et politiques, sa position est complexe. C'est un dialecticien pour qui « toutes choses étant causées et causantes », il est « impossible de connaître les parties sans connaître le tout, non plus que de connaître le tout sans connaître particulièrement les parties » (Laf. 199 ; Br. 72). Mais son intelligence dialectique est subordonnée à l'idéologie du centralisme monothéiste et absolutiste, pour qui l'amour de soi est le vice fondamental. « Tout tend à soi. Cela est contre tout ordre ; il faut tendre au général ; et la pente vers soi est le commencement de tout désordre, en guerre, en police, en économie, dans le corps de l'homme » (Laf. 421 ; Br. 477). « Être membre est n'avoir de vie, d'être et de mouvement que par l'esprit du corps et pour le corps. Le membre séparé [...] n'a plus qu'un être périssant et mourant. Cependant, il croit [...] ne dépendre que de soi et veut se faire centre et corps lui-même. Mais [...] enfin quand il vient à se connaître, il [...] ne s'aime plus que pour le corps [...]. On s'aime parce qu'on est membre de Jésus-Christ » (Laf. 372 ; Br. 483). En suivant leur « volonté particulière », les membres « sont dans le désordre et dans le malheur ; mais en ne voulant que le bien du corps, ils font leur propre bien » [35]. « Il faut n'aimer que Dieu et ne haïr que soi. » Au besoin, « il faut que tout membre veuille bien périr pour le corps, qui est le seul pour qui tout est » (Laf. 373 ; Br. 476) [36].

Mais à d'autres moments l'adhésion idéologique n'empêche pas l'acuité de l'observation. Sans renoncer à sa condamnation fondamentale, Pascal admire les effets qu'on a su tirer de la concupiscence, au moins au niveau des apparences. « Grandeur de l'homme, dans sa concupiscence même, d'en avoir su tirer un règlement admirable et en avoir fait un tableau de charité. » « On a fondé et tiré de la concupiscence des règles admirables de police, de morale et de justice, mais dans le fond, ce vilain fond de l'homme, ce *figmentum malum* n'est que couvert : il n'est pas ôté. » « Tous les hommes se haïssent naturellement l'un l'autre. On s'est servi comme on a pu de la concupiscence pour la faire servir au bien public, mais ce n'est que feindre et une fausse image de la charité, car au fond ce n'est que haine » [37].

Chez Pierre Nicole (1625-1695), subtil phénoménologue, la reconnaissance de la réalité l'emporte au contraire sur la condamnation augustinienne. Certes, au plan moral et religieux, il réprouve cette « tyrannie naturelle que le péché a gravée au plus profond » de nous [38], par laquelle notre « volonté [est] toute plongée dans l'amour de nous-mêmes et incapable de rien aimer que par rapport à nous » [39], au point que « chaque homme voudrait être le maître et le tyran de tous les autres » [40] jusqu'à « les sacrifier tous à [ses] intérêts » [41]. Mais ces présupposés se résorbent dans les constatations qui les contredisent.

D'abord, contrairement à Pascal, Nicole admet fort bien le ménagement mutuel des amours-propres et des intérêts où il voit le principe non seulement d'une civilité superficielle, mais d'une véritable honnêteté sociale et morale. Le désir d'éviter les réactions hostiles d'autrui modère notre volonté de puissance, provoque en nous « un mouvement d'aversion » pour les actions « capables de nous attirer l'infamie publique et l'aversion des honnêtes gens » [42] et nous incline à rechercher l'amour d'autrui par la douceur. Cette conversion, voire « cette suppression de l'amour-propre est ce qui fait l'honnêteté humaine », qui certes « n'est rien dans le fond qu'un amour-propre plus intelligent et plus adroit que celui du commun des hommes » [43], mais dont les conséquences sociales et morales sont très appréciables.

Dans les traités parus en 1671, c'est le moraliste chrétien qui a le dernier mot. Cette « civilité humaine n'est qu'une espèce de commerce d'amour-propre », ces « témoignages d'affection sont d'ordinaire faux et excessifs » [44] et « capables de nous corrompre le cœur » [45]. Il ne faut se fier qu'à la charité qui fait « très purement et très sincèrement ce que les gens du monde font par un esprit d'intérêt et avec déguisement », car « elle possède [...] les vraies sources de la civilité qui sont un amour et une soumission intérieure envers les autres » [46] sans distinction, comme nos frères en Jésus-Christ. Au contraire, dans le traité *De la charité et de l'amour-propre*, publié en 1675, la célébration des effets de l'amour-propre dans la vie sociale l'emporte nettement sur sa condamnation morale : par sa place, par sa longueur, par sa lucide originalité. Nicole commence par une sombre description de ce « monstre » qui « règne absolument en nous, à moins que Dieu n'eût détruit son empire, en versant un autre amour dans notre cœur ». Il faut voir « que l'homme corrompu non seulement s'aime soi-même, mais qu'il s'aime sans bornes et sans mesures ; qu'il n'aime que soi, qu'il rapporte tout à soi. Il se désire toutes sortes de biens, d'honneurs, de plaisirs, et il n'en désire qu'à soi-même ou par rapport à soi-même ; il se fait le centre de tout ; il voudrait dominer sur tout, et que toutes les créatures ne fussent occupées qu'à le contenter, à le louer, à l'admirer ; cette disposition tyrannique étant empreinte dans le fond du cœur de tous les hommes, les rend violents, injustes, cruels, ambitieux, flatteurs, envieux, insolents, querelleux : en un mot elle renferme les semences de tous les crimes et de tous les dérèglements » (I, p. 104). En fait, cette description n'est pas seulement celle de l'homme d'après la chute selon le christianisme mais aussi, et finalement surtout, celle de l'homme d'avant le contrat social, selon Hobbes. « Si celui qui a dit qu'ils naissent dans un état de guerre et que chaque homme est naturellement ennemi de tous les autres hommes, eût voulu seulement représenter par ces paroles la disposition du cœur des hommes les uns envers les autres, sans la faire passer pour légitime et juste, il aurait dit [...] la vérité » (I, p. 125).

Au départ poussés par leurs désirs impérialistes, « voilà [...] tous les hommes aux mains, les uns contre les autres » (I, p. 105) et tous en danger de mort. Le seul remède, c'est le contrat social, par lequel le principe métaphysique de notre perdition devient le ressort historique de notre salut. « La crainte de la mort est donc le premier lien de la société civile et le premier frein de l'amour-propre » (II). Voilà « comment l'amour-propre a pu unir les hommes dans une même société », où ils trouveront, grâce à lui, de multiples avantages. D'abord, « se voyant exclus de la violence ouverte, ils sont réduits [...] à substituer l'artifice à la force » et à contenter « l'amour-propre de ceux dont ils ont besoin au lieu de le tyranniser » (II).

Cette transformation stratégique est telle qu'« il y a même quantité de gens en qui l'inclination de se faire aimer est plus forte que celle de dominer » (III). Ainsi domestiqué, le principe naturel de tous les vices va devenir le principe social de multiples vertus. « L'amour-propre, nous empêchant par la crainte du châtiment de violer les lois, nous éloigne par là de l'extérieur de tous les crimes et nous rend ainsi semblables au-dehors à ceux qui les évitent par charité » (IV). Pour atteindre « son but », qui est « l'estime et l'amour des hommes » (IV), « l'amour-propre, conduit par la raison dans la recherche de l'estime et de l'affection des hommes, imite [...] parfaitement la charité » (VIII). « Il n'y a guère d'actions où nous soyons portés par la charité qui veut plaire à Dieu où l'amour-propre ne nous puisse engager pour plaire aux hommes [...]. Cette inclination [...] sait si bien se revêtir des apparences de la charité qu'il est presque impossible de reconnaître nettement ce qui l'en distingue » (IV). « Ce degré de vertu [...]

héroïque [...] dont l'honnêteté humaine, quand elle est à son comble, tâche sans y penser expressément de donner l'idée » a les apparences de la Sainteté, « tant la Sainteté et l'honnêteté ont de rapport dans leurs actions extérieures » (V).

Puisque « l'amour-propre fait les mêmes réponses que la charité sur la plupart des questions qu'on lui peut faire », « que l'amour-propre se conduit de la même manière que la charité à l'égard des soupçons injustes et des ennemis », « que l'amour-propre se conduit par les mêmes voies que la charité à l'égard des bonnes et des mauvaises qualités des autres », qu'il y a « ressemblance entre la charité et l'amour-propre à l'égard des autres vertus » (titres des ch. VII à X) ; bref, puisque « charité et amour-propre [sont] semblables dans leurs effets » (I, titre), « l'amour-propre éclairé pourrait corriger tous les défauts extérieurs du monde et former une société très réglée » (XI, titre). Il peut même nous mettre sur la voie d'une véritable conversion morale et spirituelle. En effet, « il arrive souvent que la charité est faible dans certaines âmes ; et dans cet état de faiblesse elle serait facilement éteinte par les tentations violentes, si Dieu ne permettait que ces tentations fussent affaiblies et comme contrepesées par de certains motifs humains qui en arrêtent l'effort, et qui donnent moyen à l'âme de suivre l'instinct de la grâce. La crainte des jugements des hommes est un de ces motifs ; et il n'y en a guère qui fassent plus d'impression sur l'esprit ; elle ne suffit pas seule, à la vérité, pour surmonter les tentations d'une manière chrétienne, puisque cette crainte ne naît que de vanité : mais elle suspend leur effort ; et s'il se trouve que l'âme ait quelque étincelle de vraie charité, elle la met en état de la suivre » (XIII).

Pour passer de ces textes à un manifeste de morale de la société libérale, il suffirait d'en supprimer les références à Dieu. Dans plusieurs passages, Nicole lui-même saute ce pas. « Dans les États » où il n'y a point de charité « parce que la vraie religion en est bannie, on ne laisse pas de vivre avec autant de paix, de sûreté et de commodité que si l'on était dans une république de saints » (II). « Quelque corrompue que toute cette société fût au-dedans et aux yeux de Dieu, il n'y aurait rien au-dehors de mieux réglé, de plus civil, de plus juste, de plus pacifique, de plus honnête, de plus généreux ; et ce qui serait de plus admirable c'est que n'étant animée et remuée que par l'amour-propre, l'amour-propre n'y paraîtrait point et qu'étant entièrement vide de charité, on ne verrait partout que la forme et les caractères de la charité » (XI). « On peut conclure [...] que pour tous les vices et tous les désordres grossiers et pour rendre les hommes heureux dès cette vie même, il ne faudrait, au défaut de la charité, que leur donner à tous un amour-propre éclairé, qui sût discerner ses vrais intérêts et s'y rendre par les voies que la droite raison lui découvrirait » (XII).

Un autre passage montre que pour Nicole l'amour de soi éclairé inspire le même comportement que l'amour de Dieu : seule diffère la fin. « Il ne serait pas inutile que ceux qui sont chargés de l'éducation des grands, [...] s'ils ne pouvaient leur inspirer les sentiments de charité, [...], tâchassent au moins de former leur amour-propre, et de leur apprendre combien la plupart des voies qu'ils prennent pour le contenter sont fausses, mal entendues et contraires à leurs véritables intérêts ; et combien il leur serait facile d'en prendre d'autres, qui les conduiraient sans peine à l'honneur et à la gloire, et leur attireraient l'affection, l'estime et l'admiration de tout le monde.

« S'ils ne réussissaient par ce moyen à les rendre utiles à eux-mêmes, ils réussiraient au moins à les rendre utiles aux autres, et ils les mettraient dans un chemin qui serait toujours moins éloigné de la voie du ciel que celui qu'ils prennent, puisqu'ils n'auraient presque qu'à changer de fin et d'intention pour se rendre aussi agréables à Dieu par une vertu vraiment chrétienne, qu'ils le seraient aux hommes par l'éclat de cette honnêteté humaine à laquelle on les formerait »[47].

L'optimisme libéral de Nicole est encore plus net dans les rares passages où il parle d'économie. « Les hommes, étant vides de charité par le dérèglement du péché, demeurent néanmoins pleins de besoins et sont dépendants les uns des autres dans une infinité de choses. La cupidité a donc pris la place de la charité pour remplir ces besoins et elle le fait d'une manière que l'on n'admire pas assez. » Et de prendre l'exemple des hôteliers, « des marchands, des médecins, des artisans et généralement tous ceux qui contribuent aux plaisirs et qui soulagent les nécessités de la vie ». « Qu'y aurait-il de plus admirable que ces gens, s'ils étaient animés de l'esprit de charité ? C'est la cupidité qui les fait agir [...]. Il n'y a donc rien dont on tire de plus grands services que de la cupidité même des hommes. » À condition qu'elle soit réglée par l'autorité politique. Nicole pense comme Hobbes que sans « l'ordre politique tous les hommes seraient ennemis les uns des autres et il y aurait une guerre générale entre eux qui ne se déciderait que par la force ». Car la cupidité, « si on la laisse à elle-même [...], au lieu de servir à la société humaine, elle la détruit [...]. Il a donc fallu trouver un art pour régler la cupidité et cet art consiste dans l'ordre politique, qui la retient par la crainte de la peine et qui l'applique aux choses qui sont utiles à la société [...]. L'ordre politique est donc une invention admirable que les hommes ont trouvée pour procurer à tous les particuliers les commodités dont les grands rois ne sauraient jouir » sans cela. L'économie de marché permet à « un bourgeois de Paris » d'avoir plus de gens à son service que n'importe quel souverain en dehors de ce système. « Il peut dire avec vérité qu'il a un million d'hommes qui travaillent pour lui dans le royaume. Il peut compter au nombre de ses officiers tous les artisans de France et même ceux des états voisins » [48].

La tradition chrétienne condamnait en principe toute forme de prêt à intérêt, comme contraire à la nature (l'argent est stérile) et à la charité. En fait, on admettait plus ou moins l'intérêt dans le prêt de commerce et d'entreprise où il se justifie par le risque et le manque à gagner du prêteur et par les bénéfices de l'emprunteur. Vers 1680 (?), Nicole se demande *Si c'est usure que de vendre plus cher à crédit*. Non, répond-il : « Jamais le commerce ne s'est fait autrement et il est même moralement impossible qu'il subsiste sans cela » (ch. V). « Le trafic est un moyen honnête et légitime de gagner [s]a vie » et « on ne doit pas le rendre tel qu'il soit impossible d'y faire une fortune médiocre sans perdre son âme » (ch. XVII). Au passage, une remarque qui serait d'une ironie voltairienne dans un autre contexte : « Il est très constant que l'usure est un péché [...]. Mais je crois que ce qui rend cela si certain n'est pas tant la raison naturelle que la loi de Dieu expliquée par la tradition de l'Église : car qui s'arrêterait à la raison, il serait bien difficile de persuader qu'il y eût du mal à tirer 5 % d'un argent que je prête à un marchand, lorsque ce marchand estime beaucoup davantage le gain qu'il s'attend de faire de mon argent » (ch. III).

Ce traité reste inédit jusqu'en 1714. Mais en 1682, un prêtre ami de Port-Royal, Le Correur, en publie un sur *La Pratique des billets entre les négociants* : il en proclame « l'excellence » (p. 5) et laisse entendre que l'intérêt est légitime non pour compenser le risque encouru par le prêteur, comme on le disait traditionnellement, mais pour partager le bénéfice de l'emprunteur. Ce livre suscite une large réaction d'hostilité. Bossuet écrit aussitôt un *Traité de l'usure*. Il ne le publie point, mais dans un *Décret* il rappelle que l'Église condamne « tout profit reçu ou recherché en vertu du prêt », sauf risque ou manque à gagner. Ses arguments reposent à la fois sur la morale et sur la méconnaissance des nouvelles réalités économiques. « Y a-t-il [...] un moyen plus capable de ruiner promptement un État que l'usure, qui produit les fraudes et l'oisiveté, qui fait languir les arts les plus utiles et la véritable industrie et qui laisse périr les biens mêmes que la nature nous donne en n'inspirant que du mépris pour l'agriculture, le plus nécessaire de tous les arts ? » (IX). En 1700, sur proposition de Bossuet, l'Assemblée du Clergé renouvellera la condamnation du prêt à intérêt.

Voilà comment, dès la fin du premier quart du règne personnel de Louis XIV, un esprit très imprégné pourtant de tradition augustinienne, un homme qui a refusé le monde, se fait le chantre du libéralisme. À travers lui, on passe de la condamnation théologique de la nature déchue à la célébration socio-économique de l'homme industrieux et policé. De la dénonciation des causes de l'amour de soi à l'apologie de ses effets. « Quoiqu'il n'y ait rien de si opposé à la charité, qui rapporte tout à Dieu, que l'amour-propre, qui rapporte tout à soi, il n'y a rien néanmoins de si semblable aux effets de la charité que ceux de l'amour-propre [...] éclairé, qui sait connaître ses vrais intérêts et qui tend par raison à la fin qu'il se propose » [49].

Comme le dira le célèbre légiste Domat, ami de Pascal et janséniste comme lui, « de l'amour-propre, qui est le poison de la société, Dieu en a fait un remède qui contribue à la faire subsister ». Par suite du péché originel, l'amour-propre a remplacé cet « amour mutuel dont le caractère était d'unir les hommes dans la recherche d'un bien commun. Mais cet amour-propre même ne fait que rendre l'homme plus social, en multipliant la nécessité des travaux et des commerces [...], des engagements et des liaisons, car, aucun ne pouvant se suffire seul, la diversité des besoins engage les hommes à une infinité de liaisons sans lesquelles ils ne pourraient vivre ». Pour « ménager leur honneur et leur intérêt, ils y gardent la bonne foi, la fidélité, la sincérité, de sorte que l'amour-propre », pour ménager ses avantages, « se plie à tous les devoirs, jusqu'à contrefaire toutes les vertus ». Voilà pourquoi « ce principe de tous les maux est, dans l'état présent de la société, une cause d'où elle tire une infinité de bons effets » [50]. Voilà donc l'amour-propre et l'intérêt justifiés par leurs effets pratiques. Certes, dira-t-on, mais ils n'en demeurent pas moins vicieux dans leur nature essentielle. Oui, mais une vision trop idéaliste serait anachronique. Car, ici aussi, le XVIIe siècle est un tournant historique. Auparavant, une chose était validée par son principe naturel, dans un monde essentiellement génétique – où l'économie dépend de la fécondité des cultures et des troupeaux, le rang de la naissance et où la pensée est vitaliste. Désormais une rationalité technologique tend à considérer les choses selon leur efficacité, dans un monde où la condition économique et sociale des hommes commence à dépendre de leur action et où la pensée est mécaniste. Dans ce monde nouveau, la justification par les effets commence à s'imposer. C'est l'époque où s'affirme la méthode expérimentale, par exemple chez Pascal, et où le juridique s'émancipe du religieux (cf. Domat), ainsi que le politique, comme nous l'a montré Jean Mesnard.

Même des observateurs pénétrants ne pouvaient aller très loin dans l'apologie du libéralisme. Encore moins dans la réflexion critique qu'il pouvait inspirer, en se conjuguant à l'antihumanisme. Montrer la fécondité du dynamisme concurrentiel d'individus animés par l'amour de soi et l'intérêt, c'était s'opposer fondamentalement à l'absolutisme et à une religion théocentrique, qui exigent soumission au roi et à Dieu. Quand ceux pour qui la société est dominée par la concurrence d'un libéralisme sauvage poussent leurs analyses jusqu'au plan politique, les pouvoirs interviennent. En 1675, après examen de ses cahiers de cours, le P. Lamy, professeur à l'Oratoire d'Angers, fut censuré par la Sorbonne, interdit d'enseignement et exilé par le Conseil du Roi en Dauphiné, où il resta onze ans. Il avait écrit, par exemple, ceci : « Il y a deux sentiments dans le cœur de l'homme. Par le premier, il veut l'emporter sur tous et soumettre à son pouvoir ceux qui vivent avec lui. Le second, c'est la peur d'être dans le besoin. C'est la conjonction de ces deux sentiments qui a produit les Empires, les Républiques, etc. ». Ou encore : « L'homme, dans cet état de corruption où nous le considérons, puisqu'il rapporte tout à soi, envahirait toute la terre et soumettrait tous les hommes à son pouvoir, s'il disposait des forces nécessaires pour les dominer. » Et de passer à une application concrète : « Ceux donc qui briguent les charges, n'y recherchent que les richesses, les honneurs et le droit d'accomplir impunément toutes sortes de crimes [...]. Quand la crainte ne les retient pas, ils sévissent contre leurs administrés et immolent les citoyens à leur bon plaisir »[51]. Comme Lamy oppose cet état de corruption à un état primitif d'innocence où il n'y avait ni rois, « ni aucune inégalité de conditions, ni séparations de biens » (ibid.), on comprend que la commission d'enquête lui reproche d'avoir enseigné « plusieurs propositions téméraires, expliquées en termes odieux et injurieux aux Monarques, aux Princes, aux Gouverneurs et aux Magistrats, lesquels dans l'état de la nature corrompue et sujette au péché, comme elle est aujourd'hui, il accuse de n'agir que par injustice et ambition, et faire tout pour l'amour d'eux-mêmes, opprimer les peuples et les immoler à leurs passions de gloire, d'avarice et de volupté ; de n'être empêchés d'usurper toute chose que par l'impuissance ou la crainte de n'y pas réussir, toutes lesquelles maximes semblent plus propres à exciter dans le cœur des sujets des sentiments de révolte [...] qu'à inspirer la vénération et le respect »[52].

NOTES

1. *Grand Larousse de la langue française.*

2. Surin, *Catéchisme spirituel*, 1661, t. I, VII, 1.

3. *Sermones*, 96, 47, 2, 2.

4. *La Cité de Dieu*, XIV, 28.

5. La Rochefoucauld, *Maximes écartées*, 24. Même avis chez ses amis : « La nature est si sujette à l'amour-propre et l'amour-propre à l'intérêt » (Mme de Sablé, *Discours contre les médecins*, dans Ivanoff, *La Marquise de Sablé*, p. 113). « Il n'est point d'homme qui ne soit gouverné par son intérêt. » « L'amour-propre porte les hommes à faire servir leurs vices et leurs vertus à leurs intérêts » (J. Esprit, *La Fausseté des vertus humaines*, t. I, pp. 85 et 513).

6. *Id., Avis au lecteur.*

7. Sur cette mutation, cf. J. Rohou, « L'amour de soi au XVIIe siècle : de la concupiscence à la complaisance, à l'angoisse et à l'intérêt », dans *Les Visages de l'amour au XVIIe siècle*, Université de Toulouse Le Mirail, 1984, pp. 79-90.

8. Dont les ouvrages sont publiés de 1670 à 1677.

9. Hobbes, *Léviathan*, XI, 2 (1651).

10. « *Le succès continuel* dans l'obtention de ces choses dont le désir reparaît sans cesse, autrement dit le fait de prospérer continuellement, c'est ce qu'on appelle félicité » (Hobbes, *Léviathan*, VI).

11. Spinoza, *Éthique IV*, p. 35, c. 2 (1677).

12. Cf. J. Rohou, « Reconnaissance et récupération de l'égocentrisme à l'aube de l'ère libérale (1685-1700) », in *Studi francesi*, 1990.

13. *Conversations chrétiennes*, 1677, VIII, pp. 182-183.

14. J.N. de Parival, *Les Délices de la Hollande*, 1662, p. 31. « Il semble qu'ils sucent avec le lait le désir des richesses et l'ardeur d'en acquérir » (p. 20).

15. Cf. le comte d'Estrades, ambassadeur à La Haye de 1662 à 1668, *Lettres*, 1719, t. IV, p. 444.

16. Saumaise, qui vit aux Pays-Bas de 1632 à 1653, *Mémoires de Hollande*, p. 55.

17. « Les gentilshommes ne souhaitent que les richesses de la gloire ; au contraire, les marchands aspirent toujours au profit et emploient ordinairement toutes sortes de ruses pour parvenir à leurs desseins » (La Roque de la Lontière, *Traité de la noblesse*, 1678).

18. Le Pays, qui y séjourne vers 1660, *Amitiés, amours et amourettes*, 2e édition, 1664, t. II, p. 38.

19. Lettre à M. de Créqui, 1665.

20. 1669. *Œuvres en prose*, éd. Ternois, t. III, pp. 89-90.

21. *Mémoires*, éd. Petitot, t. 37, p. 247.

22. La Rochefoucauld, *Maximes supprimées*, 67.

23. *De La gloire.*

24. Cf. F. Bayard, *Le Monde des financiers au XVIIe siècle*, Flammarion, 1988 et D. Dessert, *Argent, pouvoir et société au Grand Siècle*, Fayard, 1984.

25. La Mothe Le Vayer, *De la fidélité romaine, Œuvres*, éd. de 1756, t. XI, p. 314.

26. Retz, *Mémoires*, éd. Hipp et Pernot, Pléiade, p. 540.

27. Saint-Évremond, *Œuvres en prose*, t. IV, p. 373. Cf. J. Rohou, « La Fronde et la vision de l'homme : de la "générosité" à l'avidité », dans *La Fronde en questions*, éd. R.Duchêne, Université de Provence, 1989, pp. 371-383.

28. Saint-Évremond, *Maximes*, 56.

29. Miton, *Pensées sur l'honnêteté*, dans Saint-Évremond, *Œuvres mêlées*, t. VI, 1680, p. 141. Même idée chez l'abbé d'Ailly : « L'amour-propre fait tous les vices et toutes les vertus morales selon qu'il est bien ou mal entendu. » « C'est ce juste discernement de l'amour-propre bien réglé, quoique rapportant toutes choses à soi-même, mais dans toute l'étendue de la société civile, qui fait ce qu'on appelle honnêtes gens dans le monde » (*Maximes*, 1678, 2 et 3). À un autre niveau, La Fontaine et Philinte, sinon Molière, préconisent une morale fondée sur un ménagement réciproque d'intérêts.

30. Au lieu de chercher « ses avantages aux dépens des autres [...], il faudrait faire son plaisir et celui des autres, ménager leur amour-propre et ne le blesser jamais » (Réflexion *Sur la société*). C'est possible, car l'amour-propre, faute de pouvoir « donner » avec une véritable « bonté » est disposé à « prêter à usure » afin de « s'acquérir tout le monde » (M. 236). J. Esprit considère lui aussi que « l'amour-propre est l'auteur de toutes les vertus purement humaines » – dont il proclame « la fausseté » – car « l'intérêt est l'âme de la complaisance » pour autrui (*De la fausseté des vertus humaines*, I, 6, pp. 197 et 206). Il explicite le processus en ces termes : l'homme « a tant de dépit de se voir avare, injuste, infidèle, malin et emporté que, ne pouvant souffrir de se voir tel qu'il est, il se prête non seulement des sentiments honnêtes, mais aussi de beaux et de grands sentiments et tâche de faire croire aux autres qu'il est équitable, sincère, bon, libéral, généreux et qu'il a toutes les qualités qui le peuvent faire estimer » (t. I, p. 447).

31. « L'amour-propre est plus habile que le plus habile homme du monde » (M. 4).

32. On retrouve par exemple en 1656 chez le P. Le Moyne cette idée traditionnelle « que le luxe est contraire à la nature et à la police, qu'il est le destructeur des États et des familles » (*De la modestie ou de la bienséance chrétienne*, III, 4, titre). Il est vrai que cette réflexion de La Rochefoucauld a été supprimée dès la seconde édition, de même que celle qui présentait comme un mystère l'articulation, dans une bataille, entre « les intérêts particuliers » de combattants qui ne cherchent que « leur propre gloire » et le « bien [...] général » que constitue la victoire (M.S. 41). Rectification de la pensée ou prudence, à cause des implications politiques de ces affirmations ?

33. *Second discours au Roi pour la défense de M. Fouquet, Œuvres diverses*, II, pp. 186-187. La Fontaine, lui aussi fidèle à Fouquet, et qui vécut si longtemps des largesses des financiers, traitera un discours analogue « d'impertinence » (*Fables*, VIII, 19) : il est décidément opposé au libéralisme (cf. aussi IV, 2 ; V, 3 ; VII, 9, 22 et 13 ; IX, 10).

34. *De la certitude des connaissances humaines*, 1661 ; éd. de 1662, pp. 75-78.

35. Laf. 374 ; Br. 475. Même idée en 368-474 et 370-480.

36. Autre indice intéressant : pour Pascal, la constitution des sociétés ne provient pas d'un pacte mettant fin à la guerre de tous contre tous, comme pour Hobbes par exemple, mais du résultat de celle-ci. « Tous les hommes voulant dominer [...], il est sans doute qu'ils se battront jusqu'à ce que la plus forte partie opprime la plus faible et qu'enfin il y ait un parti dominant » (828-304).

37. *Pensées*, 118-402 (cf. 106-403), 211-453 et 210-451.

38. *De la grandeur*, II, 4.

39. *Combien les entretiens des hommes sont dangereux*, I, 1.

40. *De la grandeur*, I, 2.

41. *De l'usage du temps*, XV.

42. *De la civilité chrétienne*, XII.

43. *De la charité et de l'amour-propre*, IV.

44. *De la civilité*, I.

45. *Des moyens de conserver la paix*, 9.

46. *De la civilité*, II et III.

47. *De la charité et de l'amour-propre*, XI.

48. *De la grandeur*, I, 6. Mme de Sévigné, grande admiratrice de Nicole, fait chorus, à propos du service postal, si nécessaire pour ses relations avec sa fille. « C'est une belle invention que la poste et un

bel effet de la Providence que la cupidité » (12-7-1671). « Que ne font-ils point pour notre service [...]. C'est un effet de la Providence ; et la cupidité, qui est un mal, est le fonds dont elle tire tant de bien » (5-6-1680).

49. *De la charité et de l'amour-propre*, I.

50. *Les Lois civiles*, Préliminaire, IX, 3 (ouvrage commencé vers 1665 et publié de 1689 à 1694).

51. Cours en latin, cité par F. Girbal, *Bernard Lamy*, P.U.F., 1964, pp. 165 et 166. Traduction personnelle.

52. Procès-verbal de la commission d'enquête, cité *ibid.*, p. 165.

Après la communication de JEAN ROHOU

THÉRÈSE GOYET — C'est un excellent exposé sur l'éducation économique de la France.

ALAIN NIDERST — Nicole dit qu'il faut encourager le point d'honneur, que les petites vanités sont indispensables à l'ordre social. On peut généraliser. C'est un des aspects de la Préciosité. Mme de Scudéry s'associe à des placements et organise avec des amis une petite banque. C'est une amorce des Lumières. La Bruyère réagit contre cela, il a horreur de la finance. Mais Fontenelle fait l'apologie de toutes les passions, même les plus basses, qui peuvent concourir à l'harmonie sociale.

THÉRÈSE GOYET — La Bruyère est un Ancien.

JEAN MESNARD — On trouverait au XVIIe siècle beaucoup de textes favorables et hostiles à l'amour-propre, mais il y en a aussi qui cherchent à faire la part des choses, en distinguant bon et mauvais usage de l'amour-propre. Derrière tout cela, il y a la différence entre la conception pessimiste de l'amour-propre dans l'Augustinisme, et la conception optimiste dans le Thomisme. Chez Pascal, il y a plusieurs étapes. Les demi-habiles savent que l'amour-propre est nécessaire à la vie de la société, mais aussi que c'est un principe d'hostilité, d'agressivité, de guerre. Au stade supérieur, il y a jonction entre un amour de soi raisonnable et la condamnation de l'amour de soi critiquable. Le chapitre *Morale chrétienne* donne l'idée du corps plein de membres pensants, qui permet de justifier et de critiquer à la fois un certain amour de soi. La distinction entre intérêt particulier et intérêt général est un thème essentiel de la pensée politique : le premier est nécessaire, mais doit être limité par le second.

L'épreuve par l'histoire

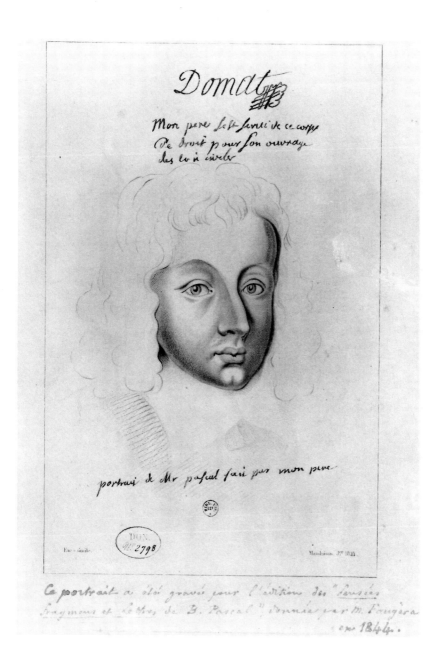

Planche I. Portrait au crayon rouge de Blaise Pascal par Domat. Après la mort de Jean Domat, son fils Gilbert colla ce dessin sur le plat intérieur d'un ouvrage de droit dont son père s'était servi et l'annota pour signaler l'idendité du modèle.

Planche II. Estampe à la gloire du roi sur la guerre qu'il a déclarée aux Espagnols, et sur leur défaite à la bataille d'Avein. (1635, gravure d'Abraham Bosse, *cliché Bibliothèque Nationale*).

Planche III. L'œil de Dieu regarde la France. (Naissance du Dauphin, 1638, *cliché Bibliothèque Nationale*).

AVIS QUE DONNE UN FRONDEUR AUX PARISIENS
QU'IL EXORTE DE SE RÉVOLTER CONTRE LA
TYRANNIE DU CARDINAL MAZARIN.

Planche IV. Avis que donne un Frondeur aux Parisiens qu'il exhorte de se révolter contre la tyrannie du cardinal Mazarin.
(Janvier 1649, gravure anonyme, *cliché Bibliothèque Nationale*).

Planche V. La magnifique et somptueuse entrée faite à Paris à leurs majestés par les bourgeois et habitants de leur bonne ville de Paris, le mercredi 18 août 1649. (Fin de la Fronde parlementaire, *cliché Bibliothèque Nationale*).

Planche VI. Les justes devoirs rendus au roi et à la reine régente sa mère. (Par le duc de Beaufort - le rois des Halles - et le coadjuteur de Paris - Retz - en août 1649 ; gravure de Jean Humbelot, *cliché Bibliothèque Nationale*).

Planche VII. La déroute et confusion des jansénistes. (Almanach des Jésuites, 1654, *cliché Bibliothèque Nationale*).

Planche VIII. La royale et précieuse naissance de Mgr le Dauphin (Almanach du 1er janvier 1662, *cliché Bibliothèque Nationale*).

Planche IX. Le cardinal de Mazarin. (1661, *cliché Bibliothèque Nationale*).

THOM. HOBBES Nobilis Anglus
Ser. Principi Walliæ à studiis præp.

Planche X. Thomas Hobbes. (*Cliché Bibliothèque Nationale*).

Messire Pierre Nicole
Bachelier en Theologie de la Faculté de Paris.
Decedé a Paris le 16.° Novembre 1695. agé de 70 ans.
Paris chez Masson rue du poupont vis à vis la rose rouge à l'entrée de la rue Serpente.

Planche XI. Pierre Nicole. (Gravure d'après Masson, *cliché Bibliothèque Nationale*).

N. Coypel Pinx.   François Sculp.

JEAN DOMAT.

*Avocat du Roy au Presid.¹ de Clermont en Auvergne, auteur
des Loix Civiles, Né le 30.⁹ᵇʳᵉ 1625, mort a Paris le 14. Mars 1696.*

Planche XII. Jean Domat. (Gravure par François, d'après N. Coypel, *cliché Bibliothèque Nationale*).

Frédéric BRIOT

Politique et augustinisme
dans les *Mémoires* du cardinal de Retz

Il est rare de trouver le nom du cardinal de Retz dans la proximité de celui de Pascal, sinon par une pure coïncidence chronologique qui n'a guère conduit à un plus ample rapprochement, au sens où René Char qualifiait Rimbaud de poète contemporain de la commune. On en connaît les raisons : la mauvaise image de marque de l'ancien coadjuteur de Paris ; sa participation à la Fronde pour laquelle il ne peut que relever de la condamnation de Pascal qui dénonçait « l'injustice de la Fronde, qui élève sa prétendue justice contre la force »[1], et qualifie à maintes reprises dans les *Pensées* la guerre civile comme le plus grand des maux ; la présence dans les *Mémoires* de passages scandaleux (notamment les galanteries), amnésiques (comme l'exemple resté célèbre du sermon dit « séditieux » du 25 janvier 1649[2]), ou, pire, trahissant un goût irrépressible pour les complots et les désordres.

Seul ce dernier trait pourrait être sérieusement retenu. En effet, les nombreux témoignages à charge qui véhiculent la légende d'un être brouillon, libertin et ne songeant qu'à faire du mal viennent en fait des ennemis politiques de Retz, comme Mazarin, Mme de Motteville, confidente d'Anne d'Autriche, et bien entendu La Rochefoucauld. Il convient donc de les nuancer[3], d'autant plus que les accusations portées manquent d'originalité si elles sont replacées dans leur contexte : Retz et Mazarin se sont mutuellement accusés d'être trop italiens et donc disciples de Machiavel ; La Rochefoucauld et Retz trouvent chacun en l'autre le même défaut majeur et destructeur du caractère : l'« irrésolution », le penchant pour la velléité. À cela il faut ajouter que la Fronde a longtemps été frappée de discrédit, et les Frondeurs avec elle, comme l'ultime convulsion du royaume avant les rayons apaisants du Roi-Soleil[4]. Il n'empêche que si Retz y a participé, et combien, il ne la justifie pas pour autant en théorie, comme on le verra ; de plus, loin d'être contemporains de ces événements, les *Mémoires* sont écrits entre 1675 et 1677, à Commercy, c'est-à-dire après une longue expérience d'exil et de désillusion, mais aussi au sein d'un entourage très marqué par le jansénisme et par le goût des spéculations intellectuelles[5]. Il s'agit donc moins de savoir ce que Retz nous apprend de son passé que de déterminer dans quel cadre intellectuel il le recompose, et à quelles fins. Enfin on ne peut se contenter pour une telle œuvre d'une lecture anthologique. Une œuvre intégrale, quelle que soit l'analyse que l'on fasse de l'interruption de la troisième partie du récit, réclame une lecture intégrale. Demeure donc, point central de notre examen, la question de la version du politique que construisent les *Mémoires*.

Encore convient-il, pour aborder le débat sur des bases éclaircies, de préciser la valeur cruciale de la politique dans les *Mémoires* du cardinal de Retz. S'il promet à la destinataire dès les premières lignes de « donner l'histoire de [sa] vie »[6], ce ne sera pas celle de Jean-François-Paul de Gondi, mais celle du cardinal de Retz, puisque le titre du manuscrit est *Vie du cardinal de Rais* ; par son titre et par son nom cette vie se trouve directement rattachée à des notions proprement politiques, à une place précise dans l'espace public. Du reste, l'ensemble des épisodes du récit le montre extrêmement sourcilleux sur le sujet des règles sociales et du respect de l'étiquette à travers de multiples conflits de droits ; les combats politiques s'apparentent ainsi souvent à un conflit sur l'occupation des sols. Or la majeure partie du texte, on le sait, est consacrée à la Fronde, vaste conflit de droits, et crise sinon de légitimité, du moins de légalité, à une époque où il n'est pas (encore ?) sûr que l'État, ce soit (uniquement) le Roi. En présentant les causes de ces événements, Retz insiste fortement sur le lieu où il faut les chercher : les lois et la structure du pouvoir monarchique français. Le récit proprement dit des événements de la Fronde dans ses *Mémoires* débute en effet par un célèbre passage discursif que l'on se propose ici de relire en le reliant aux thèses politiques de Pascal.

Cette explication se présente à nous d'une façon fort solennelle. Elle est séparée typographiquement par un espace blanc du récit qui la précède, elle adopte un ton grave et sérieux, sans plaisanterie ou ironie pour l'« égayer »[7], elle multiplie les références savantes et historiques, et est rehaussée par l'emploi de tout un lexique à forte teinture religieuse : sainteté et caractère sacré des lois, parallèle entre Dieu et le roi, épisode de profanation. C'est à coup sûr une position originale, si l'on compare avec cet autre frondeur que fut La Rochefoucauld, lequel dans ses *Mémoires* privilégie des causalités psychologiques, comme les promesses non tenues à Mme de Chevreuse et à ses amis lors de leur retour à la cour et les frustrations qui en naissent, et donne des premiers troubles une version bien plus graduelle, raisonnée et économique, beaucoup moins « essentialiste » et métaphorique :

> On commençait à se lasser de la domination du cardinal Mazarin : sa mauvaise foi, sa faiblesse et ses artifices étaient connus ; il accablait les provinces par des impôts, les villes par des taxes, et il avait réduit au désespoir les bourgeois de Paris par la suppression des rentes de l'Hôtel de Ville. Le Parlement portait impatiemment ces désordres ; il essaya d'abord d'y remédier par des remontrances à la Reine et par des voies respectueuses ; mais il se disposait à en prendre d'autres, puisque celles de la douceur étaient inutiles [8].

Or, pour Retz, la vraie cause est plus ancienne :

> [...] cette méprise [de la part de Mazarin] fut l'occasion de la guerre civile. Je dis l'occasion ; car il en faut, à mon avis, rechercher et reprendre la cause de bien plus loin [9],

et la psychologie n'y est pas première, puisqu'il insiste à plusieurs reprises sur l'idée selon laquelle c'est le dérèglement des lois qui cause insensiblement celui des esprit, et non l'inverse :

> [...] ce n'est pas sans sujet que je vous ai dit, en plus d'un endroit de ce récit, que l'on ne doit rechercher les causes de la révolution que je décris que dans le dérangement des lois, qui a causé insensiblement celui des esprits, et qui fit que devant que l'on se fût presque aperçu du changement, il y avait déjà un parti [10].

Si la Fronde est un temps de folie, c'est d'abord parce que la mécanique du pouvoir est affolée, comme on le dit d'une boussole. Ce dérèglement va alors se déployer dans bien d'autres domaines : les lois de causalité, comme ici le « parti » né du désordre qui précède la perception du désordre, le langage (où l'on trouve d'ailleurs le nom de Pascal par le biais d'une référence aux *Provinciales* [11]), l'habillement, les gestes et les galanteries.

On ne s'étonnera donc pas de voir Retz remonter aux sources et débuter ainsi son développement : « Il y a plus de douze cents ans que la France a des rois » [12]. Mais cette tournure présentative fort neutre, proche du *es gibt* allemand, n'est suivie d'aucun récit d'origine, d'aucune légitimation de la présence des rois. Le « il y a » est sans cause, sans raison. Il n'existe pas non plus de code qui viendrait *a posteriori* fixer cette structure politique, puisqu'il ajoute immédiatement : « Leur autorité n'a jamais été réglée, comme celle des rois d'Angleterre et d'Aragon, par des lois écrites » [13].

L'existence du pouvoir n'est donc justifiée ni par une hypothétique assemblée initiale d'égaux, ce qui serait la version aristocratique, celle que l'on trouve par exemple chez Saint-Simon [14], ni par une intercession divine, version théocratique qui est la pierre angulaire du *Discours sur l'histoire universelle* de Bossuet, ni par un contrat passé par l'ensemble de la société, version qui s'inscrirait dans la filiation de Hobbes.

Cette question de l'origine est d'ailleurs reprise par Retz quelques pages plus loin, de façon prudente, et l'on va vite comprendre pourquoi. Il prend en effet trois exemples géographiques et historiques différents d'établissement d'un nouveau pouvoir : l'empire romain, l'empire ottoman, la monarchie française. Le rapprochement peut déjà paraître scandaleux, il l'est encore plus car chaque prise de pouvoir se caractérise par le meurtre, l'usurpation, et une véritable vampirisation du pouvoir précédent ; la force des empereurs romains

> s'évanouit par le moyen de ceux mêmes qui, s'étant rendus maîtres et de leur sceau et de leurs armes, ... convertirent en leur propre substance celle de leurs maîtres, qu'ils sucèrent, pour ainsi parler, de ces lois anéanties [15].

Les querelles des Turcs se règlent, comme dans *Bajazet*, par le lacet, mais surtout Pépin le Bref et Hughes Capet sont mis sur le même plan que les exemples précédents. Eux aussi ont accédé au pouvoir illégitimement, par usurpation [16]. Il n'est guère difficile de comprendre que Henri IV, dont l'image est pourtant positive dans le texte, s'inscrit dans une certaine mesure dans le même prolongement. Or Retz ne condamne pas cette illégitimité, pas plus qu'aucun passage de l'ensemble des *Mémoires* ne révèle des convictions anti monarchistes.

Le politique n'a donc pas d'autre justification que d'être là, et dans la mesure, on va le voir bientôt, où il ne tombe pas dans les travers qu'il est supposé empêcher. Retz s'inscrit dès lors, aussi paradoxale que puisse paraître cette affirmation, dans la longue tradition, de Montaigne à Pascal, en passant par Descartes, d'une soumission à l'ordre établi, ce qui permet de comprendre pourquoi il n'a dans ce cadre aucune stratégie, aucune alternative politique – d'où le refus des avances de Cromwell ou le soutien constant à Charles II – mais seulement des tactiques, plus ou moins heureuses. La nature politique est en fait une simple coutume, qui est devenue le cadre naturel, le seul où l'on se meut et où l'on pense. Cet effet de coutume est également énoncé par Pascal à propos justement du respect et de la terreur qu'éprouve le peuple face au roi et à sa suite :

> Et le monde qui ne sait pas que cet effet vient de cette coutume, croit qu'il vient d'une force naturelle. Et de là viennent ces mots : le caractère de la divinité est empreint sur son visage, etc. [17]

Si l'on n'est pas dupe de cette origine seulement postulée, le corollaire de son absence est qu'il ne peut y avoir de récit historique proprement dit, l'histoire des hommes étant soumise, du moins à leur hauteur, à une absence de plan, que ce plan soit cyclique, progressif ou orienté vers la décadence. Ainsi la liste des rois qui ont su gouverner (saint Louis, Charles V, Louis XII, Henri IV) et de ceux qui ne l'ont pas su (les derniers Mérovingiens et les derniers Carolingiens, Louis XI, François Ier, Charles IX) ne dessine aucun ordre. Il en résulte que la Fronde n'était pas inéluctable :

> [..] si M. de Beaufort eût eu le sens commun, ou si Monsieur de Beauvais n'eût pas été une bête mitrée, ou s'il eût plu à mon père d'entrer dans les affaires, ces collatéraux de la Régence auraient été infailliblement chassés avec honte, et la mémoire du cardinal de Richelieu aurait été sûrement condamnée par le Parlement avec une joie publique [18].

La conclusion est claire : il importe de ne pas s'interroger sur la légitimité du pouvoir, car ce serait alors entrer en un débat sans fin, et surtout sans solution ; c'est d'ailleurs, on le verra un peu plus loin, ce qui va déclencher les troubles. Il faut donc toujours jeter un voile sur ce point, en faire un secret, opinion là encore qui croise étonnamment celle de Pascal ; pour l'un comme l'autre, là réside en essence ce que fut la Fronde, sa faute originelle.

Par contrecoup se pose un grave problème, celui de l'exercice de ce pouvoir, donc de sa survie. Retz semble ne donner à cette question qu'une réponse décevante, sinon simpliste, qui apparaît comme un *topos* :

> Les monarchies les plus établies et les monarques les plus autorisés ne se soutiennent que par l'assemblage des armes et des lois ; et cet assemblage est si nécessaire que les unes ne se peuvent maintenir sans les autres. Les lois désarmées tombent dans le mépris ; les armes qui ne sont pas modérées par les lois tombent bientôt dans l'anarchie [19].

L'opposition pascalienne de la force et la justice apparaît plus forte conceptuellement. Mais il est vrai que Retz réfléchit surtout à la façon dont le pouvoir peut se maintenir, et la société avec lui. La vertu du souverain réside dès lors tout logiquement en une autolimitation du pouvoir, un « règlement » de lui-même. On retrouverait ici, avec un sens légèrement altéré, la thématique de l'autorité retirée. En effet :

> Les rois qui ont été sages et qui ont connu leurs véritables intérêts ont rendu les parlements dépositaires de leurs ordonnances, particulièrement pour se décharger d'une partie de l'envie et de la haine que l'exécution des plus saintes et même des plus nécessaires produit quelquefois [20].

Le pouvoir est décrit explicitement comme une violence nécessaire, et le Parlement, dont le texte ne dresse pas l'acte de naissance, ne fait figure que d'instrument de bonne gestion du pouvoir, et non de second lieu concurrentiel de pouvoir : il n'est, si l'on peut se permettre cet anachronisme, qu'un fusible. Le raisonnement se poursuit par une comparaison partielle avec la divinité, en traçant le rapport des lois et des rois : « Ils n'ont pas cru s'abaisser en s'y liant eux-mêmes, semblables à Dieu, qui obéit toujours à ce qu'il a commandé une fois » [21]. Mais cette analogie n'est pas parfaite, puisqu'« il n'y a que Dieu qui puisse subsister par lui seul » [22].

C'est que le roi est humain, trop humain. Il est lui aussi un roi de concupiscence, capable d'outrepasser son pouvoir, ou plutôt, puisqu'il n'y a aucun frein constitutionnel, souvent incapable de résister à la possibilité d'exercer tout son pouvoir. Le raisonnement de Retz sur ce point n'est guère éloigné de cette citation du *Discours sur la condition des grands* :

> Il est bon, Monsieur, que vous sachiez ce que l'on vous doit, afin que vous ne prétendiez pas exiger des hommes ce qui ne vous est pas dû ; car c'est une injustice visible : et cependant elle est fort commune à ceux de votre condition, parce qu'ils en ignorent la nature [23].

Le juste pouvoir y est également exercice de pondération :

> Ce n'est point votre force et votre puissance naturelle qui vous assujettit toutes ces personnes. Ne prétendez donc point les dominer par la force, ni les traiter avec dureté. Contentez leurs justes désirs ; soulagez leurs nécessités ; mettez votre plaisir à être bienfaisant ; avancez-les autant que vous le pourrez, et vous agirez en vrai roi de concupiscence [24].

Or cette dureté est par exemple celle du surintendant Emery, qui affirmait « que la foi n'était que pour les marchands » et « ne cherchait que des noms pour trouver des édits » [25], et à travers elle se lit celle de Mazarin, jointe à son ignorance.

L'équilibre périlleux qu'il faudrait alors réaliser est décrit par Retz comme « ce sage milieu que nos pères avaient trouvé entre la licence des rois et le libertinage des peuples » [26]. La cause de tout ce montage complexe réside, comme l'indiquait la référence citée plus haut à la haine et à l'envie, en une nature humaine mauvaise, qui suit une pente dangereuse pour la cohésion de l'être-ensemble, toujours menacé de deux maux, la tyrannie ou l'anarchie, présentés ici comme étroitement solidaires. Avec la « licence » des rois, où l'autorité ne se connaît plus de bornes, on entre dans le domaine de l'arbitraire qui s'affirme comme tel, du remplacement de cette première nature politique par une seconde, où le ministre usurpe le pouvoir du roi, où les « justes désirs » ne sont plus contentés, où le corps social entre en léthargie [27]. Par suite logique, la violence sous toutes ses formes et l'intérêt personnel l'emportent [28].

Le « libertinage » des peuples est une notion ici éminemment plus riche : il éclate, quasiment au sens religieux du terme, lors de la scène de la « profanation » qui représente la seconde cause des troubles, mais qui ne prend sens que dans le cadre général que nous avons tenté d'expliciter. La narration de cette coupure historique, dramatisée par un style coupé qui porte à croire, cette fois-ci, à son inéluctabilité, conjugue le domaine de la parole prise et celui d'une profanation [29] ; il s'agit en un sens d'un blasphème :

> Il [le Parlement] gronda sur l'édit du tarif ; et aussitôt qu'il eut seulement murmuré, tout le monde s'éveilla. L'on chercha en s'éveillant, comme à tâtons, les lois : l'on ne les trouva plus ; l'on s'effara, l'on cria, l'on se les demanda ; et dans cette agitation les questions que leurs explications firent naître, d'obscures qu'elles étaient et vénérables par leur obscurité, devinrent problématiques ; et dès là, à l'égard de la moitié du monde, odieuses. Le peuple entra dans le sanctuaire : il leva le voile qui doit toujours couvrir tout ce que l'on peut dire, tout ce que l'on peut croire du droit des peuples et de celui des rois qui ne s'accordent jamais si bien ensemble que dans le silence. La salle du Palais profana ces mystères [30].

On comprend mieux pourquoi, dans de telles conditions, la *question* reprend son sens de « torture » : c'est qu'elle ne connaît aucune réponse, la nature du pouvoir étant précisément de n'être pas naturelle. La rupture du silence, de ce pacte tacite si essentiel, inaugure, loin d'un retour à la nature première du régime, une seconde coutume, mauvaise celle-ci, car elle s'essoufflera inutilement dans la quête d'impossibles nouvelles légitimités. Le vide découvert conduit à un trop-plein : le cœur historique est lui aussi simultanément creux et plein d'ordures. C'est ce paradoxe que déplieront les

Mémoires, lesquels condamnent clairement toute tentative de dire ou d'écrire le droit du royaume, tentatives finissant au choix dans le ridicule ou dans le sang. Or il est extrêmement frappant de trouver sous la plume de Pascal, dans les *Pensées*, une condamnation qui semble préfigurer celle que nous venons de lire :

> L'art de fronder, bouleverser les états est d'ébranler les coutumes établies en sondant jusque dans leur source pour marquer leur défaut d'autorité et de justice. Il faut, dit-on, recourir aux lois fondamentales et primitives de l'état qu'une coutume injuste a abolies. C'est un jeu sûr pour tout perdre ; rien ne sera juste à cette balance [31].

Mais cette nature historique de l'homme, toute composée d'interrogations sans fin, est en fait une seconde nature, si bien que dans cette scène originelle elle peut renouer symboliquement avec l'état de l'humanité d'après la chute. Chez saint Augustin le lien entre la faute originelle et l'entrée de l'humanité en histoire est étroitement et fréquemment souligné, et Bérulle condamne en ces termes les philosophies de l'impassibilité ou du plaisir :

> En cet égarement de la nature, quelques-uns ont pensé prendre un chemin différent et s'élever plus haut en tenant des maximes impossibles à la nature. Le monde les estime et ils me font pitié, un Sénèque, un Épictète, car ce peu de bien qui reste à la nature ils l'ont converti en ténèbres... En cela seul ils sont louables de ce qu'ils sentent quelque chose de la dignité première de leur nature, mais ils ne savent pas ce qu'ils ont perdu en Adam et ce que nous avons recouvré en Jésus-Christ, et ils cherchent en eux-mêmes ce qui n'est pas en eux-mêmes et ainsi ils sont toujours cherchants et jamais ne trouveront [32].

Or, en décrivant les débuts de la Fronde en des termes fort proches [33], Retz se réfère également à un « égarement de la nature politique », dans toutes les pratiques politiques antécédentes [34]. L'égarement est à son comble puisque toutes les fautes politiques commises reposent sur cette même volonté d'être à soi-même sa propre légitimité, le Parlement n'étant ici qu'un cas exemplaire ; les nobles et les ministres suivront bientôt. Or Retz a prévenu très clairement : « Il n'y a que Dieu qui puisse subsister par lui seul. »

Les acteurs politiques sous Richelieu puis sous la Fronde, ainsi dans une certaine mesure que les cardinaux après la mort d'Innocent X [35], sont dans une situation similaire ; ils essaient de remplacer « ce qui ne se retrouve jamais, jamais » : le garant d'une vraie pacification. Leur action, on l'a vu, est précisément une erreur, Retz semblant penser comme Pascal qu'en politique « ce qui est fondé sur la saine raison est bien mal fondé, comme l'estime de la sagesse »[36].

Les structures politiques et juridiques sont en conséquence destinées à imposer silence à ce qui doit être enfoui, refoulé, c'est-à-dire la violence, donnée ou subie, de la nature humaine. Elles ont pour fonction de recouvrir l'anthropologique, de l'annuler, et cette annulation est la seule justification que l'on puisse leur conférer. Il ne peut donc être question d'âge d'or, comme on le croit au début de la Régence[37], mais tout au plus d'un âge de fer atténué.

La société est nécessaire à ces fins, tout comme les règles de sociabilité, car elles sont une démultiplication du « sage milieu », et la seule garantie, sous le secret du voile, d'une juste place de chacun, et d'une élimination du fond de peur et d'orgueil que la moindre interrogation met à nu. On comprend mieux que Retz paraisse si sourcilleux sur ce point, car nulle question n'est plus politique, ni plus symbolique de l'ordre universel. Il faut rappeler ici que Nicole assurait qu'

> on peut [...], et l'on doit même se rendre exact aux devoirs de civilité que les hommes ont établis : et les motifs de cette exactitude sont non seulement très justes, mais ils sont même fondés sur la loi de Dieu[38].

Cette réflexion sur le droit et la politique, inscrite au début du récit de la Fronde, repose fondamentalement sur une vision pessimiste de la nature humaine, même si cette dernière est donnée à lire dans les *Mémoires* sous le signe du risible et du comique, mais sans doute faut-il y voir une persistance de l'héritage humaniste. De cette vision pessimiste on peut décliner quelques traits essentiels qui amènent à lire autrement le récit d'une période troublée, la Fronde, dont Retz, contrairement à une idée reçue, ne fait jamais l'apologie. On a pu constater combien au contraire il en dénonce l'illégitimité.

La nature humaine est une résultante énigmatique de l'inertie, de l'incapacité à décider, de la peur, de l'orgueil et de l'intérêt. Seul un consensus muet autour d'un pouvoir à l'origine douteuse permet son fonctionnement paisible. L'absence de sagesse des rois les conduit à mettre à bas cet édifice, par intérêt personnel. Ces mauvais « rois de concupiscence » se voient alors supplantés par leurs ministres, et toute la société bascule dans le désordre et l'usurpation, puisque la perte d'un ordre général libère les intérêts particuliers jusque-là contenus. La Fronde devient alors une vaste expansion sans fin des trois *libidines*, et la guerre civile doit être lue comme une projection de la *camera obscura* de l'humanité, la mise en récit d'une psychomachie, de la guerre que se livrent les mois, inversant la métaphore filée du gouvernement de l'État et de celui du moi qu'utilise Senault dans *De l'usage des passions* [39]. La digression historique de Retz porte alors en elle toute la problématique des *Mémoires* : problématique politique, le récit sera constitué de la chaîne sans fin des usurpations et des déséquilibres ; problématique personnelle, puisque l'Histoire est la marque et le révélateur de l'humaine condition ; problématique autobiographique enfin, car le commerce entretenu avec la destinataire vient annuler les mauvaises règles de sociabilité issues de la scène de profanation. Si Retz se trouve si proche de l'augustinisme politique en décrivant les causes profondes de la Fronde, et si dans les *Mémoires* les lois définissent l'identité des hommes, l'œuvre du cardinal mérite une nouvelle appréciation [40].

NOTES

1. Pascal, *Pensées*, édition Lafuma, « Points », Le Seuil, Paris, 1962, fr. 85, p. 59.

2. Mais certains témoins le mentionnent en termes tout à fait anodins, comme Olivier Lefèvre d'Ormesson, ou Dubuisson-Aubenay.

3. Ce travail de rectification est dans une très large mesure menée par Simone Bertière, *La Vie du cardinal de Retz*, Éditions de Fallois, Paris, 1990.

4. Les travaux de Christian Jouhaud, pour se limiter à cette seule référence, permettent d'échapper à cette forme de raisonnement où l'événement historique ne vaudrait que comme préparation, habile scène de transition d'un quelconque dramaturge.

5. La correspondance de Retz, comme celle de Mme de Sévigné, en témoigne. Mentionnons également les « conférences » sur le cartésianisme organisées en 1677 pour « désennuyer » le cardinal à l'abbaye de Saint-Mihiel, sujet stratégique à cette époque comme le montre Henri Gouhier dans *Cartésianisme et augustinisme au XVIIe siècle*, « Bibliothèque d'histoire de la philosophie », Vrin, Paris, 1978.

6. Retz, *Mémoires*, édition de Simone Bertière, classiques Garnier, Garnier, Paris, 1987, tome I, p. 127.

7. Alors que cette pratique est essentielle tout au long de l'œuvre pour constituer la relation entre le mémorialiste et sa destinataire, et que le verbe « égayer » revient fréquemment dans les indications de « régie » du mémorialiste.

8. La Rochefoucauld, *Mémoires*, in *Œuvres complètes*, édition revue et augmentée par Jean Marchand, « La Pléiade », Gallimard, Paris, 1964, pp. 79-80.

9. Retz, tome I, p. 283.

10. Retz, tome I, p. 323.

11. Retz, tome I, p. 540 : « Je ne crois pas que vous ayez vu dans les *Petites Lettres* de Port-Royal de noms plus saugrenus que ceux-là [...] », et *ibid.*, tome II, p. 317 : « C'était au moins un de ces soufflets problématiques dont il est parlé dans les *Petites Lettres* de Port-Royal. »

12. Retz, tome I, p. 283.

13. Retz, tome I, p. 283.

14. Cf. Saint-Simon, *Mémoires*, éd. Yves Coirault, « Bibliothèque de la Pléiade », Gallimard, Paris, 1985, tome V, pp. 3-97.

15. Retz, tome I, p. 285.

16. Retz, tome I, p. 285 : « Mais pourquoi chercher des exemples étrangers où nous en avons tant de domestiques ? Pépin n'employa pour détrôner les Mérovingiens, et Capet ne se servit pour déposséder les Carolingiens, que de la même puissance que les prédécesseurs de l'un et de l'autre s'étaient acquise sous le nom de leurs maîtres. »

17. Pascal, *Pensées*, *o.c.*, fr. 25, p. 39.

18. Retz, tome I, pp. 267-268.

19. Retz, tome I, p. 285.

20. Retz, tome I, pp. 284-285.

21. Retz, tome I, p. 285. Retz démarque ici étroitement le *Discours sur la députation du parlement à monsieur le prince de Condé*, du 16 avril 1649, à deux exceptions notables : il efface la prétention du Parlement à être aussi ancien et aussi légitime que la monarchie, et il omet le renvoi à la pensée d'un père de l'Église, dont nous n'avons pu établir l'identité (cf. Philip Butler, *Classicisme et baroque dans l'œuvre de Racine*, Nizet, Paris, 1959, p. 74, note 246).

22. Retz, tome I, p. 285.

23. Pascal, *Discours sur la condition des grands*, in *De l'esprit géométrique – Écrits sur la grâce et autres textes*, Garnier-Flammarion, Flammarion, Paris, 1985, p. 231.

24. *Ibid.*, pp. 233-234.

25. Retz, tome I, p. 290.

26. Retz, tome I, p. 283 ; le texte se poursuit ainsi : « Ce milieu a été considéré par les bons et sages princes comme un assaisonnement de leur pouvoir, très utile même pour le faire mieux goûter aux sujets ; il a été regardé par les mal habiles et par les mal intentionnés comme un obstacle à leurs dérèglements et à leurs caprices. » À cette aune, la plupart des princes sont des demi-habiles, et bien peu raisonnent avec la pensée de derrière.

27. Retz file ainsi une longue métaphore entre la France et un corps malade, où la léthargie, l'« abattement », est confondue avec la bonne santé (tome I, pp. 289-290).

28. On retrouverait les mêmes analyses à propos de Richelieu dans les *Mémoires* de Pontis, œuvre issue de Port-Royal.

29. Rappelons qu'étymologiquement *profanus* signifie « qui est hors du temple ». L'Histoire sort alors de ses gonds, et Retz emploie souvent à propos de cette période le terme fort expressif de « dégingandement ».

30. Retz, tome I, p. 291.

31. Pascal, *Pensées*, *o.c.*, fr. 60, p. 52.

32. Cité par J. Dagens, « Le XVIIe siècle, siècle de saint Augustin », C.A.I.E.F., juillet 1953, nᵒˢ 3-4-5, pp. 33-34.

33. On pourrait encore citer ici Pascal, *Pensées*, *o.c.*, fr. 148, p. 86 : « Qu'est-ce donc que nous crie cette avidité et cette impuissance sinon qu'il y a eu autrefois dans l'homme un véritable bonheur, dont il ne lui reste maintenant que la marque et la trace toute vide et qu'il essaye inutilement de remplir de tout

ce qui l'environne, recherchant des choses absentes le secours qu'il n'obtient pas des présentes, mais qui en sont toutes incapables parce que ce gouffre infini ne peut être rempli que par un objet infini et immuable, c'est-à-dire que par Dieu même. »

34. Comme l'attachement de Richelieu aux « puérilités», la cabale des Importants et le rôle du duc de Beaufort, une partie de l'entourage du comte de Soissons. Il y a là des formes de « folie », parfois même on frise l'infantilisme.

35. La troisième partie des *Mémoires* se déroule en effet à Rome, et décrit longuement le conclave qui élit Alexandre VII, ainsi que le début du pontificat de ce dernier.

36. Pascal, *Pensées, o.c.*, fr. 26, p. 39.

37. Retz, tome I, p. 261 : "[...] La Feuillade [...] disait qu'il n'y avait plus que quatre petits mots dans la langue française : « La Reine est si bonne ! »"

38. Cité par Jean Lafond, *La Rochefoucauld - Augustinisme et littérature*, Klincksieck, Paris, 1977, note 160, p. 110, qui commente en ces termes cette phrase : « Dieu ayant voulu que l'homme vive en société, la raison et la foi s'accordent pour que nous préservions cette société en nous efforçant d'y maintenir la paix. »

39. Dans cet ouvrage, la psychomachie est en effet perpétuellement comparée au (bon ou mauvais) gouvernement d'un royaume.

40. Que l'on nous permette de renvoyer ici à notre travail de doctorat, soutenu à l'Université de Paris IV en décembre 1990, intitulé : *Les « Mémoires » du cardinal de Retz : autobiographie et augustinisme au XVIIe siècle.*

Après la communication de Frédéric Briot

Thérèse Goyet — « Le peuple entra dans le sanctuaire... » Retz est un théologien, alors qu'on ne voit en lui qu'un frondeur. Il a été admiré par Bossuet.

Pierre Force — Machiavel écrit que la France est un des pays les mieux gouvernés parce qu'il y a une répartition des rôles entre le Roi qui distribue les faveurs et le Parlement qui punit.

Jean Mesnard — Pascal était anti-frondeur, mais il s'opposait à tout le monde dans le milieu qu'il fréquentait. Port-Royal était presque entièrement proche de la Fronde, ce qui explique en partie ses malheurs ultérieurs.

Koji KAWAMATA

Les soulèvements populaires et Pascal

Je me permets d'abord de citer un passage remarquable de l'étude monumentale sur les soulèvements populaires en France de 1623 à 1648 de Boris Porchnev à qui je dois beaucoup.

Selon Porchnev, « le gouvernement [de Richelieu] jetait en même temps sur sa politique fiscale un discrédit qui ne pouvait échapper à l'attention des gens les moins avertis en matière de politique financière ou de questions militaires, car chacun était en mesure de se demander, si les frais d'entretien de l'armée devaient être en majeure partie couverts par les impositions supplémentaires, où pouvaient donc s'engloutir les énormes recettes provenant des impôts directs et indirects, de la vente d'offices, des monopoles, des emprunts, etc. La réponse s'imposait d'elle-même : la plus grande partie des recettes avaient un autre emploi. Les masses populaires en France se rendaient parfaitement compte que la seule fonction relativement progressiste de l'absolutisme, l'achèvement de l'unité nationale et la défense des frontières de la France, servait trop souvent de couverture à d'autres actions, nullement progressistes celles-là ; le peuple se rendait compte qu'on le ruinait afin que la cour et la noblesse, les fermiers des impôts et les officiers pussent vivre dans le luxe ; ainsi était levé le dernier obstacle idéologique au déclenchement d'un soulèvement populaire anti-absolutiste, préparé par les conditions sociales et économiques dues à la pression fiscale »[1].

À l'égard des créanciers de l'État et des rentiers, le gouvernement de Richelieu agissait de façon extrêmement désinvolte. Il les traitait avec fort peu de considération, se permettant les non-paiements d'arrérages, les ajournements et les réductions des paiements garantis aux détenteurs de rentes. Il s'était volontiers décidé même à une pure et simple expropriation, si les rentiers, en grand nombre, n'avaient riposté à ces atteintes par des troubles ou des émeutes importantes. C'est la raison pour laquelle Étienne Pascal, magistrat honnête, a pris part à une réunion de protestation des rentiers de l'Hôtel de Ville de Paris et, craignant d'être arrêté, s'est caché chez des amis et réfugié en Auvergne en l'année 1638. Selon Tallemant des Réaux, Étienne se mit à la tête, avec un avocat nommé de Bourges, de quatre cents souscripteurs spoliés ; ce sont des façons de faire que Richelieu n'aimait pas. De Bourges fut mis à la Bastille.

L'année suivante, grâce à Jacqueline qui a tenu le rôle principal dans une comédie de Scudéry jouée devant Richelieu et peut-être grâce aux bons offices de Mme d'Aiguillon, Étienne, ayant reçu le pardon du cardinal, s'est vu confier la charge de commissaire pour l'impôt en Haute-Normandie. Histoire étonnante. On ne saurait pénétrer dans la pensée du cardinal en cette occurrence, mais on ne peut pas douter que la charge de commissaire pour l'impôt n'ait été pour Étienne une très dure épreuve plutôt qu'un grand honneur, puisque les commis pour l'impôt étaient, surtout en la Basse et la Haute-Normandie, en butte à la haine et à l'hostilité des paysans, des Nu-pieds, de la masse populaire.

Ch. Bernard, le premier historien du règne de Louis XIII et conseiller d'État de ce roi, commence son récit du soulèvement des Nu-pieds par ces mots : « La Normandie, très fertile et très riche, devait payer une somme d'impôts qui était fournie également par d'autres provinces sans la moindre résistance, bien que souvent ces autres régions fussent moins riches et moins étendues. Mais certaines parties de la Normandie possédaient une population récalcitrante, ce qui amena les révoltes. » Présentation superficielle et trompeuse. En réalité, les cahiers des États de Normandie au XVIIe siècle sont pleins de doléances. En effet, la Normandie, qui représente en richesse et en étendue un douzième du royaume, est la province la plus grevée de tout le royaume. Cela s'explique autant par l'abondance de ses ressources économiques que par la place qu'elle occupait dans la monarchie française.

Le 2 janvier de l'année 1640, Étienne Pascal, commissaire royal, arrive à Rouen avec la suite du chancelier Séguier, qui avait pour mission d'étouffer les séditions, d'une part, et, d'autre part, de procéder à des représailles exemplaires à l'égard de tous les émeutiers rouennais et normands. La famille Pascal s'installe dans une maison rue des Murs-Saint-Ouen, paroisse Sainte-Croix.

Énumérons ensuite quelques événements si marquants que le jeune Pascal, d'autant plus qu'il aidait son père dans son travail fiscal, ne pouvait y être insensible.

Juste avant l'arrivée de la famille Pascal à Rouen, en novembre 1639, l'armée de Jean de Gassion – stratège notoire de la guerre de Trente Ans –, constituée de huit régiments d'infanterie et de quatre régiments de cavalerie et de Picards et de mercenaires étrangers, a pris la ville de Caen, le plus grand centre de la Basse-Normandie. Pendant que l'armée victorieuse s'adonnait au pillage et au massacre, le nommé La Poterie, intendant de justice, qui était auprès de l'état-major de l'armée, torturait et condamnait à mort les Bras-Nus participant au soulèvement. Après l'exécution, leurs corps furent écartelés et exposés aux portes de la ville. Bigot de Monville, chroniqueur d'alors, rapporte le fait tel qu'il était : « La foule assistait en silence aux exécutions ; un seul prêtre osa, pendant une messe à laquelle assistait Gassion, lui adresser un vague reproche. » Après les exécutions, la ville de Caen se vit encore infliger une contribution de guerre de soixante mille livres.

Ensuite, le 30 novembre, l'armée de Gassion arriva par surprise, par un chemin détourné, aux portes d'Avranches, vrai centre d'opération révolutionnaire. Après une longue bataille qui dura quatre heures et demie selon Tallemant des Réaux, l'armée d'État finit par l'emporter. On ne put pas évaluer le nombre de Nu-pieds tués. Tous les vivants capturés et tous les prisonniers furent pendus, à l'exception de dix ; à l'un d'eux on promit qu'il aurait la vie sauve, à condition qu'il pende les autres. Une fois la pendaison exécutée, il put quitter le pays et se fit ermite.

Après un séjour à Avranches, l'armée de Gassion se dirigea sur Rouen, ruinant tout sur son passage. « Ce sont voleurs et non pas des soldatz » : tel fut le mot de Séguier lui-même dans un mémoire envoyé à Richelieu. Ce fut le 31 décembre que l'armée démoniaque occupa la ville rebelle dont les faubourgs furent « du tout ruynez et abandonnez des habitants se retirant dans les bois ». Ce fut la ville dévastée de Rouen que la famille Pascal a vue à son arrivée. Séguier proclama à toute la ville l'inviolable déclaration du roi : « À partir d'aujourd'hui vous devez le savoir : si le bonheur d'un peuple réside dans la fidélité et l'obéissance à son souverain, d'autre part son malheur naît toujours de l'infidélité et de la rébellion. » Le 5 janvier commencèrent la recherche de coupables, les tortures pour trouver les chefs ou des responsables cachés ou disparus. Comme on n'avait pu les trouver, la répression s'abattit sur plusieurs émeutiers détenus en prison, un jeune homme appelé Gorin et ses compagnons. Ce qui produisit alors un effet foudroyant dans toute la France, ce fut l'ordre verbal de l'exécution capitale sans aucune procédure judiciaire, émis par Séguier de sa propre autorité. L'exécution eut lieu le 7 janvier. On avait interdit aux habitants sous peine de mort de sortir de leurs maisons pendant le supplice. Toutes les troupes armées étaient sur la place de l'exécution et aux environs. Un contemporain raconte : « L'exécution s'est faite si paisiblement qu'il n'y avait aucun trouble et qu'il ne s'est entendu aucune voix après qu'on leur a chanté un

Salve Regina seul. » Blaise, sans doute, écoutait, dans sa chambre rue des Murs-Saint-Ouen, le silence profond. Blaise savait certainement que, l'année précédente, les émeutiers, les Gorins, avaient souvent détruit, lapidé et pillé les maisons de fermiers alignées sur la même place Saint-Ouen.

Le 18 janvier, Séguier demanda à l'assemblée générale de la bourgeoisie de Rouen de garantir la soumission au roi ou de préférer l'envoi d'une garnison de six mille soldats. La bourgeoisie de Rouen fut chargée, par la suite, de l'énorme contribution de plus d'un million de livres pour couvrir les pertes des fermiers et des argentiers. Et, en plus des impôts ordinaires, on décréta une nouvelle imposition sur toutes les marchandises vendues dans la ville et un nouveau tarif spécial sur les différents produits agricoles et industriels. Étienne Pascal, commissaire royal, devait porter un lourd fardeau. Quant à Blaise, le commencement de la lettre dédicatoire à Séguier sur le sujet de la machine arithmétique atteste que le fils pénétrait dans l'intimité des affaires fiscales de son père. Blaise ignorait-il que David Codoing par exemple, contrôleur en l'élection, receveur du taillon, fut massacré en 1636 avec son fils Louis, qu'il employait à la recette du taillon par les plébéiens révoltés d'Agen [2] ?

Il faut ajouter qu'à Clermont-Ferrand et à Issoire aussi, les troubles populaires continuèrent de l'année 1635 à 1643, à l'exception des années 1638 et 1639. Des rapports à Séguier de la part des commissaires royaux envoyés en Auvergne nous apprennent que le commissaire de Chaulnes et l'intendant de Sève avaient de la difficulté à apaiser des révoltés, même sous la protection des chevau-légers du baron de Saillans, neveu de l'évêque de Clermont, et qu'il y avait de mauvais fermiers, un Ferrier par exemple, disparus dans la brume. Florin Périer et Gilberte Pascal – nouveaux mariés – y étaient en proie à une vive anxiété, Florin étant conseiller d'une Cour des aides que le peuple regardait comme une assemblée de gabeleurs.

Certainement, Blaise Pascal a vu deux guerres civiles : les soulèvements populaires qui vont de 1623 à 1648 et la Fronde qui va de 1648 à 1653. Tandis que la Fronde a été une lutte rétrograde entre l'autorité monarchique, la haute noblesse et le Parlement, les soulèvements des Va-nu-pieds ont été une vraie révolution prolétarienne, quoiqu'avortée misérablement. Et ce qui est remarquable, c'est le fait que nous pouvons effectivement voir que, pendant plusieurs mois, se maintint en Normandie et ailleurs un certain équilibre de force entre l'armée royale et les émeutiers prolétaires [3] – événement propre à bouleverser tous les esprits français. Le jeune Blaise, obligé d'être ainsi que son père, par sa condition sociale, partisan du régime établi et des gabeleurs, n'a pas pu ne pas avoir conscience de la crise catastrophique. C'est aussi le cas de Bosquet, intendant de Languedoc, plus tard évêque de Lodève et ambassadeur auprès du pape, envoyé de la part de Pierre de Marca, qui supplie le chancelier Séguier, le 12 mai 1645, « de [lui] vouloir donner [s]on congé à bonne heure et pendant qu'[il peut se] retirer avec honneur, auparavant qu'[il soit] obligé de voir et souffrir les dernières extrémités de la province, et d'augmenter les calamités au lieu de les soulager ». Un autre intendant a écrit : « Tous les habitants de cette ville sont divisés et prêts de s'entrecouper la gorge les uns aux autres. »

Nous pouvons trouver de graves répercussions des soulèvements populaires sur des pensées politiques, philosophiques et spirituelles de Blaise Pascal. Par exemple, le fragment n° 434 Lafuma :

> Qu'on s'imagine un nombre d'hommes dans les chaînes, et tous condamnés à la mort, dont les uns étant chaque jour égorgés à la vue des autres, ceux qui restent voient leur propre condition dans celle de leurs semblables, et, se regardant les uns et les autres avec douleur et sans espérance, attendent à leur tour. C'est l'image de la condition des hommes.

Il nous faut remarquer que la dernière phrase a été ajoutée d'une autre main sur la Copie. On ne peut pas dire que ce soit une métaphore simplement littéraire. On peut y voir ressusciter la foule innombrable des pauvres paysans condamnés à mort et tués avec la plus cruelle sauvagerie à Caen, à Avranches, à Rouen – sauvagerie dont le jeune Blaise était témoin.

On peut retrouver la même réminiscence de ces prisonniers condamnés, par exemple dans le fragment n° 163 Lafuma : « Un homme dans un cachot, ne sachant pas si son arrêt est donné, n'ayant plus qu'une heure pour l'apprendre, cette heure suffisant, s'il sait qu'il est donné, pour le faire révoquer, il est contre nature qu'il emploie cette heure-là, non à s'informer si l'arrêt est donné, mais à jouer au piquet. » Quelques années après Rouen, Séguier, courtisan opportuniste, a osé adresser des « remontrances sur les abus des Intendants de justice, et de la cruauté de l'exaction des deniers royaux à main armée, à la Reine », disant : « Depuis qu'on a lasché la bride à leurs desirs insatiables par lestrange invention de mettre les tailles et les subsides en partis, on ne faict poinct autre difference de l'arrivée d'un Intendant accompagné de ses satellites a celle dun ennemy. Si les ungs font des prisonniers de guerre pour en tirer une rançon, conforme aux commodites d'un chacun, les autres emmenent des prisonniers des tailles et gabelles, dans des cachots dont on ne les peut racheter que par plusieurs rançons puisque chacun de ces miserables qui tombent entre ses mains est contraint de paier pour tout un bourg ou pour toute une ville » [4]. Et un manifeste contemporain lancé contre « les mauvais ministres et les gabeleurs » déclare : « Qui parle de paix à ces voleurs publics et maltottiers infâmes que l'on considère dans le Louvre comme les Premieres personnes de l'Estat, est traité comme un criminel de lèse majesté et tiré dans les cachots noirs, traisné comme un forçat à deux cent lieus hors des limites du royaume pour lui estouffer la vie » [5]. La réalité historique que le mot « cachot » conserve ici et là doit être respectée aussi dans l'écriture de Pascal. Et si on imite la façon de parler de Séguier, on doit dire que si le mal de la France d'alors « ne nous engageoit malgré nous à déplorer les plaies sanglantes de l'estat », nous ne pourrions pas reconstituer la vérité originelle des pensées de Pascal.

Autre exemple typiquement pascalien et bien connu, le fragment n° 66 Lafuma :

> Injustice. Il est dangereux de dire au peuple que les lois ne sont pas justes, car il n'y obéit qu'à cause qu'il les croit justes. C'est pourquoi il faut lui dire en même temps qu'il y faut obéir parce qu'elles sont lois, comme il faut obéir aux supérieurs non pas parce qu'ils sont justes, mais parce qu'ils sont supérieurs. Par là voilà toute sédition prévenue, si on peut faire entendre cela et que proprement (c'est) la définition de la justice.

C'est la même idée que celle du fragment n° 60 Lafuma : « L'art de fronder, bouleverser les états est d'ébranler les coutumes établies en sondant jusque dans leur source pour marquer leur défaut d'autorité et de justice (...). C'est un jeu sûr pour tout perdre. » D'après Pascal, « le plus grand des maux est les guerres civiles » (n° 94 Lafuma), puisqu'il voyait de ses propres yeux le peuple insurgé d'une part, les gabeleurs et les armées d'autre part « s'entrecouper la gorge les uns aux autres » au cours de leurs confrontations. À supposer que Pascal ait écrit sous l'influence de Montaigne et de Charron [6], on ne peut pas laisser échapper l'historicité des événements bouleversants vécus par Pascal lui-même, historicité angoissante puisque Blaise était à Rouen collaborateur d'un commissaire royal fiscal et « commis d'un traitant en Poitou » [7], bref, ennemi du peuple qui était vraiment en train de « bouleverser les états pour marquer leur défaut d'autorité et de justice ». Poussé par la royauté absolutiste, repoussé par le mouvement populaire, le jeune homme de génie était dans l'impasse et dans l'attente angoissante de quelque échappatoire.

C'est ainsi que nous pouvons énumérer une série de fragments douloureux directement ou indirectement inspirés des soulèvements populaires – entre autres de la Haute et la Basse-Normandie –, soulèvements qui auraient fondé la pensée politique, anthropologique et spirituelle de Blaise Pascal.

NOTES

1. Boris Porchnev, *Les Soulèvements populaires en France de 1623 à 1648*, Paris, S.E.V.P.E.N., 1963, p. 463.

2. Yves-Marie Bercé, *Histoire des croquants*, Droz, 1974, I, p. 331.

3. Porchnev, p. 478.

4. *Recueil de pièces historiques sous le règne de Louis XIII et la minorité de Louis XIV*, ms 2117 Mazarine, p. 248.

5. Bercé, II, p. 812.

6. Pierre Charron, *De la sagesse*, III, Fayard, 1986, p. 618 : « Il n'y a mal plus misérable ny plus honteux » qu'une guerre civile et « c'est une mer de malheurs (...), maladie de l'état, maladie chaude et frénésie ».

7. Bercé, II, p. 698.

Après la communication de KOJI KAWAMATA

THÉRÈSE GOYET — Sur cet épisode, il faut rappeler deux témoignages – tous deux faux... : celui de Marguerite Périer, qui parle beaucoup du séjour en Normandie et vante l'équité d'Étienne Pascal et l'estime qu'on lui a portée dans ces années terribles ; et celui de Rossellini, dont le film s'ouvre sur cet épisode. On ne sait pas ce que Pascal a senti ; Rossellini montre que c'est important, sans décider des sentiments de Pascal.

CHRISTIAN MEURILLON — Le retour en grâce d'Étienne Pascal passe par la participation à la dimension fiscale de la répression. C'est l'humour noir de Richelieu. La genèse de la machine arithmétique, c'est la part prise par Blaise Pascal au rachat de son père, en participant au travail et à l'allégeance à Séguier. C'est une machine à racheter, y compris au sens financier...

JEAN MESNARD – Le livre de Porchnev a été traduit tardivement en français ; la documentation est dans les papiers Séguier, à Léningrad. Il y a un autre livre, de Madeleine Foisil, sur la révolte des Nu-Pieds.

La violence est un problème dramatique au XVIIe siècle, surtout celle des troupes : le bourgeois en souffre à cause de la plaie du logement des gens de guerre, qui entraîne exactions et pillages, car les armées ne sont pas encore organisées.

Le cas du père de Pascal fait partie de l'évolution des milieux de robe qui entrent dans le jeu de l'absolutisme en entrant dans les fonctions d'intendant et de commissaire. Contrairement à ce que dit Goldmann, cette noblesse de robe évolue en changeant d'objectif : elle devient agent de l'absolutisme. Cette évolution a été stoppée par la Fronde, qui a supprimé dès le début ces fonctions d'intendant et de commissaire. Le règne de Louis XIV les a rétablies plus tard, et l'évolution a repris.

Dans le cas de Séguier, les rapports avec les Pascal sont moins étroits qu'on peut le croire. Une dédicace, surtout scientifique, n'est pas significative, car il les réclame toutes ; il y en a un grand nombre. Tallemant explique pourquoi : Séguier est très vaniteux ; il a de quoi payer, et il s'intéresse aux sciences.

GÉRARD FERREYROLLES — Autre référence, les travaux de Mousnier, historien de la révolution administrative du XVIIe siècle, du passage de la monarchie des officiers à celles des commissaires. Le rôle d'Étienne Pascal est celui d'un robin retourné par Richelieu dans la fonction de pressurer les robins. Contrairement à ce que dit Goldmann, la famille de Pascal est l'exemple d'une réussite.

Alain NIDERST

De l'histoire à la politique dans les *Pensées*

Si Descartes reçut évidemment au collège de La Flèche la plus classique des formations, s'il y apprit, en particulier, la Fable et l'histoire, l'éducation de Pascal fut fort différente ; son père lui enseigna le latin, le grec, les mathématiques ; il ne paraît pas lui avoir fait beaucoup lire les mythologues ni les historiens. Dira-t-on que la connaissance des langues antiques impliquait forcément cette culture ? Ce n'est pas certain, car Étienne Pascal paraît plus soucieux de conduire son fils à des vérités générales – soit l'esprit des langues, qui s'incarne dans la grammaire – qu'aux diversités de l'érudition. Éducation de physicien ou de mathématicien : les théorèmes importent plus que le chatoiement coloré du réel ; nous sommes loin du foisonnement d'anecdotes où se complaît Montaigne, et nous sommes loin aussi des « anecdotes de la nature », qui sembleront si précieuses au temps de Fontenelle et de Réaumur.

Comme Descartes décida de négliger toutes les matières où il n'était pas possible d'atteindre à des certitudes, que l'éloquence et la poésie, l'histoire et la Fable, lui semblèrent négligeables, les deux hommes, parvenus à leur maturité, paraissent comparables. Deux cavaliers français persuadés qu'on pense mieux par soi-même qu'en se nourrissant des opinions des autres, et que le bon sens solitaire suffit, si sa rigueur ne se relâche pas, à conduire au vrai.

Il est vrai que Pascal évoque dans les *Pensées* quelques faits historiques. Je parle ici – cela va de soi – de l'histoire profane, et ces faits peuvent appartenir à l'histoire passée ou à l'histoire actuelle.

L'histoire passée ? Ce sont ces illustres allusions à Persée et à Paul Émile [1], à Alexandre [2], à César, Auguste et Alexandre [3], à Cléopâtre et à son nez [4], à Épaminondas [5], à Caton le consul en Espagne [6], à Auguste apprenant le massacre des Innocents [7], à la chronologie des Chinois et des Incas [8].

L'histoire contemporaine ou récente ? Ce sont les vingt-cinq mille moines armés par un bout de capuchon [9], le soldat qui prend le bonnet du premier président et le fait voler par la fenêtre [10], les Suisses qui révèrent les roturiers, comme les Français respectent les gentilshommes [11], les mouches qui font gagner des batailles, comme cela s'est vu au Portugal [12], le Grand Seigneur des Turcs, qui doit vivre de son travail [13], la Fronde [14], M. le Cardinal (Richelieu ou Mazarin) qui ne « voulait point être deviné [15] », le « pressant besoin » où se trouve la république de Venise [16], la dépossession des souverains d'Angleterre, de Pologne et de Suède [17], les vastes projets et la mort soudaine de Cromwell [18].

L'énumération paraît assez impressionnante. On croirait que le fils d'Étienne Pascal a ouvert les yeux sur tout ce qui se passait de singulier dans l'Europe de son temps, et qu'il est allé chercher dans des histoires obscures – celles de l'Orient, de l'Amérique, peut-être de l'Égypte et du Portugal – des faits inconnus, capables d'intriguer et d'éclairer. C'est ainsi que les éditeurs des *Pensées* ont d'ordinaire admis qu'il avait lu l'*Histoire de Chine*, que le P. Martini publia en 1658.

La vérité est bien différente. Presque tous les faits d'histoire ancienne sont empruntés à Montaigne. C'est aussi dans les *Essais* que Pascal a trouvé comment les Portugais échouèrent devant Tamly (accablés d'abeilles d'ailleurs et non de mouches). Il est facile de voir que, pour tous ces exemples, Pascal a négligé de remonter aux sources – Tite-Live, Plutarque, Appien ou d'autres – et qu'il a travaillé en ayant sous les yeux les *Essais* ou parfois simplement en s'en souvenant. « Il faisait trop d'histoires » [19], dit-il de Montaigne. Certes, mais cela pouvait servir, et l'auteur des *Pensées* en vient à avouer sa dette avec une sorte de candeur : « Les belles actions cachées sont les plus estimables. Quand j'en vois quelques-unes dans l'histoire, comme page 184, elles me plaisent fort... » [20] : il s'agit certainement, comme on l'a constaté depuis longtemps, de la page 184 de l'édition des *Essais* de 1652.

Mais tout ne vient pas des *Essais*. La réaction d'Auguste en apprenant le massacre des Innocents était rapportée, Pascal l'indique lui-même, par Macrobe. Pour la chronologie des Chinois, on peut se souvenir – et cela paraît bien suffisant – de l'affaire Saint-Ange : on sait que ce philosophe, plus logique qu'extravagant, ou extravagant à force de logique, rappela, dans une de ses conférences à Rouen, « que les Chinois avaient des mémoires de 36 mille ans » [21], et l'on sait avec quelle ardeur Pascal s'attacha à réfuter ce discours. Si les Mexicains sont dans les *Pensées* ajoutés aux Chinois, c'est encore à Montaigne, selon toute vraisemblance, qu'on le doit : il évoquait, en effet, la chronologie des Incas et leur conception des âges successifs de l'univers [22]. Reste, parmi les histoires antiques, le nez de Cléopâtre. Cette pensée si célèbre nous paraît un peu obscure. Tout le monde sait que César et Antoine ont successivement aimé la reine d'Égypte, et que sa biographie montre, comme le dit Pascal, « les effets de l'amour »[23]. Mais ni Horace, ni Plutarque, ni Flavius Josèphe, ni Properce, ni Suétone, ni Dion Cassius, n'ont affirmé qu'elle eût le nez trop grand, ou qu'au contraire c'est la proéminence de son nez qui charma les généraux romains et changea la face du monde. On ne sait trop bien ce que veut dire Pascal, ni de quel auteur il s'inspire. Il paraît assez vain de rappeler le *Pompée* de Corneille. Si aucun écrivain antique ni moderne ne lui a fourni ce trait, il faut admettre qu'il l'a inventé, ou plutôt qu'il n'y a vu qu'une manière abrégée et frappante d'exprimer à quoi pouvaient tenir le charme féminin, la passion des hommes et les guerres qui dévastent l'univers.

Aucune source précise pour la plupart des anecdotes d'histoire moderne. Peut-être la *Satire Ménippée* pour le soldat qui maltraite le président du parlement. On supposera, en général, des traditions orales. La *Pensée* sur Venise est fort mal rédigée, et son accent polémique la rapprocherait plutôt des *Provinciales*. Elle semble signifier qu'il fallut l'invasion turque en Crète et l'affolement des Vénitiens pour que le retour des Jésuites – chassés de la République en 1606 – fût envisagé. Les remarques sur la Fronde – écrites au présent – doivent avoir été rédigées avant la victoire définitive de Mazarin, soit avant 1653.

Il est frappant de voir que Pascal paraît fort mal informé, ou fort désinvolte, quand il parle d'événements actuels. Que le Grand Turc soit contraint à « vivre de son travail », est, comme l'a noté Philippe Sellier, une fable déjà ancienne[24]. Quand Cromwell est mort, il avait renoncé à la croisade protestante, il était l'allié de la France, et Rome n'avait aucune raison de redouter son empire. Les éditeurs des *Pensées* ont jugé que le fragment 62 sur les rois dépossédés avait été écrit en 1656, puisqu'à cette date Charles d'Angleterre avait été exécuté, Christine de Suède avait abdiqué et Jean-Casimir fut quelques mois chassé de son trône. C'est logique. En ce cas, Pascal aurait remanié cette *Pensée* avant la publication du livre. Il est surtout évident qu'il ne s'intéresse pas aux détails de la politique actuelle. Il serait presque disposé à la déformer selon les besoins de l'argumentation. Au fond, l'histoire antique et l'histoire moderne n'ont pour lui qu'un rôle rhétorique. Il ne cherche pas à les décrire avec précision ni à les approfondir. Il n'y voit qu'une moisson d'*exempla* auxquels on peut recourir sans se gêner. Si ces *exempla* peuvent impressionner, cela suffit. Leur utilisation ne va pas sans impureté : c'est une concession aux puissances trompeuses, et cela autorise une sorte de cynisme.

L'essentiel, et nous en revenons à l'enseignement d'Étienne Pascal, est l'idée générale. Le détail ne peut être qu'un ornement. Dieu est jusqu'à un certain point la plus générale des idées, ce qui le rend fort, voire indispensable. Si le détail historique peut être négligé, c'est que l'histoire en elle-même n'a pas de valeur. Le Dieu pascalien n'approche jamais de l'immanentisme du Dieu spinoziste, ou même du Dieu leibnizien. On comprend que Leibniz s'inquiète de tout le détail des généalogies, des batailles et des traités de paix. Son Dieu, toujours présent et bon pour la matérialité même du genre humain, n'a pu rien négliger et se découvre partout. Dans les *Pensées*, la mort de Cromwell ne signifie nullement que la Providence ait voulu sauver le catholicisme, mais que les supputations et les angoisses humaines sont déjouées par une force dont les buts nous demeurent mystérieux. Dieu est caché. L'histoire est certainement orientée vers le salut spirituel des hommes. Mais comme l'action de la Providence n'est pas claire dans la plupart des événements, on peut les utiliser à son gré, en jouer, à la rigueur les déformer.

Rien de cela ne nous éloigne trop de Descartes. Les deux hommes s'entendent pour arracher la pensée française au foisonnement humaniste auquel on reviendra un peu à la fin du siècle. Si l'on ne va demander à une histoire mal aimée et mal étudiée que des *exempla*, on pourrait pousser jusqu'à Dieu cet esprit d'abstraction et ne plus le chercher que dans la métaphysique ou les mathématiques. C'est évidemment ce que fait Descartes, et c'est ce que refuse Pascal. Cet historien négligent et mal informé sacralise l'histoire.

Filleau de la Chaise l'entendit proclamer « combien [les preuves] qu'on tire des ouvrages de Dieu sont peu proportionnées à l'état naturel du cœur humain, et combien les hommes ont la tête peu propre aux raisonnements métaphysiques » et donc « qu'il n'y a que les preuves morales et historiques (...) qui soient de leur portée ». Et, en effet, « qu'il y ait une ville qu'on appelle Rome, que Mahomet ait été, que l'embrasement de Londres soit véritable, on aurait de la peine à le démontrer : cependant ce serait être fou d'en douter » [25]. C'est-à-dire que le monde matériel, ou, si l'on préfère, la physique, même avec toutes les ombres qui en altèrent la vérité, sont respectables et utilisables. C'est là que Pascal quitte Descartes. Il ne faut pas reconstruire la nature, en « faire le roman » [26], mais tenter de l'approfondir : la méthode expérimentale, que Mersenne, Bacon, Torricelli, ont définie, est féconde.

À l'abstraction divine, le Christ apporte le concret. L'Histoire sainte peut être regardée comme une expérimentation du christianisme. L'autre expérimentation étant les « vérités morales », soit l'adéquation du cœur humain aux définitions chrétiennes.

Pourquoi l'Histoire sainte peut-elle être regardée comme réelle ? Pourquoi sommes-nous autorisés à l'aborder avec autant de respect que la chute des corps ? Parce que, contrairement à l'histoire profane des Grecs et des anciens Chinois, elle est presque empirique et peut être assimilée à un témoignage vécu. « Toute histoire », affirme Pascal, « qui n'est pas contemporaine est suspecte » [27], ou même : « Je ne crois que les histoires dont les témoins se feraient égorger » [28]. L'Histoire sainte n'est proprement qu'une accumulation de témoignages : ce n'est pas « un livre... fait » par un particulier, mais « un livre que fait lui-même un peuple », et qui est donc « aussi ancien que [ce] peuple » [29]. Comment s'est écoulée cette transmission fidèle, qui équivaut, malgré les siècles, à une intuition immédiate ? Par « la longueur de la vie des patriarches » : car « lorsque les hommes vivaient si longtemps, les enfants vivaient longtemps avec leurs pères. Ils les entretenaient longtemps. Or, de quoi les eussent-ils entretenus, sinon de l'histoire de leurs ancêtres ... ? » [30]. En effet, comme le philosophe l'affirme ailleurs, « ce n'est pas la longueur des années, mais la multitude des générations qui rendent les choses obscures » [31] ; « Sem qui a vu Lamech qui a vu Adam a vu aussi Jacob qui a vu ceux qui ont vu Moïse : donc le déluge et la création sont vrais » [32]. Un peuple entier qui répète la même histoire – ce peuple, à cause de la longévité de ses membres, pouvant se ramener à quelques individus qui répètent fidèlement le témoignage initial –, tel est l'équivalent dans le temps de l'immédiate expérience physique. Le résultat est le même : Moïse « met les deux choses les plus mémorables qui se soient jamais imaginées, savoir la création et le déluge si proches qu'on y touche » [33]. À cette brûlante réalité s'opposent en physique et en histoire les constructions de fantasques architectes : si Descartes a fait « le roman de la nature semblable à peu près à l'histoire de Don Quichotte » [34], Homère a fait avec l'*Iliade* « un roman », et aussi les Égyptiens et les Chinois avec leurs histoires [35]. Aux uns et aux autres a manqué l'expérience – celle de la tour Saint-Jacques ou celle de témoignages fidèlement rapportés au fil de deux ou trois générations.

L'Histoire sainte est donc à la vérité religieuse ce qu'est l'expérience à la vérité physique. Les mathématiques, sûres et vaines à la fois, ressemblent à la métaphysique. Ce que Pascal propose, c'est une sorte de théologie empirique ; ce qu'il cherche en tout cas, c'est l'équivalent dans le temps de ce qu'est l'expérience dans l'espace.

Quant à l'histoire profane, elle n'est pas méprisable « en gros », car il est sûr que Rome existe et qu'Alexandre a vécu. Ces relations participent, malgré tout, de la réalité du monde extérieur. Mais le détail est inutile et incertain. Inutile, car la Providence n'a que des desseins spirituels et peut malaisément se retrouver dans la matérialité du devenir historique. Incertain car il faut des témoins, et des témoins qui se feraient égorger. Ce qui est délicat pour des anecdotes de cour ou des mouvements de la Fronde. On peut donc dédaigner l'histoire profane, n'y chercher que des *exempla*. La dédaigner pour des raisons à la fois religieuses (la nature de la Providence) et épistémologiques (l'impossibilité d'y atteindre le certain), mais non la mépriser – car le vrai est, malgré tout, du côté du réel, les mathématiques et la métaphysique plus séductrices que probantes.

C'est ainsi que toutes ces allusions, éparses et maniées avec négligence, pourraient finalement nous suggérer la profonde indifférence de Pascal pour le fait politique, plutôt qu'un engagement, même voilé, même implicite, dans les dissensions et les difficultés contemporaines. La politique de Pascal est tirée d'une certaine idée de Dieu, et non du spectacle des tumultes passés ou présents, qu'il ne s'astreint pas à observer ni à relater avec trop de scrupule. Peut-être même l'obscurité de son Dieu, les mystères dont s'enveloppe à ses yeux la Providence, doivent-ils ombrager d'incertitude tout jugement politique, le rendre au mieux probable, mais jamais assuré.

NOTES

Nous empruntons la numérotation des *Pensées* à l'édition Lafuma.

1. 15 et 117.
2. 770.
3. 49.
4. 46, 127, 413.
5. 681.
6. 29.
7. 753.
8. 481, 822.
9. 18.

10. 797.

11. 50, 82.

12. 22.

13. 17.

14. 60, 85.

15. 583.

16. 704.

17. 62.

18. 750.

19. 474.

20. 643.

21. Voir Henri Gouhier, *Pascal et les humanistes chrétiens, l'affaire Saint-Ange*, Paris, Vrin, 197.

22. *Essais*, III, 6.

23. 39.

24. Éd. Sellier des *Pensées*, Paris, Bordas, 1991, p. 168.

25. *Œuvres*, éd. Brunschvicg, Paris, Hachette, 1925, t. XII, pp. CCIII-CCIV.

26. Voir Michel Le Guern, *Pascal et Descartes*, Paris, Nizet, 1971.

27. 436. Voir Blaise Pascal, *Textes inédits*, p. p. Jean Mesnard, Paris, Desclée de Brouwer, 1962, p. 29.

28. 822.

29. 436.

30. 290.

31. 292.

32. 296.

33. 292.

34. Éd. Sellier, p. 352.

35. 436.

Après la communication d'ALAIN NIDERST

PHILIPPE SELLIER — Il faut tenir compte du genre littéraire de l'Apologie : une apologie est-elle appelée à prendre beaucoup d'exemples historiques empruntés à l'actualité ? On peut en douter. Autre point : Pol Ernst a montré que la source du fragment sur Venise est la *Gazette*, dont Pascal était grand lecteur. Pour la Chine enfin, rien ne prouve que Pascal a effectivement lu le livre du Père Martini.

ALAIN NIDERST — Il y a des erreurs de fait, par exemple sur Cromwell : Rome n'a pas tremblé à l'époque de sa mort...

PHILIPPE SELLIER — Dans la campagne des *Provinciales*, Pascal est fort bien informé de l'actualité.

ALAIN NIDERST — Pascal apologiste prend des faits pour *exempla* et les manie avec une certaine désinvolture. Le détail historique n'est pas essentiel à ses yeux. Leibniz ne ferait jamais cela et ne déformerait pas exprès un fait historique. Pascal ne méprise pas l'histoire, puisque pour lui les preuves historiques valent mieux que les métaphysiques ; mais c'est l'Histoire sainte. Il ne s'est pas intéressé à l'histoire contemporaine et aux problèmes politiques contemporains.

THÉRÈSE GOYET — Dans la famille Pascal, on abrégeait la culture humaniste. Il manque à Pascal un goût pour l'histoire. Il y a le contre-exemple de Bossuet, attentif aux grandes époques et au progrès humain, politique et matériel.

KYRIAKI CHRISTODOULOU — Sur le fragment Lafuma 681 : c'est du Montaigne. Épaminondas, c'est une âme à divers étages, courageuse au combat, mais qui sait s'amuser avec les jeunes. Cela conduit à Platon. C'est le moment où Montaigne se détourne du stoïcisme.

Les textes et les mots

Jacques PLAINEMAISON

Pascal et la « politique » des Jésuites
Étude de la forme « politique »
dans les *Provinciales*

La forme « politique » (nom et adjectif, masculin et féminin, singulier et pluriel) apparaît vingt-trois fois dans les *Provinciales*[1], ce qui la place devant des vocables comme « tradition » (8 occurrences), « Port-Royal » (20 occurrences), « Molina » et « salut » (22 occurrences), « probabilité(s) » (22 occurrences), presque à égalité avec « Sorbonne » (24 occurrences) ou « amour » (24 occurrences). Son emploi est assez bien réparti dans les *Provinciales*, puisqu'elle figure dans douze lettres sur dix-huit.

Dans l'introduction de la deuxième partie de la XVIIe lettre consacrée à la justification de « ces autres personnes que vous traitez d'hérétiques », c'est-à-dire des jansénistes, profitant de ce qu'il est l'« occasion » d'une accusation sans fondement portée contre Port-Royal, Montalte déclare que l'Église est exempte d'une nouvelle hérésie et qu'il le fera voir en expliquant clairement les points en litige. Il rappelle que, parmi les « avantages » qu'il en retirera, « c'en est un [...], et bien propre à [son] sujet, de montrer [...] les artifices » de la « politique » des Jésuites « dans cette accusation »[2]. De cette affirmation, nous retiendrons que la dénonciation de la « politique » des Jésuites n'est pas accessoire par rapport au « sujet » des *Provinciales*, mais en constitue une pièce maîtresse, autrement dit qu'elle n'est pas « conjoncturelle » mais « structurelle », comme l'atteste le titre même de l'œuvre dans les éditions de 1657 : *Les Provinciales ou les Lettres escrites par Louis de Montalte à un Provincial de ses amis et aux RR. PP. Jésuites sur le sujet de la morale et de la politique de ces Pères*[3].

En revanche, puisque notre édition de référence est celle procurée par l'abbé Cognet[4], qui reproduit le texte de l'édition de 1659, nous devons signaler deux emplois de la forme « politique » qui figurent dans cette édition mais qui ne figuraient pas dans les éditions originales des *Provinciales*, dont, on le sait, le texte est le plus sûr. Le premier se trouve dans la *Seconde Lettre* : « La Société est trop politique pour agir autrement »[5]. Le vocable « politique » ne figure pas dans les éditions originales in-quarto ni dans la première édition in-douze de 1657 ; il apparaît dans la deuxième édition in-douze de 1657. L'édition latine des *Provinciales*, publiée au printemps de l'année 1658, rend l'adjectif « politique » par *prudentia*. Contrairement à ce qu'affirme Léon Parcé, pour qui le texte latin de Wendrock a ignoré les variantes de la dernière édition de 1657, réparties dans les trois premières lettres [6], ce passage constitue bien un point de rencontre entre les deux éditions. De même, dans la IIIe lettre, l'une des deux occurrences de la forme « politique » remonte cette fois encore à la deuxième édition de 1657 : « un de ceux qui, par politique, furent neutres dans la première question »[7]. La contradiction est évidente entre, d'une part, l'affirmation de la neutralité « politique » du consulté et, d'autre part, le désir du consultant d'apprendre de lui « véritablement » la différence « imperceptible » entre le sens hérétique et le sens orthodoxe de la proposition condamnée. On a de bonnes raisons de croire que les corrections des éditions successives des *Provinciales* ne sont pas de Pascal et qu'il ne les a pas approuvées. Voici une raison supplémentaire de l'admettre : Pascal ne se serait pas contredit lui-même. L'emploi de la forme « politique » ici n'est donc pas de Pascal.

Notre communication figurant, avec d'autres, sous l'intitulé « Les textes et les mots », on comprendra que nous nous soyons attaché de près au texte. Toutefois, jouant du fait que chaque *Provinciale* constitue une œuvre, mais aussi que les dix-huit *Provinciales* réunies constituent une seule œuvre, nous avons choisi de combiner, autant que faire se peut, diachronie et synchronie, en projetant de montrer : 1. que la « politique » des Jésuites consiste en une volonté générale d'accommodation aux hommes, particulièrement à leurs faiblesses, dont l'exemple le plus scandaleux pour Pascal est la dispense d'aimer Dieu ; 2. que Pascal dévalorise la forme « politique » dans la mesure où la « politique » des Jésuites se ramène à la recherche de leur intérêt particulier ; 3. que cette « politique » aboutit au « renversement » de la loi de Dieu.

Les deux premiers emplois de la forme « politique » dans la Ve lettre appartiennent au « récit » d'une « conférence » de Montalte avec son ami janséniste qui l'avait accompagné au couvent des Jacobins dans la IIe lettre et dans sa visite au Jésuite de la IVe lettre. C'est l'ami janséniste de Montalte qui, lui découvrant « l'esprit de la Société », use le premier du terme de « politique », employé d'abord comme substantif féminin : « ce serait une mauvaise politique »[8].

Le conditionnel *serait* laisse entendre que les Jésuites n'ont pas pour « objet » de « corrompre les mœurs ». Non mais, comme « ils ont assez bonne opinion d'eux-mêmes pour croire qu'il est utile et comme nécessaire au bien de la religion que leur crédit s'étende partout, et qu'ils gouvernent toutes les consciences » et comme ils ont « à faire à des personnes de toutes sortes de conditions et des nations si différentes », les Jésuites ont à la fois des casuistes sévères et des casuistes relâchés. La « politique » des Jésuites consiste donc à s'adapter, à s'accommoder aux personnes et aux situations, « comme si la foi, et la tradition qui la maintient, n'était pas toujours une et invariable dans tous les temps et dans tous les lieux »[9].

À ce qui « serait une mauvaise politique » s'oppose « l'excellence de [la] politique » des Jésuites [10], telle que l'ami janséniste de Montalte l'a définie. Patente dans ce dernier emploi est l'ironie de Montalte vis-à-vis d'une « politique » qui est la cause de toutes sortes de « désordres ».

La IXe lettre se termine pratiquement par le mot « politique »[11], en rapport ici encore avec la volonté d'accommodation des Jésuites : « ne savez-vous pas », dit le Père, « que nous nous accommodons à toute sorte de personnes ? » Mais le Père reconnaît que « certaines gens » ne manqueront pas d'être scandalisés par l'« indulgence » des Jésuites : la volonté générale d'accommodement de ces derniers est donc vouée à l'échec puisqu'elle ne peut s'appliquer à tous les hommes.

À propos de l'homicide, dont traite la XIIIe lettre, la distinction entre la « spéculation » et la « pratique » est « politique »[12], puisqu'elle permet aux Jésuites de suivre leur « dessein de soulager les hommes »[13] en étant « à couvert du côté des juges »[14]. On retiendra de l'emploi de la forme « politique » dans deux phrases consécutives de cette XIIIe lettre qu'elle connote le « secret »[15] et le « mystère »[16], thème repris dans la XVIIe lettre (« Mais tout cela se conduit avec mystère »[17]) et dans la XVIIIe lettre, dans laquelle l'auteur reproche une nouvelle fois aux Jésuites, en la personne du P. Annat, des manœuvres qui requièrent le « secret »[18].

Pascal joue de la forme « politique » à laquelle, selon les circonstances, il donne une signification plus ou moins « pleine » et plus ou moins positive : les Jésuites ont une « politique » vouée à l'échec sans doute et, comme nous le verrons, scandaleuse, mais cette « politique », dans la mesure même où elle est scandaleuse et, partant, condamnable, a un contenu qui se laisse définir. Il est pourtant des cas où le mot se vide de toute signification précise. Ainsi dans le prologue de la XIIe lettre : « je doute que vous soyez bons politiques » [19]. Il s'agit des Jésuites qui, en forçant Montalte « à repartir », s'exposent sciemment à voir leur morale de nouveau sur la sellette : ils se montrent par là imprudents, maladroits, car, les avertit Montalte, « la guerre se fait chez vous et à vos dépens ». On assiste donc à une banalisation du mot qui, accompagné de l'adjectif « bon », en vient à signifier tout simplement « habile ». De même, en ce qui concerne le substantif féminin, Montalte déclare à ses correspondants Jésuites à la fin de la XVIe lettre : « combien était-il important de faire entendre qui vous êtes ! C'est ce que j'ai commencé de faire ici ; mais il faut bien du temps pour achever. On le verra, mes Pères, et toute votre politique ne vous en peut garantir » [20]. La « politique » dont il est question ici a cessé d'être un « art » (au sens propre, selon le *Dictionnaire universel* [...] d'Antoine Furetière, « l'art de gouverner & de policer les Estats »), pour devenir synonyme de « ruses », « subterfuges »...

Cette banalisation est le premier stade d'une dévalorisation de « politique ». Car, au XVIe et au XVIIe siècle, le terme n'a pas par lui-même de sens péjoratif, notamment quand il désigne le Tiers parti ou parti des Politiques qui, aux pires moments des guerres de religion, travailla à la paix et contribua à l'avènement de Henri IV. Cependant, la référence à Machiavel [21] contribue à sa dévalorisation :

> dans les traités et particulièrement hors de France, un *politique* désigne un disciple plus ou moins avoué de Machiavel et entraîne, chez les sectateurs d'une politique fondée sur l'autorité religieuse, toute la méfiance ou le mépris envers une pensée rationaliste, peu soucieuse de sauver une illusoire morale. [...] Les Jésuites se gardent d'une attitude si candidement imprudente et injuste et, par delà le prince qu'ils servent, tentent de définir, comme le P. Scribani, l'un des plus acharnés défenseurs de J. Lipse, un *Politique chrétien*, capable de pratiquer le minimum de vertus naturelles et de satisfaire aux exigences plus ou moins pures de la Raison d'État. [22]

Pour bien comprendre la valeur positive du mot « politique », on se rappellera que la dissimulation, liée au « secret » et au « mystère », dont nous avons vu qu'ils constituaient une des caractéristiques de la « politique » des Jésuites, n'est pas toujours considérée comme blâmable : comme l'écrit A. Niderst à propos de son rôle dans *La Princesse de Clèves*, « elle signifie la maîtrise de soi. Elle permet la maîtrise des autres. Elle fait échapper à toute dépendance. Ne reste plus qu'un sujet souverain, qui se joue de lui-même et de ses adversaires ; une triomphante intelligence qui échappe à toute détermination » [23]. Mais, pour Pascal, tout « politique » est un disciple de Machiavel : la fin justifie les moyens, voilà le principe d'action des « politiques ». C'est pourquoi « les moins religieux politiques », substituant leur intérêt personnel à « l'intérêt de la religion », subordonnent « la loi de Dieu » à leurs propres « fins »[24].

Ainsi, c'est un moyen d'arriver à leurs fins pour les Jésuites que de « séparer dans [leurs] écrits les maximes qu'[ils] assembl[ent] dans [leurs] avis ». Condamnable par lui-même, le procédé est d'autant plus trompeur qu'il constitue « une des plus subtiles adresses de [leur] politique »[25]. Utilisés comme moyens au service d'une « politique », même les « bons sentiments » de quelques-uns de leurs Pères ne font que montrer la « duplicité » des Jésuites, qui ont l'habitude de tenir un double langage[26].

En définitive, l'« esprit » de la « politique » des Jésuites[27] se réduit à « la défense de [leurs] Pères »[28] grâce à un double langage, dont l'emploi est rendu possible par le fait qu'ils parlent « non pas selon la vérité, qui ne change jamais, mais selon [leur] intérêt, qui change à toute heure »[29]. Ainsi, si les Jésuites ont accusé « le Port-Royal de ne pas croire l'Eucharistie », c'est, selon Montalte, « parce qu'il faut que tous ceux qui combattent vos relâchements soient hérétiques »[30]. En effet, si l'on appliquait les pratiques proposées par Arnauld à propos de la pénitence et de la communion dans *De la fréquente communion*, « vous n'auriez pas tant de gens dans vos confessionnaux »[31], affirme encore Montalte. La « politique » des Jésuites visant à ce que leurs « églises soient pleines de monde »[32], il leur fallait – « à quelque prix que ce soit »[33] – rendre hérétiques ceux qui s'y opposent.

« Toutes vos démarches sont politiques », écrit Montalte au P. Annat dans la XVIIe lettre[34]. En effet, selon lui, le dessein caché des Jésuites est de « relever la grâce suffisante » et, pour cela, de « ruiner la grâce efficace, qui y est tout opposée », d'abord « sans qu'on s'en aperçoive », puis ouvertement. C'est la même méthode que celle utilisée, avec le concours des nouveaux thomistes[35], dans la IIe lettre : dans un premier temps, les Jésuites font semblant de ne pas s'attaquer à la grâce efficace pour obtenir qu'on souscrive soit à l'emploi du terme de « grâce suffisante » (IIe lettre), soit à la condamnation du « sens de Jansénius » (XVIIe lettre), et cela afin de « ruiner » plus facilement, dans un deuxième temps, la grâce efficace. Cette méthode avait déjà été dénoncée par Noël de Lalane qui, dans *De la Grâce victorieuse de Jésus-Christ* [...], publiée en 1651, accusait les Jésuites d'être « des hommes interessez et politiques »[36].

Aujourd'hui, que les jansénistes signent le Formulaire[37] ou qu'ils refusent de le signer, à moins de séparer « la question de foi » et « celle de fait » – ce à quoi les Jésuites s'opposent –, ces derniers y trouveront leur compte. La fin de la lettre trahit l'amertume de Pascal et sa « douleur » [38] devant une aussi diabolique habileté.

On le voit, au sens où l'entend Pascal, la « politique » des Jésuites s'oppose à la vérité et les amène à se montrer injustes, tyranniques et mensongers. On pourrait la résumer par cette parole : « *Omnia pro tempore, nihil pro veritate* » [39].

Charles Péguy, dans *Notre jeunesse* (1910), procède lui aussi à une dévalorisation du terme de « politique », qu'il oppose à celui de « mystique », allant jusqu'à affirmer de la manière la plus cavalière et la plus familière qui soit : « la mystique républicaine, c'était quand on mourait pour la République, la politique républicaine, c'est à présent qu'on en vit. » [40] Peut-être faut-il voir l'origine de ce développement central dans l'œuvre de Péguy dans une méditation sans cesse reprise de la distinction pascalienne des « ordres ». En effet, la « politique » des Jésuites, telle qu'elle apparaît dans les *Provinciales*, particulièrement dans la treizième, est d'un « ordre » opposé à celui de la charité, la « distance infinie entre la défense que Dieu a faite de tuer, et la permission spéculative que vos auteurs en ont donnée » [41] évoquant « la distance infinie des corps aux esprits » et « la distance infiniment plus infinie des esprits à la charité » [42]. Pour Pascal, il ne fait pas de doute que les Jésuites ont abandonné un christianisme « mystique » pour un christianisme trop exclusivement « politique », dans lequel le chrétien obéit aux concupiscences, particulièrement à l'orgueil (*libido dominandi*), et cherche son intérêt personnel.

Selon l'ami janséniste de Montalte, les Jésuites « couvrent leur prudence humaine et politique du prétexte d'une prudence divine et chrétienne » [43]. Si la forme « politique » est dévalorisée dans les *Provinciales*, le vocable « prudence » ne l'est pas [44] puisqu'il sert de charnière à l'opposition entre « humaine et politique » d'une part, « divine et chrétienne » d'autre part. Le premier couple d'adjectifs montre que la source de la « politique », c'est l'homme, la confiance en l'homme, alors que l'attitude chrétienne, la « prudence [...] chrétienne » est le résultat de la confiance en Dieu et vient de Dieu. Avec la conception pascalienne de la « politique », nous sommes donc au cœur de l'opposition entre la nature et la grâce. Il en résulte que, selon celui qui découvre à Montalte « l'esprit de la Société » [45], les Jésuites ne sont pas chrétiens.

Cette même opposition entre la « politique » et la « religion », Montalte la reprend dans la VIIe lettre : « Quoi ! mon Père, ce n'est donc ici qu'une défense de politique, et non pas de religion ? » [46]. La permission de tuer a bien des limites, selon l'interlocuteur Jésuite de Montalte, mais ces dernières ne sont point posées par « la loi de Dieu » ; seulement, « on dépeuplerait un État en moins de rien, si on en tuait tous les médisants ». Le vocable « politique » est très proche ici de signifier « prudence », une « prudence » qui, voulant éviter le dépeuplement de l'État [47], est elle-même « politique » au sens étymologique du mot.

Contre Jésus-Christ, les Jésuites ont choisi le diable, « le Prince du monde et le Dieu de ce siècle » [48]. À la « Jérusalem mystique », ils ont préféré Sodome [49]. Le véritable prince, le roi, lui, « a arrêté, par la crainte de la rigueur de sa justice, ceux qui n'étaient pas arrêtés par la crainte de la justice de Dieu » [50]. Ainsi le roi, inspiré par Dieu, est dans l'ordre de la « politique » plus soucieux de l'intérêt général que les Jésuites, qui ne voient que leur intérêt particulier. Paradoxal renversement des valeurs qui fait d'un souverain temporel le défenseur de règles spirituelles enfreintes par les Jésuites ! Aussi le scripteur de la XIVe lettre invite-t-il ses correspon-dants à « changer de sentiments, si ce n'est par principe de religion, au moins par maxime de politique » [51], c'est-à-dire par égard pour leur intérêt bien compris. Opposée à la « religion », qui « relie » l'homme à Dieu, la « politique » sert l'intérêt humain.

Pascal va plus loin : la « politique » des Jésuites aboutit en fait « au renversement entier de la loi de Dieu » [52]. En effet, si cette « politique » a été définie à la fin de la IXe lettre comme une volonté générale d'accommodement, « les adoucissements de la Confession », qui constituent le sujet de la lettre suivante, sont présentés par Montalte comme « le meilleur moyen que ces Pères aient trouvé pour attirer tout le monde et ne rebuter personne » [53]. Autrement dit, « la politique de la Société » [54], dont « les adoucissements de la Confession » sont « un des plus grands prin-cipes », découle logiquement du but poursuivi, dont elle est la mise en œuvre : « *Notre Société a pour but de travailler à établir les vertus, de faire la guerre aux vices, et de servir un grand nombre d'âmes* » [55]. Elle vise à « adoucir », voire à supprimer les obligations pénibles du christianisme, et d'abord à supprimer la nécessité de l'amour de Dieu, ce qui constitue un « renversement [...] de la loi de Dieu » [56].

La Xe lettre se termine par la phrase suivante : « j'ai assez lu leurs livres pour pouvoir vous en dire à peu près autant de leur morale, et peut-être plus de leur politique, qu'il n'eût fait lui-même » [57]. Cette déclaration fait suite immédiatement à l'annonce que la séparation de Montalte et du Jésuite à la fin de cette Xe lettre est définitive, comme on pouvait s'y attendre après l'exposé de la doctrine des Pères de la Compagnie au sujet de « l'amour de Dieu ». En effet, cette doctrine, dont l'option attritionniste des Jésuites rend l'exposé nécessaire ici, dépasse largement par son importance le cadre de la lettre : « C'est le dernier trait de leur morale, et le plus important de tous », annonçait le Père Jésuite [58]. La série des entretiens de Montalte avec « un bon casuiste de la Société » [59], qu'ouvre l'exposé de « la doctrine des opinions probables », se termine donc par l'exposé de la doctrine du P. Antoine Sirmond sur l'amour « effectif » de Dieu. La progression dans les sujets est nette ; elle s'accompagne chez Montalte d'une progression dans l'indignation, qui atteint son apogée à la fin de la Xe lettre, lorsque Montalte, paraphrasant saint Paul, s'écrie : « Voilà le mystère d'iniquité accompli » [60]. Il n'y aura donc pas de « conversation » de Montalte avec le Jésuite qui a été son interlocuteur dans les lettres V à X au sujet de la « politique » des Jésuites, comme l'annonçait la fin de la IXe lettre [61], ou plutôt cette « conversation » annoncée constitue, malgré le démenti de Montalte [62], la Xe lettre, qui porte tout entière sur l'amour de Dieu : en effet, de même que l'exposé de « la doctrine des opinions probables » dans la Ve lettre était introduit par un morceau de casuistique sur le jeûne, l'exposé de la doctrine des Jésuites au sujet de l'amour de Dieu, par laquelle ils « ont déchargé les hommes de l'obligation *pénible* d'aimer Dieu actuellement » [63], est introduit par des pages qui constituent une casuistique de la confession, si bien que « cette dispense de l'obligation *fâcheuse* d'aimer Dieu » [64] est le sujet non pas principal, mais unique, de cette Xe lettre et, aux yeux de Pascal, le plus grand scandale auquel aboutit « la politique de la Société » [65].

Ce que Pascal fustige, c'est la « politique » des Jésuites (c'est pourquoi nous avons toujours mis entre guillemets la forme « politique »), non *la* politique, qui n'est pas toujours dépourvue de « grandeur » [66], même pour Pascal, qui, selon Nicole, disait « qu'il sacrifierait volontiers sa vie pour une chose si importante [« l'instruction d'un prince »] » [67]. Dans les *Provinciales* même, s'adressant à ses correspondants Jésuites, Montalte reconnaît : « on doit louer Dieu de ce qu'il a éclairé l'esprit du Roi par des lumières plus pures que celles de votre théologie » [68]. En somme, ce que Pascal condamne, c'est l'« anomie jésuite » [69]. Cependant, à travers les Jésuites, c'est bien, nous semble-t-il, à une politique qui, s'en tenant à ce monde-ci, au « siècle » – et n'est-ce pas le propre de toute politique ? –, ne constitue pas, suivant la formule du philosophe Bernard-Henri Lévy, qui l'appliquait à la position de

Maurice Clavel dans son pamphlet « *Dieu est Dieu, nom de Dieu !* », un « pari sur l'autre monde » [70], impliquant la conversion, que Pascal s'en prend. Pour Pascal, comme pour Maurice Clavel, toute politique étant « du monde », il ne peut y avoir de « bonne » politique : l'ordre du monde ne reflète pas l'ordre divin. De ce fait, toute politique, tout politique, sont nécessairement « cyniques » [71].

NOTES

1. Nous utilisons l'édition procurée par Louis Cognet : *Les Provinciales ou Les Lettres écrites par Louis de Montalte à un provincial de ses amis et aux RR. PP. Jésuites.* Introduction, sommaire biographique, notes et relevé de variantes par Louis Cognet, Paris, « Classiques Garnier », 1965 (une édition mise à jour avec bibliographie et chronologie par Gérard Ferreyrolles a été publiée dans la même collection par les éditions Bordas en 1992), qui reproduit l'édition de 1659.

On dénombre dans les *Provinciales* 17 emplois du nom, toujours au singulier (« la politique »), 4 emplois de l'adjectif, dont un au pluriel, 2 emplois de l'adjectif substantivé au masculin pluriel (« les politiques »). L'adjectif substantivé au neutre n'apparaît pas dans notre langue avant la deuxième moitié du XXe siècle ; en revanche, le pluriel latin *politica* est bien attesté, par exemple dans le titre de l'ouvrage de Juste Lipse : *Politicorum sive civilis doctrinae libri VI* [...] (1589).

2. Éd. Cognet, p. 333.

Quand des citations sont rapprochées les unes des autres dans le texte, en particulier quand elles sont empruntées à la même page, on ne donnera la référence qu'une seule fois, le plus souvent à l'occasion de la citation du mot « politique ».

3. Les mots « *sur le sujet de la morale et de la politique de ces Pères* » ayant été remplacés dans l'édition de 1659 par l'annonce de « *la Théologie morale desdits Pères et nouveaux casuistes* », laquelle occupe effectivement deux des trois tomes de cette édition, nous n'avons pas compté ce premier emploi du nom « politique » dans notre relevé.

4. Voir note 1.

5. Éd. Cognet, p. 23.

6. « … on n'en trouve nulle trace dans la traduction de Nicole » (« Un correcteur inattendu des *Lettres provinciales* », *Écrits sur Pascal*, Paris, éditions du Luxembourg, 1959, p. 46).

7. Éd. Cognet, p. 45. Il s'agit de la « question de fait ».

8. Éd. Cognet, p. 75.

9. *Ibid.*, éd. Cognet, p. 78.

10. *Ibid.*, éd. Cognet, p. 79.

11. « … et ainsi je m'imagine que notre première conversation sera de leur politique » (éd. Cognet, p. 170).

12. « … cette vaine distinction de spéculation et de pratique [...] dont l'invention est un secret de votre politique » (éd. Cognet, p. 243).

13. Citation empruntée à un fragment des *Pensées* (éd. Brunschvicg (1904), 926 ; éd. Lafuma (1951), 969 ; éd. Sellier (1991), 801) qui, sous le titre de « Politique », constitue une première esquisse du passage relatif à l'opposition faite par les Jésuites entre « la loi de Dieu », qu'ils ne craignent pas de

« renverser », et « la justice des hommes », à laquelle la distinction de la « spéculation » et de la « pratique » permet de satisfaire (éd. Cognet, pp. 243-244).

14. Éd. Cognet, p. 244.

15. Voir *supra*, n. 12.

16. « ... les principes de cette politique mystérieuse » (éd. Cognet, p. 243).

17. Éd. Cognet, p. 350.

18. Éd. Cognet, p. 357.

19. Éd. Cognet, p. 217.

20. Éd. Cognet, p. 296.

21. « Machiavel étoit un grand & dangereux *politique* » (exemple du *Dictionnaire universel* [...] d'Antoine Furetière, 1690).

22. A. Stegmann, « Le Mot « politique » et ses implications dans la littérature européenne du début du XVIIe siècle », *Cahiers de lexicologie*, vol. XIII, 1968-II, p. 35. Le P. Charles Scribani publia sa *Justi Lipsii defensio postuma* [...] en 1608 ; son *Politico-christianus* [...] date de 1625.

23. Alain Niderst, *La Princesse de Clèves, le roman paradoxal*, Larousse, « Thèmes et textes », 1973, p. 58.

24. XIIIe lettre, éd. Cognet, p. 249.

25. *Ibid.*, éd. Cognet, p. 250.

26. *Ibid.*, éd. Cognet, p. 254.

27. XVe lettre, éd. Cognet, p. 287.

28. *Ibid.*, éd. Cognet, p. 288. À la page suivante, Montalte utilisera l'expression : « le désir immodéré de conserver la gloire de vos auteurs ».

29. *Ibid.*, éd. Cognet, p. 288.

30. XVIe lettre, éd. Cognet, p. 309.

31. *Ibid.*

32. *Ibid.*, éd. Cognet, p. 310.

33. *Ibid.*

34. Éd. Cognet, p. 350.

35. « Vous voyez donc par là que c'est ici une *suffisance* politique pareille au *pouvoir prochain* », résume Montalte à l'issue de sa « visite » au Jacobin de la IIe lettre (éd. Cognet, p. 35) : l'adjectif « politique » s'applique ici à la « grâce suffisante » entendue au sens des nouveaux thomistes.

36. Cité dans *Œuvres de Blaise Pascal*, Paris, Hachette, « Les Grands Écrivains de la France », 1904-1914, t. VI, p. 321.

37. Le 2 septembre 1656, l'Assemblée générale du clergé, avertie que le roi et la reine souhaitent voir poursuivre l'exécution des décisions prises antérieurement au sujet de la bulle et du bref d'Innocent X, remet sur le tapis toute l'affaire des cinq propositions : elle confirme ses résolutions antérieures et fait connaître sa détermination à poursuivre la lutte contre les jansénistes en réitérant l'ordre de faire souscrire la constitution et le bref du 29 septembre 1654. Cependant, il n'est pas certain qu'un formulaire, c'est-à-dire une formule précise de souscription, ait été imposé avant 1657.

38. Éd. Cognet, p. 352. Le mot lui-même ne figure pas dans les premières éditions.

39. XIIe lettre, éd. Cognet, p. 221.

40. *Notre jeunesse*, Paris, Gallimard, 1933, p. 213.

41. XIIIe lettre, éd. Cognet, pp. 244-245.

42. *Pensées*, éd. Brunschvicg, 793 ; éd. Lafuma, 308 ; éd. Sellier, 339.

43. Ve lettre, éd. Cognet, p. 78.

44. On aurait tort de citer ici le « j'admire leur prudence et leur politique » de la IIIe lettre (éd. Cognet, p. 48) car il s'agit des « Molinistes » et, si le verbe « admirer », plus proche cependant dans la langue du XVIIe siècle que dans la langue moderne du sens latin de *admirari*, est chargé dans ce membre de phrase d'une valeur nettement positive, l'ironie – c'est Montalte qui s'exprime – inverse cette dernière en valeur négative.

45. Ve lettre, éd. Cognet, p. 74.

46. Éd. Cognet, p. 127.

47. Ce souci de la démographie est imposé par l'existence de crises démographiques dues aux guerres, aux épidémies de peste, aux famines.

48. XIVe lettre, éd. Cognet, p. 271.

49. *Ibid.*, éd. Cognet, p. 272.

50. *Ibid.*, éd. Cognet, p. 273.

51. *Ibid.*

52. Xe lettre, éd. Cognet, p. 191.

53. Xe lettre, éd. Cognet, p. 171.

54. *Ibid.*

55. *Ibid.*, éd. Cognet, p. 180. Il s'agit d'une citation de l'*Imago primi saeculi Societatis Jesu* [...], Anvers, 1640, l. III, ch. IX, p. 374. Littéralement : « de servir le plus grand nombre [d'âmes] possible » (*ut prosit quamplurimis*).

56. Voir *supra*, n. 52. Cf. *Le Renversement de la morale de Jésus-Christ par les erreurs des Calvinistes touchant la justification* (1672) d'Arnauld (*Œuvres* [...], Paris-Lausanne, 1775-1783, t. XIII). Sur le point de l'amour de Dieu, comme sur la plupart des autres, Réformés et Jésuites incarnent donc « les deux erreurs contraires » : voir Jean Laporte, *La Doctrine de Port-Royal. La Morale (d'après Arnauld)*, Paris, J. Vrin, « Bibliothèque d'histoire de la philosophie ». I. *La Loi morale*, 1951, et II. *La Pratique des sacrements*, 1952.

57. Éd. Cognet, p. 192.

58. *Ibid.*, éd. Cognet, p. 187.

59. Ve lettre, éd. Cognet, p. 79.

60. Éd. Cognet, p. 191.

61. « ... et ainsi je m'imagine que notre première conversation sera de leur politique » (éd. Cognet, p. 170).

62. « Ce n'est pas encore ici la politique de la Société » (Xe lettre, éd. Cognet, p. 171).

63. Xe lettre, éd. Cognet, p. 189.

64. *Ibid.*, éd. Cognet, p. 190.

65. Voir *supra*, n. 62.

66. « Grandeur de l'homme dans sa concupiscence même, d'en avoir su tirer un règlement admirable » (*Pensées*, éd. Brunschvicg, 402 ; éd. Lafuma, 118 ; éd. Sellier, 150). Cf. « On a fondé et tiré de la concupiscence des règles admirables de *police* » [c'est nous qui soulignons], de morale et de justice » (*Ibid.*, éd. Brunschvicg, 453 ; éd. Lafuma, 211 ; éd. Sellier, 244).

67. Nicole, *Traité de l'éducation d'un prince* (1670). Propos rapporté dans *Pensées*, éd. Lafuma, 1004.

68. XIVe lettre, éd. Cognet, p. 273.

69. Nous empruntons cette expression à l'ouvrage de Gérard Ferreyrolles : *Pascal et la raison du politique*, Paris, P.U.F., 1984, dans lequel la « politique des Jésuites » (au sens où l'entend Pascal) est présentée comme le modèle contre lequel se construit la « politique pascalienne ».

70. « La Folie Maurice-Clavel », *Le Nouvel Observateur*, n° 598, 26 avril 1976, p. 83.

71. Dans un article de 1923, Jacques Maritain, en même temps qu'il louait le réalisme de Pascal, condamnait son « cynisme » politique, qu'il jugeait dépourvu d'enracinement métaphysique (« La Politique de Pascal », *Revue universelle*, t. XIV, n° 9, 1er août 1923, reproduit dans *Pascal, textes recueillis et présentés par A. Lanavère*, Paris, F.D.D., « Miroir de la critique », 1969, pp. 110-121).

Après la communication de JACQUES PLAINEMAISON

ALAIN NIDERST — Au XVIIe siècle, « politique » signifie « machiavélien ». Voyez *Nicomède*. Mais à la fin du XVIe siècle, autour du duc d'Alençon, le mot a-t-il le même sens ? D'habitude, les machiavéliens, à l'époque, on considère plutôt que c'est Catherine de Médicis ou Henri III. Les a-t-on appelés machiavéliens par critique ?

JACQUES PLAINEMAISON — La référence à Machiavel, qui devient courante, contribue à la dévalorisation du terme de « politique ». Mais cette référence n'est pas constante.

PIERRE FORCE — La politique des Jésuites est condamnable selon la loi de Dieu, mais d'abord au nom de la loi des hommes qu'ils subvertissent pour leur intérêt propre. Même au nom de la loi d'Etat ils sont condamnables.

GÉRARD FERREYROLLES — Condamnables parce qu'ils font intervenir la politique dans l'affaire de la grâce. Mais aussi ils sont mauvais politiques, parce qu'ils ne sont même pas efficaces.

PHILIPPE SELLIER — L'ouvrage de Mackenzie sur les *Provinciales* montre que les Jésuites pourraient œuvrer dans l'ordre de la charité, ou dans l'ordre des esprits, comme savants de l'Eglise ; mais ils œuvrent dans le premier, le plus bas, celui de l'étendue et de la quantité. Ils quantifient : une opinion probable est bonne à proportion du nombre de docteurs qui la soutiennent. C'est l'ordre de la force.

DOMINIQUE DESCOTES — Ils n'usent pas seulement de la quantité : il suffit d'une seule voix pour rendre une opinion probable.

JEAN ROHOU — Il faut approfondir le sens du mot « politique ». Lorsqu'on parle de *la* politique des Jésuites, le terme n'a pas le même sens que quand on dit qu'ils agissent *par* politique, c'est-à-dire avec une intention couverte. « Politique » présentait un sens négatif ; « prudence » avait un sens positif.

John A. GALLUCCI

Politique et écriture :
la « disposition » pascalienne
comme principe de liberté

> Et ego dispono vobis (διατίθεμαι), sicut
> disposuit (διέθετο) mihi Pater meus regnum...
>
> Luc XXII. 29

> C'est un héritier qui trouve les titres de sa
> maison. Dira(-t-il) peut être qu'ils sont faux,
> et négligera(-t-il) de les examiner.
>
> Pascal (823) [1]

La notion pascalienne de « disposition » que nous voudrions analyser ici ne renvoie pas, en elle-même, aux notions politiques les plus importantes de Pascal, telles que « force » et « justice ». Il pourrait même sembler inutile et quelque peu dérisoire de vouloir traiter de la valeur du dire chez Pascal, étant donnée la valeur primordiale de la force en politique qui, toujours, contredira la justice et rendra celle-ci impuissante. Le chancelier « grave et revêtu d'ornements » est « faux et non le roi. Il a la force, il n'a que faire de l'imagination » (87). Ni, peut-on ajouter, de la parole. « Pourquoi me tuez-vous ? » (9) : à cette question la force n'est jamais tenue de répondre ou plutôt la réponse, quelque plaisante qu'elle soit, sera toujours une plaisanterie bien meurtrière. Si la rhétorique est le discours par excellence du droit et de ceux qui l'incarnent, ce discours, toujours revêtu d'ornements et de gravité, est par définition « faux », la force réalisant, contre la rhétorique, l'idéal de tout orateur : imposer à son adversaire le silence. Si donc la « disposition » est une des catégories classiques de la rhétorique, et que celle-ci est vaincue d'avance devant la force, pourquoi s'intéresser à ce vocable lorsqu'il s'agit d'étudier la pensée politique et juridique de Pascal ? Surtout, de quel droit y voir ce que j'appelle un principe de liberté ?

On peut cependant se demander si, dans une perspective pascalienne, la séparation de la rhétorique et de la force est si absolue. Certes, dans les

Pensées, Pascal affirme que « la concupiscence et la force sont les sources de toutes nos actions. La concupiscence fait les volontaires, la force les involontaires » (97). Mais cette antithèse théorique sera incarnée, dans la vie pratique, chez une même personne, à savoir le roi. On lit, par exemple, dans les *Discours sur la condition des grands*, que le roi terrestre est proprement un « roi de concupiscence » : « C'est la concupiscence qui fait [sa] force, c'est-à-dire la possession des choses que la cupidité des hommes désire » (p. 368 A). Si donc la nature de la force est d'ordre tautologique – le roi est fort parce qu'il a la force – la réalité de cette force est double : « c'est la concupiscence qui fait la force » et non « c'est la force qui fait la force », la faiblesse humaine servant de fondement à l'ordre politique. Ayant survécu à la terreur, nous nous voyons placés dans ce que Gérard Ferreyrolles appelle « le devenir-force » de l'imagination, où la politique n'est plus tout à fait synonyme de force [2]. On peut donc définir la politique comme l'emploi habile de deux qualités – la force mais aussi la concupiscence – pour gouverner. C'est ainsi que les ornements, comme « l'habit », deviennent une « force ». De même que les mots en géométrie remplacent les définitions, les signes remplacent la force qui, invisible, peut toujours se manifester pour mettre fin à d'éventuelles disputes – et ce sera une fin d'autant plus efficace que la force, à la différence du géomètre, n'a guère à se soucier de bien conduire sa raison.

C'est à partir de ces considérations sur la politique de Pascal, de ce milieu infini entre les deux extrêmes de « force » et de « concupiscence », que je voudrais analyser la notion de la disposition pascalienne. Analysant d'abord le sens général de « disposer » chez Pascal, ensuite, le sens du fragment célèbre sur la « disposition des matières », je voudrais montrer que ce concept classique de rhétorique s'inscrit aussi chez Pascal dans des notions de droit et de religion et peut, à juste titre, nous aider à mieux cerner l'idée pascalienne de liberté.

I – *Disposer comme effet et cause*

Dans le texte des *Pensées,* le mot « disposer » est toujours signe de liberté. Le verbe signale un acte qui est la manifestation et la preuve de la liberté et du pouvoir du sujet. C'est bien l'une des définitions du mot que donne Furetière : « Ordonner en maître ». Disposer, c'est montrer qu'on est maître. Ainsi, dans la liasse n° XXV – unité complexe, selon J. Mesnard [3] – on lit : « Les rois disposent de leur empire mais les papes ne peuvent disposer du leur » (707). Est roi celui qui a le pouvoir de disposer d'un empire ; si le pape ne peut disposer de son « empire », c'est que son empire ne dépend pas de son pouvoir : celui-ci reste soumis au pouvoir supérieur de Dieu. Ainsi s'explique la corruption des Jésuites, qui osent disposer d'un empire qui ne leur appartient pas en propre. À leur endroit Pascal dit : « Vous corrompez la religion ou en faveur de vos amis ou contre vos ennemis ; vous en disposez à votre gré » (836). La notion de « disposer » se précise : qui dispose se déclare par là maître et libre. Volonté et pouvoir – concupiscence et force – se trouvent, comme en politique, réunis chez le maître. Ou plutôt, un synonyme de la politique, c'est, pour ainsi dire, la disposition, celle-ci supposant réunis volonté et pouvoir. Ainsi Louis XIV aura bien soin de marquer son pouvoir en disant : « Les rois sont seigneurs absolus et ont naturellement la disposition pleine et libre de tous les biens, tant des séculiers que des ecclésiastiques, pour en user comme sages économes, c'est-à-dire selon les besoins de leur État. » Il s'agit, en l'occurrence, d'un « point important » – que Louis XIV veut expliquer au Dauphin – concernant « les gens d'Église [qui] sont sujets à se flatter un peu trop des avantages de leur profession »[4]. Ainsi l'imagination, qui a pouvoir bien royal : « L'imagination dispose de tout ; elle fait la beauté, la justice et le bonheur qui est le tout du monde » (44). Ainsi le pouvoir divin : « *Omnia in mensura, et in numero, et pondere disposuisti* » (Sagesse, XI, 21)[5].

À cette manifestation extérieure de maîtrise que signale le verbe « disposer » correspond un sens intérieur, pour ainsi dire. Recourant encore une fois à Furetière, qui donne une autre acception de « disposition », nous voyons qu'il s'agit maintenant du « tempérament des hommes », « des parties intérieures ». Cette acception du mot est, bien entendu, répandue chez Pascal : « Ceux qui croient sans avoir lu les Testaments c'est parce qu'ils ont une disposition intérieure toute sainte et que ce qu'ils entendent dire de notre religion y est conforme » (381). De même, chez ceux d'un « tempérament » différent : « Rien ne marque davantage une mauvaise disposition du cœur que de ne pas souhaiter la vérité des promesses éternelles » (427). C'est d'ailleurs le sens que l'on rencontre le plus souvent chez Nicole dans son *Traité de la comédie* où on lit, par exemple : « La représentation d'un amour légitime et celle d'un amour qui ne l'est pas font presque le même effet, & n'excitent qu'un même mouvement qui agit ensuite diversement selon les différentes dispositions qu'il rencontre »[6].

À partir de ces exemples, l'on peut établir un parallèle entre « disposition extérieure », ou politique, et « disposition intérieure », ou psychologique, lequel, au point le plus important, se complique de façon intéressante. À l'extérieur ou à l'intérieur, il s'agit de réunir volonté et pouvoir. En politique, c'est le roi qui veut ordonner et le peut. Mais dans l'allégorie pascalienne de la psychologie humaine, quel est le sujet de cette phrase : « x veut ordonner et le peut » ? Dans *L'Art de persuader*, c'est l'entendement qui devrait être maître, « car on ne devrait jamais consentir qu'aux vérités démontrées » ; mais, en fait, c'est la volonté qui triomphe, « car tout ce qu'il y a d'hommes sont presque toujours emportés à croire non pas par la preuve, mais par l'agrément » (p. 355 A). Mais peut-on continuer à justifier le parallèle extérieur-intérieur ? Si c'est bien la volonté qui veut ordonner, peut-on dire que la volonté *dispose* des « parties intérieures » ? Car si la volonté veut ordonner, est-ce qu'elle en a le pouvoir ? « Façon de parler : Je m'étais voulu appliquer à cela » (572) : la note de Brunschvicg est précieuse : cette « façon de parler » montre que « la volonté n'a pas réussi à ce qui est pourtant du domaine de la volonté, c'est-à-dire l'application » ; cette façon de parler « met en relief » donc « la faiblesse de la volonté ». Si la « disposition intérieure » est l'effet ou le signe d'une action, quel est l'agent de cette action ? Qu'est-ce qui en nous est libre d'agir ?

Pascal nous donne une première réponse à cette question dans quelques fragments de la liasse « Contrariétés » où il s'agit de « coutume » et de « principes naturels » : ce que nous croyons être « naturel » n'est rien d'autre que l'effet de la « coutume » :

> Qu'est-ce que nos principes naturels sinon nos principes accoutumés ? Et dans les enfants ceux qu'ils ont reçus de la coutume de leurs pères, comme la chasse dans les animaux.
> Une différente coutume en donnera d'autres principes naturels. Cela se voit par expérience. Et s'il y en a d'ineffaçables à la coutume, il y en a aussi de la coutume contre la nature ineffaçables à la nature et à une seconde coutume. Cela dépend de la disposition (125).

L'homme – ici renvoyé au rang des animaux – donne de lui une image bien dérisoire en voulant affirmer qu'il tient ses « principes » de la nature. L'expérience nous montre que l'homme est plus « ondoyant » et – dans des termes proches du célèbre fragment sur la « disposition des matières » – que de différentes coutumes produiront de différents effets. Surtout, Pascal souligne le caractère parfaitement arbitraire de ces coutumes : car, de même que l'imagination n'est pas absolument fausse, la coutume n'est pas toujours effaçable, ni la nature : « S'il y [...] a [des principes naturels] ineffaçables à la coutume, il y en a aussi de la coutume contre la nature ineffaçables à la nature et à une seconde coutume. » Et il conclut : « Cela dépend de la disposition. »

Cette « disposition » est, cependant, en comparaison avec les exemples cités plus haut, de caractère différent : elle participe à la fois de l'extérieur et de l'intérieur. Notre belle « nature » intime se dissout et s'efface en rencontrant une nouvelle coutume extérieure : celle-ci constituera à son tour un for intérieur, et ainsi de suite, à l'infini.

La pensée suivante continue l'analyse :

> Les pères craignent que l'amour naturel des enfants ne s'efface. Quelle est donc cette nature sujette à être effacée ?
> La coutume est une seconde nature qui détruit la première. Mais qu'est-ce que nature ? Pourquoi la coutume n'est-elle pas naturelle ? J'ai grand peur que cette nature ne soit elle-même qu'une première coutume, comme la coutume est une seconde nature (126).

Prenant un exemple qui semble plus inexpugnable – l'amour naturel que portent les enfants à leurs pères (cette phrase est presque une phrase typologique de la théologie de la Chute et du péché) – Pascal montre par un raisonnement *a fortiori* que cet amour, le plus « naturel » qui soit, n'est pas à l'abri du pouvoir de la coutume. Et, tout comme dans le fragment précédent, Pascal conclut par un chiasme, par un dilemme : notre nature n'est qu'une première coutume, et la coutume une seconde nature.

Un tel langage nous renvoie au Pari – « notre âme est jetée dans le corps où elle trouve nombre, temps, dimensions, elle raisonne là-dessus et appelle cela nature, nécessité, et ne peut croire autre chose » (418) : ce que nous appelons donc « nature » n'est qu'un effet du hasard : « pourquoi (...) plutôt placé en ce lieu qu'en un autre » (427), demande ailleurs Pascal. La « disposition » dont parle ici Pascal, c'est donc celle du hasard, de la contingence radicale qui constitue notre être. C'est donc le hasard qui dispose de nous, un hasard primordial au niveau cosmique ; ensuite, dans la société humaine, c'est encore le hasard qui fait de nous ce qu'il veut (s'il y a encore quelque sens à parler du hasard en le personnifiant) : « Que de natures en celle de l'homme. Que de vacations. Et par quel hasard chacun prend d'ordinaire ce qu'il a ouï estimer » (129). « Ce qu'il a ouï estimer » : le hasard qui fonde notre être constitue une sorte de parodie de la foi – *fides ex auditu* – toute notre croyance civile, pour ainsi dire, n'étant rien d'autre qu'une soumission inconsciente à la gratuité fondamentale de notre existence (et nous voyons aussi par là en quoi le dogme du péché originel pourrait s'insérer dans l'apologie de Pascal d'une façon un peu moins choquante : l'amour des enfants pour leurs pères, la nature qui s'efface, les coutumes qui les remplacent, tout cela est tout aussi incompréhensible et scandaleux que le dogme de la transmission de la Chute). Devant une telle situation, on est sans liberté véritable : notre vie dans ses éléments les plus importants est décidée par le hasard.

La « disposition » de Pascal est donc à lire dans un sens métonymique, comme étant à la fois le hasard qui est la cause de notre être mais aussi l'effet du hasard – notre « nature » – qui en résulte [7]. La coutume est simplement l'oubli du hasard qui dispose de tout.

Mais c'est justement cette contingence qui fonde la possibilité d'une ouverture. Le texte même de Pascal nous « embarque » et nous oblige à ne pas nous satisfaire du dilemme. Lorsqu'il dit, par exemple : « J'ai grand peur que cette nature ne soit elle-même qu'une première coutume, comme la coutume est une seconde nature », ce dilemme invite à chercher une résolution, à poser, au moins, la question : y a-t-il donc une *première* nature ? Si « cette nature » – le déictique renvoyant au monde visible – n'est elle-même qu'un autre effet, n'a-t-on pas le devoir de considérer si la religion, qui déclare promettre le vrai bien, ne peut apporter raisonnablement une réponse ? « Qu'on s'informe de cette religion, même si elle ne rend pas raison de cette obscurité peut-être qu'elle nous l'apprendra » (150). Le texte de Pascal est un impératif de s'informer, de lire. Mais comment doit-on lire ?

II – *Apologie et testament*

Retournons maintenant à la pensée sur « la disposition des matières », laquelle se trouve dans la même « unité complexe » n° XXV :

> Qu'on ne dise pas que je n'ai rien dit de nouveau, la disposition des matières est nouvelle. Quand on joue à la paume, c'est une même balle dont joue l'un et l'autre, mais l'un la place mieux.
> J'aimerais autant qu'on me dise que je me suis servi des mots anciens. Et comme si les mêmes pensées ne formaient pas un autre corps de discours par une disposition différente, aussi bien que les mêmes mots forment d'autres pensées par leur différente disposition (696).

Ce fragment est, tout d'abord, une apologie du style de Pascal, une « *defense of his originality* » [8]. Pascal exige que l'on cherche en quoi son écriture et sa pensée sont différentes de ce qui s'est écrit avant lui. Comme partout chez lui, il s'agit de marquer une différence qui, si elle paraît invisible, existe néanmoins. Ceux qui verraient en Pascal des répétitions et des redites d'auteurs précédents, tout simplement, manqueraient l'essentiel de Pascal. La disposition, si essentielle, si évidente, court le risque d'être ce qu'il y a de plus imperceptible pour le lecteur.

Surtout, la disposition est un acte. Les mots de Pascal sont là ; mais leur disposition demande une interprétation, une lecture. Car la disposition est aussi un jeu, entre Pascal et Montaigne, par exemple, mais aussi entre Pascal et le lecteur, ou encore entre Montaigne et Épictète. Les mots de Pascal ne reçoivent leur valeur que par ce jeu, par cet acte qui est aussi ce que L. Thirouin appelle la « conférence » où il s'agit non d'énoncer une vérité autonome, mais de fonder en un acte particulier la valeur du dire [9], de placer « mieux » la balle, la pensée. Ainsi naît la « nouveauté » – il y a, chez Pascal, la possibilité d'un progrès et donc celle d'une apologie – cette « nouveauté » ne se manifestant pas cependant de façon simple. Comme dans la liasse « Raisons des effets », la vérité n'est jamais là où elle semble résider – dans les mots – mais dans un ailleurs, un « point imperceptible », qui ne se déclare qu'en acte.

Quelle est cette « vérité » où nous convie le texte de Pascal ? Pour y trouver une réponse, il convient d'abord de souligner la facture même de son texte. Dans un autre fragment où il s'agit aussi d'attirer le regard du lecteur sur la composition même du texte, nous apprenons que le « je » qui « dispose des matières » est Salomon de Tultie, celui dont la « manière d'écrire est comparable à celle de Montaigne et d'Épictète » (745). Cette mention explicite de Montaigne et d'Épictète nous autorise à nous référer à *L'Entretien avec M. de Saci*, où Pascal expose, à l'étonnement de Saci, son projet de faire une apologie de la religion chrétienne en se fondant sur des textes purement païens. Tel un moine du Moyen Âge qui, à partir des hémistiches de Virgile formerait un nouveau poème à sens chrétien – « jeu littéraire courant » à l'époque, nous dit Henri de Lubac [10] – Pascal crée lui aussi un centon à partir des textes de Montaigne et d'Épictète. La disposition nouvelle c'est donc ce centon qu'a brodé Pascal, un ordre différent – ce que confirme une des variantes du texte, Pascal ayant commencé à écrire « l'ordre des matières » avant d'y substituer « disposition ». Les « matières » sont là, chez Montaigne et Épictète ; ce qu'il faut, pour bien les lire, pour y trouver leur valeur, c'est les mettre en rapport.

C'est justement cette mise en rapport qui constitue la vérité des *Pensées*. Mais telle qu'elle est décrite dans *L'Entretien avec M. de Saci*, cette mise en rapport aboutit à une guerre, à ce qui semble être la destruction de toute vérité : « Il ne résulterait de leur assemblage qu'une guerre et qu'une destruction générale [...] » (p. 296 B). Les jeux de Montaigne et d'Épictète ont chacun des règles dont la première est le refus des règles de l'autre. Les mettre en rapport, c'est garantir leur éclatement, et l'éclatement donc de l'humanité tout entière. Cette « guerre » et cette « destruction générale » devenant la condition même de l'humanité, et celle-ci ne pouvant s'en satisfaire car on ne peut y trouver son bonheur, son repos, son souverain bien, l'humanité tout entière doit confesser qu'elle est incapable d'apporter une solution à ses propres conflits moraux et épistémologiques. Pour les résoudre, il faudra chercher une solution divine, dans un autre texte, dans « la vérité de l'Évangile ».

Autrement dit, Pascal dispose des textes de Montaigne et d'Épictète de sorte que la lecture des *Pensées* établisse la valeur des textes bibliques : « C'est un héritier qui trouve les titres de sa maison. Dira-t-il peut-être qu'ils sont faux, et négligera-t-il de les examiner » (823).

C'est à partir de cette idée d'héritage qu'il convient de relire la notion de « disposition » chez Pascal. Furetière nous rappelle que l'une des définitions de « disposition » est « testament », et c'est l'Évangile de saint Luc qui constitue, peut-être, l'un des meilleurs commentaires de cette notion apologétique de « disposition ». Peu après le passage où Jésus dit aux futurs apôtres : « *Vos autem non sic* » – donc, dans un passage où il est explicitement question de politique (cité par Pascal lui-même au fragment 569) –, peu après le repas où Jésus établit par son sang la nouvelle alliance, et peu avant la prière et l'agonie sur le Mont des Oliviers, le Christ dit : « *Et ego dispono vobis sicut disposuit mihi pater meus regnum* ». En grec, le Christ dit : « *diatithémai... diéthéto* » – un mot qui signifie : « léguer », « tester ». C'est le mot qui en grec traduit l'idée de « testament » : le *Nouveau Testament*, c'est la *Kainê Diathêkê* ou, autrement dit, la « disposition nouvelle ».

Mais cette traduction que nous opérons ici serait-elle abusive ? Dans la théologie catholique, le terme *dispositio* renvoie à la notion d'« économie du salut », de « plan de Dieu » dans le monde, à l'idée d'*oikonomia* [11]. Et le Nouveau Testament donne de nombreux exemples où la notion d'« héritage » ou d' « héritier » est exprimée par le mot grec « *klêronomia* » ou « *klêronomos* », dans la Lettre de saint Paul aux Galates, III, 18, par exemple. Le terme « disposer » est donc à lire dans un sens plus large, et non pas dans les seules limites de son acception juridique de « testament ».

Cette acception est, cependant, légitime et se voit confirmée par d'autres textes bibliques. Saint Paul, par exemple, dans la même Lettre aux Galates,

III, 15 ou encore, et surtout, dans la Lettre aux Hébreux. Saint Augustin aussi, lorsqu'il veut employer un terme qui convienne au pacte entre Abraham et Dieu, mettra le mot latin « *testamentum* » et cela, dans un contexte où il est explicitement question d'héritage dans l'interprétation de ce terme [12]. Et si Sacy traduit le verset de Luc XXII. 29 en se servant non de « disposer », mais de « préparer », Arnauld et Nicole, dans leur *Logique*, n'hésitent pas à voir dans Luc XXII. 20 le sens juridique que nous cherchons à mettre en valeur ici. Commentant, par exemple, ce verset XX. 20 « *... hic calix novum testamentum est in sanguine meo* », les logiciens disent : « Le mot de Testament ne signifie pas seulement la dernière volonté du Testateur, mais encore plus proprement l'instrument qui la marque. » [13]

À partir de ces exemples, on peut lire, dans le mot français « disposition », un sens intertextuel – ou, avec Genette, un palimpseste – qui nous mène à la vérité de l'Évangile, cette vérité ultime des *Pensées* [14].

Nous voyons donc le début d'une réponse à la question de la liberté chez Pascal. La notion pascalienne de « disposition », nous engageant dans des questions d'ordre et de maîtrise, nous amène aussi à la notion juridique et religieuse de « testament ». C'est dans ce sens que la disposition pascalienne est un principe de liberté, c'est-à-dire la cause (rhétorique) d'un effet existentiel : examiner les titres de notre héritage pour voir s'ils sont vrais. La « disposition » des *Pensées* nous engage donc dans une sorte de contrat rhétorique où nous aurions le devoir raisonnable de *chercher* la vérité. Pour reprendre quelques termes de Pascal dans son *Histoire de la roulette*, il serait « *du droit* » de Pascal de vouloir nous engager dans une telle recherche [15].

Mais ce n'est là que le premier degré d'une autre disposition, celle-ci divine, l'ultime cause d'un acte et d'une valeur dans le monde. C'est seulement dans la mesure où Dieu, maître véritable, dispose de nous que l'on peut se dire véritablement libre [16]. Toute autre liberté que religieuse est d'emblée fausse, vanité – donc sujétion : « *Omnis creatura subiecta est vanitati, liberabitur* » (14). Ce passage des *Pensées* contient justement l'injonction aux « vrais chrétiens » d'obéir aux « folies néanmoins », car c'est « l'ordre de Dieu qui les a asservis à ces folies » pour « la punition des hommes ». La liberté humaine, c'est donc de savoir se soumettre à l'ordre de Dieu, être dernier pour être premier, refuser les pouvoirs du monde : « *Vos autem non sic.* » Dans les termes de cette nouvelle disposition, la liberté s'écrit au futur : *liberabitur* ; ici-bas, c'est l'attente, et les folies du monde.

La liberté chez Pascal, dans son sens chrétien, est donc étrangère à l'acte politique. L'acte politique, ce mélange de force et de concupiscence, est toujours un chaos de soumissions différentes. Certes, on peut être conseiller du roi et « modérer la folie au moins mal qu'il se peut » tel Platon et Aristote (533). Mais cette phrase – « au moins mal qu'il se peut » – est bien révélatrice. Ouvrant une possibilité, elle en marque aussi les limites et l'échec éventuel. Auguste est clément, certes, mais Auguste sera suivi de Néron.

C'est dans ces limites qu'il convient de situer la « disposition » pascalienne, ce principe de liberté qu'est la parole du Christ. S'opposant aux extrêmes de force et de concupiscence, ce principe ne peut prétendre à une résolution ultime mais seulement à une *agonie* – dans tous les sens du mot – et cela jusqu'à la fin du monde.

NOTES

1. Les chiffres des fragments des *Pensées* renvoient à la numérotation de L. Lafuma, *Œuvres complètes*, Seuil, coll. « L'Intégrale », 1963. Les numéros de page pour les autres œuvres de Pascal renvoient également à cette édition. Le texte sera modifié, s'il y a lieu (ponctuation, leçon, etc.).

2. Gérard Ferreyrolles, *Pascal et la raison du politique*, P.U.F., coll. « Épiméthée », p. 110.

3. Jean Mesnard, *Les « Pensées » de Pascal*, Paris, S.E.D.E.S., 1976, p. 36.

4. Louis XIV, *Mémoires*, textes présentés par Jean Longnon, Paris, Tallandier, coll. « In-Texte », 1978, p. 203.

5. Pascal cite cette phrase du livre de la Sagesse dans *De l'esprit géométrique*, la modifiant : « *Deus fecit omnia in pondere, in numero, et mensura* » (p. 351 B).

6. Nicole, *Traité de la comédie*, présenté par G. Couton, Paris, « Les Belles Lettres », 1961, p. 44.

7. Voir Michel Le Guern, « Pascal et la métonymie » in *Méthodes chez Pascal*, P.U.F., 1976, pp. 383-389.

8. B. Norman, *Portraits of Thought*, Ohio State University Press, 1988, p. 154.

9. Laurent Thirouin,« Pascal et l'Art de conférer » in *Cahiers de l'Association internationale des études françaises*, n° 40 (mai 1988), p. 216.

10. Voir Henri de Lubac, *Exégèse médiévale : Les Quatre Sens de l'Écriture*, deuxième partie, vol. 2, Paris, Aubier, Éditions Montaigne, coll. « Théologie », 1959, pp. 245-246. Il donne divers exemples de *centones* (pris à Ausone, entre autres). Il cite aussi Tertullien qui fustige les « fripiers » – les *centoriarii* – dans son *De praescriptione*, c. 39, n. 2-5. Cf. le mépris affiché par Pascal : « Les gens universels [...] ne mettent guère de différence entre le métier de poète et celui de brodeur » (587).

11. Danielle Stalter-Fouilloy, *Histoire et violence. Essai sur la liberté dans les premiers écrits chrétiens*, Paris, P.U.F., 1990, p. 84.

12. Voir saint Augustin, *Enarrationes in Psalmos* LXVII. 19, où il commente le verset « *inter medios cleros* ». Là, après un commentaire grammatical, Augustin commence une interprétation théologique de

« *clerus* » et lie le mot aux concepts d'héritage, de lot et de livre (Testament). Le passage présente donc des rapports essentiels avec les notions pascaliennes de hasard, de jeu et de partage. Cf. *The Gospel According to Luke (X-XXIV)*, Joseph A. Ritzmyer, S.F., Garden City, New York, Doubleday & Company, Inc., 1985, p. 1419 (volume 28A de l'*Anchor Bible*). Du Cange donnera comme un des sens de *cleri* : « *libri novi et veteris Testamenti* ». Le mot « *diathêkê* » est aussi ce qui, dans la *Septante*, traduit le terme hébreu « bérit » dans *La Genèse*, XVII. Mais là le mot a le sens de « pacte » ou d'« alliance ».

13. Antoine Arnauld et Pierre Nicole, *La Logique ou l'Art de penser*, Paris, Vrin, p. 160.

14. Voir Gérard Genette, *Palimpsestes. La littérature au deuxième degré*, Seuil, 1982. Dans les termes de Genette, les *Pensées* seraient l'hypertexte dont Montaigne et Épictète forment l'hypotexte. Les *Pensées* sont donc un texte au deuxième degré. Mais la lecture de Pascal invite à passer à un troisième degré, à l'Évangile : le vrai hypotexte des *Pensées* serait donc le Nouveau Testament. Voir aussi p. 451, où l'hypertextualité est comparée à un « bricolage » (cf. l'« assemblage » dont parle Pascal) et, surtout, à un « *jeu* » (p. 452). Le XVIIe siècle, où se côtoyaient Bible, écrivains de l'Antiquité et saint Augustin, était bien un siècle intertextuel.

Il faut dire aussi que la vérité évangélique étant une vérité perpétuelle, à la fois vrai principe et vraie fin, la chronologie de la rhétorique de la conviction est quelque peu bousculée et les *Pensées* jouent, à leur tour, le rôle de l'hypotexte de l'Évangile. Celle-ci, par la foi et la grâce, donne le vrai ordre, le vrai « assemblage » divin du désordre des *Pensées*.

15. C'est ici le lieu de rappeler un exemple important de l'emploi de « disposer » chez Pascal et qui mérite d'être signalé étant donné le titre de ce colloque : « Droit et pensée politique autour de Pascal ». L'exemple se trouve dans un passage de l'*Histoire de la roulette*. Nous lisons dans le texte latin de Pascal (c'est nous qui soulignons) :

> ... non enim ullas *dispensando* honori *leges* apposui, qui prorsus *mei juris* non erat ; sed tantum praemiis, quorum mihi *plena et soluta potestas fuit* (p. 122B).

Il est remarquable que Pascal traduise les termes latins que nous avons soulignés par le mot français « disposer » :

> ... Car je n'ai pas mis des *conditions* à la dispensation de l'honneur, dont je ne *dispose* pas, mais seulement à celle des prix dont j'ai pu *disposer à mon gré* (p. 121B).

L'on voit ainsi que, dans l'esprit de Pascal, le terme « disposer », engageant la notion de pouvoir (« *potestas* »), recouvre aussi les notions juridiques de « *leges* » et de « *jus* ».

16. Cf. Nicole dans son *Traité de la comédie*, éd. citée, p. 72 : « Cette disposition [il s'agit de l'effet de la lumière de la grâce] doit produire d'elle-même une aversion particulière pour les comédies, parce qu'elle y voit un vide et un néant tout particulier. »

Après la communication de JOHN GALLUCCI

JEAN MESNARD — Cet exposé montre l'intérêt de la notion de liberté : on ne la trouve pas chez Pascal en politique, mais elle est nécessaire en religion : les religions qui s'imposent par la force n'ont absolument aucune valeur. On pourrait prolonger dans la théologie avec les *Écrits sur la Grâce*.

277

Théologie et politique

Édouard MOROT-SIR †

La justice de Dieu selon Pascal[1]

1. L'expression « justice de Dieu » appartient à la tradition chrétienne dès ses premières méditations. Elle remonte à saint Paul dont quelques formules sont devenues de siècle en siècle des thèmes permanents de réflexion : « Dans le Christ nous sommes faits justice de Dieu. » (Épître aux Corinthiens, II, 5, 21). « C'est avec le cœur que l'homme croit dans la justice » (Épître aux Romains, 10, 10). « Le juste vivra par la foi » (Épître aux Romains, 1, 17), etc. Elle a pris deux sens d'ailleurs difficilement séparables : elle désigne parfois un des attributs de la divinité, et surtout une qualité essentielle que Dieu confère à l'homme. C'est ainsi que le concile de Trente déclare : « *Justitia Dei, non qua ipse justus est, sed qua nos justos fecit* »[2]. Cette ambivalence sémantique se retrouve dans le texte pascalien et il convient de ne pas oublier cette polarité de la réflexion métaphysique sur le rapport théandrique comme acte de justice dans les *Écrits sur la Grâce* et dans les *Pensées*[3].

De plus, un autre avertissement préliminaire doit être donné : la raison humaine qui assume finalement le langage pascalien accède à la justice de Dieu par l'intermédiaire des idées qu'elle se fait de la justice universelle, de sorte que le titre complet et alourdi de cette étude devrait être : *de l'idée ou plutôt des idées que l'homme se fait de la justice de Dieu en tant que celle-ci qualifie et justifie, au sens fort du terme, la relation Dieu-homme.* Et il est même opportun d'apporter la précision suivante : *de la Justice de Dieu telle qu'elle peut être dite par la raison humaine en tant que celle-ci se soumet à la lecture des textes sacrés et à la Tradition de l'Église, y inclus le concile de Trente.*

2. Il est remarquable que l'expression « idée de justice » n'intervient nulle part dans les *Pensées*. Le mot *justice* est employé directement, et même rarement avec un adjectif. Pascal parle de l'*essence* de la justice (fg. 60), ou de sa *définition* (fg. 66), mais jamais de son idée[4]. En nous référant au vocabulaire de l'opuscule *De l'esprit de géométrie et de l'art de persuader*, nous dirons d'abord que « justice » appartient à la catégorie des *mots primitifs*[5].

3. La justice est donc un mot indéfinissable, source de principes et de raisonnements variés, voire contradictoires. Elle est *sentie* dans l'union de l'âme et du corps. Elle relève du domaine du cœur. C'est ainsi que Pascal dénonce comme « une niaiserie » (fg. 100) la conception qu'Épicure se fait de la justice, et il précise : « il ne s'apercevait pas qu'il n'est pas en notre pouvoir de régler le cœur... » Ce qui veut dire : l'homme ne peut donner à la justice des règles universelles parce que celle-ci est gouvernée par le cœur, et le plus souvent, par l'imagination [6].

Ce mot qui vient du cœur est l'expression d'un sentiment, d'un instinct, d'un besoin profondément enraciné dans l'âme. La justice est une faim aussi forte que la faim physique, elle a même pouvoir de renaître : « Ainsi sans la faim des choses spirituelles on s'en ennuie ; faim de la justice, béatitude 8e » (fg. 941) [7]. Cette faim de justice a pour origine le souvenir que les hommes ont conservé d'Adam avant la Chute : harmonie du monde et de l'homme, et surtout harmonie du corps et de l'esprit. Au moment de la Genèse, Adam est l'incarnation ultime de la justice de Dieu : « Dieu donna à Adam une grâce suffisante, c'est-à-dire outre laquelle aucune autre n'était nécessaire pour accomplir les préceptes et *demeurer dans la justice...* Si Adam, par le moyen de cette grâce, eût persévéré... chacun de ses descendants fût né dans la justice... » (*Deuxième écrit sur la Grâce*, 317 B ; je souligne). Notons ces deux formules révélatrices : *être né dans la justice, demeurer dans la justice*. Si les descendants d'Adam ne sont pas demeurés dans la justice, ils en ont cependant gardé le souvenir sous les espèces d'une faim qui peut renaître sans cesse, en chaque instant qui devient, pour employer une autre expression des *Écrits sur la Grâce* appliquée au juste, « un instant de sa justice » (*Écrits*, 319 B).

Instinct, besoin, réminiscence de justice originelle ne se réfèrent ni à la chair ni à l'esprit, mais à la volonté. Évoquons la distinction, que propose Pascal dans le fragment 933, entre la chair, l'esprit et la volonté, et en conséquence, entre les charnels, les savants et les sages. Ces derniers « ont pour objet la justice ». Pascal conclut : « Le lieu propre à la superbe est la sagesse, car on ne peut accorder à un homme qu'il s'est rendu sage et qu'il a tort d'être glorieux. Car cela est de justice. » La justice en l'homme est donc de l'ordre de la volonté. Cependant cette faim, qui est aussi la qualité spirituelle la plus haute, a beau renaître sans cesse dans le cœur de l'homme et dans ses discours, elle reste toujours variable et instable. Dans l'un des fragments où Pascal cherche à déterminer les rapports de la justice et de la force, il note que la force est une « qualité palpable, au lieu que la justice est une qualité spirituelle dont on dispose comme on veut » (fg. 85). Le mot *force* impose un discours sans équivoques, le mot *justice* peut entrer dans toutes sortes de discours différents ; la volonté qui voudrait le régler n'exerce que des contrôles limités et variables. Le fragment 520, avec sa tonalité autobiographique, mais valable pour tout homme plongé dans sa « conversation intérieure » (fg. 99), résume le tragique de la pensée humaine aux prises avec le mot *justice* : « J'ai passé longtemps de ma vie en croyant qu'il y avait une justice et en cela je ne me trompais pas, car il y en a selon que Dieu nous l'a voulu révéler, mais je ne le prenais pas ainsi et c'est en quoi je me trompais, car je croyais que notre justice était essentiellement juste, et que j'avais de quoi la connaître et en juger, mais je me suis trouvé tant de fois en faute de jugement droit, qu'enfin je suis entré en défiance de moi et puis des autres. J'ai vu tous les pays et hommes changeants. Et ainsi après bien des changements de jugement touchant la véritable justice j'ai connu que notre nature n'était qu'un continuel changement et je n'ai plus changé depuis. »

4. Une idée permanente et universelle de la justice est donc inaccessible à l'homme. Toutefois il est capable d'en saisir certains aspects, et finalement, par sa raison même, de l'appréhender comme un principe inconnaissable, comme un mystère. D'abord la justice divine peut être approchée par la voie de la négation. La déclaration suivante, souvent citée, intervient au milieu d'une réflexion sur les casuistes : « Encore qu'on ne puisse assigner le juste, on voit bien ce qui ne l'est pas » (fg. 729). Nulle autre précision ne nous est donnée dans ce fragment ; mais en se reportant à la multiplicité des références à la justice et au juste, on constatera que si Pascal ne s'engage pas dans une voie systématique qui serait celle de la théologie négative, il prend conscience de la justice divine, à la fois perdue et cachée, mais à demi découverte, telle le Dieu caché des *Lettres aux Roannez*, grâce à un jeu sémantique complexe fait d'oppositions et corrélations verbales, d'antonymies et de synonymies. Ces glissements intuitifs d'un mot à l'autre, d'un aspect de la justice et du juste à un autre, sont au cœur de la dynamique pascalienne du renversement du pour ou contre, si bien que, entendus dans un certain langage, la justice suprême peut être dite suprême injustice, le juste authentique appelé « pécheur vrai », c'est-à-dire injuste ; inversement, l'injuste peut devenir le juste selon la décision d'une justice impénétrable.

Examinons quelques-unes de ces oppositions-corrélations en retenant les plus marquantes. L'opposition de la justice divine et de « notre misérable justice » (fg. 131) est omniprésente dans les *Pensées*. Apparemment banale, elle est centrale dans la réflexion religieuse de Pascal. Il est significatif qu'elle apparaisse au début du fragment 418 sur le pari, et qu'elle soit alors rattachée à l'opposition « Infini rien ». Pascal commence par se référer aux mots primitifs qui permettent de penser la nature physique, ceux-là mêmes qu'il avait cités dans l'opuscule *De l'esprit de géométrie*... Puis, avec sa soudaineté habituelle, il affronte l'opposition Homme/Dieu et celle de « notre justice » avec « la justice divine » – opposition qu'il assimile à la dualité numérique de l'unité et de l'infini. C'est alors qu'il découvre la nécessité métaphysique de la justice à côté de la nécessité physico-géométrique. Au paragraphe suivant se greffe une autre distinction : celle de la justice et de la miséricorde divines, comme si l'une et l'autre constituaient les aspects complémentaires de la justice suprême. Il admet même des degrés dans l'énormité [8] de cette double nécessité, se référant au sentiment intime que l'homme peut avoir de la justice : « la miséricorde envers les élus » est plus choquante, apparemment plus injuste que « la justice envers les réprouvés ». Il est clair que dans ce contexte les mots *justice* et *miséricorde* sont complémentaires à l'intérieur d'un acte unique de la volonté ou justice divine [9].

À côté de l'opposition précédente, et l'approfondissant, se situe la distinction entre la justice divine pré lapsaire et la justice divine d'après la Chute. La première est conditionnelle et en dehors de toute conscience de damnation : la justice de Dieu a créé Adam « juste, sain, fort... Dieu a créé les hommes dans la volonté conditionnelle de les sauver tous généralement s'ils observaient ses préceptes » (*Écrits*, 317 A). Après la Chute, cette volonté conditionnelle est remplacée par une nouvelle volonté ou justice, qui est absolue, c'est-à-dire au delà de toute justification. Dieu pouvait damner tous les hommes ; il en a décidé autrement, « suivant son bon plaisir » (*Écrits*, 317 A), qui devient ainsi justice universelle. « Pour sauver ses élus, Dieu a envoyé Jésus-Christ, *pour satisfaire à sa justice*, et pour mériter de sa miséricorde la grâce de Rédemption, la grâce médicinale, la grâce de Jésus-Christ, qui n'est autre chose qu'*une suavité et une délectation dans la loi de Dieu* » (*Écrits*, 318 A ; je souligne). Ce texte montre combien, dans l'esprit de Pascal suivant saint Augustin, justice et miséricorde sont intimement liées dans le mystère de la volonté de Dieu après la Chute, et ainsi justice et grâce, puisque celle-ci est « délectation dans la loi ». Et elle suppose la damnation sans laquelle la justice perdrait sa signification. Tel est pour l'homme, et avec le sens voilé qu'il donne au mot *justice*, la suprême justice-injustice, selon laquelle, pour qu'il y ait des élus, il *faut* des damnés.

Le mystère de la justice divine après la Chute s'approfondit encore par la dualité de la justice et de la force. Les fragments 60, 66, 81, 88, 103 sont bien connus des commentateurs de Pascal qui en ont surtout retenu, et non sans raison, la théorie de la justice humaine comme *force justifiée*. Mais Pascal ne s'est pas contenté de confronter une justice qui serait d'ordre spirituel et une force qui appartiendrait au monde physique. Il admet la possibilité d'une force spirituelle à côté de la force matérielle, et ainsi, dans la volonté même de justice, une puissance qui s'oppose à la violence. Malheureusement, Pascal n'a pas élaboré cette idée de force spirituelle et peut-être pour une bonne raison : elle n'est autre que la grâce. On a remarqué avec pertinence que le fragment 103 intitulé « Justice, force » marquait une rupture dans le renversement continuel du pour au contre : si l'homme est capable de justifier la force et par cela d'établir la paix sociale, il est absolument impuissant à, si je puis dire, *fortifier la justice* ou, comme Pascal le dit mieux, « à donner la force à la justice ». Cette rupture s'expliquerait par l'hétérogénéité entre langage de connaissance et langage performatif [10]. Mais la réduction de la dualité de la justice et de la force à la distinction de Austen entre langage cognitif et langage performatif, si suggestive soit-elle, ne rend pas compte de la métaphysique pascalienne qui est elle-même fondée sur la dualité entre un langage de nécessité ou justice métaphysique et un langage de liberté. Dans l'homme, par l'effet de la Chute, force et justice se trouvent séparées, alors qu'elles sont unies dans la volonté divine et qu'elles l'étaient dans l'Adam originel. Dieu sauve certains hommes en leur donnant la grâce qui permettra d'associer force et justice dans le langage de la Foi et de la prière. Ainsi la seule force spirituelle dans le monde de la Chute est la grâce que Dieu seul peut dispenser.

Les mots *justice* et *juste*, s'ils n'impliquent pour Pascal aucune définition acceptable, puisqu'ils sont par essence indéfinissables, prennent place dans le langage de la pensée humaine en complémentarité et en opposition à d'autres mots, eux-mêmes indéfinissables, les uns et les autres réglant leurs interventions sur leur pouvoir sémantique de négation. Derrière toutes ces négations partielles se profile une négation absolue : la justice de Dieu par rapport à l'homme est un absolu de volonté qui transcende tous les sens possibles. La métaphysique de Pascal radicalise la tradition augustinienne ; elle se projette au delà de la docte ignorance qui depuis Nicolas de Cuse anime la pensée pré-moderne sur la coïncidence des contraires. Selon Pascal, la raison de l'homme est capable de se soumettre à un aveu radical d'incompréhension ; quand elle sort du silence, elle doit simplement dénoncer les limites respectives de la logique du oui et du non, tout en l'acceptant pour bâtir ses mondes sémantiques.

5. De plus, à côté du jeu partiel des oppositions, le langage pascalien offre aussi des essais variés de séries synonymiques. Tout se passe comme si le mot *justice* trouvait encore ses sens à travers des qualifications voisines, et non moins indéfinissables. En voici quelques exemples : « comme une suite indispensable, inévitable, juste, sainte, utile au bien de l'Église et à l'exaltation du nom et de la grandeur de Dieu...» (lettre sur la mort de son père, 275 B) ; « saine, sans tache, juste et droite » (cette série qualifie la nature d'avant la Chute et s'oppose à la série « devenue souillée, abominable et détestable aux yeux de Dieu », *Écrits*, 312 B) ; Dieu a créé le premier homme « juste, sain, fort. Sans aucune concupiscence. Avec le libre arbitre... Désirant sa béatitude... » (*Écrits*, 317 A). On observera dans ces textes la communauté de sens entre justice, force, santé, liberté et bonheur. Chaque mot contient les autres et est renforcé dans son sens par réciprocité. Nous sommes loin ici de la classification traditionnelle qui fait de la justice une des quatre vertus cardinales, les autres étant le courage, la prudence et la tempérance, au-dessous des trois vertus théologales de la Foi, de l'Espérance et de la Charité.

Retenons du fragment 44 les couples *justice*/*vérité* et *justice*/*beauté*. Ce fragment (n'est-il pas frappant que Pascal, dénonçant les pouvoirs extraordinaires de l'imagination, revienne sans cesse vers le problème de la justice sous ses deux formes divine et humaine ?) déclare non sans superbe ironie : « L'homme est donc si heureusement fabriqué qu'il n'a aucun *principe juste du vrai* [je souligne] et plusieurs excellents du faux. » Nous l'avons déjà relevé : la vérité est à la raison ce que la justice est à la volonté.

La relation justice/amour est plus complexe. Dans le fragment 214, où Pascal affirme la supériorité de la religion chrétienne comme religion d'amour, il se sert d'un tour de phrase étonnant : « La vraie religion doit avoir pour marque d'*obliger à aimer son Dieu. Cela est bien juste...*» (je souligne) [11]. Aimer Dieu est une *obligation* pour l'homme, et Pascal souligne : « Cela est bien juste. » En quel sens ? On dira peut-être que Pascal se réfère ici à une exactitude de la pensée et non à la justice de Dieu. Je crains que cette interprétation ne soit superficielle. L'équivoque renvoie à un sens profond, unique et analogique, s'appliquant à la fois à la vérité de la pensée et au mérite (on dirait aujourd'hui *valeur*) des actions de la volonté.

La justice sur laquelle Pascal écrit, qu'elle soit divine ou humaine, est beaucoup plus qu'une vertu morale [12]. Elle se réfère à une qualité *ontologique* qui s'applique à Dieu ou à l'homme, et à une qualité *esthétique*. Pascal n'oublie jamais que la pensée humaine se fait avec des mots dans l'exercice d'une âme unie à un corps, et que les mots ont simultanément un quadruple pouvoir logique, moral, esthétique et ontologique. De là l'expression remarquable : la « manifeste injustice où nous sommes nés » (fg. 617). La nature corrompue ne produit pas seulement des conduites et des pensées injustes, elle est en elle-même être injuste de la même façon qu'Adam, créé par Dieu, était un être juste dans tous les sens du terme. La Chute, comme la Genèse, appartient à l'ordre de l'être. Dans n'importe quel texte de Pascal le mot *justice* qualifie d'abord l'être, qu'il soit Dieu, la nature ou l'homme.

À ce titre, la question que pose le fragment 804 n'a cessé de m'intriguer. Pascal s'y réfère à Montaigne se référant à Ovide, et il pose le double problème de la chute et de la mort en termes épistémologiques. Le problème de la mort est formulé de façon relativement simple : l'homme *sait* qu'à la mort son âme est séparée de son corps, et si elle est sauvée, qu'elle connaît la « béatitude éternelle et essentielle ». Mais l'homme possède encore un autre savoir. Je cite : « *Dira(-t-)on* que, *pour avoir dit* que la justice est partie de la terre, les hommes aient connu le péché originel ? » (je souligne). À ma connaissance, ce texte est le seul où Pascal se demande directement comment l'homme a pris conscience du péché originel. Cette question se greffe bien entendu sur une lecture des Écritures. Mais ici Pascal semble penser qu'il ne suffit pas que l'homme lise l'histoire qui est narrée dans le livre de la Genèse pour comprendre la Chute. La structure de l'interrogation du fragment 804 obéit à un redoublement typique de l'écriture pascalienne : Dira-t-on que pour avoir dit... ? Il s'agit d'un discours sur un discours. L'un dit ce que fut la Chute ; l'autre est, sous forme interrogative, une prise de conscience de la Chute au degré réfléchi : non seulement l'homme a chuté, mais il sait et comprend qu'il a chuté. C'est alors que le texte devient surprenant. Paraphrasons : c'est parce que les hommes *ont dit* « la justice est partie de la terre » qu'ils étaient en état de péché originel, c'est-à-dire de Chute ontologique. La justice visée ici est la justice de Dieu. Par son initiative, et quel que soit l'acte qu'il ait commis (révolte, amour de soi, besoin de domination, orgueil, etc.), l'homme a provoqué la destruction de l'ordre divin. Sa « faute » n'est pas seulement personnelle ; elle est ontologique. L'être de la création en est modifié pour jamais. Il ne peut donc qu'être hérité et persévérer dans son nouvel état qui, par rapport à l'état perdu, ne peut être qu'injustice. Nous vivons donc injustes sur une terre rendue injuste par nous-mêmes. Seule une justice absolue pourra combler le vide causé par la liberté d'Adam qui est une liberté injuste, une *liberté qui a refusé de se soumettre à la justice de Dieu.*

Pascal laisse le problème de la Chute dans sa forme interrogative, non par effet de rhétorique. Telle est, je crois, sa pensée implicite : dans l'attente de la grâce qui le conduit à la foi, et ainsi à une compréhension plus profonde de son rapport avec Dieu, l'homme sait que la raison ne peut s'exercer qu'à partir de mots primitifs et indéfinissables. Il y a donc une justice et une injustice du langage. Avant la Chute, Adam parlait juste, avait un langage juste. Après la Chute, il parle un langage vicié qui se prend pour le langage de Dieu. On m'accusera peut-être de glisser subrepticement de l'idéal de *justesse* verbale à l'idée d'une justice immanente au langage, et réciproquement de feindre que la propriété d'un langage juste, selon l'esthétique classique, soit de même nature que la justice des actions. Je plaide coupable : c'est l'auteur des *Pensées* lui-même qui est conscient qu'il ne peut pas ne pas jouer sur les sens des mots mis à sa disposition. Il a reconnu les exigences d'un *esprit de justesse* qui dans l'ordre de la pensée exprimée correspond à la faim de justice dans l'ordre de la volonté. À lui seul, et presque involontairement, le fragment 208 nous met sur la voie. La religion chrétienne est supérieure à toutes les sectes philosophiques connues. Son langage est fondé sur la simplicité de l'Évangile : « Ainsi donnant à trembler à *ceux qu'elle justifie* et consolant *ceux qu'elle condamne*, elle tempère *avec tant de justesse* la crainte avec l'espérance par cette double capacité qui est commune à tous de la grâce et du péché... » (je souligne) [13]. Justesse prend alors un double sens moral et rhétorique. Elle est le jugement juste qui a enfin trouvé la règle qui permet de juger les hommes et leur condition ; elle est aussi le « port dans la morale » qui apporte la paix à l'esprit. On se rappellera que dans le fragment 559 Pascal oppose le « parler juste » du chrétien aux jeux artificiels d'une rhétorique qui se contente de faire des «figures justes ». Examinons encore selon cette perspective les fragments 511 et 512 où sont analysées les différentes sortes d'esprit en l'homme. Le premier fragment distingue *justesse* et *géométrie* : « Il y a donc deux sortes d'esprit, l'une de pénétrer vivement et profondément les conséquences des principes, et c'est là l'esprit de justesse. L'autre de comprendre un grand nombre de principes sans les confondre et c'est là l'esprit de géométrie. L'un est *force et droiture d'esprit*. L'autre est amplitude d'esprit » (je souligne). Dans le fragment suivant, plus connu, Pascal oppose finesse et géométrie, non pas parce qu'il préfère finesse à justesse, mais, je crois, parce qu'il reconnaît dans la finesse une sorte de forme inférieure de justesse. De plus, on remarquera que *justesse* est assimilé à *droiture d'esprit* de la même façon que *juste* est souvent associé à *droit*. La justesse est aussi une force. En bref, la justice de Dieu trouve son expression la plus importante dans la justesse du langage telle que l'homme est capable de la manifester. Et elle ne s'obtient pas par l'univocité qui gouverne le langage des géomètres. Ce qui fait, note Pascal, que parfois saint Augustin semble tomber dans l'équivoque. En fait, et pour employer un terme logique de notre époque, la justesse-justice du langage est *bi-univoque*. Ce mot désigne la qualité d'un langage double (cette fois le mot est de Pascal) inspiré par la grâce et représentant l'ultime soumission de la raison – cette soumission qui s'exerce à la limite de son pouvoir dans les *Écrits sur la Grâce* : la justice du langage consiste à apprendre et comprendre la justice de Dieu s'exerçant dans les deux états contraires de l'homme. Et c'est avec cet esprit de justesse que Pascal a pu écrire dans un mouvement émouvant de prière : « J'essaye d'être juste, véritable, sincère et fidèle à tous les hommes et j'ai une tendresse de cœur pour ceux à qui Dieu m'a uni plus étroitement » (fg. 931).

6. L'univers pascalien de la justice est dominé par deux êtres en qui s'incarne la justice : le *Dieu juste*, l'*homme juste* [14].

Dieu est la justice même [15]. C'est comme manifestation de justice que la relation de Dieu à l'homme est vécue par Pascal de façon personnelle et profonde dans le dialogue direct de la prière, même quand celle-ci prend les formes de la réflexion abstraite. Et d'abord par l'intermédiaire du langage de l'Évangile : « Père juste le monde ne t'a point connu, mais je t'ai connu. Joie, joie, joie, pleurs de joie. » On le sait, la première partie de ce texte est empruntée à l'Évangile selon saint Jean (XVII, 25). Et elle est reprise dans la lettre de juin 1657 : *Pater juste, mundus te non cognovit*, « *Père juste, le monde ne t'a pas connu* » (281 B ; en italiques dans le texte). Et Pascal ajoute immédiatement : « Sur quoi saint Augustin dit que c'est un *effet de sa justice* qu'il ne soit point connu du monde » (je souligne). Ensuite saint Paul est cité : « *Prions et travaillons et réjouissons-nous de tout* » (I Thess., V, 16). Le même thème est repris ailleurs, dans le fragment 496 et surtout dans la conclusion du fragment 149 (A. P. R.), qui est en quelque sorte rythmé par la tournure : « Il n'était donc pas juste qu'il parût d'une manière manifestement divine... mais il n'était pas juste aussi qu'il vînt d'une manière si cachée... » Le jeu du couvert et du découvert est donc effet direct de la justice de Dieu, de cette justice qui entraîne la bonté pour les uns, la damnation pour les autres. Dieu perdu, Dieu caché et découvert, et d'abord Dieu juste : le mystère de Dieu, dans son clair-obscur, est la conséquence de sa justification, et au delà de toute justification possible. C'est pourquoi dans le *Mémorial* le Dieu d'Abraham, d'Isaac et de Jacob ne peut être qu'un Dieu de justice, un Père juste à qui s'adresse Pascal et à la justice duquel il se soumet avec amour.

7. La justice de Dieu permet-elle un modèle humain de justice ? La philosophie a rêvé du sage, incarnation du Souverain Bien. Le Christianisme méditera de siècle en siècle sur le modèle du juste. Et d'abord saint Paul, dont j'ai déjà cité quelques passages de l'Épître aux Romains et de l'Épître I aux Corinthiens, donne le thème de la réflexion chrétienne sur le juste : « Dans le Christ nous sommes faits justice de Dieu. »

Qu'est-ce que le juste pour Pascal ? Cette question est récurrente dans les *Pensées* ; elle est au centre des *Écrits sur la Grâce* ; et elle est la question fondamentale que se pose le jansénisme guidé par l'abbé de Saint-Cyran. La réponse de Pascal se résume dans les conditions suivantes qui montrent comment la justice de Dieu s'exerce en l'homme : le juste est d'abord l'homme qui obéit à la loi ; mais il sait qu'il ne peut y parvenir que par l'effet de la grâce et qu'il ne saurait de lui-même effacer la tache originelle ; seul Dieu peut le sauver de l'injustice originelle dont il est responsable. Ainsi le juste naît de la convergence de deux actions apparemment contraires : la persévérance de la grâce divine, la persévérance de la volonté humaine – en d'autres termes, de la rencontre de deux langages dont la bi-univocité est le mystère de l'Être. Deux phrases condensent admirablement ce modèle du juste. L'une est empruntée à la lettre de Blaise et Jacqueline à Gilberte (5 novembre 1648) : « Le Père produit continuellement le Fils et maintient l'éternité de son essence par une effusion de sa substance qui est sans interruption aussi bien que sans fin. Ainsi la continuation de *la justice des fidèles* n'est autre chose que la continuation de l'infusion de la grâce » (274 B ; je souligne). L'autre est tirée de la *Prière pour demander à Dieu le bon usage des maladies* : « ... le même moment, qui entraînera les méchants avec leurs idoles dans une ruine commune, unira les justes avec vous dans une gloire commune » (363 B).

À l'occasion d'une de ces distinctions bien tranchées, comme les aime Pascal, une nouvelle définition du juste apparaît : « Il n'y a que deux sortes d'hommes, les uns justes qui se croient pécheurs, les autres pécheurs qui se croient justes » (fg. 562). Le juste est celui qui reconnaît la « manifeste injustice où nous sommes nés, dont nous ne pouvons nous défaire et dont il faut nous défaire » (fg. 617). Il ne se prend pas pour Dieu, ce qui serait « opposé à la justice et à la vérité » (fg. 617). Et pourtant il sait aussi qu'il deviendra juste seulement quand Jésus-Christ vivra en lui. Dans l'élan final du langage qu'est la prière, le pécheur implore Dieu : « Entrez dans mon cœur et dans mon âme (...) afin qu'étant plein de vous ce ne soit plus moi qui vive et qui souffre, mais que ce soit vous qui viviez et qui souffriez en moi... » (365 B). Le fragment 733 reprend la même idée et l'expose en termes mêmes de langage : « Et enfin les deux hommes qui sont dans les justes. Car ils sont les deux mondes, et un membre et image de Jésus-Christ. Et ainsi tous les noms leur conviennent de justes pécheurs, mort vivant, vivant mort, élu réprouvé, etc. ». Le juste est celui qui se reconnaît pécheur, donc injuste, en même temps par sa propre naissance fautive en son hérédité métaphysique et selon la justice absolue de Dieu.

8. Telle est l'harmonie secrète de ces fragments que la famille et les amis de Pascal ont appelés *Pensées* : *pensées justes sur la justice de Dieu.* Justesse de la justice, justice de la justesse, le jeu de mots n'exprime pas le plaisir d'une rhétorique enjouée ; il expose et éclaire le mystère de la condition humaine : justice d'un être qui prend conscience de lui-même à travers la justesse des mots et qui fonde l'expérience religieuse à la fois dans l'être et dans le langage. En termes plus techniques, disons que Pascal a reconnu que, si la géométrie est seule capable de langages univoques, son univocité est purement formelle, figurale et pluraliste : pressentant l'extraordinaire expansion de la géométrie au XIXe siècle, il a compris l'éclatement de la science en une possibilité infinie de discours. Le discours religieux au contraire, seul unifiant, seul authentique, est la seule référence possible à l'être. Il est seul capable de passer de la figure à la réalité. Il risque de se perdre en équivoques, mais celles-ci peuvent être rectifiées, comme le lecteur de saint Augustin peut le constater [16]. Derrière les équivoques apparentes, la religion chrétienne pose deux principes, cachés mais dévoilables – celui d'un Dieu qui fait régner une justice absolue au delà de toute justification rationnelle, et celui d'un homme qui ne peut devenir juste que parce qu'il a été et est resté pécheur.

On dira peut-être que cette métaphysique de la justice, telle qu'elle se manifeste surtout dans les *Écrits sur la Grâce* et dans les *Pensées*, n'est pas originale. N'émane-t-elle pas de la tradition chrétienne, et plus spécifiquement, de la pensée paulinienne, reprise par saint Augustin et réaffirmée, comme Pascal le souligne lui-même, par le décret sur la justification pris par le concile de Trente, pour qui la condition formelle de la justification de l'homme est la justice de Dieu, c'est-à-dire l'absolu mystère de la conversion du pécheur en juste ? Elle s'oppose au courant réformateur jésuite accusé de transformer la religion en jeux artificiels d'une raison spécieuse. Cependant la fidélité à une tradition ne signifie pas que le discours pascalien se limite à être l'orchestration brillante d'une renaissance métaphysique dans le cadre de la contre-Réforme. Et d'abord ne pourrait-on pas dire de ses pensées sur la justice de Dieu ce qu'il a loué lui-même dans le *Cogito* cartésien : « Ce mot est aussi différent dans ses écrits d'avec le même mot dans les autres qui l'ont dit en passant, qu'un homme mort d'avec un homme plein de vie et de force » (358 A) ? Peut-être ne faut-il pas exagérer : la justice de Dieu a été et est restée au cœur d'un discours qui se cherche depuis longtemps dans les langages humains, elle est devenue avec Pascal la force vive d'un élan métaphysique nouveau.

Descartes avait à peine écrit les *Méditations* que Pascal leur opposait une autre solution métaphysique qui ne sera pas, comme on l'a cru plus tard, fidéiste ou pragmatiste. Quoiqu'il reconnaisse avec Descartes l'impénétrabilité des fins et de la justice de Dieu, il ne prétend pas bâtir un Système du monde sur quelques idées claires et distinctes. Il ne croit pas davantage que notre monde soit le meilleur des univers et ainsi le plus juste possible. Il a commencé par dire que l'homme est assujetti à un groupe ouvert de mots primitifs, indéfinissables et non systématisables, au centre duquel règnent les mots d'infini et de justice intimement associés, rejetant *de facto* le thème médiéval d'un monde fini et hiérarchisé ; et il a ajouté que ce langage n'a de signification qu'en relation avec le langage de Dieu. Répétons-le : la rencontre de ces deux langages engendre un discours ou un texte juste dans un double sens moral et esthétique – discours, textes qui sont doubles, mais unifiés par le style de la prière qui représente la puissance maxima d'être à laquelle puisse parvenir le langage dans son être de langage. L'homme s'y affirme libre et pourtant prêt à se subordonner à une justice absolue qu'il ne comprend pas, mais qu'il appelle de tout son cœur. Il ne peut que se tourner vers le Père juste, mais sans jamais renoncer à un pouce de sa liberté.

Si la justice de Dieu ne peut être qu'absolue, en complémentarité la liberté de l'homme se doit d'être absolue. Dans cette perspective qui est autre que celle de Descartes, Pascal se trouve à la source de la sensibilité métaphysique contemporaine et de la conscience que nous prenons de notre langage, l'une et l'autre cherchant à donner à la communion de la justice et de la liberté son être et sa persévérance. C'est ainsi que le lecteur d'aujourd'hui retrouve Pascal dans l'un des grands romans de l'expérience humaine, *Les Frères Karamazov*. Dimitri, le frère aîné, est une sorte de Christ déchu, un pécheur qui se découvre juste quand il est soumis à la justice injuste des hommes. Ivan est épris de sa liberté qu'il jette en défi aux hommes et à Dieu : si l'homme est libre, tout est permis et Dieu n'existe pas ; cette pensée conduit à la folie la raison humaine. Aliocha, l'âme pure, le juste qui s'ignore, n'échappe pas au mystère de la justice de Dieu. À la mort de son modèle, le starets Zossime, Aliocha est saisi par le doute. Et Dostoïevski nous confie : « Ce n'était pas des miracles qu'il lui fallait, mais seulement la "justice suprême". » Et il répète un peu plus loin : « Toutefois il n'avait pas seulement soif de miracles, mais encore de justice. » Il décrit Aliocha « irrité de voir le juste d'entre les justes livré aux railleries malveillantes de la foule frivole, si inférieure à lui » [17]. Cette *irritation*, de caractère métaphysique, est présente dans le texte pascalien. Et l'on peut pressentir ce qu'aurait été la lettre sur l'injustice humaine qu'il projetait d'écrire [18]. Il est certain que les « pensées », telles qu'elles prolongent les *Écrits sur la Grâce*, ont pour thème central la justice de Dieu, et celle-ci donne aux plans provisoires et successifs des *Pensées* leur ultime finalité. C'est pourquoi Pascal reste très vivant pour nous qui nous adaptons tant bien que mal à un monde où les exigences de la liberté et de la justice se concilient avec peine – un monde qui voudrait que ses héros soient justes, un monde qui aspire à transformer ses langages cyniques en langages de justice.

Notes

1. Toutes les références au texte de Pascal seront faites dans *Pascal, Œuvres complètes*, Présentation et notes de Louis Lafuma, « L'Intégrale », Paris : Éditions du Seuil, 1963. Pour les *Pensées* sera donné le numéro du fragment (en abréviation : fg.) auquel appartient le texte cité. Pour tout autre texte seront indiquées la page et la colonne (gauche : A ; droite : B).

2. Texte cité dans le *Dictionnaire de théologie catholique*, commencé par A. Vacant, E. Mangenot, continué par Mgr E. Amann (« Justification »).

3. Une analyse lexicale appuyée sur les données de *A Concordance of Pascal's Pensées* (edited by Hugh M. Davidson and Pierre H. Dubé, Cornell University Press, Ithaca and London, 1975) montre que le paradigme du juste tient une place importante, sinon capitale, dans le vocabulaire des *Pensées* : l'occurrence totale (compte tenu des termes opposés) est de 552, dont 90 pour *justice* employé seulement au singulier, 101 pour *juste(s)* dont 27 emplois nominaux. Dans les *Provinciales*, le total des occurrences

est de 289, en proportion légèrement supérieure à cause de l'occurrence importante de *juge(s)* : 62 contre 16 dans les *Pensées*. Les *Pensées* accordent une plus haute fréquence à *justice* (90 contre 47), *juste(s)* (101 contre 58), *ordre* (70 contre 29), et surtout *force(s)* (122 contre 33) – ce qui suggère que dans le passage des *Provinciales* aux *Pensées* la réflexion pascalienne sur le thème de la justice de Dieu se développe et s'approfondit. De plus, si l'on ajoute les occurrences de *loi(s)*, le paradigme du juste dans les *Pensées* parvient au chiffre impressionnant de 666. À titre de comparaison, le paradigme de la vérité (avec ses opposés) reste dominant avec 786 entrées. Mais le paradigme de la rédemption (y compris *salut, charité, sauveur, sauver, miséricorde*) est nettement plus faible avec 147 occurrences. Pour compléter cette confrontation lexicale, rappelons les occurrences de *nature* : 327, *raison* : 276, *amour* : 168, *grâce* : 66. Sans tirer des conséquences hâtives et hasardeuses, observons simplement que, sur un plan de présence purement quantitative, les paradigmes conjugués de la vérité et de la justice dominent l'écriture des *Pensées*, concentrés qu'ils sont l'un et l'autre autour des mots *Dieu* (763), *homme* (595) et *Jésus-Christ* (311, compte tenu de l'abréviation J.-C.).

4. L'occurrence du mot *idée* dans les *Pensées* est relativement rare : 17 dont 2 au pluriel. *Idée* intervient surtout en rapport avec vérité (« l'idée de vérité » 4 fois) et une fois avec *bien, bonheur, choses* et *âme*. Deux tournures méritent d'être soulignées : « vivre dans l'idée des autres » (fg. 806) et « donner l'idée de la religion » (fg. 964). Il semble que dans tous ces cas Pascal ne désigne pas par *idée* une représentation de chose ou même de l'esprit, mais un état général de compréhension, une disposition intellectuelle, un sentiment ; l'idée est pour lui intelligence complexe, mais toujours incomplète, et le plus souvent imaginaire, de l'expérience.

5. *Pascal*, 350 A : « Aussi en poussant les recherches de plus en plus, on arrive nécessairement à des mots primitifs qu'on ne peut plus définir... Car il n'y a rien de plus faible que le discours de ceux qui veulent définir ces mots primitifs. »

6. *Pascal*, fg. 60 : « Qui leur [les lois] obéit parce qu'elles sont justes, obéit à la justice qu'il imagine, mais non pas à l'essence de la loi. »

7. Cette référence aux béatitudes du sermon sur la montagne dans l'Évangile selon saint Matthieu, chap. V, soulève un problème d'édition. La 8e béatitude, au verset 10, se réfère bien à la justice : « Heureux ceux qui sont persécutés pour la justice, car le royaume des Cieux est à eux », mais il est troublant que Pascal cite, au moins partiellement, la 4e béatitude : « Heureux ceux qui ont faim et soif de justice, car ils seront rassasiés. » Quoi qu'il en soit de ce détail d'édition, il est remarquable que Pascal mette en valeur la référence du sermon sur la montagne à la justice. A-t-il lu le commentaire de saint Augustin, *De Ser. Dom. in monte* ?

8. Notons que la seule autre occurrence du mot *énorme* dans les *Pensées*, au fragment 365, concerne l'opposition de la bonté et de la dévotion.

9. Cf. fg. 948 : « ... la volonté de Dieu qui est seule toute la bonté et toute la justice... » Cette expression intervient dans un passage où Pascal fait appel à l'opposition miséricorde/justice : « Et nos péchés ne seront jamais l'objet de la (miséricorde) mais de la justice de Dieu s'ils ne sont pas (les péchés) de J.-C. » Cf. aussi l'important fragment 774 : « Comme les deux sources de nos péchés sont l'orgueil et la paresse, Dieu nous a découvert deux qualités en lui pour les guérir, sa miséricorde et sa justice. » Pascal souligne la complémentarité de celles-ci, qui doit se prolonger dans la volonté humaine : « De sorte qu'au lieu de dire : s'il n'y avait point en Dieu de miséricorde, il faudrait faire toutes sortes d'efforts pour la vertu ; il faut dire au contraire, que c'est parce qu'il y a en Dieu de la miséricorde qu'il faut faire toutes sortes d'efforts. »

10. Cf. Paul De Man : « Pascal's Allegory of Persuasion » in *Allegory and Representation*, edited, with a Preface, by Stephen J. Greenblatt (The Johns Hopkins University Press, Baltimore and London, 1981).

11. Cf. aussi fg. 149 : « ... qu'il y a un dieu, qu'on est obligé de l'aimer... »

12. On consultera avec profit l'étude remarquablement documentée de Gérard Ferreyrolles, *Pascal et la raison du politique* (Presses Universitaires de France, 1984). Ferreyrolles tend à rapprocher Pascal de saint Thomas, en particulier de son idée de loi naturelle comme loi non-contradictoire des sociétés humaines, et d'abord de sa définition de la justice comme vertu qui accorde à chacun ce qui lui

appartient. Ce qui est possible. Mais, suivant Pascal, on se doit de radicaliser le renversement du pour au contre ; on pourrait ainsi dire en style pascalien que la justice divine consiste en une ultime et irrationnelle décision : elle accorde à chacun des élus *ce qui ne saurait lui appartenir*, quand elle attribue aux réprouvés ce qu'ils méritent. Ce qui est le sens profond de la Rédemption. De plus, il me semble que si l'on tient à « définir » la justice selon Pascal, la définition que propose Furetière dans son dictionnaire serait plus appropriée : la justice est « ce qui est convenable à la chose à laquelle il y a relation », à condition de donner à l'idée de convenance une portée ontologique qui n'apparaît qu'accidentellement chez Furetière.

13. Ce texte peut être rapproché d'un passage de la lettre à Jacqueline du 26 janvier 1654 où les mots *justesse* et *injuste* sont en symbiose : « ... il pourrait m'échapper de ne pas dire les choses avec assez de justesse ; et cela te pourrait faire naître quelque soupçon peut-être aussi désavantageux qu'injuste » (272 B).

14. Dans cette étude qui se limite à la justice de Dieu, nous n'évoquerons pas les modèles du prince juste et du juge juste qui sont certes présents dans l'œuvre de Pascal, en particulier dans les *Trois discours sur la condition des grands* et dans les *Provinciales*. L'un et l'autre sont des projections mondaines du juste chrétien.

15. Cf. les *Provinciales*, 423 B.

16. Cf. 323 B.

17. F. Dostoïevski, *Les Frères Karamazov*, Bibliothèque de la Pléiade, 1952, p. 366.

18. Cf. fg. 9 : « Dans la lettre de l'injustice... »

Charles M. NATOLI

L'importance fondamentale de la justice dans l'apologétique de Pascal : le Dieu caché

> Nec recuso, quod Cæcilius adserere inter
> præcipua conisus est, hominem nosse se et
> circumspicere debere, quid sit, unde sit, quare
> sit.... Quod ipsum explorare et eruere sine
> universitatis inquisitione non possumus, cum
> ita cohærentia, conexa, concatenata sint, ut
> nisi divinitatis rationem diligenter excusseris,
> nescias humanitatis....
> Unde autem vel quis ille aut ubi deus unicus,
> solitarius, destitutus, quem non gens libera,
> non regna, non saltem Romana superstitio
> noverunt ?
> ... latebrosa et lucifuga natio [Christiana]...
>
> MINUCIUS FELIX, *Octavius*

La religion chrétienne explique-t-elle le mystère de l'homme réel ? Est-ce qu'elle éclaire sa grandeur, sa bassesse, ses pouvoirs, son origine, son destin – bref, les raisons et les effets de sa condition ? Une grande partie de l'apologétique pascalienne consiste en l'effort de démontrer que la révélation chrétienne au sens de saint Augustin explique et éclaire ces énigmes. De ceci Pascal voudrait qu'il s'ensuive que cette religion est aimable, parce qu'elle répond à tant de questions qui tourmentent l'homme qui veut penser sans Dieu, et qu'elle est raisonnable, parce qu'elle répand sur les obscurités de notre condition une lumière qui est, sinon effulgente et totale, néanmoins suffisante pour voir clair.

Certes, même si le christianisme peut expliquer les mystères de notre condition, cela ne suffit pas à prouver sa vérité, et Pascal le sait bien [1]. Mais quoique l'explication ne suffise pas comme Apologie, et quoique l'apologétique pascalienne ne s'y réduise pas, la démonstration du pouvoir explicatif du christianisme reste pour Pascal une étape indispensable. Car la vraie religion doit être conforme aux vérités manifestes qui regardent notre condition afin qu'elle paraisse raisonnable ; et afin qu'elle nous montre qu'elle dépasse toute sagesse purement humaine, elle doit nous rendre compte des grandes énigmes de notre nature, notre origine, notre destin, etc.

Mais est-ce que le christianisme tel que nous le présente Pascal explique quoi que ce soit ? Car le Dieu d'Abraham, d'Isaac et de Jacob est un Dieu caché – « *Vere tu es deus absconditus* » comme dit Isaïe [XLV, 15] (781) [2] – et Pascal insiste rigoureusement sur son inaccessibilité.

> [Dieu] se cache ordinairement, et se découvre rarement à ceux qu'il veut engager dans son service. Cet étrange secret, dans lequel Dieu s'est retiré, impénétrable à la vue des hommes, est une grande leçon pour nous porter à la solitude loin de la vue des hommes. Il est demeuré caché sous le voile de la nature qui nous le couvre jusqu'à l'Incarnation ; et quand il a fallu qu'il ait paru, il s'est encore plus caché en se couvrant de l'humanité. Il était bien plus reconnaissable quand il était invisible, que non pas quand il s'est rendu visible. Et enfin quand il a voulu accomplir la promesse qu'il fit à ses Apôtres de demeurer avec les hommes jusqu'à son dernier avènement, il a choisi d'y demeurer dans le plus étrange et le plus obscur secret de tous, qui sont les espèces de l'Eucharistie (*Lettres aux Roannez*, IV, p. 267).

En se servant d'une narration de ce Dieu, de ses volontés, de ses actions, Pascal peut-il nous donner une explication de notre situation existentielle qui nous *éclaire* ? Puisqu'un Dieu transcendant et caché est lui-même un mystère, toute tentative d'explication se fondant sur lui ne se réduit-il pas à la mystification plutôt qu'à l'explication ? Si Pascal enlève les ténèbres qui entourent notre origine, notre destin, notre nature, nos pouvoirs, n'est-ce pas pour les remplacer incontinent par les ténèbres dont se voile un Dieu caché ? Voire, les choses humaines ne sont-elles pas assurément mieux connues que celles d'un Dieu caché, transcendant, inaccessible ? Et donc l'explication pascalienne n'est-elle pas fautive ? *Obscura per obscuriora*, comme disaient les scolastiques ? [3]

Ces questions exigeraient une réponse affirmative si pour Pascal la démarche explicative s'arrêtait ici, mais bien entendu Pascal a beaucoup à nous dire sur ce Dieu caché qui nous éclairera un peu. Or, la plupart de ses thèmes apologétiques – les miracles, les prophéties, la perpétuité de la foi, la sublimité de la morale chrétienne – présupposent plutôt qu'ils n'expliquent le Dieu caché. En particulier, ils présupposent tous une conception de la justice divine et se fondent là-dessus. « Dieu doit aux hommes », nous dit Pascal, « de ne les point induire en erreur » (840). C'est à cause de ce *devoir* qu'on pourrait conclure que la religion originelle, celle du Messie, est la vraie. Et c'est ce même devoir qui exige que les miracles et les prophéties soient des preuves suffisamment non-obscures pour mener les hommes, au moins les bons, à la vérité. Quant à la morale chrétienne, si elle est sublime, elle doit être juste ; en quoi consiste sa justice ? Et pourquoi, selon la révélation chrétienne, un Rédempteur était-il nécessaire ? Pourquoi est-il venu selon la manière décrite par l'Évangile ? C'est à la justice divine qu'on doit demander une réponse à ces questions [4].

En somme, la révélation chrétienne aboutit toujours à un Dieu caché ; donc elle aboutit toujours au mystère, à moins que Pascal ne puisse expliquer non pas la nature de Dieu (418) – mais sa justice. C'est-à-dire que si Pascal ne veut pas que son apologétique aboutisse au mystère au lieu de nous donner la lumière, il est d'une importance capitale qu'il fournisse au lecteur une théorie de la vraie justice suffisamment non-mystérieuse pour éclaircir et faire apprécier la justice de Dieu. De là l'importance *fondamentale* de la justice pour son apologétique.

À cet égard, je dirai en passant qu'à première vue il est étonnant que Pascal semble se troubler si peu d'un problème qui a tant tourmenté son maître, saint Augustin : celui du mal. Tout chrétien, surtout s'il s'inspire de saint Augustin, doit considérer l'univers comme une sorte de royaume sous la direction absolue d'un empereur tout bon et tout-puissant. Dans ces conditions, comment le mal peut-il exister ? Saint Augustin nous offre une théodicée, Milton et Leibniz s'efforcent aussi de justifier Dieu aux yeux de l'homme, « *to justify the ways of God to man* ». Mais Pascal garde le silence. Pense-t-il que les théodicées ne soient que des raisonnements vains et superbes ? Pour des raisons que nous allons voir, je crois bien que oui. Quoi qu'il en soit, une apologétique sans théodicée reste privée d'une force vitale.

Si on tente la démystification du Dieu caché par l'explication de sa justice, tôt ou tard on doit se poser la question suivante : pourquoi est-il juste que Dieu se cache des hommes ? Une question qui mène tout droit à celle qui est la plus difficile, voire paradoxale, de toutes celles qui concernent la justice de dieu : comment peut-il être juste que le péché de nos premiers parents soit transmis à tous leurs descendants ?

Selon la doctrine qu'affirme Pascal, c'est précisément en conséquence de sa justice que Dieu s'est caché même dans l'Incarnation, qui était une sorte de théophanie en clair-obscur, car il va sans dire qu'un Dieu qui se vêt de chair humaine se cache aussi bien qu'il se révèle, et pour Pascal le fait même de l'Incarnation est voulu par Dieu comme un mystère.

> ... tant d'hommes se rendant indignes de sa clémence il a voulu les laisser dans la privation du bien qu'ils ne veulent pas. Il n'était donc pas juste qu'il parût d'une manière manifestement divine et absolument capable de convaincre tous les hommes, mais il n'était pas juste aussi qu'il vînt d'une manière si cachée qu'il ne pût être reconnu de ceux qui le chercheraient sincèrement (149).

Pour ceux qui sont déjà croyants, peut-être que cette affirmation suffit : après tout, ce n'est pas à un homme de s'indigner de la justice divine, surtout quand cette justice ne l'a pas exclu d'une révélation salvatrice faute de laquelle tant d'autres errent dans l'obscurité. Mais du point de vue de l'incroyant, auquel évidemment toute apologétique doit s'adresser, cette justice divine semblera-t-elle raisonnable ou fantaisiste ? Sera-t-elle une clef qui explique dans une certaine mesure le Dieu caché dont l'apologiste se servira pour lui rendre compte de la vie, des devoirs et du destin de l'homme ? Ou l'incroyant trouvera-t-il en cette justice plutôt une pierre d'achoppement et un voile ? Bref, la justice divine s'explique-t-elle ou non ?

Selon Pascal, que connaît-on de la justice de Dieu ?

Nous connaissons bien que Dieu doit être juste. Par exemple, « il y a un devoir réciproque entre Dieu et les hommes... Dieu doit accomplir ses promesses... Dieu doit aux hommes de ne les point induire en erreur » (840). Mais les devoirs de Dieu ne sont en aucun sens les contraintes d'une justice indépendante de lui dont il ne fait que reconnaître la valeur. Tout au contraire : la justice de Dieu, affirme Pascal, n'est au fond rien que sa volonté.

> Changeons la règle que nous avons prise jusqu'ici pour juger de ce qui est bon. Nous en avions pour règle notre volonté ; prenons maintenant la volonté de Dieu : tout ce qu'il veut nous est bon et juste, tout ce qu'il ne veut pas [mauvais et injuste]... [L]a volonté de Dieu... est seule toute la bonté et toute la justice... (948).

Ainsi la justice de Dieu s'établit-elle par une tautologie : Dieu veut ce qui est juste car il veut ce qu'il veut.

Mais bien que la tautologie soit claire, la justice de Dieu nous reste une énigme. Considérons d'abord qu'il nous est incompréhensible par sa nature. « S'il y a un Dieu », dit Pascal, qui parle ici « selon les lumières naturelles », « il est infiniment incompréhensible, puisque n'ayant ni parties ni bornes, il n'a nul rapport à nous. » « L'unité jointe à l'infini ne l'augmente de rien... ; le fini s'anéantit en présence de l'infini et devient un pur néant. Ainsi notre esprit devant Dieu, *ainsi notre justice devant la justice divine* » (418 ; c'est moi qui souligne).

Donc, pour Pascal, Dieu et sa justice doivent nous rester un secret impénétrable *tant que nous parlons selon les lumières naturelles*. Mais la foi éclaire-t-elle sa justice ?

Hélas ! Au bout du compte, pour Pascal, nous ne connaissons la vraie justice, soit divine, soit humaine, que par une sorte de voie négative, *via negativa*.

> *J'ai passé longtemps de ma vie en croyant qu'il y avait une justice et en cela je ne me trompais pas, car il y en a selon que Dieu nous l'a voulu révéler, mais je ne le prenais pas ainsi et c'est en quoi je me trompais, car je croyais que notre justice était essentiellement juste, et que j'avais de quoi la connaître et en juger... (520).*
> La justice et la vérité sont deux pointes si subtiles que nos instruments sont trop mousses pour y toucher exactement. S'ils y arrivent ils en écachent la pointe et appuient tout autour plus sur le faux que sur le vrai (44).

À cause de notre ignorance naturelle de la justice – effet sans doute de la corruption de notre raison par le péché d'Adam (« Cette belle raison corrompue a tout corrompu ») (60) et du fait que ce péché nous a rendu tous foncièrement injustes (948) – il va de soi que nous ne pouvons pas expliquer la justice divine par analogie avec la nôtre. Car celle-ci n'est qu'une concession inévitable à la force. Comme Platon, Pascal voit clairement que le problème central de la politique est de mettre la force au service de la justice, et comme Platon – qui montre dans sa *République* que cela ne peut se faire que par des moyens eux-mêmes impossibles – il voit clairement que ce projet dépasse nos forces. « Et ainsi ne pouvant faire que ce qui est juste fût fort, on a fait que ce qui est fort fût juste » (103), quoique cela n'empêche pas qu'il soit juste, pour ainsi dire, que ce qui passe pour juste chez les hommes soit suivi, c'est-à-dire qu'on obéisse à la coutume ou à la loi positive. D'abord parce que de cette façon on évite la guerre civile, pour Pascal comme pour Hobbes la pire des maladies dont le corps politique puisse souffrir ; et aussi, comme nous le signale Erich Auerbach dans une célèbre étude [5], parce qu'étant donné que les hommes sont foncièrement injustes, il est juste que l'injustice (la force qui permet aux édits de s'ériger en coutume et en loi positive) règne chez eux au lieu de la justice.

Mais quoique nous ne puissions pas reconnaître la justice, nous pouvons bien reconnaître l'injustice, à laquelle nos conceptions ne sont que trop égales. C'est pour cette raison que l'injustice du règne de la force nous frappe. Et c'est au même titre, dans les *Écrits sur la Grâce*, que nous reconnaissons l'injustice de la doctrine de Calvin, qui est « insupportable aux hommes » (p. 312), tandis que le fait que la doctrine de Molina « flatte le sens commun » (*ibid.*) ne suffit pas à prouver sa vérité.

Donc, en fin de compte, loin d'être éclairante, la justice de Dieu reste impénétrable, car non seulement elle refuse de « flatter le sens commun », mais elle y répugne. Elle l'affronte à des paradoxes.

> Chose étonnante cependant que *le mystère le plus éloigné de notre connaissance* qui est celui de la transmission du péché soit une chose sans laquelle nous ne pouvons avoir aucune connaissance de nous-mêmes.
>
> Car il est sans doute qu'*il n'y a rien qui choque plus notre raison* que de dire que le péché du premier homme ait rendu coupables ceux qui étant si éloignés de cette source semblent incapables d'y participer. Cet écoulement ne nous paraît pas seulement *impossible*. Il nous semble même *très injuste* car qu'y a(-t-)il de *plus contraire aux règles de notre misérable justice* que de damner éternellement un enfant incapable de volonté pour un péché où il paraît avoir si peu de part, qu'il est commis six mille ans avant qu'il fût en être. Certainement *rien ne nous heurte plus rudement* que cette doctrine. Et cependant sans *ce mystère, le plus incompréhensible de tous*, nous sommes incompréhensibles à nous-mêmes (131 ; c'est moi qui souligne).

Ainsi Pascal avoue-t-il au lecteur qu'en se servant de la révélation chrétienne comme explication de la condition humaine, il explique le mystère par le mystère, *obscura per obscuriora*, ou en d'autres termes que son apologétique est fautive comme explication. Certes, il ajoute incontinent :

> Le nœud de notre condition prend ses replis et ses tours dans cet abîme. De sorte que l'homme est plus inconcevable sans ce mystère, que ce mystère n'est inconcevable à l'homme (*ibid.*)

Mais si on osait se servir d'une expression de Pascal pour le contredire, on pourrait bien dire que cette dernière affirmation n'est pas « absolument convaincante de la dernière conviction ». Est-il possible que « l'homme [soit] plus inconcevable sans ce mystère, que ce mystère n'est inconcevable à l'homme » si la transmission du péché d'Adam est « le mystère le plus éloigné de notre connaissance » ; s'il « n'y a rien qui choque plus notre raison » ; s'il nous semble non seulement « impossible » et « très injuste », mais tout à fait « contraire aux règles de notre misérable justice » (c'est quasiment dire « insupportable aux hommes ») ; si, pour tout dire, c'est le mystère « le plus incompréhensible de tous » ?

En somme, il est évident que l'explication pascalienne de la nature humaine commence et aboutit à un mystère, à une énigme. Que dire de plus, sinon peut-être répéter pieusement : « *Mysterium, non mendacium est* » ?

Dans les *Pensées* il se trouve deux réponses à cette question, l'une selon la perspective de la foi, l'autre selon celle de l'incroyant.

Selon celle-là, « tout tourne en bien pour les élus. Jusqu'aux obscurités de l'Écriture, car ils les honorent à cause des clartés divines, et tout tourne en mal pour les autres jusqu'aux clartés, car ils les blasphèment à cause des obscurités qu'ils n'entendent pas » (566). Et comme nous avons déjà eu l'occasion de le signaler, il n'est pas étonnant que « les clartés divines » ne soient pas manifestes aux « autres » puisqu'elles s'enracinent dans la justice obscure d'un dieu caché.

Donc que reste-t-il à dire à l'incroyant sinon qu'il est aveugle, et que la justice impénétrable de Dieu n'a pas voulu qu'il voie « les clartés divines » qui le persuaderaient d'accepter les obscurités divines ?

Il ne reste à Pascal qu'à parler selon la perspective qui est proprement apologétique, qui est bien entendu celle de la lumière naturelle, mais selon laquelle au fond des choses il n'y a que de l'obscurité partout ; selon laquelle nous nous confrontons au mystère aussitôt que nous commençons à approfondir notre connaissance ou de notre être ou de l'Être.

> Incompréhensible que Dieu soit et incompréhensible qu'il ne soit pas, que l'âme soit avec le corps, que nous n'ayons point d'âme, que le monde soit créé, qu'il ne soit pas, etc., que le péché originel soit et qu'il ne soit pas (809 ; cf. aussi 199).

À première vue, les contradictions relevées dans ce passage, les thèses et les antithèses pour ainsi dire, nous semblent peut-être des prototypes des antinomies kantiennes. Mais au lieu d'affirmations partout, Pascal ne nous montre qu'obscurités partout. Certes, les grandes thèses de la religion chrétienne nous sont incompréhensibles, *mais les antithèses de la libre pensée sont de même incompréhensibles*. Donc, lorsqu'il rencontre une apologétique chrétienne qui est, comme explication, franchement ténébreuse, l'incroyant devrait considérer que les explications opposées aboutissent aussi au mystère, et *qu'ainsi le fait du mystère n'invalide ni la foi ni l'incroyance*. Car pour Pascal, qui en philosophe s'oppose au rationalisme autant qu'en chrétien au scepticisme, Dieu, l'homme, l'âme et le monde sont foncièrement incompréhensibles. La réalité dans ses profondeurs nous est opaque. Voire, le christianisme non seulement nous enseigne cette vérité mais nous en rend compte. Car dès qu'on accepte la foi, nous dit Pascal, ces mystères nous sont éclaircis, non tels quels – l'énigme de la transmission du péché d'Adam continue à choquer notre raison – mais dans leur fait et par rapport à leur cause, la justice énigmatique du Dieu caché, une justice qui de sa nature est peu compatible avec une théodicée.

Donc, au bout du compte, Pascal dans son apologétique offre à l'incroyant moins une explication de sa nature et de sa condition qu'une affirmation *qu'au fond* la réalité ne s'explique pas. Par conséquent, il lui offre moins un éclaircissement qu'un choix d'obscurités auxquelles la raison et la foi doivent toutes deux se heurter et se soumettre. S'il se fie à la révélation de l'Évangile, il aura raison, pour ainsi dire, de cette obscurité et il n'en sera pas troublé. Sinon – s'il se réfugie dans le doute par exemple – il n'aura rien que mystère. Car Pascal nous donne toujours à choisir, comme l'a dit Jean Prigent [6], entre le christianisme et le néant.

On voit donc bien pourquoi Pascal avait l'intention, comme nous en avertit le fragment 149 (qui est une sorte de résumé de quelques grands thèmes de son apologétique), de commencer seulement « après avoir expliqué l'incompréhensibilité » [7]. Sans cela tout son discours serait inutile. Car Pascal était aussi pleinement persuadé de l'exactitude de ces mots de saint Paul : « Maintenant nous ne voyons que *per speculum et in aenigmate* », qu'il l'était de celle de l'affirmation qui les suit : « *sed tunc facies ad faciem* ».

NOTES

1. Voir l'excellente étude de Jean Prigent, « Pascal : pyrrhonien, géomètre, chrétien » dans *Pascal présent* (Clermont-Ferrand : Éditions G. de Bussac, 1962), p. 74, qui pose et traite avec rigueur quelques-unes des questions dont la nôtre s'occupe.

2. Toute référence aux œuvres de Pascal renvoie à l'édition Lafuma, *Œuvres complètes* (Paris, 1963). Les numéros, sauf autre indication, renvoient aux *Pensées*.

3. Étant donné les remarques qui suivent sur la preuve, il va sans dire que Pascal était parfaitement conscient du fait que toute explication doit être plus claire que le phénomène qu'elle explique. « Car on

trouve toujours obscure la chose que l'on veut prouver et claire celle qu'on emploie à la preuve, car quand on propose une chose à prouver, d'abord on se remplit de cette imagination qu'elle est donc obscure, et au contraire que celle qui la doit prouver est claire... » (527).

4. Pascal affirme tacitement le caractère central de la justice divine dans la Révélation (et l'importance de sa théorie de la nature humaine) lorsqu'il nous dit que « toute la foi consiste en J.-C. et en Adam et toute la morale en la concupiscence et en la grâce » (226).

5. Erich Auerbach, « On the Political Theory of Pascal », dans *Scenes from the Drama of European Literature* (1984, U. of Minnesota Press), pp. 101-133. Cette étude a paru d'abord dans *Vier Untersuchungen zur Geistesgeschichte der französischen Bildung* (Bern, 1951), pp. 51-74.

6. Certes, il n'a pas démontré rigoureusement qu'il n'y a pas de troisième voie. Mais après avoir incité l'incroyant à parcourir les « philosophes » et à se rendre compte de la « Fausseté des autres religions », Pascal n'aurait-il pas acquis le droit de le traiter comme ayant renoncé à la recherche sinon à la possibilité logique d'une troisième voie ? Le jugement de M. Prigent qu'ici Pascal n'offre la Révélation à l'incroyant que comme une vraisemblance est peut-être trop modeste. Cf. Jean Prigent, *op. cit.*, p. 74.

7. On voit également pourquoi les thèmes de la clarté et de l'obscurité, de l'éclaircissement et de l'aveuglement dominent la liasse « Fondements » qui précède, dans la Table de nos deux Copies des *Pensées*, les liasses intitulées d'après les preuves de la religion. Sans avoir fait valoir ses doctrines de l'incompréhensibilité et de l'aveuglement, Pascal ne saurait faire valoir les preuves destinées aux liasses qui suivent.

Tetsuya SHIOKAWA

Logique et politique :
le rôle de la notion de foi humaine
dans l'affaire de la signature du formulaire

L'affaire de la signature du formulaire est reconnue comme l'un des principaux épisodes du premier jansénisme [1]. Cela ne veut certes pas dire qu'elle en constitue l'aspect essentiel, puisque le jansénisme est d'abord et surtout une doctrine théologique sur la question de la grâce divine et de son rapport avec la liberté humaine. Mais, comme on le sait, le point de vue doctrinal n'explique pas tout le jansénisme. Ou plutôt, s'il est devenu ce qu'il est pour nous, c'est-à-dire s'il a dépassé le cercle étroit des théologiens de profession pour devenir un mouvement religieux qui a profondément marqué l'Église et la société de l'Ancien Régime, l'imposition du formulaire à signer y a joué un rôle capital. En d'autres termes, le formulaire, en déplaçant l'enjeu du problème de la théologie de la grâce à la discipline ecclésiastique, a contribué du même coup à conduire l'affaire janséniste vers la politique à la fois civile et ecclésiale.

Ce n'est pas ici le lieu d'expliquer en détail ce qu'est le formulaire. Disons simplement que c'est un formulaire de profession de foi, dont la signature fut imposée à tous les ecclésiastiques de France pour les faire souscrire aux constitutions pontificales qui avaient condamné les cinq Propositions attribuées à Cornélius Jansénius. D'ailleurs, il n'y a pas qu'un seul formulaire. Il y en a trois versions successives qui s'échelonnent sur un intervalle de neuf ans. La première fut dressée en 1656 par l'Assemblée du Clergé de France pour l'exécution de la Bulle de 1653 d'Innocent X concernant la condamnation des cinq Propositions. Elle fut remaniée six mois après dans la même Assemblée à la suite de la remise de la Bulle du nouveau pape Alexandre VII qui confirma celle de son prédécesseur, en précisant que ces Propositions étaient tirées du livre de Jansénius et condamnées dans le sens de l'auteur. Le dernier formulaire fut dressé en 1665, cette fois à la cour romaine, et fut inséré dans une Bulle papale. Mais ce fut à la demande de la cour de France et la même Bulle ne le cache pas.

On remarquera que l'initiative venait toujours de l'Église et de l'État de France pour l'établissement des formulaires.

Nous verrons plus loin quel était l'enjeu de cette affaire. Mais il convient d'observer dès maintenant que les parties intéressées reconnaissaient elles-mêmes qu'il y en avait un de réel. Cela est d'autant plus remarquable que ceux qu'on appelait jansénistes niaient l'existence même du jansénisme et disaient qu'il s'agissait d'une hérésie imaginaire, sans réalité. Ils soutenaient qu'ils condamnaient eux-mêmes les cinq Propositions conformément aux décisions des papes, et cela dans quelque livre qu'elles se trouvent. Il est clair qu'ils visaient par là à supprimer l'enjeu même du problème. Mais il n'en est pas de même pour la signature du formulaire. Les jansénistes s'y opposaient ouvertement, en alléguant que les pouvoirs tant religieux que séculier exerçaient une tyrannie en exigeant la signature pour un fait de la vérité duquel on n'était pas convaincu. Ils organisèrent à cet effet un mouvement de résistance et s'efforcèrent de le fonder sur des principes à la fois éthiques et épistémologiques. En un mot, ils élaborèrent une théorie de la résistance à l'imposition du formulaire.

Cela dit, comment la notion de foi humaine se rapporte-t-elle à notre affaire ? Il est bien connu à ce sujet qu'il y a un pamphlet attribué à Pierre Nicole et qui s'intitule précisément *Traité de la foi humaine* [2]. Daté du 20 août 1664, ce traité se propose de réfuter une Ordonnance que Hardouin de Péréfixe, le nouvel Archevêque de Paris, venait de publier au mois de juin pour la signature du formulaire [3]. L'Ordonnance avait un caractère nettement politique, puisque la publication en était motivée par la déclaration royale qui avait donné, deux mois auparavant, le même ordre [4]. Mais, en ce qui concerne le contenu au moins, l'Ordonnance présentait un nouvel argument pour faire recevoir la signature.

On sait que la résistance des jansénistes à la signature était fondée principalement sur la distinction du « droit » et du « fait ». Ils prétendaient par là qu'ils se soumettaient volontiers à la condamnation pontificale des cinq Propositions en elles-mêmes, problème proprement dogmatique et qu'ils appelaient question de droit. Mais il n'en était pas de même pour la question de savoir si ces Propositions étaient dans le livre de Jansénius ou plutôt si elles exprimaient fidèlement sa pensée sur la grâce, puisque le problème n'a rien à voir avec les articles de foi contenus dans l'Écriture et la Tradition. C'est ce qu'ils appelaient la question de fait. Cette distinction à l'appui, les jansénistes se refusèrent à signer sans restriction le formulaire, dans lequel ils voyaient l'amalgame de ces deux questions de genre différent[5].

L'Ordonnance de Hardouin de Péréfixe contenait en quelque sorte, sinon une concession, au moins une réponse à la thèse janséniste. Elle prend à son compte la distinction du droit et du fait, et admet, sur ce fondement, que la soumission requise aux décisions de l'Église peut et doit être de diverses sortes suivant le genre du problème. C'est pourquoi, dit l'Ordonnance, on ne saurait dire, « à moins que d'être malicieux ou ignorant », que les Constitutions des deux papes, Innocent X et Alexandre VII, « désirent une soumission de foi divine pour ce qui concerne le fait, exigeant seulement pour ce regard (...) une foi humaine et ecclésiastique, qui oblige à soumettre avec sincérité son jugement à celui de ses supérieurs légitimes »[6]. Autrement dit, l'Église a le droit, même à l'égard des questions de fait, d'exiger de ses membres non seulement le simple respect, mais aussi la soumission de jugement ou de croyance. Mais celle-ci n'a pas besoin d'être de foi divine, comme c'est le cas des dogmes révélés. Il suffit qu'elle soit de « foi humaine et ecclésiastique ». Remarquons en passant que les historiens voient dans cette Ordonnance l'origine de la notion de « foi ecclésiastique » qui va jouer son rôle dans la théologie moderne en corrélation avec celle des « faits dogmatiques »[7].

L'Ordonnance de l'Archevêque de Paris était pour ainsi dire un ultimatum adressé aux opposants à la signature. Les jansénistes étaient donc obligés de la réfuter pour se défendre. C'est ce que Nicole essaya de faire, d'abord d'un ton badin, dans sa quatrième *Imaginaire* (19 juin 1664) et ensuite sous une forme plus théorique, dans son *Traité de la foi humaine*. Quelle est donc sa critique à l'égard de l'argument de l'Ordonnance ?

Une remarque préliminaire s'impose avant d'entrer dans l'examen du problème. C'est que Nicole a tendance à réduire « la foi humaine et ecclésiastique » dont parle Hardouin de Péréfixe à la seule « foi humaine », ce qu'atteste très clairement le titre même de son pamphlet. De son point de vue, c'est la seule foi humaine qui est la notion à la fois contraire à et complémentaire de la foi divine et il est superflu d'y ajouter d'autres épithètes, fût-ce celle d'ecclésiastique. On verra à l'instant le sens de cette réduction.

Dans la préface, Nicole commence par poser le problème de la manière la plus générale. Il s'agit pour lui de savoir « quelle déférence les inférieurs doivent à l'Église dans les matières de fait qu'elle définit »[8]. En somme, c'est le problème de l'autorité et de ses limites dans l'Église et inversement celui des droits qu'a chaque ecclésiastique devant cette autorité. Dans cette perspective, Nicole recherche le principe qui est à la base de la prétention de l'Ordonnance. Le voici selon lui : « L'Église a droit d'exiger à l'égard des faits qu'elle décide et qui n'appartiennent point à la foi divine, une foi humaine et ecclésiastique, qui oblige à soumettre avec sincérité son jugement à celui de ses supérieurs légitimes » [9]. Il suffit donc d'examiner la vérité et la justice de ce principe pour juger de celles de l'imposition du formulaire.

La réponse de Nicole est nette et catégorique. L'Église n'a pas le droit d'exiger un assentiment intérieur dans les questions de fait, même s'il ne s'agit que d'un assentiment de foi humaine et ecclésiastique. Il consacre ainsi une grande partie de son traité à prouver sa thèse et accumule à cet effet de nombreuses raisons de diverses sortes.

Parmi elles, la plus fondamentale est celle qui porte sur l'infaillibilité de l'Église. Les théologiens catholiques l'admettent unanimement pour les dogmes qui se tirent directement de l'Écriture et de la Tradition. Mais il n'en est rien, affirme Nicole, en dehors de ce domaine strictement délimité. Les papes et même les conciles œcuméniques, en un mot l'Église tout entière n'a pas ce privilège dans les matières de fait. Voilà le sentiment qui est solidement ancré dans la tradition et il est vain de tenter de le contourner, sous prétexte qu'on peut distinguer parmi les faits ceux qui sont inséparables de la doctrine, et que l'Église est infaillible dans ce genre de faits qu'on peut appeler « doctrinaux » [10]. La distinction n'est aucunement fondée dans la tradition, qui réserve l'infaillibilité de l'Église uniquement aux révélations contenues dans l'Écriture et la Tradition. On n'est donc pas obligé de croire, de quelque foi que ce soit, ce que l'Église a décidé touchant les faits, tant qu'elle ne propose que son autorité pour seul argument. Car n'est-il pas évident que l'autorité, fût-ce celle de l'Église, n'a aucun rôle à jouer dans la connaissance des faits ?

Que dire de cette critique de Nicole ? Il faut d'abord reconnaître que la notion de foi utilisée dans la controverse est ambiguë et qu'il y a un décalage entre les conceptions que s'en font respectivement Hardouin de Péréfixe et Nicole. Comme nous l'avons vu, la foi humaine et ecclésiastique dont parle l'Ordonnance est quelque chose qu'on « exige » et « qui oblige à soumettre avec sincérité son jugement à celui de ses supérieurs légitimes ». Il s'agit donc d'un acte de soumission ou d'obéissance. La soumission peut être une simple déférence qui n'engage pas le jugement, mais elle est plutôt, dans la bouche de l'Archevêque, un acte de croyance et de jugement, puisque l'Ordonnance parle d'une foi qui oblige à soumettre son jugement à celui de l'Église. C'est là au moins l'interprétation de Nicole, qui identifie au jugement la foi qu'exige l'Archevêque de Paris [11]. La foi dont il s'agit se ramène donc à la soumission de jugement fondée sur la confiance dans l'autorité de l'Église.

Qu'en est-il alors de la foi humaine selon Nicole ? À l'inverse de l'Ordonnance, Nicole se place au point de vue épistémologique et considère la foi comme une source ou plutôt comme un moyen de connaissance. C'est ce que montrent des phrases comme celles-ci : « La plupart du monde ne sait que de foi humaine qu'il y a une ville nommée Rome en Italie » ou bien cette autre : « On ne sait que de foi humaine qu'il s'est donné une bataille à Cannes entre les Romains et les Carthaginois » [12]. La foi humaine s'applique ainsi à tout un domaine de connaissances indirectes qui se font par ouï-dire ou plus précisément par le témoignage de ceux qui les rapportent, c'est-à-dire par l'autorité au sens que Pascal donne à ce mot dans sa *Préface sur le traité du vide*. Mais, s'il en est ainsi, le problème se pose de savoir comment évaluer la certitude de ce genre de connaissances et partant quelle crédibilité il convient d'attribuer à la foi humaine entendue comme un moyen de connaissance. C'est dire qu'il n'est plus question de s'en remettre aveuglément à l'autorité qui est à la base de la foi. Il faut en examiner la crédibilité. Et si elle se révèle ne pas être assez grande pour entraîner notre croyance, il est injuste de soumettre notre jugement à cette autorité, quelque considérable qu'elle soit. Bien plus, ce genre de jugement ou d'assentiment est impossible, parce que cela est contre l'exigence de la conscience qui commande de ne pas consentir à ce qui n'a pas suffisamment de crédibilité. Fort de ce principe, Nicole reproche à l'Archevêque de Paris d'avoir indûment assimilé la foi humaine au jugement ou plutôt à l'abdication du jugement au profit de l'autorité de l'Église. En ce sens, sa critique est aussi un plaidoyer pour la conscience individuelle des membres de l'Église, leur droit et leur liberté dans les matières de fait.

Mais d'où Nicole a-t-il pris la notion de foi humaine ? Est-ce lui-même qui l'a inventée à partir de la « foi humaine et ecclésiastique » de l'Ordonnance de l'Archevêque de Paris ? Fait remarquable, elle est déjà apparue, deux ans auparavant, dans un texte composé par Nicole et Arnauld. Il s'agit de la fameuse *Logique de Port-Royal*. Dans sa quatrième partie traitant de la « méthode », les cinq derniers chapitres sont en effet consacrés au problème des connaissances par la foi humaine. Et le premier d'entre eux, c'est-à-dire le chapitre 12 d'après la cinquième édition, s'intitule précisément : « De ce que nous connaissons par la foi, soit humaine, soit divine »[13].

Mais quel rapport y a-t-il entre l'exposé d'un manuel de logique et l'actualité à la fois politique et religieuse ? De fait, aucune allusion n'est faite à l'affaire de la signature du formulaire dans le texte de la *Logique*. Mais la réticence devient éloquente, quand on s'aperçoit que le début du chapitre 12 est la reprise d'un texte qu'Arnauld avait écrit en 1657 précisément à propos de la même affaire. Quelque temps après l'établissement du second formulaire par l'Assemblée du Clergé, Arnauld soumit à Nicolas Pavillon, le célèbre évêque d'Alet, un cas de conscience touchant la signature du formulaire[14]. L'évêque réformateur répondit, contre l'attente d'Arnauld, qu'il fallait signer, du moment que le pape avait donné son jugement. N'étant pas satisfait de la réponse, Arnauld composa des *Réflexions*[15] qui ont pour but de développer une théorie de la résistance. Or celle-ci est fondée précisément sur la distinction de la foi divine avec la foi humaine. L'écrit impressionna fortement l'évêque d'Alet qui, changeant d'avis, devint dès 1661 un ardent adversaire de la signature du formulaire.

Quoi qu'il en soit, il est naturel que la *Logique* garde le silence sur le formulaire. C'est un sujet trop brûlant pour qu'elle puisse l'aborder impunément, d'autant qu'il est notoire qu'elle est issue du « camp » de Port-Royal. Mais si elle ose traiter amplement du problème de la connaissance par la foi qui a son origine dans la polémique janséniste, cela suggère inversement que le recours à la distinction de la foi divine avec la foi humaine dans le texte de 1657 est non seulement motivé par une raison tactique mais aussi soutenu par toute une épistémologie. S'il en est ainsi, il vaut la peine de reconsidérer le problème à la lumière de la *Logique de Port-Royal*.

Il est évident d'abord que la *Logique* traite de la foi dans le cadre d'une théorie de la connaissance. Elle commence en effet par distinguer diverses sortes de connaissances avant d'aborder ce que c'est que la connaissance par la foi[16]. À cet effet, elle a recours à deux critères : le caractère immédiat ou non de la connaissance et le degré de sa certitude. Selon le premier critère, il y a des connaissances directes et indirectes. Les premières, portant sur les principes, s'appellent « intelligence » – on dirait « intuition » au sens cartésien du mot. Les secondes, en revanche, ont besoin de « motif » ou de moyen pour se constituer. Ce motif peut être ou la « raison » ou l'« autorité ». Et la *Logique* ajoute ici une remarque importante : « Si c'est l'autorité qui fait que l'esprit embrasse ce qui lui est proposé, c'est ce qu'on appelle foi » [17]. La foi et l'autorité sont donc synonymes au point de vue gnoséologique.

Le second critère intervient après la distinction de la raison et de l'autorité comme moyens de la connaissance. Pour ce qui est de la connaissance par la raison, si elle atteint la certitude qui produit une entière conviction, elle s'appelle « science » ; sinon, elle demeure au niveau de l'« opinion », qui est un acquiescement de l'esprit accompagné de doute. Mais pour revenir à la distinction de la raison avec l'autorité, quel est le critère qui la fonde ? La *Logique* fait de nouveau intervenir ici le critère du caractère immédiat ou non de la connaissance [18]. Car la connaissance que nous avons d'un objet par la raison, quoique indirecte par rapport à l'intelligence, ne s'en tire pas moins directement de l'objet même, en ce sens que la raison est une faculté immanente à l'homme. Mais il n'en est pas de même pour la connaissance par la foi, qui est appuyée sur « l'autorité des personnes dignes de créance qui nous assurent qu'une telle chose est, quoique par nous-mêmes nous n'en sachions rien » [19]. C'est donc une connaissance irrémédiablement indirecte, parce que c'est le témoignage d'autrui qui nous renseigne sur son contenu. Mais il y a deux sortes de témoignages ou d'autorités selon leur origine. Si Dieu en est l'origine, la connaissance est de foi divine, mais si c'est un homme, elle est de foi humaine. Voilà, selon la *Logique*, ce qu'est la connaissance par la foi, soit divine, soit humaine.

Que dire alors du degré de certitude de la connaissance par la foi ? Est-elle moins certaine que celle qui s'obtient par la raison à cause de son caractère indirect ? Pas nécessairement. Ne parlons pas de la foi divine, qui est par définition infaillible, « parce que Dieu ne peut ni nous tromper, ni être trompé » [20]. Mais, même pour la foi humaine qui est sujette à erreur, il y a des connaissances qui sont « aussi certaines et aussi indubitables que si nous en avions des démonstrations mathématiques » [21]. Cela se conçoit facilement si l'on pense par exemple que des personnages historiques comme César et Cicéron ne sont connus que par la foi humaine, mais que leur existence est bien attestée, à la différence de celle des personnages fictifs comme Amadis de Gaule. Cela ne veut pas dire que les connaissances par la foi humaine soient toujours sans erreur et certaines. Bien au contraire. Mais le problème se pose alors de savoir comment déterminer le degré de certitude ou plutôt celui de crédibilité dans ce genre de connaissances qui nous sont transmises uniquement par le témoignage d'autrui. Il s'agit enfin

313

de s'interroger sur la crédibilité de l'autorité prise au sens du témoignage. Mais, ainsi conçue, l'autorité perd son statut de principe qui légitime la connaissance. Elle a besoin d'un autre principe qui le précède. C'est bien ce que la *Logique* affirme, en alléguant l'autorité de saint Augustin : « La foi suppose toujours quelque raison » [22].

La maxime est générale et s'applique aussi bien à la foi divine qu'à la foi humaine. Car la raison a le droit de se demander si ce qu'on appelle la foi divine est vraiment d'origine divine, c'est-à-dire si elle est fondée sur l'Écriture et la Tradition. Mais une fois admis ce point, la raison n'a qu'à se soumettre à l'autorité de Dieu. C'est pourquoi la *Logique* souligne la nécessité de « captiver notre entendement » [23] devant les mystères divins comme la Trinité et l'Eucharistie. Mais pour la foi humaine, il n'y a aucune autorité qui oblige à en faire autant. Le « bon sens » ou la « raison » [24] peut déployer ici toutes ses ressources dans la critique de la crédibilité des témoignages. En d'autres termes, et pour reprendre le titre d'un chapitre de la *Logique*, il y a des « règles pour bien conduire sa raison dans la croyance des événements qui dépendent de la foi humaine » [25].

En s'appuyant donc sur ces règles, la *Logique* examine le degré de crédibilité des « événements humains » qui sont par définition de l'ordre de la contingence. Chose remarquable, « ces événements humains » ne se limitent pas à la seule histoire profane mais s'étendent aussi à l'histoire sainte et ecclésiastique. En fait, c'est de celle-ci que sont tirés presque tous les exemples de la *Logique*, que ce soit l'authenticité de la fameuse « donation de Constantin » ou celle des lettres attribuées à certains Pères de l'Église comme saint Ignace et saint Cyprien [26]. La raison et ses règles sont donc le principe directeur dans l'examen de ces faits et événements qui sont rapportés principalement par les écrivains ecclésiastiques. L'autorité même de l'Église ne peut rien pour en garantir la crédibilité. La *Logique* rejette ainsi d'avance la notion de « foi ecclésiastique » qu'Hardouin de Péréfixe essaiera d'introduire. Nicole n'aura donc pas besoin de chercher ailleurs les arguments de sa critique contre l'Ordonnance de l'Archevêque de Paris.

Le droit de la raison proclamé en face de l'autorité, voilà l'impression qui se dégage de l'examen de la théorie « janséniste » de la connaissance par la foi. Et, certes, elle n'est pas fausse. Mais s'il en est ainsi, c'est que cette théorie discerne dans l'autorité deux sens ou aspects de nature différente, à savoir des aspects politique et épistémologique. Si l'autorité est prise au premier sens du mot, elle signifie un pouvoir politique. Dans ce cas-là, il est juste et même obligatoire d'y obéir, comme le recommande saint Paul dans son Épître aux Romains : « Que chacun se soumette aux autorités en charge »[27]. C'est pourquoi Arnauld et Nicole répètent eux-mêmes la nécessité de garder un « silence respectueux » devant les décisions de l'Église. Mais cette obéissance, qui est de l'ordre de la discipline, ne regarde que le comportement extérieur et n'engage pas le for intérieur. Cependant, s'il est question de soumettre son jugement à celui de ses supérieurs hiérarchiques ou même à celui de l'Église entière, l'autorité invoquée doit appartenir, à bien prendre les choses, au domaine épistémologique et signifier la crédibilité du témoignage. Exiger, dans ces conditions, la soumission de croyance en vertu d'une autorité, c'est en confondre les deux aspects pour obliger les consciences à se trahir elles-mêmes, au cas où elles auraient des raisons d'y résister. C'est enfin une tyrannie au sens pascalien du terme, car elle consiste à « vouloir avoir par une voie ce qu'on ne peut avoir que par une autre »[28].

Cette conclusion risque de paraître banale aujourd'hui où la liberté de conscience compte parmi les droits fondamentaux de l'homme. Mais elle l'est moins, quand on sait qu'encore au milieu du siècle des lumières, un dictionnaire de renom donne au mot de conscience l'exemple suivant : « La voix de la conscience, quelque droite qu'elle paraisse, ne doit jamais prévaloir contre les décisions de l'Église »[29]. Il est vrai que ce dictionnaire qui est connu sous le nom de Trévoux est l'œuvre des pères jésuites.

Notes

1. Sur l'ensemble de l'affaire de la signature du formulaire, voir un rapide survol dans notre « Jansénisme et politique : Autour de l'affaire de la signature du formulaire » in *Journal of the Faculty of Letters*, The University of Tokyo, Aesthetics, Vol. 12, 1987, pp. 65-80.

2. Nous nous référons à l'édition originale conservée à la Bibliothèque Nationale [D. 896].

3. Ordonnance de Monseigneur l'illustrissime et révérendissime Hardouin de Péréfixe, archevêque de Paris, pour la signature du Formulaire de Foi, dressé en exécution de nos Saints Pères les Papes Innocent X et Alexandre VII (7 juin 1664).

4. Lettres patentes du roi en forme d'Édit, par lesquelles sa Majesté ordonne que les bulles de nos SS. PP. les Papes Innocent X et Alexandre VII au sujet des cinq Propositions extraites du Livre de Jansénius, intitulé *Augustinus*, registrées en Parlement, seront publiées par tout son Royaume : et enjoint à tous ecclésiastiques, séculiers et réguliers, de souscrire et signer le Formulaire, délibéré et dressé par l'Assemblée générale du Clergé de France (29 avril 1664).

5. En effet, les deux premiers formulaires portaient la phrase suivante : « Je condamne de cœur et de bouche la doctrine des cinq Propositions de Cornélius Jansénius, contenue dans son livre intitulé

Augustinus. » Sur leur texte, voir *Relation des délibérations du Clergé de France sur les Constitutions de nos SS. PP. les Papes Innocent X et Alexandre VII...*, Paris, A. Vitré, 1661 [B.N. Ld⁵ 252], pp. 78 et 87.

6. L'Ordonnance..., pp. 4-5.

7. Voir sur ce point Ad. Gits, *La Foi ecclésiastique aux faits dogmatiques dans la théologie moderne*, Louvain, 1940 et Y. Congar, « Fait dogmatique et foi ecclésiastique » dans *Catholicisme. Hier, aujourd'hui, demain*, Encyclopédie dirigée par G. Jacquemet, fascicule 15, col. 1059-1067, Paris, Letouzey et Ané, 1954.

8. *De la foi humaine*, première partie, préface, p. 1.

9. *Ibid.*

10. *Ibid.*, première partie, ch. 2, pp. 10-11.

11. *Ibid.*, seconde partie, ch. 2, p. 6 : « Or il est certain que cette créance humaine du fait de Jansénius est une espèce de jugement. »

12. *Ibid.*, seconde partie, ch. 3, p. 9.

13. *La Logique ou l'Art de penser*, édition critique présentée par P. Clair et Fr. Girbal, Paris, P.U.F., 1965, IVe partie, ch. 12 (ch. 11 jusqu'à la quatrième édition), p. 335.

14. *Cas proposé par un docteur touchant la signature de la Constitution dernière du pape Alexandre VII et du formulaire arrêté en l'Assemblée générale du Clergé*, s.l.n.d., [B.N. Ld⁴ 252]. Cf., aussi, Arnauld, *Œuvres*, Paris-Lausanne, 1775-1783, t. XXI, pp. 1-13.

15. *Réflexions d'un docteur de Sorbonne sur l'avis donné par Monseigneur l'Évêque d'Alet sur le Cas proposé...*, in Arnauld, *op. cit.*, pp. 18-46.

16. *La Logique*, IVe partie, ch. 1, pp. 291-292.

17. *Ibid.*, p. 292.

18. *Ibid.*, ch. 12, p. 335.

19. *Ibid.*

20. *Ibid.*, p. 336.

21. *Ibid.*

22. *Ibid.*, p. 337.

23. *Ibid.* Voir Deuxième épître aux Corinthiens, X, 5.

24. Les mots sont de la *Logique* même. *Ibid.*, ch. 13, p. 338.

25. *Ibid.*

26. *Ibid.*, ch. 13, pp. 340-341 et ch. 15, p. 350.

27. XIII, 1.

28. *Pensées*, fr. 91 (édition Ph. Sellier) et 58 (édition L. Lafuma).

29. *Dictionnaire universel français et latin, vulgairement appelé Dictionnaire de Trévoux*, s.v. « conscience ». L'édition consultée est celle de 1734 en 5 volumes.

Après la communication de TETSUYA SHIOKAWA

ANTONY MCKENNA — Il faut signaler l'importance de la découverte par Tetsuya Shiokawa du texte d'Arnauld de 1657 où se trouve la première version de ce qui sera un chapitre du IVe livre de la *Logique*, et après développement, se retrouvera dans le *Traité de la foi humaine*. Cette filiation se perd dans Filleau de la Chaise. Les auteurs de la *Logique* ont en tête des textes de Pascal quand ils développent leur doctrine de la foi humaine. Problème : quelle est l'attitude de Pascal vis-à-vis de cette théorie ?

TETSUYA SHIOKAWA — Pascal connaît-il la formule de « foi humaine » ? Dans le fragment Lafuma 110 sur la connaissance par le cœur, l'adjectif « humaine » est attribut et non épithète. Est-ce la même chose ?

JEAN MESNARD — Pour le rapprochement avec la *Logique*, il faut considérer les écrits d'Arnauld lors de la querelle avec Pascal : Arnauld polémiquant avec Pascal est en pleine rédaction de la *Logique*.

LAURENT THIROUIN — Pascal emploie des exemples scientifiques (les antipodes, etc.), dont on a le plus souvent une connaissance indirecte. Question : cette connaissance du profane, dans un domaine qui n'est pas de la foi divine, relève-t-elle de la foi humaine ?

TETSUYA SHIOKAWA — Certainement. Les connaissances scientifiques se fondent le plus souvent sur l'autorité des spécialistes.

Christian MEURILLON

Entre Babylone et Jérusalem,
l'honnêteté selon Nicole

L'opposition des deux amours, amour de soi et amour de Dieu, fonde pour le XVIIe siècle imprégné de culture augustinienne le lieu commun de l'antagonisme radical de leurs deux cités emblématiques. « *Secernunt civitates duas amores duo* » [1] : la pécheresse Babylone, royaume de la nature déchue, et la sainte Jérusalem, royaume de la grâce. Concupiscence ou charité, « on ne peut être que d'un parti ou de l'autre, il n'y a point de milieu », rappelle Pascal à la suite de l'évangéliste Matthieu [2]. De ces deux objets d'amour que sont Créateur et créature, un seul peut occuper le centre de la visée amoureuse.

On conçoit aisément que cette discrimination, qui relève de la définition, s'avère plus difficile dans l'analyse des cas concrets, mais aussi que les valeurs humanistes brouillent la frontière entre ces cités. Les Jésuites n'ont pas l'exclusivité de l'interrogation sur son tracé. On sait que les *Essais de morale* de Nicole appellent à la conversion dans le cadre de la condition ordinaire des hommes : à l'intérieur de la vie de ce monde et selon les occupations exigées par le rang social.

Je voudrais donc étudier dans quelques écrits de cet ancien Solitaire de Port-Royal la fonction unifiante de l'honnêteté et, par voie de conséquence, les passerelles que le moraliste établit entre les deux cités et les territoires intermédiaires qu'il imagine. Les *Instructions théologiques et morales sur le premier commandement du Décalogue* [3], rédigées dans la dernière partie de la vie de Nicole, après la rupture de la Paix de l'Église, serviront de fond dogmatique aux deux *Essais de morale : De la charité et de l'amour-propre* et *De la civilité chrétienne* [4], représentatifs du climat antérieur où les controverses étaient interdites et où s'épanouissait, notamment autour de la duchesse de Longueville chez qui il résidait, une vie aristocratique janséniste.

Outre le décalage dans le temps, une différence fondamentale de perspective d'écriture ouvre le champ à des approches divergentes dans le traitement de l'antithèse des deux cités. Forme pédagogique du dialogue, visée didactique, tout concourt dans les *Instructions* à l'exposé du dogme dans sa rigueur parfois pesante : un développement sans surprise oppose frontalement Jérusalem et Babylone point par point. En revanche, la fluidité et l'élégance des *Essais de morale* conviennent bien à la valorisation de l'honnêteté purement humaine, mais aussi à la reconnaissance, impensable dans les *Instructions*, de la civilité comme forme adéquate de la charité.

Deux questions sont essentiellement examinées par Nicole. Premièrement : des effets de charité identiques peuvent-ils provenir de deux causes opposées, la charité d'une part, tournée vers le Créateur, l'amour-propre d'autre part, attaché à la créature ? Deuxièmement : ces deux sources d'action sont-elles discernables dans le cœur par Dieu seul, et non par un observateur humain ?

Nicole répond très clairement par la négative à ces deux questions dans ses *Instructions sur le premier commandement du Décalogue*.

Ce commandement en effet ne souffre aucune équivoque. « Loi naturelle », qui établit le rapport ontologiquement correct entre créature et Créateur, « loi éternelle » qui veut que soit conservé cet « ordre naturel » et s'applique à l'homme dès sa création et tout autant après sa chute, loi unique qui comprend et résume toutes les autres et notamment l'exigence d'amour du prochain en qui est encore visé Dieu, la « loi d'amour » [5] s'impose partout et toujours. Affecté dans ses capacités mais non dans son essence, l'homme déchu ne cesse pas d'avoir des devoirs envers son Créateur. Mais il en acquiert de nouveaux envers son Rédempteur. La loi, théocentrique dans la perspective métaphysique de la Création, subit un infléchissement christocentrique dans l'optique historique du Salut.

Cependant, alors que l'Éden ne connaissait évidemment qu'une seule société, la révolte du péché jette les bases de Babylone tout en provoquant le désir de Jérusalem chez ceux dont la volonté est régénérée par la grâce. Cette opposition, exposée dès les instructions Préliminaires [6], est traitée par le dernier chapitre de l'*Instruction* « De la charité », clairement intitulé « Des deux Villes formées par ces deux amours différents ». Ceux chez qui l'amour de Dieu domine sur celui du monde se distinguent, par ce critère décisif et exclusif, de ceux chez qui l'emporte l'amour du monde. Le premier amour « forme le corps et la société des bons, des justes, des enfants de Dieu » [7], société spirituelle dès ici-bas. Leur conduite extérieure, recevant à la fois impulsion et finalité de la volonté de Dieu, ne saurait conserver rien de commun avec les dévoiements des concupiscents pris dans la logique et la dynamique de la nature déchue. C'est en effet logiquement et expérimentalement que s'affirme l'antagonisme entre les deux cités. La charnelle Babylone est inapte même aux effets de charité tout comme la spirituelle Jérusalem y reconnaît son ciment visible. En effet celle-ci, pour être dans le monde, « n'est pas du monde » [8]. Elle ne trouve pas en lui sa fin, son objet d'amour n'étant pas non plus de ce monde. Aucune catégorie médiane ne vient tempérer cette vision manichéenne puisqu'« il faut être nécessairement de l'une de ces deux sociétés » [9]. Les deux amours s'excluent absolument l'un l'autre. Ensemble, ils excluent la possibilité de toute société intermédiaire.

En revanche, s'ils donnent naissance à deux villes spirituellement distinctes, celles-ci ne constituent pas des ensembles physiquement séparés. La société des bons, loin de faire sécession temporellement, est « mêlée et confondue durant cette vie avec la cité du monde, et n'en est distinguée que par le cœur » [10].

Ce n'est pas pour autant qu'il soit difficile ou impossible de les distinguer l'une de l'autre. En ce qui concerne les actions extérieures, Nicole a suffisamment insisté d'une part sur leurs caractères opposés pour qu'on ne puisse confondre la paix des unes avec la violence des autres, et d'autre part sur les qualités morales issues de la charité pour qu'il apparaisse aisé de discerner les spirituels au sein du monde. Quant à l'intimité du cœur, elle ne semble pas davantage présenter ici pour Nicole de repli obscur : « Peut-on aisément reconnaître dans laquelle des deux sociétés on est ? – Il n'est pas difficile de voir à laquelle de ces deux sociétés on appartient, et chacun le peut reconnaître, en examinant ce qu'il aime, et quel est l'amour qui domine en lui » [11]. Pour se connaître, il suffit donc de se regarder. Réponse quelque peu simpliste pour une question de morale pourtant cruciale. Le cœur ne connaît pas l'ambiguïté du déchirement mais seulement la souveraineté de l'un de ses deux seuls maîtres possibles. Les *Essais de morale*, et notamment *De la connaissance de soi-même*, avaient habitué le lecteur à plus de finesse dans l'analyse psychologique...

De telles conclusions tranchées sont en effet étrangères à l'univers de ces *Essais*. Eux aussi envisagent pourtant l'application de la loi d'amour dans la cité du monde, mais ils recourent pour cela à des catégories élaborées autant à partir de la morale pratique que de la théologie de la Rédemption.

Les deux *Essais* : *De la charité et de l'amour-propre* et *De la civilité chrétienne* construisent en quelque sorte symétriquement les notions d'« honnêteté humaine » et de « civilité chrétienne », référées l'une au Monde et l'autre à la Charité. Leur simple dénomination suggère immédiatement une orientation de pensée différente de celle des *Instructions*, dans la perspective desquelles l'expression « civilité chrétienne » ferait l'effet d'une audacieuse alliance de mots. Autant les effets des deux amours étaient disjoints, autant ils sont rapprochés jusqu'à la similitude. Comme Nicole tout au long du premier de ces essais, que l'on interroge donc l'amour-propre, il « fait les mêmes réponses que la charité sur la plupart des questions qu'on lui peut faire » (titre du chapitre VII). Ressemblance surprenante mais parfaitement autorisée par la parole de saint Augustin : « La vanité imite de si près les œuvres de la charité, qu'il n'y a presque point de différence entre leurs effets » [12].

Nicole propose de l'honnêteté une définition synthétique qui schématise en même temps un processus : elle « n'est rien dans le fond qu'un amour-propre plus intelligent et plus adroit que celui du commun du monde, qui fait éviter ce qui nuit à ses desseins, et qui tend à son but, qui est l'estime et l'amour des hommes, par une voie plus droite et plus raisonnable » [13]. En bref, l'honnêteté se superpose à l'adresse commune de l'amour-propre mais ne se confond pas avec elle. La société d'amour-propre est dès lors étagée ainsi que la qualité d'ordre qu'elle atteint. C'est un mécanisme à double détente que révèle l'analyse : ce qui s'est joué dans l'instauration de la société se rejoue au niveau des relations interpersonnelles.

Par un premier calcul d'intérêt qui abandonne paradoxalement la satisfaction immédiate du désir pour mieux l'atteindre (renoncer à la force pour survivre, donner pour obtenir), les amours-propres parviennent à se comporter entre eux en partenaires, et non plus en adversaires égocentriques, et forment une société où l'on vit « avec autant de paix, de sûreté et de commodité, que si l'on était dans une république de saints » [14]. Ce sont les conditions favorables au commerce des besoins, à l'échange des marchandises et des services.

Est-ce à dire que le régime de l'honnêteté est dès lors établi ? Tant s'en faut : il ne s'agit encore que du résultat des deux premiers mouvements de l'amour-propre qui agit par crainte des lois et par intérêt. Tout change avec la troisième inclination, le désir de plaire, par où le domaine du véritable amour se trouve le plus approché. C'est alors seulement que l'amour-propre contrefait la charité, se fait aimable et soumis aux autres pour être aimé. De même dans l'ordre du texte, après les trois premiers chapitres consacrés à la société civile (et où il n'est jamais question d'« honnêteté »), peut commencer le long examen de la similitude des effets de charité et des effets d'amour-propre, c'est-à-dire du principe (chapitres IV et V) et du contenu (chapitre VI à X) de l'honnêteté proprement dite.

L'analyse quitte le plan général de la société, réglée par les lois positives et la nécessité vitale de l'échange des services, pour celui des relations entre les personnes, où il n'est pas impératif que les amours-propres se voilent. Il faut qu'intervienne un second calcul de l'amour-propre, ajouté (et non substitué) au premier, mais libre et cette fois-ci solidement pris en charge par la raison. Celle-ci étant en effet moins corrompue que la volonté, certaines âmes – telles celles que vise Nicole – s'avèrent capables d'entraîner cette volonté sur les chemins astucieux suggérés par la raison à l'amour-propre. Ce calcul améliore sensiblement le résultat précédent : estime ou amitié, il n'est plus maintenant question que de biens spirituels. Le désir de domination qui couvait sous la paix civile se voit profondément enseveli chez ces amours-propres d'élite.

Bien mieux, « pour réformer entièrement le monde, c'est-à-dire pour en bannir tous les vices et tous les désordres grossiers, et pour rendre les hommes heureux dès cette vie même, il ne faudrait, au défaut de la charité, que leur donner à tous un amour-propre éclairé, qui sût discerner ses vrais intérêts, et y tendre par les voies que la droite raison lui découvrirait » [15]. L'ordre de paix et de commodité atteint par l'amour-propre commun était affirmé à l'indicatif : c'est réellement le monde comme il va. En revanche, l'ordre de bonheur et de vertu ici imaginé est conditionné par la possibilité de faire accéder tous les hommes à un amour-propre raisonnable. Société rêvée, sinon de rêve, mais condition irréalisable. Il reste, à défaut, l'impératif d'éduquer le prince à cette fin. L'ordre ordinaire de l'amour-propre continue donc à coexister avec l'ordre supérieur de l'honnêteté, tandis qu'est laissée de côté l'hypothèse d'une généralisation de celle-ci rendant inutile la charité et surmontant à elle seule les conséquences du péché dans les actes. Cette utopie politique de l'honnêteté pour tous a cependant autorisé le surgissement d'un pur humanisme.

Bref surgissement. En effet, l'expression paradoxale de la perfection de cet ordre restaure de fait l'exigence de charité : dans une telle société « ce qui serait de plus admirable, c'est que, n'étant animée et remuée que par l'amour-propre, l'amour-propre n'y apparaîtrait point, et qu'étant entièrement vide de charité, on ne verrait partout que la forme et les caractères de la charité » [16]. Essentiellement absente de l'objet analysé, la charité ne l'est pas de l'analyse dont elle demeure le point de référence.

C'est d'ailleurs ce qu'impliquait déjà l'honnêteté « humaine » [17] qui appelle de toute évidence la dénomination antithétique. Le second terme du couple existe, on l'a vu, c'est la « civilité chrétienne ».

Bien qu'appuyée sur l'opposition entre les deux amours, la pensée de Nicole adopte donc vite un schéma ternaire puisque sont définis trois états distincts : la charité, l'honnêteté et l'amour-propre ordinaire. Entre la cité des bons et celle du monde, il faut glisser la cité de l'honnêteté. Figure de Jérusalem, elle porte présence et absence de celle-ci, présence parce qu'elle renonce aux pratiques babyloniennes, mais absence parce qu'elle ne le fait que pour l'amour de soi. On peut cependant déplacer l'accent selon un point de vue strictement terrestre et remarquer que cette cité ne conserve de Babylone que l'orientation du désir mais en perd véritablement toutes les manifestations. Nicole est ainsi fondé à hésiter entre la réalité simplement figurative de l'honnêteté, ce qui obligerait à la renvoyer tout entière dans l'ordre de la concupiscence – il est vrai reconnu grâce à elle dans sa dignité propre : l'amour-propre éclairé n'est qu'une modalité de l'amour-propre, mais une modalité respectable –, et la réalité substantielle d'un ordre intermédiaire de l'honnêteté où l'amour-propre aurait été converti à la raison.

L'on pourrait au moins espérer que cette similitude hallucinante s'arrête aux effets et que l'examen des causes rétablit une claire distinction qui installe l'observateur dans une sécurité de vision toute divine. Il n'en est rien. Nicole étend la confusion de la surface des actions à la profondeur du cœur, même dans le cas de l'introspection. Il avait déjà prévenu que le désir d'amour est beaucoup plus subtil à identifier que la crainte ou l'intérêt. L'honnêteté résiste donc encore mieux au regard que l'amour-propre ordinaire. Sans nul doute la source de nos actions est-elle connue de Dieu, mais, comme l'affirme le titre du chapitre XII, « il est très difficile de discerner nous-mêmes si nous agissons par charité ou par amour-propre », assertion radicalisée par le treizième et dernier chapitre qui fait passer de cette difficulté à « l'ignorance » pure et simple. La frontière entre monde et grâce s'estompe dans les ténèbres du cœur, qui enveloppent les ruses de l'amour-propre comme celles de la grâce. La psychologie classique, qui affirme le caractère insondable du cœur à tout autre qu'à Dieu et fait buter toute analyse, extérieure ou introspective, sur le résidu irréductible d'un je ne sais quoi, fournit à Nicole la zone de contact entre honnêteté et charité. Comment ne pas comprendre que nul serviteur de la loi d'amour n'est assuré de conserver la grâce ni même de l'avoir, quoiqu'il conçoive sa civilité en termes de charité et se sente aimer Dieu et son prochain ? Peut-être est-il en effet simplement animé d'un amour-propre spécialement retors.

Mais il faut songer à la conclusion opposée, même si Nicole ne fait que la suggérer. Tel l'acteur Genest jouant le rôle du chrétien Adrian, l'honnête homme, pensant agir pour les motifs de son adroit intérêt mais imprégné des gestes de la charité, ne prépare-t-il pas sans le savoir le travail de la grâce ? N'est-il pas à la limite étrange que cet amour-propre éclairé se comporte comme le parieur de Pascal qui voudrait enfin croire et qui est invité à se mettre en posture de croyant [18] ? Ce n'est certes pas ce que veut l'amour de soi, mais il mène son propre dressage et s'« abêtit » par l'observation des formes extérieures de la charité. Opérateur à la clairvoyance douteuse, l'amour-propre est rendu inopérant comme s'il travaillait pour son ennemie. L'observateur ne peut donc exclure l'action cachée de la grâce dans l'honnêteté. On voit à quel point la confusion des effets est aggravée par l'indiscernabilité des causes.

La « civilité chrétienne » – objet de l'essai qui porte son nom – se présente sous un jour beaucoup plus simple et son examen peut bénéficier de celui de l'honnêteté humaine qu'il suffit parfois de simplement retourner. On peut résumer ainsi la thèse de Nicole : la charité, dans le cas des vies ordinaires non vouées à la retraite, doit se faire honnête en investissant les formes de la civilité pour montrer aux hommes la « douceur » de Jésus-Christ et la « tendresse » des saints pour leurs amis ; ce faisant, elle confère à la civilité son seul fondement solide. En effet la loi d'amour, qui seule « nous fourni[t] des raisons générales d'aimer tous les hommes et de nous soumettre à eux » [19], donne intériorité et pleine signification à ces civilités dont la pratique constitue l'honnêteté. Vraiment, « il n'appartient qu'à la charité d'être civile » [20]. Logiquement, dès lors, l'honnêteté purement humaine est rabaissée au rang de vanité et de simple « langage d'affection ». Et tout aussi logiquement, mais de façon plus surprenante, la charité, condition nécessaire mais non suffisante de la vraie civilité, se voit symétriquement dévalorisée quand elle reste à l'état brut. La piété dans sa nudité se révèle « farouche, incivile, grossière » [21]. Il est clair que trop de rigueur tue la société et qu'à nous « réduire envers les autres aux seuls offices de charité » « nous deviendrions incivils et sauvages par principe de conscience » [22]. En somme, la pratique trop spirituelle de la charité tue l'amour du prochain ! On perd sur les deux tableaux et de la « charité spirituelle » et de « l'affection humaine, qui fait le lien de la société civile » [23]. De même qu'il s'agissait précédemment d'arracher l'honnêteté à l'amour-propre commun (source et forme épurées par la raison) – comme ce dernier l'avait été à l'amour-propre incivil (même source, formes opposées) –, pour en faire une figure de charité (même forme, sources opposées), il convient maintenant de distinguer la civilité chrétienne, certes, toujours de l'honnêteté (même forme, sources opposées) mais aussi de la pure charité (même source, forme dégrossie). La civilité chrétienne, qui est déjà l'accomplissement réel de l'honnêteté, le devient aussi de la charité loin d'en constituer un accommodement mondain dégradé.

Dans un mouvement de rencontre donc, l'honnêteté emprunte ses formes à la charité et trouve sa perfection, en se reniant comme telle, dans la civilité chrétienne, tandis que la charité s'exprime dans les formes d'une civilité moderne régénérée à la source du seul amour authentique. Ou, pour parler plus concrètement, le parti des honnêtes gens et celui des chrétiens civils s'avancent l'un vers l'autre pour constituer, au sein de l'ordre pacifié de la concupiscence, une société vraiment pacifique qui parvient à supprimer beaucoup mieux le mauvais fond de l'homme.

Il apparaît enfin stimulant de tenter en une vision synthétique de superposer les trois ouvrages qui ont servi de points d'appui tout au long de cette étude.

Six catégories, inégalement examinées, se dégagent nettement dans les deux *Essais de morale* : l'amour-propre primitif guerrier, l'amour-propre commun pacifié, l'honnêteté humaine, la civilité chrétienne, la dévotion farouche en société, la charité solitaire. La première est rejetée dans des temps antérieurs à la société civile, la dernière réservée au cas extraordinaire d'ermites parvenant à la pleine charité. Restent quatre cas ordinairement observables, parce que relevant tous de la vie en société : ceux justement que développent les *Essais*. Ils forment le résultat d'une combinatoire simple, selon le modèle si souvent employé par Pascal du jet de deux dés à deux faces, portant les marques « pour Dieu » et « contre Dieu » pour le premier, « avec honnêteté » et « sans honnêteté » pour le second. Chaque cas combine de façon originale deux marques. Ce qui donne bien les quatre combinaisons possibles précédentes.

Le nombre effectif des catégories dépend cependant de la perspective adoptée. Elles sont réduites par regroupement à deux du point de vue du Salut, point de vue occupé par Dieu et par l'énonciateur du dogme. La justice divine distingue en effet parfaitement les deux amours dans le cœur humain et ne tient donc compte que de la première alternative (pour/contre Dieu). Qu'ils soient civils ou rudes dans les relations avec autrui, tous les cœurs dominés par la charité seront sauvés. Le simple observateur humain sera enclin à ramener lui aussi à deux ces catégories, mais pour la raison inverse : non plus par discernement mais au contraire par indistinction pratique (mais nullement théorique) des sources d'action. La seconde alternative prévaudra (avec/sans honnêteté). Cette probabilité de confusion sur la question de la charité concerne cependant moins les deux cas extrêmes, éloignés l'un de l'autre (amour-propre commun pacifié et dévotion farouche en société, le premier pouvant même apparaître moins agressif que la seconde, volontiers « incommode » et disposée à donner des leçons et à pratiquer rudement la correction fraternelle), que les deux cas médians (honnêteté humaine et civilité chrétienne), au contact direct l'un de l'autre. Ce sont bien eux qui, en empruntant aux cas extrêmes ce qu'ils ont de meilleur, respectivement la paix et la charité, et rejetant ceux-ci à l'écart, atténuent la rupture entre les deux amours et assurent au précepte de charité l'extension humaine maximale, au delà même de sa cité d'élection.

Enfin, si l'on distingue à nouveau honnêteté et civilité chrétienne, on souligne la position médiane de cette dernière entre honnêteté et charité, associant la forme de l'une au fond de l'autre. Nicole appelle ainsi de ses vœux un transfert de Jérusalem sur les terres de la civilité chrétienne. L'honnêteté, vivifiée par la charité, l'a aujourd'hui à ce point civilisée que l'on ne peut plus concevoir l'une sans l'autre. Le rapport qui n'était entre l'amour-propre et l'honnêteté que de couverture, selon le jugement pascalien [24], apparaît entre celle-ci et la charité plus de consubstantialité que de figuration – ce qui n'est pas pascalien.

Quant aux deux cités auxquelles Nicole revient finalement dans la pureté dogmatique des *Instructions* (effet de leur perspective didactique plus sans doute que du climat engendré par la rupture de la Paix de l'Église), elles recouvrent mal les types extrêmes précédents, mais assez bien les cas préalablement écartés, à savoir amour-propre primitif guerrier et charité solitaire. En effet Babylone la confuse, selon sa définition même [25], ne dispose pas d'une paix et d'un ordre qui permettent de l'assimiler sans réserve à la société de l'amour-propre : elle ne correspond qu'aux amours-propres sauvages et incapables de tout calcul, premier comme second. D'autre part, les meilleurs enfants de Jérusalem devant se rallier à la civilité chrétienne, il faut penser qu'il ne reste, pour occuper cette ville et ce cas, que ces quelques saints ermites reconnus par Nicole capables de charité dans la solitude, à distinguer en cela des misanthropes retirés dans leur commerce exclusif avec Dieu et rappelant par leur rudesse les brutes babyloniennes. De fait, ces deux catégories extrêmes maintiennent l'antagonisme radical des deux amours, mais elles le font avec une netteté parfois caricaturale et en tout cas archaïque.

En somme entre Jérusalem et Babylone, Paris, oserais-je dire, pourrait bien faire figure de meilleure des cités humaines possibles, non pas tellement parce qu'elle serait un juste milieu répondant à une nature déchue éclairée par les lumières de la raison, mais sans doute parce que la civilité chrétienne instruit l'honnêteté aux pratiques de charité, et peut-être surtout parce qu'en toute compagnie honnête (et il en est de nombreuses à Paris...) se laisse entrevoir ou espérer une Jérusalem céleste.

NOTES

1. *De civitate Dei*, XV, 28 : « *terrenam scilicet amor sui usque ad contemptum Dei, cœlestem vero amor Dei usque ad contemptum sui* », poursuit saint Augustin.

2. Pascal, XIVe *Provinciale*, éd. Cognet, Garnier, 1965, p. 271 : « Il y a deux peuples et deux mondes répandus sur toute la terre selon saint Augustin [...]. »

3. La publication de ces *Instructions*, posthume, date de 1709. Les références seront données dans l'édition de 1710, chez Adrian Moetjens, La Haye (2 t.).

4. Ces deux *Essais de morale* seront cités dans l'édition de 1782, Desprez, Paris, 14 vol. *De la civilité chrétienne* se trouve dans le deuxième, *De la charité et de l'amour-propre* dans le troisième. La première série des *Essais de morale* a été publiée entre 1671 et 1678, soit pendant la Paix de l'Église.

5. *Instructions...*, t. 1 : « loi naturelle », p. 121, « loi éternelle », p. 254, « loi d'amour », *passim*.

6. *Ibid.*, p. 17.

7. *Ibid.*, *Instruction* IV, « De la charité », ch. XVI, p. 183 (orthographe modernisée). Nicole cite en marge un des textes de saint Augustin (*In Psal.* 61) que paraphrase justement le passage de la XIVe *Provinciale* signalé plus haut (voir n. 2).

8. *Ibid.*, p. 184.

9. *Ibid.*, p. 187.

10. *Ibid.*, p. 185.

11. *Ibid.*, p. 187.

12. *De la charité et de l'amour-propre*, in *Essais de morale*, t. III, p. 179.

13. *Ibid.*, pp. 149-150.

14. *Ibid.*, p. 140.

15. *Ibid.*, p. 181.

16. *Ibid.*, p. 181.

17. *Ibid.*, p. 182.

18. Cette question appartient davantage encore au champ de l'essai *De la civilité chrétienne*. Ainsi, il faut honorer dans les hommes les différentes grâces de Dieu : « Les devoirs de la civilité humaine nous en avertissent, comme les devoirs de respect que l'on rend à Dieu par la posture de son corps nous avertissent de tâcher à mettre notre âme dans la disposition intérieure de respect et d'adoration où nous devons être envers la divine Majesté » (in *Essais de morale*, t. II, p. 135).

19. *Ibid.*, p. 130.

20. *Ibid.*, p. 129.

21. *Ibid.*, p. 139.

22. *Ibid.*, p. 128.

23. *Ibid.*, p. 134.

24. Voir *Pensées*, Laf. 597 et 211.

25. *Instructions*..., t. I, p. 183 : « Babylone, qui signifie confusion » (en marge, le texte de saint Augustin : « Babylon confusio interpretatur », *In Psal.* 64).

Après la communication de CHRISTIAN MEURILLON

THÉRÈSE GOYET — Chez saint Augustin, il y a la cité des hommes et la cité de Dieu ; entre les deux, il y a la *civitas terrena spiritualis*, où le bon grain n'est pas tué par l'ivraie.

CHRISTIAN MEURILLON — Nicole définit une pratique de la charité en harmonie avec la conduite des salons. Seulement quelqu'un d'authentiquement charitable pourrait être civil.

Philosophie politique

Thérèse GOYET

« Le propre de la puissance est de protéger »

Le propre de chaque chose doit être cherché.

Sous la rubrique « Roi et tyran » qui peut passer pour un intitulé, ce fragment des *Pensées* (Lafuma 797-Brunschvicg 310) réunit plusieurs programmes de réflexion. L'axiome que nous avons cité – placé au centre – en exprime l'idée directrice valable pour tous les domaines. Comme du consentement général Aristote et saint Thomas d'Aquin l'ont mise en œuvre avec rigueur, nous les prendrons comme parrains de notre recherche.

Par une succession de « voyages » d'esprit, allant de « derrière la tête » à l'évidence, Pascal établit en position dominante la maxime qui est de l'ordre du politique :

Le propre de la puissance est de protéger.

La dialectique en action est celle du droit, car tout jugement de tribunal fonctionne par le rappel au « propre » idéal de la « chose » dont la manifestation complexe crée l'embarras de fait. Et parce qu'il y a beaucoup de sortes de « puissance », la règle commande tous les domaines du droit : privé, public, droit des gens ou droit international. Mais je ne suivrai pas la répartition de l'enseignement universitaire. Il s'agit chez Pascal d'une idée de devant, si je puis dire. Nous avons à la mettre en relief en la soutenant par les fameuses « idées de derrière la tête ». Je commencerai donc par sa théorie obvie, remise, autant que je pourrai, dans l'histoire de la pensée ; puis je passerai aux « idées de derrière » qui expriment, voire caricaturent, ces multiples situations ou événements qui recouvrent ou contredisent le principe. Enfin nous nous demanderons s'il y a un statut chrétien de la puissance selon Pascal.

I – « *La puissance* » *utile ou la justification de la force*

Il y a peut-être lieu de remarquer que Pascal a vu, dans la société où il vit, fonctionner entre les personnes de multiples entreprises de protection, de la part du puissant à l'égard du faible. La féodalité avait été organisée autour de cette relation : le vassal doit ses services et hommages au suzerain, et celui-ci en revanche assure la protection de la personne, de la famille et des biens de celui-là. La noblesse de l'Ancien Régime a gardé l'obligation de porter les armes à l'appel du souverain et dans la vie civile au XVIIe siècle il est clair qu'on a souvent besoin d'un plus fort que soi.

> Encor si vous naissiez à l'abri du feuillage
> > Dont je couvre le voisinage
> > Vous n'auriez pas tant à souffrir :
> > Je vous défendrais de l'orage,

dit le Chêne au Roseau. Un valet qui « appartient » – c'est son mot – à une grande maison peut déployer son insolence impunément sur des personnes moins bien intégrées. Mais c'est surtout dans la fonction royale que la formule s'imposait au consentement unanime. *Est regis tueri cives*, dit l'exemple de la grammaire latine : on aimerait en retrouver l'histoire. On ne peut pas traiter philosophiquement « de la justice » sans rappeler ce devoir de bienveillance active qui distingue le roi du tyran. La tradition de la réflexion politique humaniste est éclatante sur ce point [1].

Cette morale du souverain est connexe à l'idéal de libéralité, de bienfaisance, et de magnanimité, qui est proposé aux puissants de ce monde :

> Le plaisir des grands est de pouvoir faire des heureux.
> Le propre de la richesse est d'être donnée libéralement [2].

Rappel rapide chez Pascal. Le lieu commun est particulièrement éculé. Des variations innombrables sur ce thème ont été développées dans les dédicaces, dans les discours publics, dans les sermons et les oraisons funèbres. Aristote en discutait les termes au livre IV de son *Éthique à Nicomaque* et j'ai rencontré un Bossuet qui le passe au crible « selon la raison exacte » d'une part, et d'autre part au nom de « l'humilité chrétienne » [3].

Mais comme on a plus souvent l'occasion d'exhorter les peuples que celle de sermonner les rois, le corollaire est encore plus souvent exprimé que le principe. C'est le devoir de soumission aux pouvoirs établis. Il est clairement professé dans le Nouveau Testament. (Dans l'Ancien, les combats propres de la théocratie brouillent les contours). « Rendez à César ce qui est à César » (Matthieu, XXII, 21). C'est la pratique juste de la politique selon Jésus lui-même, et Saint Paul en a tiré la charte politique du chrétien :

> Que chacun se soumette aux autorités en charge. Car il n'y a point d'autorité qui ne vienne de Dieu, et celles qui existent sont constituées par Dieu. Si bien que celui qui résiste à l'autorité se rebelle contre l'ordre établi par Dieu [4].

« L'ordre de Dieu », c'est l'expression par laquelle Pascal justifie son ardeur « pour le service du roi » au temps où « la rébellion » autour de lui se couvre de « prétextes » pour « fronder » l'exercice de la puissance royale, tout scandaleux que se montre cet exercice :

> Il disait [...] que dans un État où la puissance royale est établie, on ne pouvait violer le respect qu'on lui devait *sans une espèce de sacrilège*, parce que la puissance que Dieu y a attachée, étant non seulement une image mais *une participation* de la puissance de Dieu, on ne pouvait s'y opposer sans s'opposer manifestement à l'ordre de Dieu [5].

Les raisons de son loyalisme sont donc affichées, mais cela n'empêche pas la tristesse au fond du cœur devant les désordres qui entrent dans le corps même de cet « ordre ». Car « l'ordre de Dieu » peut se prendre de deux façons : il est la réalité des événements dont il faut tirer parti, sans élever de murmure, et d'autre part il est l'exigence du bien, le devoir prescrit, ordonné par les commandements qui ont été explicités dans la Révélation.

Il va de soi que Pascal, citoyen du royaume de Dieu et sujet dans le royaume de France, s'efforcera de faire entrer les rugueuses réalités de l'ordre au sens 1, dans l'aspiration du sens 2 [6]. Leur divorce inflige à l'esprit droit, épris de justice, une humiliation permanente :

> Les vrais chrétiens obéissent aux folies néanmoins, non pas qu'ils respectent les folies, mais l'ordre de Dieu qui, *pour la punition des hommes*, les a asservis à ces folies. *Omnis creatura subjecta est vanitati* [7].

Et la partie visible de ce châtiment, le paradoxe exprimant ce que nous appellerons pour le moment une cassure, c'est la force installée aux lieux et droits de la justice :

> Ne pouvant faire qu'il soit force d'obéir à la justice on a fait qu'il soit juste d'obéir à la force. Ne pouvant fortifier la justice on a justifié la force.

« On a fait » : ceux qui vivent dans des institutions vieillies se rappellent rarement comment cela a commencé, historiquement commencé :

On appelle juste ce qu'il est force d'observer. De là vient le droit de l'épée, car l'épée donne un véritable droit [8].

Ce n'est pas là une boutade sarcastique, mais la conclusion d'un rappel des faits, ou d'un abrégé substantiel de raisonnements nombreux. Nous empruntons le commentaire à Gérard Ferreyrolles :

> Reconnaître avec Pascal que « l'épée donne un véritable droit » (fr. 85) équivaut si peu à une affirmation nouvelle, cynique ou révolutionnaire, que sur elle repose l'ossature du régime monarchique, à savoir la noblesse – dont la profession militaire est la source – et les fiefs, que le combat acquit. Sur elle repose également le principe – incontesté en politique extérieure – du droit de conquête, admis par tous les théologiens. La proposition pascalienne, enfin, énonce purement et simplement un adage classique du droit français, reproduit dès le premier livre des *Institutes coutumières* de Loysel : « Le Roi ne tient que de Dieu et de l'épée. » [...] les théologiens ne ressentent aucune gêne à admettre qu'au début fut la force. Saint Augustin le dit dans les termes mêmes de Pascal [9].

« Au début », soit, mais nous nous trouvons dans le cours du temps des nations. D'ailleurs, quand est-ce que ce fut le commencement acceptable pour tout le monde ? L'unanimité des théologiens n'est donc pas du tout un concert. S'ils regardent la guerre en elle-même, ils ne peuvent qu'exprimer horreur et réprobation. Même les guerres saintes du peuple hébreu, avec leurs exactions que l'Ancien Testament ne met pas sous le boisseau, gênent les exégètes attachés à la littéralité. Mais *après* les guerres la même condamnation ne tombe plus d'aplomb. Et il faut changer de langage quand il s'agit d'apprécier les effets des guerres. (Ils ne sont pas tous mauvais, affreuse vérité mais vérité). Quel déchirement logique ! D'une part, « une guerre injuste ne donne aucun droit » et les guerres de conquête sont toutes disqualifiées. D'autre part, disent les mêmes juristes, « la guerre en forme doit être regardée, quant aux effets, comme juste de part et d'autre » et « toute acquisition faite dans une guerre en forme est donc valide » [10].

Et avec un philosophe contemporain changeons, une fois de plus, le lieu de notre étonnement :

> La guerre se caractérise non point par l'explosion brute de violence mais par son organisation et son statut de droit [11].

II – *La critique pascalienne des impropriétés*
ou les errements de la puissance

J'appellerai – choisissant le terme le plus bénin – critique des impropriétés la satire à l'égard du pouvoir et de la justice, les ironies du langage par lesquelles Pascal secoue la passivité de notre jugement politique. Les fragments de cette sorte sont des plus connus, parce qu'ils sont amusants et qu'ils préludent à la satire politique de style moderne (sans Pascal, pas de Voltaire) et peut-être aussi parce que les universitaires disposant fort peu en général de la puissance, aiment à se revancher dans les mots.

> Pourquoi me tuez-vous […] ? – [...] puisque vous demeurez de l'autre côté [de l'eau], je suis un brave et cela est juste.

Trêve d'arguments. (« La raison du plus fort est toujours la meilleure » et le loup emporte l'agneau « sans autre forme de procès ».) Vous demeurez de l'autre côté avec lequel j'ai la guerre à soutenir, je *dois* vous exterminer. Je sais bien que pour décider si « on doit […] tuer tant d'hommes [...] ce devrait être un tiers indifférent » qui en juge. Je le dis avec un soupir et je passe. Aller à la guerre c'est le moyen pour moi d'arriver à la paix :

> Il est sans doute qu'ils [les hommes] se battront jusqu'à ce que la plus forte partie opprime la plus faible, et qu'enfin il y ait un parti dominant. Mais quand cela est une fois déterminé, alors les maîtres qui ne veulent pas que la guerre continue ordonnent que la force qui est entre leurs mains succédera comme il leur plaît [12].

On voit de belles représentations de la justice, forte, prospère, sereine, tenant le glaive et la balance. Erreur : ce n'est pas elle. C'est la Force qui est musclée. Il faut rétablir les catégories grammaticales :

> La justice n'est qu'un attribut de la force [13].

Et un attribut quelquefois assez mal attaché. On voit bien que c'est un oripeau, un postiche, mais la théâtralité opère. « La coutume de voir les rois accompagnés » de tant de figurants entraîne un respect qui se prolonge après le spectacle :

> Et le monde [...] croit qu'il vient d'une force naturelle ; et de là viennent ces mots : « Le caractère de la Divinité est empreint sur son visage, etc. » [14].

Je laisse cet *etc.* déployer ses effets dans et sur notre imagination : d'une part elle fait l'opinion et, d'autre part, elle rassemble des armées efficaces, ou des trusts, « la force » militaire ou la puissance économique. Toute notre vie branle selon le maître à danser qui dispose des doubles commandes, l'opinion et la force :

> La force est la reine du monde, et non pas l'opinion.
> – Mais l'opinion est celle qui use de la force.
> – C'est la force qui fait l'opinion [15].

La tête devrait nous tourner, plus encore qu'au temps de Pascal à nous, serfs du règne audiovisuel, qui ne pouvons discerner si nous sommes informés ou manipulés.

> Description de l'homme : dépendance, désir d'indépendance, besoins [16].

De cette contradiction déchirante qui nous saisit en venant au monde, le pouvoir – toute sorte de pouvoir – qui sait quels sont nos besoins les plus impérieux, tire sa puissance. Ce conditionnement d'esclavage, plus fort que toutes les volontés réunies, Pascal lui donne le nom biblique et augustinien de concupiscence. Il est facile de remarquer tout le mal qui sort de nos passions mauvaises, mais il faut bon gré mal gré accepter que tout ce ridicule (aux yeux de la raison épurée) qui accompagne la cité terrestre, est nécessaire au fonctionnement de notre bonheur !

> On a fondé et tiré de la concupiscence des règles *admirables* de police, de morale et de justice [17].

Faut-il s'esclaffer ? Faut-il se résigner ? Comment dans cette vision d'incohérence identifier quelque piste du royaume de Dieu ?

III – *Le statut de la puissance selon le mystère du salut*

Tout dépend du ton sur lequel nous prononçons, ou nous efforçons de prononcer, cet adjectif « admirable » : avec un peu, beaucoup de retrait, ou avec une vibration sympathique ?

Nous ferons le détour par les *Trois discours sur la condition des grands*, publiés la même année que les *Pensées*, que nous devons à la rédaction de Nicole comme propos tenus par Pascal. Certes, ils viennent indéniablement en écho à certains fragments et les images sont pascaliennes, mais mon sentiment personnel est que le style de Nicole a gravement endommagé l'équilibre d'une doctrine nuancée. La systématisation ici détruit l'humour, lequel ménageait l'adaptation aux situations diverses. Quel est cet intellectuel chatouilleux qui, à l'égard d'un duc et pair qui ne serait pas « honnête homme », accompagnerait le « respect d'établissement » obligé, par « le mépris intérieur que mériterait la bassesse de son esprit [son = du duc] » ? Et quelle pédagogie de préparer un jeune homme à ses responsabilités sociales ou politiques uniquement par la crainte de surestimer son « établissement » en le confondant avec « les grandeurs naturelles » ? Nicole est si occupé à rabaisser l'amour-propre de son élève qu'il ne voit pas l'aporie où sera mis celui-ci quant à la distribution de la justice. Cette fonction souveraine ne serait-elle qu'un pis-aller ?

> Ces gens [qui vous environnent] sont pleins de concupiscence. Ils vous demandent les biens de la concupiscence ; c'est la concupiscence qui les attache à vous. Vous êtes donc proprement un roi de concupiscence [18].

Le discours politique selon Nicole rapporteur des propos de Pascal ne concerne pas l'exercice de la vertu proprement politique, qui est la justice. Comme il faut bien convenir que les demandes des personnes assujetties peuvent être légitimes, un impératif surgit qui en tient compte :

> Contentez leurs *justes* désirs ; soulagez *leurs nécessités* ; mettez *votre plaisir* à être bienfaisant ; avancez-les autant que vous le pourrez [...] [19].

Ces « nécessités » qu'il est *juste* de soulager constituent certes la matière d'un devoir positif, qui incombe à un chrétien comme à un autre homme. Mais est-ce que le « plaisir » rencontré à bien faire anéantirait la valeur de justice ? Car Nicole maintient ici le statut de négativité :

> [...] et vous agirez en vrai roi de concupiscence.

Pour faire sentir l'originalité de l'équilibre selon Pascal nous nous soumettrons à son rythme tel que l'exprime le manuscrit autographe. Pascal ne demande pas un moins sévère examen de conscience :

> Connaissez-vous donc et sachez que vous n'êtes qu'un roi de concupiscence.
> Et prenez les voies de la concupiscence.

Mais précédemment il a replacé le statut des royaumes dans une vue théologique large, de telle sorte qu'il a ouvert une voie alternative, et celle-ci chemine dans la vertu de charité :

> Dieu
> a créé tout pour soi,
> a donné puissance de bien et de peine pour soi.
>
> ---
>
> Vous pouvez l'appliquer à Dieu ou à vous.
>
> ---
>
> Si à Dieu l'Évangile et la règle.
>
> ---
>
> Si à vous, vous tiendrez la place de Dieu.
>
> ---
>
> Comme Dieu est environné de gens pleins de charité qui lui demandent les biens de la charité qui sont en sa puissance, ainsi [...] [20].

La première hypothèse, celle du responsable politique appliquant « à Dieu » la puissance qu'il a donnée, introduit dans la gérance de ce monde la réalité de la charité. Des comportements de fait Pascal ne dit rien ici, mais le droit propre à l'Évangile pris comme « règle » établit la paix sur les frontières de la terre et du ciel : « Rendez à Dieu ce qui est à Dieu. »

Il est donc certain que Pascal ne met aucune ironie dans son admiration pour les « règles de police, de morale et de justice », si insuffisantes qu'elles soient pour le salut, que la cité terrestre s'est données. L'estime qu'il leur accorde n'est pas une concession provisoire mais le crédit de la foi. Entre la cité de Dieu et la cité terrestre ne s'étend pas un affreux *no man's land* où l'ambition de rendre service au public ne serait qu'un détournement sacrilège. Pascal dans son apologie n'avait pas à proposer d'idéal social ou politique, mais l'ami Domat sera un de ces bons serviteurs qui rendent habitable « l'ordre de Dieu ».

CONCLUSION : « *Liberabitur* »

Il faut nous efforcer de garder les proportions entre les affirmations, diversement servies par les hasards de la rédaction pascalienne, des diverses vérités. « L'Évangile est la règle. » L'Apologie ne discourt pas des devoirs envers le prochain. Elle est elle-même devoir envers le prochain. L'exemple de son père et sa propre générosité permettent de supposer que Pascal aurait souscrit à la parole du pape Pie XI disant que l'action politique est la plus grande des charités [21], et ses jugements peu formalistes sur l'histoire nous donnent à penser que les situations nouvelles des peuples ne l'auraient pas étonné. Cependant, lui qui a tant d'estime pour la sociabilité de « l'honnête homme » ne prend pas appui sur le caractère d'« animal politique » spécifié par Aristote. Quand Bossuet fait dans le Louvre un sermon *sur* l'Ambition, bien loin de s'employer à « déserter la Cour », il tourne « le désir avide » de s'affirmer au milieu des hommes vers l'éternité. À Port-Royal on parle au premier degré *contre* l'ambition :

> Rien n'est plus aisé que d'être dans une grande charge et dans de grands biens selon le monde ; rien n'est plus difficile que d'y vivre selon Dieu, et sans y prendre de part et de goût [22].

Ce lieu commun qui nous paraît si caractéristique de l'esprit janséniste, du commencement de sa manifestation jusqu'à la fin, Pascal l'épouse évidemment, et il installe dans la méfiance à l'égard de soi-même la pratique des responsabilités politiques. Mais sa théorie est bien plus compréhensive que celle de ses amis augustiniens. Elle a la profondeur d'une « raison » comme le montre si bien M. G. Ferreyrolles par le choix de son titre, et elle fait l'extension à l'universel de la foi selon Pascal. De la maxime humaniste que nous avons choisie comme principe d'explication, il sort en conséquence que les marques de Dieu se trouvent comme en inclusion dans la grandeur humaine :

> Grandeur de l'homme dans sa concupiscence même, d'en avoir su tirer un règlement admirable, et d'en avoir fait un tableau de charité [23].

Cependant cette théorie ne cherche pas à s'établir au moyen de références textuelles : Platon et Aristote, si qualifiés pour régler notre « hôpital de fous » [24], ne sont jamais allégués en tant que docteurs politiques. Pascal ne se place donc pas dans la tradition humaniste des XVIe et XVIIe siècles.

Bien plus : il faut remarquer dans ses tableaux politiques l'absence du vocabulaire et des images bibliques. Dieu est pourtant le protecteur par excellence. Où trouve-t-on chez Pascal le caractère paternel de l'autorité royale ? Les rois ne sont-ils pas de droit « les pasteurs des peuples » ? « Paître dans la langue sainte », dit Bossuet [25], « c'est gouverner, et le nom de pasteur signifie prince, tant ces choses sont unies. » Et si Pascal crie à l'adresse des pasteurs d'Église : « Vous me devez pâture » [26], il n'y a pas d'appel symétrique pour les pasteurs des peuples. Leurs brebis ne sont-elles donc pas souvent malheureuses ?

Le propre de la cité, dit Aristote, c'est l'œuvre d'amitié qui procure le bonheur de vivre ensemble [27]. « La vraie fin de la politique », dit Bossuet, « est de rendre la vie commode et les peuples heureux » [28]. Je croirais volontiers que Pascal partage ces convictions et que sa réflexion politique incline vers la rationalité eudémoniste. C'est ici du moins que son pessimisme s'éloigne le plus du tragique. Car il faut vivre, c'est-à-dire vivre en commun, et pour la paix des sociétés, Dieu ne permet pas qu'on poursuive une exacte justice. Impossible de professer une séparation manichéenne qui serait professer qu'il existe quelque puissance maudite, *potestas a diabolo*. La concupiscence rend des services à la charité. Seulement, entre ce qui se « doit » et ce qu'on « a pu », l'écart est incommensurable : un gouffre.

Notre opinion est que Pascal, très lucide, ne veut pas qu'on perde son temps à le mesurer. Il le franchit avec une bonne humeur qui doit sûrement beaucoup à Montaigne, et une aisance qui est celle de l'homme rompu aux grimaces du monde. Cela ne veut pas dire qu'il ne voit pas les injustices des situations et des actions : ce sont des obstacles à surmonter par la charité, toutes les « folies » dérivant de la « vanité » essentielle, et toutes étant composantes de la « misère ». La création souffre : *liberabitur*. Pascal l'annonce, d'après saint Paul, dans le même fragment où il nous prescrit d'obéir aux folies [29]. Le progrès de la justice politique peut entrer dans le programme du royaume de Dieu, mais la libération espérée se joue dans l'autonomie de la grâce.

NOTES

1. Soit par ex. : « Véritable royauté pour les autres. » Note que Bossuet tire d'Aristote, *Morale à Eudème*, l. IV (*Dans Platon et Aristote. Notes de lecture* p.p. Thérèse Goyet, 1964, diffusion Vrin, p. 233).

2. Pascal, *Pensées, loc. cit.*, 797-310. Comparer *La Vie de M. Pascal*, par Mme Périer sa sœur : « Il ne souhaitait du bien que pour en faire part aux autres, et son plaisir était dans la raison, dans l'ordre, dans la justice. » Éd. Jean Mesnard, t. I, p. 635 (2e version).

3. Cf. Bossuet, *op. cit.*, pp. 201-204, à Aristote, *Nicomaque* IV, et p. 233, à *Eudème* IV.

4. Romains, XIII, 1-2. Traduction de la Bible de Jérusalem. Corroboré par Jean, XIX, 11 ; I Pierre, II, 13-17 ; par l'enseignement des Pères de l'Église et la littérature religieuse du XVIIe siècle, protestante aussi bien que catholique.

Quant à « Honorez le roi » (I Pierre, II, 17), Port-Royal dans sa *Logique* (II, 11) l'actualise : « Dieu commande d'honorer les Rois. Louis XIV est roi. Donc Dieu commande d'honorer Louis XIV » (1ère édition en 1662). Cela était bien vu du pouvoir assurément, mais rien n'autorise à penser que les pédagogues n'étaient pas les premiers convaincus. Bossuet met le raisonnement en exemple pour le syllogisme en *Bar-ba-ra* : « Tout ce qui est ordonné de Dieu est pour le bien. Toute puissance légitime est ordonnée de Dieu. Donc toute puissance légitime est pour le bien » (*Logique*, l. III, ch. 7. Rédigé vers 1679. Publié en 1828).

5. *Vie de M. Pascal*, éd. citée, pp. 633-634. C'est nous qui soulignons.

6. *Ibid.*, p. 627 : « Il croyait que la manière de servir les pauvres la plus agréable à Dieu était de servir les pauvres pauvrement, c'est-à-dire selon son pouvoir [...]. Ce n'est pas qu'il trouvât mauvais l'établissement des hôpitaux généraux ; mais il disait que ces grandes entreprises étaient réservées à de certaines personnes que Dieu y destinait, et qu'il y conduisait presque visiblement ; mais que ce n'était pas la vocation commune de tout le monde. »

7. *Pensées*, 14-338. La citation latine, dans cette partie du fragment, est un extrait condensé de la Lettre aux Romains, VIII, 20, avec l'addition d'un souvenir de l'Ecclésiaste, *omnis*, qui ajoute la généralité. On connaît bien : *Et omnia vanitas,* Ecclésiaste, 1, 2 ou *cuncta subjacent vanitati,* III, 19.

8. *Pensées*, 81-299 et 85-378.

9. Gérard Ferreyrolles, *Pascal et la raison du politique* (P.U.F., 1984), pp. 106-107.

10. Citations prises de Emer de Vattel, *Le Droit des gens* (Neufchatel, 1758), Paris, 1830, t. II, Livre III, « De la guerre », chap. XIII, « De l'acquisition par guerre, et principalement de la conquête », paragraphes 183, 193, 195. On est dans le droit fil de Grotius, la grande autorité juridique du XVIIe siècle, dont le *Droit de la guerre et de la paix* remonte à 1625. Nous empruntons à la traduction française (dédiée au Roi) d'Antoine de Courtin (1687) les énoncés suivants : L.III, chap. VI, art. 1 : « Propriété des choses conquises. Selon le droit de nature nous devenons les maîtres par une guerre juste, tant des choses qui équivalent celles qu'on nous doit ou dont nous ne pouvons pas autrement avoir satisfaction, que de celles que nous prenons en punition de celui qui nous a offensé, pourvu que nous nous contenions dans les justes bornes que demande un châtiment. » L'exemple est pris du butin d'Abraham sur les quatre rois. (Genèse, XIV). Et *ibid.*, articles II, 4, Aristote « dit que *la guerre porte avec elle une manière d'acquérir naturelle* ».

« La raison », dit Emer de Vattel, « est que l'on ne considère point ici la cause de la guerre, mais le fait pur et simple, qui seul est ce qui donne droit. » Et si l'on ne considère pas la cause, c'est qu'il est impossible aux hommes de l'apprécier selon la justice : « Chacun prétend [...] avoir la justice de son côté dans les différends qui peuvent survenir ; et il n'appartient ni à l'un ni à l'autre des intéressés, ni aux autres Nations, de juger la question. Celle qui a tort pèche contre sa conscience ; mais comme il pourrait se faire qu'elle eût droit, on ne peut l'accuser de violer les lois de la société. »

« Il est donc nécessaire en beaucoup d'occasions, que les Nations souffrent certaines choses, bien qu'injustes et condamnables en elles-mêmes, parce qu'elles ne pourraient s'y opposer par la force sans violer la liberté de quelqu'une et sans détruire les fondements de leur société naturelle » (Emer de Vattel, Préliminaires, § 21).

L'acceptation de ce droit de conquête, qui inclut la légitimation de la servitude, est si générale au XVIIe siècle, que Bossuet pense que son adversaire Jurieu, si empêtré qu'il soit dans ses théories, « dans le fond ne peut le nier » (*Ve Avertissement aux protestants*, 1690, LI). Cependant il n'est pas sans percevoir ce que ce droit a de révoltant, et il propose une autre raison – pratique – de le reconnaître : « Les royaumes formés par les conquêtes sont anciens. [...]. Ces empires, quoique violents, injustes et tyranniques d'abord, par la suite des temps et par le consentement des peuples, *peuvent devenir légitimes ; c'est pourquoi* les hommes ont reconnu un droit qu'on appelle de conquête. » (*Politique tirée des propres paroles de l'Écriture sainte* (posthume), livre II, I, 4e prop.). Si « le fait pur et simple est ce qui donne le droit » (Grotius) en matière internationale, ne peut-on s'attendre à une infiltration pernicieuse dans la morale privée ? « L'anomie jésuite » consiste précisément en ce que « le fait régit le droit » (Ferreyrolles, *op. cit.*, p. 72). En effet Pascal lutte contre cette contamination.

Sur l'évolution des théories réagissant aux faits, voir Georges Livet, *Guerre et paix. De Machiavel à Hobbes* (Armand Colin, 1972).

11. Michel Serres, *Le Contrat naturel* (éd. François Bourin, 1990), p. 30.

12. *Pensées*, 51-293. Remarquer « puisque » et non « parce que », mais l'habileté du style fait qu'on ne sent plus la différence, et l'absurdité explose. 59-296 et 828-304.

13. Jean Mesnard, *Les « Pensées » de Pascal* (SEDES, 1976), p. 196.

14. *Pensées*, 25-308.

15. *Id.*, 554-303. J'adopte les tirets de l'édition Brunschvicg, pour représenter le va-et-vient.

16. *Id.*, 78-126.

17. *Id.*, 211-453.

18. *Trois discours sur la condition des grands.* 3e discours. Éd. Brunschvicg minor, p. 238.

19. *Ibid.* C'est nous qui soulignons.

20. *Pensées*, 796-314. Il nous a paru intéressant de reproduire la disposition des lignes de l'écriture, disposition strophique qui rythme cette distribution ordonnée de la puissance. L'analogie de la cour de concupiscence avec celle de la charité est seulement annoncée : « ainsi ». Le développement manque. (Nicole y pourvoira). Pascal passe tout de suite au dénouement *pratique*, c'est-à-dire aux deux phrases que nous avons citées précédemment.

21. Mais l'inventeur des transports en commun au bénéfice des pauvres de Blois ne voulait pas lancer de « grands desseins ». Voir ci-dessus, n. 6.

22. *Pensées*, 693-906. Gérard Ferreyrolles, *op. cit.*, p. 25, résume ainsi le jansénisme extrémiste : « Le monde n'est pas à transformer, il est à oublier. » Mais l'exemple de Pascal « montre qu'une authentique conversion peut s'accompagner du soin des intérêts temporels et de recherches visant à l'utilité publique » (*Ibid.*, p. 235).

23. *Pensées*, 118-402.

24. Se rappeler *Pensées*, 533-331.

25. Bossuet, *Politique*, l. III, art. III, 2e proposition. L'article s'intitule : « L'autorité royale est paternelle et son propre caractère c'est la bonté. » 1ère proposition : Dieu « n'a fait des grands que pour protéger les petits ; il n'a donné sa puissance aux rois que pour procurer le bien public, et pour être le support du peuple ».

26. *Pensées*, 67-879. T. Shiokawa a montré combien Pascal était, préconisant la guerre à l'intérieur de l'Église, plus exigeant qu'à l'égard de la société politique. Voir Tetsuya Shiokawa, « La guerre et la paix selon Pascal », dans *Pascal, Port-Royal, Orient, Occident*, Actes du colloque de Tokyo, 1988 (Klincksieck, 1991), pp. 319-330.

27. Aristote, III, *Politiques*, 9, 13 (1280 a). Des mariages « sont nés dans les cités alliances de parenté, phratries, sacrifices publics et autres activités de la vie en commun. Or toutes ces relations sont l'œuvre de l'amitié, car l'amitié c'est le choix réfléchi de vivre ensemble. La fin d'une cité c'est donc la vie heureuse ». Traduction Pierre Pellegrin, Garnier-Flammarion, 1990, p. 237.

28. « Les Égyptiens sont les premiers où l'on ait su les règles du gouvernement. Cette nation grave et sérieuse connut d'abord la vraie fin de la politique, qui est de rendre la vie commode et les peuples heureux. » Bossuet, *Discours sur l'histoire universelle*, III, 3.

29. *Pensées*, 14-338. Romains, VIII, 21. Voir plus haut, à la note 7, le texte où s'attache cette espérance de libération.

Après la communication de THÉRÈSE GOYET

JEAN MESNARD — Le mot clé est le mot « force ». La force n'est pas la violence. La force, c'est ce qui s'inscrit dans le corps ; elle échappe à la contestation. Elle s'applique à la démocratie comme à la monarchie : la majorité, c'est le parti le plus fort. Elle est neutre. Pour établir une justice terrestre efficace, il faut la force, et ce n'est jamais la justice absolue. L'humanité vit d'un simulacre de justice, qui marque sa grandeur : c'est une création du génie humain sans valeur absolue. De là un certain humanisme, et l'idée du roi bienfaisant dans les *Trois discours*.

GÉRARD FERREYROLLES — Sur le droit de conquête : il n'y a pas de glorification chez les théologiens. C'est un pur établissement, le premier, celui qui fonde tous les autres. Les théologiens n'excusent pas n'importe quelle conquête, mais ils admettent ce droit. Voir Bossuet : après une conquête violente, avec la durée, les empires deviennent légitimes.

THÉRÈSE GOYET — La conquête entraîne l'occupation, dans les guerres étrangères comme dans les guerres civiles. Mais il faut rappeler *Cinna* : après bien des violences, Auguste est devenu juste prince. Les Romains rendaient meilleurs ceux qu'ils prenaient : le temps et l'utilité jouent sur le droit. Il y a des choses non logiques qu'il faut admettre, quand le temps a passé.

POL ERNST — Pascal mentionne un roi juste, bon : David.

Laurent THIROUIN

Le réalisme de Pascal

Peu de critiques ont ressenti la nécessité de prononcer le terme de
« réalisme » à propos de l'œuvre de Pascal. Un rapide tour d'horizon
bibliographique me l'a confirmé et m'a convaincu en même temps qu'il n'y
avait pas vraiment lieu de s'en plaindre. Le mot est en effet particulièrement
vague dans ses implications philosophiques et, bien sûr, parfaitement
anachronique selon les catégories de l'histoire littéraire. Deux études parues
dans les années vingt s'intitulent *Le Réalisme de Pascal*. La première, de
P.M. Lahorgue [1], dûment munie du *nihil obstat* et de l'*imprimatur*, est une
large synthèse – d'ailleurs respectable – de la pensée pascalienne. La notion
de réalisme y reçoit une signification tellement riche et favorable, qu'elle
échappe à tout examen critique. Ce n'est pas un concept pour l'auteur, mais
l'éloge suprême, le terme qui résume le génie pascalien : parfois synonyme
de pessimisme, voire de misérabilisme,

> L'étude de notre nature déchue [conduit Pascal] à un *portrait réaliste*,
> où les taches d'ombre l'emportent sur les taches de lumière [2],

le réalisme désigne aussi le refus de la spéculation abstraite, qui fait des
Pensées une œuvre

> sinon anti-intellectuelle, du moins extra-intellectuelle, [...] la plus
> pratique de toutes les Apologies [3] ;

le réalisme s'applique enfin à l'engagement religieux de Pascal, qui lors de
la nuit du mémorial

> a touché la Réalité, ... a été brûlé par son feu et ce feu ne s'est plus
> éteint [4].

La deuxième étude, plus modeste, recourt à l'idée de réalisme dans un but
polémique, pour disqualifier les tenants d'un « Pascal romantique,
pessimiste, anti-intellectualiste, cher à nos aînés qui l'ont surtout aimé pour
sa fièvre, son repliement, sa préoccupation dramatique de l'individu » [5].
Pour celui-là, Pascal était d'autant plus réaliste qu'il était pessimiste,

méfiant à l'endroit de la raison ; pour celui-ci, il mérite ce titre parce qu'il refuse l'irrationnel et que sa pensée est constructive. L'un et l'autre s'entendent au demeurant pour conclure, de son réalisme, à l'excellence de l'œuvre pascalienne.

À la lumière de ces deux études, on sent la nécessité de restreindre l'extension du terme de réalisme, et on perçoit le risque de lui prêter une valeur normative. J'écarterai donc d'emblée deux perspectives. Il ne s'agira ici ni d'asseoir l'autorité d'une pensée en la qualifiant de réaliste, ni de mesurer son imbrication avec les réalités d'une époque, de vérifier si Pascal/Salomon de Tultie a bien rempli son dessein d'écrire une œuvre

toute composée de pensées nées sur les entretiens ordinaires de la vie [6].

J'aurai recours à la notion de réalisme pour rendre compte de la logique particulière qui sous-tend les analyses politiques de Pascal : le respect de la réalité ne se transforme-t-il pas chez lui en une justification cynique et conservatrice de l'ordre en place ? De quelle manière la réalité cautionne-t-elle les lois ? La réponse de Pascal à cette question échappe aux catégories sommaires dans lesquelles on tend trop souvent à enfermer sa pensée politique. Mais le réalisme de Pascal excède le champ politique. Disséminée dans toute l'œuvre se développe une méditation sur le pouvoir des mots et la résistance des choses, qui constitue au bout du compte un corps de doctrine original et cohérent : prise de position philosophique sur le statut de la réalité et tout à la fois discipline que s'impose le penseur. Les engagements politiques ne sont, somme toute, que le cas particulier d'un rapport à la réalité, dont je voudrais ici, sous le nom insatisfaisant de réalisme, donner les grandes lignes.

L'originalité de la position pascalienne nous apparaîtra à l'occasion de ce qui semble, à première vue, un simple emprunt à Montaigne : la comparaison entre le boiteux et l'esprit boiteux (fr. 98). Dans le huitième *Essai* du livre III, « L'art de conférer », dont on sait l'importance toute particulière qu'il revêt pour Pascal, Montaigne s'étonnait :

> Mais, pourquoi, sans nous émouvoir, rencontrons-nous quelqu'un qui ait le corps tortu et mal bâti, et ne pouvons souffrir la rencontre d'un esprit mal rangé sans nous mettre en colère ? [7]

Le fragment 98 des *Pensées* reprend la même question, sous une forme plus condensée et plus percutante :

> D'où vient qu'un boiteux ne nous irrite pas et un esprit boiteux nous irrite ?

La critique se contente souvent ici de noter le travail stylistique de Pascal et de souligner sa réussite, obéissant peut-être au désir tacite d'écarter une accusation de plagiat. Mais ce qui mérite bien plus d'être considéré, c'est la divergence profonde entre les deux analyses, dont Pascal d'ailleurs nous informe nettement en un autre lieu :

> Montaigne a vu qu'on s'offense d'un esprit boiteux [...] mais il n'a pas vu la raison de cet effet (fr. 577).

Où le désaccord réside-t-il donc ? Il faut, pour l'apercevoir pleinement, reconstituer chacun des deux raisonnements.

Montaigne en fait ne cherche pas vraiment d'explication à une situation paradoxale, dont il veut surtout dénoncer l'absurdité. Si l'on supporte en face de soi l'infirmité physique, ne devrait-on pas logiquement supporter une infirmité intellectuelle, qui n'est, à tout prendre, qu'une autre forme de maladie ? Le « pourquoi » de Montaigne n'appelle aucune réponse, mais équivaut à un « n'est-il pas absurde que ? ». C'est un pourquoi de reproche, un « pourquoi donc » moqueur. Montaigne stigmatise une incohérence, qu'il qualifie ensuite de « vicieuse âpreté » : l'esprit boiteux dont nous nous moquons n'est peut-être pas aussi critiquable que nous le croyons et, en tout cas, il est fort possible que le nôtre le soit tout autant, sinon plus. Le développement de Montaigne prend ainsi ce cours : il est ridicule de se gendarmer contre des défauts dont on n'est pas garanti soi-même.

> Il n'est, à la vérité, point de plus grande fadaise, et plus constante, que de s'émouvoir et piquer des fadaises du monde [8].

Le propos véritable de Montaigne est ici l'intolérance (cette « aigreur tyrannique de ne pouvoir souffrir une forme diverse à la sienne »), dont il souligne le caractère intrinsèquement ridicule. C'est pour en faire sentir concrètement l'absurdité que Montaigne recourt à la comparaison entre infirmités physiques et intellectuelles : n'est-il pas aussi inepte de s'irriter d'un esprit boiteux que ce le serait de s'irriter d'un infirme ? En conclusion, l'incapacité à tolérer le défaut d'autrui est elle-même un défaut caractérisé, si bien que celui qui ne peut souffrir l'esprit boiteux grossit de ce fait même le nombre des esprits boiteux !

Le raisonnement de Pascal suit une tout autre logique et opère un renversement de perspective très significatif. Il ne met en effet pas en doute la déficience de l'esprit boiteux. Il justifie l'irritation, qu'il ne soupçonne à aucun moment d'erreur (ni d'âpreté), mais il s'interroge effectivement : comment expliquer qu'on entre en colère devant une infirmité spirituelle, quand on supporte une infirmité physique, qui excite plutôt la pitié que l'aigreur ? C'est qu'en fait les deux infirmités, que Montaigne assimile pour les besoins de sa cause, se distinguent sur un point essentiel : l'une a la force des faits, elle bénéficie de la netteté des sens ; l'autre peut faire l'objet d'une contestation. Et dans le cas précis envisagé, elle fera nécessairement l'objet d'une contestation, puisqu'il est constitutif d'un esprit boiteux qu'il ne se reconnaisse pas tel (il démontrerait sinon une rectitude d'appréciation incompatible avec sa nature d'esprit boiteux).

> Un boiteux reconnaît que nous allons droit et [...] un esprit boiteux dit que c'est nous qui boitons (fr. 98).

À ce stade de l'analyse, il faut immédiatement écarter une explication réductrice. La différence que Pascal met en relief n'est pas celle qui sépare une certitude d'une opinion, un fait avéré d'un fait simplement probable. Si la notion d'esprit boiteux – ou d'esprit faux – peut sembler très relative à certains (à Montaigne notamment), pour Pascal en revanche il s'agit d'un concept tout à fait objectif et rigoureux. L'observation est quasiment clinique : « Il y a beaucoup d'esprits faux » (fr. 761) ; et la catégorie est définie en creux dans le texte célèbre sur l'esprit de géométrie et l'esprit de finesse : « Les esprits faux ne sont jamais ni fins, ni géomètres » (fr. 512). Le point qui frappe Pascal dans le fragment 98, ce n'est donc pas le caractère relatif de certains diagnostics face à l'objectivité de ce qui tombe sous le sens : le boiteux de corps et le boiteux d'esprit sont aussi indéniablement malades l'un et l'autre. L'intérêt du parallèle est de mettre en évidence une rupture entre ces deux réalités, une disparité. L'une s'impose sur le mode de l'évidence, l'autre – qui n'est pas moins réelle que la première – est d'une nature telle qu'elle prête le flanc à la contradiction.

Il en va de même dans la situation symétrique, que Pascal emprunte aux *Entretiens* d'Épictète :

> Épictète demande bien plus fortement : pourquoi ne nous fâchons-nous pas si on dit que nous avons mal à la tête, et que nous nous fâchons de ce qu'on dit que nous raisonnons mal ou que nous choisissons mal (fr. 98 – fin).

Nous ne sommes plus ici juges mais objets de jugement et, à la différence de la situation précédente, le jugement est erroné (il est faux que nous ayons mal à la tête et faux que nous raisonnions mal). Mais ces deux erreurs ne nous laissent pas également sereins. Que la réalité évidente (ici encore la réalité physique) soit contredite, c'est une incongruité qui s'annule d'elle-même et dont on ne se met pas en peine. (« Nous sommes bien certains que nous n'avons pas mal à la tête » fr. 99). L'irritation ici encore, comme dans l'exemple de Montaigne, provient de l'impossibilité de faire reconnaître une réalité qui ne possède pas, en elle-même, les moyens de s'imposer.

Devant des agressions qui sont à première vue similaires, nous faisons preuve d'une humeur inégale. Mais cette apparente incohérence d'un comportement humain, qui, dans le vocabulaire des *Pensées*, porte le nom d'« effet », possède une raison. Elle n'est pas ridicule et, bien au contraire, révèle un caractère essentiel du monde qui nous entoure : sa répartition en deux classes de réalités, qu'il importe de bien identifier. Pascal oppose ainsi les qualités « palpables » et les qualités « spirituelles ». Cette distinction – toute l'originalité de l'analyse réside en ceci – n'implique aucun jugement de valeur, mais elle se présente comme une simple caractérisation fonctionnelle, une description. Les qualités palpables sont celles qui tombent sous le sens, et que Pascal, pour cela, qualifie aussi de « visibles » (« La pluralité » – c'est-à-dire l'avis du plus grand nombre – est « visible » fr. 85). Elles ne comportent en conséquence aucune ambiguïté et sont, par nature, reconnaissables. La force est, pour Pascal, l'exemple parfait de ces qualités palpables, sur l'identité desquelles aucun doute n'est jamais possible. On ne peut contrefaire la force qu'on ne possède pas, ni affecter de ne pas l'identifier quand on lui fait face.

> La force ne se laisse pas manier comme on veut parce que c'est une qualité palpable (fr. 85).

Si cette qualité palpable est confrontée à une de ses contrefaçons, l'équivoque est impossible. Le magistrat se déguise pour frapper les imaginations et se procurer quelque simulacre de force, mais l'illusion s'évanouit dès qu'il est opposé à la force véritable,

> quand la force attaque la grimace, quand un simple soldat prend le bonnet carré d'un premier président et le fait voler par la fenêtre (fr. 797).

Les qualités spirituelles en revanche n'offrent pas ce beau caractère d'évidence mais, concernant des réalités qui ne tombent pas sous le sens, elles courent toujours le risque d'être méconnues, voire falsifiées. C'est le cas notamment de la justice.

> La justice est une qualité spirituelle dont on dispose comme on veut (fr. 85).

Cela ne signifie pas que la justice soit une qualité illusoire, face à la force qui représenterait la véritable réalité. Pas plus que les Jésuites, en dénaturant la religion, ne jettent le doute dans l'esprit de Pascal sur la véritable foi catholique. Mais c'est le propre des qualités spirituelles (la justice, la religion) de n'opposer aucune résistance à toutes les manipulations, de laisser disposer d'elles.

> Vous corrompez la religion ou en faveur de vos amis ou contre vos ennemis ; vous en *disposez* à votre gré (fr. 836, je souligne).

De la force, ou du nombre, on ne peut aucunement disposer : ils s'imposent. Les qualités spirituelles sont par nature fragiles et, hors même de la mauvaise foi, susceptibles de toutes les confusions. Elles ne sont garanties par aucun critère objectif, tout comme la Raison « ployable à tous sens » (fr. 530).

Là encore, il ne faut pas se méprendre sur la démarche de Pascal et voir dans cette disparité qu'il souligne la marque d'une pensée attirée par le matérialisme, ou une forme d'anti-spiritualisme. Certes, vu la grande vulnérabilité des qualités spirituelles, une conséquence pratique est qu'on devra toujours les considérer avec un fond de suspicion. Mais ce qui est maniable n'est pas dévalorisé pour autant, et ce qui est inflexible n'en retire aucune valeur. Il s'agit de simples caractéristiques à prendre en compte. Le monde physique bénéficie d'une visibilité, d'une réalité indiscutable, tandis que les qualités spirituelles ne se manifestent jamais sans contestation. Il ne s'ensuit pas que ces dernières aient une réalité moindre ou qu'elles soient moins utiles. La valeur d'un objet, son utilité sont indépendantes de sa solidité. Qu'y a-t-il pour Pascal de plus précieux et de plus essentiel que les vérités de la foi ? Or c'est là au premier chef une réalité fragile et – les querelles autour de la grâce le prouvent – perpétuellement menacée d'être altérée.

Le réalisme de Pascal tient pour une large part à ce critère de solidité, à cette distinction entre deux sortes de qualités : les unes – fragiles – dont on peut s'emparer et disposer à son gré, les autres – solides – qui sont protégées par nature de toute tentative de falsification. Car le problème est bien là. Que la justice soit une qualité spirituelle, et donc impalpable, n'aurait aucune importance si personne ne songeait à la contester. Mais que surgisse un ennemi de la justice, quelqu'un qui ait intérêt à ne pas la reconnaître, il lui suffit alors de la contredire et aucun argument décisif ne peut lui être opposé. Les qualités spirituelles se manifestent par le langage, elles dépendent d'une nomination. Or le langage – j'y reviendrai – est essentiellement maniable ; il se prête, sans résister, à tous les abus, et conserve toujours même apparence : « Le langage est pareil de tous côtés » (fr. 697). Il y a donc des réalités que l'on peut disqualifier par la simple parole. L'esprit boiteux « *dit* que c'est nous qui boitons » (fr. 98). Si le législateur décide de tenir compte des mérites, « tous *diront* qu'ils méritent » (fr. 94).

> Ceux qui sont dans le dérèglement *disent* à ceux qui sont dans l'ordre que ce sont eux qui s'éloignent de la nature [9].

Et face à tous ces dires, ni l'esprit droit, ni le mérite authentique, ni l'ordre naturel n'ont mieux à opposer que d'autres dires : paroles contre paroles. Désireuse d'usurper la qualité de justice, la force n'a qu'à se proclamer juste et contester effrontément la réalité.

> La force a contredit la justice et a dit qu'elle était injuste, et a dit que c'était elle qui était juste (fr. 103).

La justice ne devient pas moins juste pour avoir été contredite, mais le fait est qu'on peut dire de la justice qu'elle est injuste, et que cette dispute dont elle est l'objet ne menace pas les qualités palpables.

> Il n'y a jamais cette *contradiction* dans les sens touchant un boiteux (fr. 99, je souligne).

Le débat entre la force et la justice se dénoue donc, selon Pascal, pour des raisons purement techniques, et tout état d'âme en la matière, toute idéologie est hors de place. Il n'est que de considérer la nature des opposants, quelque préférence qu'on ressente pour l'un d'eux par ailleurs.

> La justice est sujette à dispute. La force est très reconnaissable et sans dispute (fr. 103).

Cette asymétrie règle la question. On s'attendait à une prise de position morale, fût-ce une justification machiavélienne de la force. Pascal ne propose aucun autre argument que la simple prise en compte de la réalité. Force et justice n'ont pas la même solidité, elles ne sont pas également protégées contre la mauvaise foi : celle-ci peut être contredite, celle-là ne le sera pas. Il est donc matériellement impossible que la justice procure un fondement durable à l'ordre politique.

On touche ici à une dimension essentielle de la pensée pascalienne : son refus farouche de l'angélisme (« ... qui veut faire l'ange fait la bête » fr. 678), c'est-à-dire, en des termes plus politiques, de toutes les formes d'utopie. Aucune opinion n'est recevable, qui ne prend pas acte de la réalité telle qu'elle est. Or les utopistes – ils portent dans les *Pensées* le nom de demi-habiles – oublient deux données fondamentales. La première est l'existence de la méchanceté, qui fait que si une agression est possible, il faut la considérer comme assurée :

> La justice sans force est contredite, parce qu'il y a toujours des méchants (fr. 103).

La fragilité de la justice suscite nécessairement l'apparition de falsificateurs. Les méchants sont, dans l'univers de Pascal, une donnée de base, qui interdit d'ailleurs l'émergence de dispositions moralement satisfaisantes.

> Que dira-t-on qui soit bon ? [...] De ne point tuer ? non, car les désordres seraient horribles, et les méchants tueraient tous les bons. De tuer ? non, car cela détruit la nature [10].

Le plus souvent les règles politiques parviennent à diminuer les effets de la méchanceté : elle n'en demeure pas moins comme un principe des actions humaines (« ce vilain fond de l'homme, ce *figmentum malum* » fr. 211), dont Pascal, en bon disciple de saint Augustin, se garde de sous-estimer la puissance.

Or il y a des lieux où la méchanceté trouve à se manifester avec une particulière facilité – et c'est là le deuxième oubli des utopistes, contre lequel s'élève Pascal. Ceux qui veulent se référer à la justice, au mérite, oublient qu'ils en appellent à des notions, vénérables certes, mais spécifiquement fragiles et qui sont des proies désignées pour la falsification. On ne peut pas, sous peine d'angélisme – et donc de bêtise – penser le monde comme si toutes les réalités bénéficiaient de la même évidence, comme si le mérite et la naissance pouvaient pareillement être soutenus. Les qualités spirituelles, tributaires du langage, sont exposées au mensonge, et il devient alors bien vite hasardeux de les authentifier. Le malheur [11] veut que les valeurs les plus précieuses soient ainsi les plus menacées. C'est là, pour Pascal, en même temps qu'une donnée objective, un scandale, qui confine à l'intolérable et presque à l'impensable, quand il affecte la réalité absolue, les préceptes de la foi.

> Ce n'est point ici le pays de la vérité ; elle erre inconnue parmi les hommes. Dieu l'a couverte d'un voile qui la laisse méconnaître à ceux qui n'entendent pas sa voix ; le lieu est ouvert au blasphème et même sur des vérités au moins bien apparentes. Si l'on publie les vérités de l'Évangile on en publie de contraires, et on obscurcit les questions, en sorte que le peuple ne peut discerner. Et on demande : qu'avez-vous qui vous fasse plutôt croire que les autres, quel signe faites-vous ? Vous n'avez que des paroles et nous aussi [...] (fr. 840).

Ce fragment ne reçoit sa plénitude de sens que si l'on se place dans la perspective chrétienne, qui est celle de Pascal. Il est déjà révoltant que la justice, la nature soient objets de dispute et restent, au bout du compte, méconnaissables. Mais que la vérité divine subisse le même sort, qu'elle appartienne à ces qualités qui se « laisse[nt] méconnaître », qu'elle soit prise elle aussi dans les débats de parole où tout est obscurci, il y a là pour un chrétien convaincu un phénomène effrayant. L'Évangile peut être contredit et le créateur de toutes les vérités, celui qui s'est lui-même appelé la Vérité [12] peut être tout simplement nié. Le même langage qui permet d'annoncer Dieu permet aussi de dire : « Dieu n'est pas ». Il permet de manier les vérités religieuses, comme n'importe quel objet de discours, sans que leur importance suprême leur soit d'aucune aide. Le blasphème est la forme extrême de la falsification qui menace toutes les réalités spirituelles, le moment où la contradiction s'exerce contre les plus importantes d'entre elles. La même logique qui amenait Pascal à souligner la fragilité des qualités spirituelles, le force à cette constatation terrible : « Le lieu est ouvert au blasphème. »

Entre tous les objets maniables que nous avons évoqués, il faut réserver une attention particulière à l'instrument même par lequel s'effectuent les manipulations, au langage. Pascal reprochait aux utopistes de méconnaître la fragilité des qualités spirituelles, le privilège exorbitant que possède sur elles le langage. L'illusion symétrique n'est pas moins grave. À l'inverse des utopistes, ceux que je nommerais volontiers les « tricheurs », par malignité ou par naïveté étendent démesurément l'empire du langage. Car si les mots ont moyen de rendre certaines réalités méconnaissables, ils ne changent pas ce qui est. La réalité revêt certes des modes différents, mais elle reste pour Pascal une notion de référence ferme. Se comporter comme si l'on modifiait la réalité avec des mots – conduite que nous appellerions précisément aujourd'hui « magique » – est une attitude que dans tous les domaines de son œuvre (scientifiques, théologiques, moraux) Pascal s'emploie en permanence à dénoncer et à ridiculiser. Voilà l'autre pan de son réalisme, complémentaire du précédent. L'un et l'autre correspondent en fait à un même objectif : déterminer clairement la frontière qui passe entre les mots et les choses, autant pour mettre en garde contre le pouvoir des mots, que pour combattre les prétentions aberrantes qu'ils nourrissent en d'autres circonstances.

Du fait que l'on dispose des mots, avec les graves conséquences mesurées précédemment, on ne dispose pas pour autant des choses. C'est ce qu'exprime, sur un plan méthodologique, la différence entre les définitions de nom et les définitions de chose. Les premières sont « très libres », « car il n'y a rien de plus permis que de donner à une chose qu'on a clairement désignée un nom tel qu'on voudra » [13]. Quant aux définitions de chose, le terme de « définition » leur convient mal car ce « sont proprement des propositions nullement libres » [14], c'est-à-dire un effort d'élucidation de la réalité. Mais si l'on s'avise de confondre les unes et les autres, comme de définir un mot et de soutenir ensuite qu'on a qualifié la réalité qu'il désignait, on commet l'erreur fondamentale que dénonce Pascal dans la première partie de *L'Esprit géométrique et L'Art de persuader*. En maniant les mots, on tombe dans l'illusion d'avoir saisi les choses. Or la réalité est parfaitement étanche au langage.

> Il a été libre de nommer [...] deux choses de même ; mais il ne le sera pas de les faire convenir de nature aussi bien que de nom [15].

Les créations langagières de l'homme n'ont aucun effet sur la réalité en tant que telle. Cela est évident pour les réalités palpables, quoique même dans ce cas – la querelle autour des cinq propositions l'atteste – il soit parfois nécessaire de rappeler la résistance des faits. Cela est vrai aussi pour les réalités spirituelles, que le langage parvient à défigurer, mais qui restent intactes et, en leur nature même, inchangées. Il faut donc garder conscience que, sur un plan essentiel, la réalité a une faculté absolue de résistance au discours. En reconnaissant la validité et bien souvent même la nécessité des ordres factices, Pascal ne manque pas de réaffirmer l'intangibilité de l'ordre réel, que la misère de l'homme impose temporairement d'ignorer. Dans le deuxième *Discours sur la condition des grands*, les « grandeurs d'établissement » sont ces créations factices sur lesquelles repose l'organisation sociale. Elles « dépendent de la volonté des hommes » [16], de la même façon que les définitions de nom, avec qui elles partagent ce caractère à la fois arbitraire et absolu. Les « grandeurs naturelles » sont au contraire « indépendantes de la fantaisie des hommes, parce qu'elles consistent dans des qualités *réelles* et effectives » [17]. Comme dans le cas des définitions de nom et de chose, la faute est de confondre les deux plans, le factice et le réel, d'introduire entre eux un lien de dépendance. Obtenir de l'estime – respect naturel – sans posséder les qualités naturelles correspondantes, est strictement exclu,

> et assurément vous n'y réussirez pas, fussiez-vous le plus grand prince du monde [18].

Cet oubli du principe de réalité, cette prétention de modifier la réalité par l'autorité de sa parole – conduite magique caractérisée – est identique, quoique encore plus flagrant (car la réalité est ici plus palpable) dans la question des cinq propositions de Jansénius. Aussi puissantes soient les autorités civiles et religieuses qui s'engagent, la présence ou l'absence de cinq propositions dans un livre ne peut être affectée par aucune parole :

> Toutes les puissances du monde ne peuvent par autorité persuader un point de fait, non plus que le changer ; car il n'y a rien qui puisse faire que ce qui est ne soit pas [19].

Autant la réalité résiste, autant l'homme possède sur le discours une absolue maîtrise. La tentation est ainsi grande d'agir sur l'un quand on ne peut modifier l'autre, d'autant que – nous l'avons vu – la tricherie est assurée de l'impunité quand la réalité est impalpable. Pascal ironise volontiers sur la grande complaisance des créations humaines : l'empressement avec lequel elles épousent les désirs est le symptôme infaillible de leur irréalité, la marque de leur caractère langagier. La remarque vaut pour les inventions de physiciens déterminés à réconcilier l'expérience avec leurs théories.

> D'autres, pour remplir de quelque matière l'espace vide, s'en sont figuré une dont ils ont rempli tout l'univers, parce que l'imagination a

cela de propre qu'elle produit avec aussi peu de peine et de temps les plus grandes choses que les petites ; quelques-uns l'ont faite de même substance que le ciel et les éléments ; et les autres, d'une substance différente, suivant leur fantaisie, parce qu'*ils en disposaient comme de leur ouvrage* [20].

Mais la même expression revient sous la plume de Pascal pour dénoncer la théologie des Jésuites : leur idée de la grâce, bien loin de poursuivre une réalité, est une pure construction du discours.

Si peu qu'elle incommode ils en font d'autres (grâces), car *ils en disposent comme de leur ouvrage* [21].

Retrouver la réalité dérobée par le langage, mettre en évidence cette opération d'escamotage à laquelle se livre le discours, telle me semble la fonction véritable d'un fragment comme le célèbre « beauté poétique » (fr. 586). N'oublions pas que cette pensée, trop souvent convoquée pour sa teneur esthétique, s'intitulait initialement « langage poétique ». La question esthétique – il faut s'y résoudre – intéresse peu Pascal, et cette réflexion isolée sur la poésie est bien moins une réflexion sur la poésie que sur le problème linguistique du rapport des mots et des choses. À travers l'exemple probant du sonnet, Pascal entend illustrer un usage dévoyé du langage : le jargon.

Comme on dit beauté poétique on devrait aussi dire beauté géométrique et beauté médicinale, mais on ne le dit pas et la raison en est qu'on sait bien quel est l'objet de la géométrie et qu'il consiste en preuve, et quel est l'objet de la médecine et qu'il consiste en la guérison ; mais on ne sait pas en quoi consiste l'agrément qui est l'objet de la poésie. On ne sait ce que c'est que ce modèle naturel qu'il faut imiter et à faute de cette connaissance on a inventé de certains termes bizarres, siècle d'or, merveille de nos jours, fatals, etc. Et on appelle ce jargon beauté poétique [...].

Ici, comme souvent dans les *Pensées*, le raisonnement part d'un « effet », d'un apparent illogisme, dont la « raison » nous est aussitôt révélée (« la raison en est que... »). On parle de preuve et non pas de beauté géométrique, on parle de guérison et non pas de beauté médicinale : pourquoi donc n'emploie-t-on pas le terme d'« agrément » qui est l'objet avéré de la poésie, et lui substitue-t-on celui de « beauté poétique » ? L'explication est simple. On a forgé cette expression de *beauté poétique* pour cacher que l'on ignore ce qu'est l'agrément. « À faute de cette connaissance on a inventé de certains termes bizarres. » On enferme dans un mot l'absence de connaissance sur la réalité correspondante. On crée un système tautologique, purement langagier, sans aucun contact avec la réalité : « siècle d'or » : c'est de la poésie ; la poésie c'est de dire « siècle d'or ». La « beauté poétique » à laquelle on se réfère est du même ordre que « la vertu apéritive d'une clef » (fr. 907), ou la lumière, définie par le P. Noël comme « *un mouvement luminaire de rayons composés de corps lucides, c'est-à-dire lumineux* » [22]. Dans le cas de la poésie, le procédé étrange que propose Pascal pour sortir du cercle (s'imaginer « une femme sur ce modèle-là ») consiste en fait à dépouiller la question de sa composante verbale, à prendre une référence qui échappe au langage. Jean Mesnard, dans un article très éclairant sur « Vraie et fausse beauté au XVIIe siècle », après avoir remarqué que « la fausse beauté est rapportée à l'emploi d'un certain jargon », met fort justement en relation le fragment « beauté poétique » avec le développement consécutif (fr. 587) sur les gens universels :

> Le poète, conclut M. Mesnard, n'est pas celui qui fait métier de poésie. Il n'a pas une spécialité, il n'use pas d'un langage qui lui serait propre [23].

La spécificité d'un langage (esthétique, théologique, scientifique) est regardée par Pascal avec une extrême suspicion, car tout langage propre se rapproche d'un jargon, comporte le risque d'une prise d'autonomie du langage par rapport à la réalité. Le jargon est le stade ultime de cette autonomie : un langage totalement détaché du réel, un pur instrument de tromperie.

Une occasion de mesurer la puissance du langage et sa faculté d'obscurcir la réalité a été offerte à l'auteur des *Provinciales.* Tels que les présente Pascal, les Jésuites sont en effet passés maîtres dans l'art de combattre la réalité avec des mots – combat aberrant, mais qui leur vaut pourtant quelques réussites. Ils provoquent une confusion verbale, dont ils profitent ensuite pour dénaturer les problèmes et les transformer à leur avantage. Les *Provinciales* montrent ainsi le parti moliniste recourant à des mots dépourvus de sens pour masquer la réalité d'un désaccord.

> Ne sommes-nous pas demeurés d'accord de ne point expliquer ce mot de *prochain*, et de le dire de part et d'autre sans dire ce qu'il signifie ? [24]

Quel meilleur exemple de conduite magique que ces quelques syllabes dont la seule profé, ration garantirait de l'hérésie ?

Il faut prononcer ce mot des lèvres, de peur d'être hérétique de nom [25].

En imposant à une réalité (la grâce) un terme qui ne lui convient pas (l'adjectif « suffisante »), en la travestissant – cette grâce qui

est suffisante *de nom* et insuffisante *en effet* [26] –,

les Jésuites entendent bien modifier la réalité elle-même :

ainsi la Société profite assez de cette expression [27].

Profiter d'une expression, c'est l'objectif pervers de ce détour par les mots. Ne pouvant directement toucher à la réalité, on exploite la malléabilité des mots pour agir sur les choses à travers eux. La dix-septième lettre expose en détail cette stratégie, qui devrait permettre aux Jésuites, en faisant condamner des mots sans signification, d'obtenir à terme le désaveu d'une théorie à laquelle ils ne peuvent s'attaquer.

Voilà pourquoi vous proposez de signer cette condamnation d'une doctrine sans l'expliquer [28].

On pourrait lire l'ensemble des « Petites Lettres » selon cette perspective. La croisade des *Provinciales* constitue une affirmation solennelle de la réalité, travestie par tous les artifices langagiers des Jésuites : une affirmation du fait contre l'intimidation, de la vérité contre la probabilité (autre subterfuge pour réduire la connaissance au discours), de l'action effective contre l'intention... Les *Provinciales* sont ainsi comme un vaste répertoire des tricheries que permet le langage aux dépens de la réalité ; l'auteur y prend le rôle de celui qui démasque les mots et rétablit les choses.

On trouve chez Pascal une sorte de célébration provocatrice du réel. Contre la demi-habileté des bonnes âmes qui prennent leurs désirs pour des réalités, contre la conduite magique des jargonneurs, le scientifique a plaisir à constater l'inflexibilité de la réalité, avec laquelle il est vain de tricher. Le truisme de la XVIIIe *Provinciale* – « il n'y a rien qui puisse faire que ce qui est ne soit pas » – retentit comme un cri de joie, un défi et un encouragement, la certitude ultime qu'en dépit de toutes les tricheries et falsifications, la réalité existe indépendamment de nous. D'un point de vue philosophique, le réalisme de Pascal admet cette définition courante d'une doctrine selon laquelle l'être est indépendant de la connaissance du sujet. La vérité

est toujours plus ancienne que toutes les opinions qu'on en a eues, et [...] ce serait en ignorer la nature de s'imaginer qu'elle ait commencé d'être au temps qu'elle a commencé d'être connue [29].

Le réalisme pascalien me semble essentiellement une position méthodologique, dérivée de la culture scientifique de l'auteur des *Pensées*, une forme de modestie de principe du chercheur en face de la réalité : il est là pour enregistrer ce qui est, trouver les raisonnements qui s'y adaptent, et non pas modifier l'objet afin qu'il corresponde à l'idée. C'est cette modestie du scientifique que Pascal transporte dans le domaine moral, quand il est amené à s'élever contre l'utopie. On dénature cette position méthodologique en la baptisant de termes politiques, car le réalisme de Pascal n'est ni un *cynisme*, qui consisterait à se ranger du côté de ce qui réussit, à justifier théoriquement l'art de vaincre, ni un *pragmatisme*, forme de défaite intellectuelle devant la complexité du monde, qui célèbre les facultés d'intervention technique et d'adaptation au désordre. Le principe méthodologique de Pascal est de prendre en compte ce qui se produit, de respecter les phénomènes, de leur reconnaître même une intelligence, du fait qu'ils se produisent. Le demi-habile manque la réalité : il n'a pas cette humilité devant le fait, ce moment d'acceptation transitoire qui permet au scientifique de remonter à la raison. Car les effets n'ont pas seulement une cause, cette cause leur donne aussi raison. Ainsi l'expression « raison des effets » indique plus que l'explication d'un mystère, mais signifie comme une adhésion à cette explication, l'idée que la cause découverte est une pièce de l'ordre du monde. Cette étrange association d'un respect pour les phénomènes et d'une confiance en leur signification constitue très exactement le réalisme de Pascal.

NOTES

1. P.M. Lahorgue, *Le Réalisme de Pascal. Essai de synthèse philosophique, apologétique et mystique*, Paris : Gabriel Beauchesne, 1923.

2. P.M. Lahorgue, *op. cit.*, p. 103 (je souligne).

3. *Ibid.*, p. 229.

4. *Ibid.*, p. 263.

5. Henri Massis, *Le Réalisme de Pascal*, St-Félicien-en-Vivarais : Au Pigeonnier, 1924, 70 p., p. 30.

6. *Pensées*, fr. 745. Les *Pensées* sont citées dans l'édition Lafuma (Pascal, *Œuvres complètes*, Le Seuil, coll. « l'Intégrale »).

7. Montaigne, *Essais*, III, 8 ; édition Villey (P.U.F., 1978), p. 929.

8. *Id.*, p. 928.

9. Début du fr. 697. Dans cette citation, comme dans les deux précédentes, c'est moi qui souligne.

10. Fr. 905. Cf. aussi le fr. 659 qui renforce la deuxième partie de l'argument :
   Faut-il tuer pour empêcher qu'il n'y ait des méchants ?
   C'est en faire deux au lieu d'un, *Vince in bono malum*. Saint Aug.

11. Pour un chrétien, augustinien de surcroît, ce malheur porte un nom plus précis : c'est le péché originel et la confusion des valeurs qu'il a entraînée.

12. « Je suis le Chemin, la Vérité et la Vie » (Jean, XIV, 6).

13. Pascal, *De l'esprit géométrique et De l'art de persuader. Œuvres complètes*, Le Seuil (« l'Intégrale »), p. 349, col. 2.

14. *Id.*, p. 351, col. 1.

15. *Id.*, p. 350, col. 2.

16. Pascal, *Trois discours sur la condition des grands*, 2e discours, *Œuvres complètes*, Le Seuil (« l'Intégrale »), p. 367, col. 1.

17. *Ibid.* (je souligne).

18. *Id.*, col. 2.

19. Pascal, *Les Provinciales*, édition L.Cognet, Paris : Garnier, 1965. *Dix-huitième Lettre*, p. 377.

20. Lettre de Pascal au P. Noël, 29 oct. 1647 (je souligne). *Œuvres complètes de Blaise Pascal*, Édition du Tricentenaire, texte établi, présenté et annoté par Jean Mesnard, Paris : Desclée de Brouwer, 1970, t. II, p. 522.

21. Fr. 954 (je souligne). Ce fragment, enregistré dans le seul Recueil Original, appartient à un ensemble de notes relatif aux trois premières *Provinciales*.

22. Lettre au P. Noël, *op. cit.*, p. 527.

23. Jean Mesnard, « Vraie et fausse beauté au XVIIe siècle », in : *Convergences. Rhetoric and Poetic in 17th Century France*, Colombus, Ohio, Ohio State University Press, 1989, p. 19.

24. *Provinciales, Première Lettre*, p. 18.

25. *Id.*, p. 19.

26. *Provinciales, Deuxième Lettre*, p. 26 (je souligne).

27. *Id.*, p. 24.

28. *Provinciales, Dix-septième Lettre*, p. 352.

29. *Préface sur le traité du vide*, Édition du Tricentenaire, t. II, p. 785.

Après la communication de LAURENT THIROUIN

THÉRÈSE GOYET — Le combat contre l'angélisme, cela sort de la quête de la vérité de Pascal. Cela vient de la physique. Mais je ne suis pas d'accord pour appeler cette tricherie permanente une attitude magique : c'est du verbalisme.

PIERRE FORCE — Parlant du machiavélisme, comme reconnaissance de la force comme qualité palpable, sans justification ontologique, Pascal pense que ce sont les machiavéliens qui ont raison sur la politique. D'autre part, « réalisme » a aussi un sens en linguistique. Pascal est réaliste et non idéaliste : l'usage est impérieux : c'est l'usage qui rend nécessaire le sens du mot « suffisant ».

JACQUES MESSAGE — En quel sens prenez-vous le mot « utopique » ?

LAURENT THIROUIN — Je l'emploie sans référence précise. Quant à la magie, cela consiste à s'imaginer que les mots ont prise sur la réalité. Ce n'est pas une notion psychologique : on peut le faire par naïveté, mauvaise foi, etc. Le Père Noël est un naïf ; les Jésuites, c'est autre chose...

DOMINIQUE DESCOTES — Il ne faut pas lier trop vite réalisme et machiavélisme : le machiavélien dit qu'il ne tient compte que du réel, mais rien ne prouve qu'il soit effectivement réaliste. Un exemple : *La Mort de Pompée* de Corneille montre que, malgré leur réalisme apparent, les conseillers du roi Ptolémée se paient de mots : ils croient que tout le monde est comme eux et ne comprennent pas la véritable nature de César. Le machiavélisme est une doctrine d'esprit borné plus qu'un réalisme.

RAN E. HONG — Peut-on considérer que la justice n'est pas tyrannie essentiellement dans son fondement, puisqu'elle se veut justice alors qu'en fait elle est forte ?

Philippe SELLIER

De la « tyrannie »

La réflexion sur le concept de « tyrannie » remonte presque à la naissance de la philosophie occidentale, puisque Platon lui consacre le neuvième livre de *La République*. La visée platonicienne consiste à mettre en lumière l'homologie entre la tyrannie dans l'âme et la tyrannie dans la cité. Tout autre va nous apparaître la méditation pascalienne.

Si le mot et sa famille n'apparaissent que vingt-et-une fois dans les *Pensées* (*tyran, tyrannie, tyrannique*), la chose y occupe une place centrale. De cette importance mentionnons dès à présent deux indices : le fragment 91-58 porte le titre « Tyrannie », ce qui suggère que Pascal a songé un moment à un chapitre ou à une section de chapitre consacrée à ce sujet [1]. La *Pensée* 92-58 va plus loin ; elle nous fournit un type de titre unique dans les *Pensées*, une véritable définition : « La tyrannie consiste au désir de domination universel et hors de son ordre » (tout cela vient en position de titre dans l'autographe). Il est aisé d'entendre dans cette définition le *leitmotiv* augustinien de la *libido dominandi*. Mais l'originalité pascalienne se fait jour d'entrée de jeu avec la notion capitale d'« ordre ». Il est permis de penser que si « tyrannie » disparaît ensuite dans les titres de fragments, c'est à cause de l'ampleur même du concept, aussi vaste que celui d'« ordre » (il s'agit ici des différents ordres de la réalité, et non de l'ordre rhétorique ou de l'ordre de la charité, présents eux aussi dans les *Pensées*). Pascal s'est rendu compte que la « tyrannie » apparaîtrait partout dans son ouvrage, et que par conséquent elle n'en constituerait pas un chapitre isolé.

Quelles avenues parcourir dans un aussi riche domaine ? La genèse du concept pascalien de tyrannie nous réserve peut-être, tout d'abord, quelques surprises. Il s'imposera ensuite d'étudier la valeur opératoire, l'exceptionnelle fécondité d'un tel concept.

Genèse d'un concept

La langue du XVIIe siècle, enregistrée dans les dictionnaires des années 1679-1694 – Richelet, Furetière, l'Académie – fournit deux acceptions du terme *tyrannie* pris au sens propre. Le tyran, indique Furetière, est « l'usurpateur d'un État », « celui qui s'est emparé par violence ou par adresse de la souveraine puissance ». Il est douteux qu'un tel sens – qui présuppose l'existence d'un pouvoir légitime – ait beaucoup intéressé Pascal, convaincu qu'à l'origine de tout pouvoir politique réside la violence, bientôt occultée et relayée par l'imagination et l'accoutumance (fr. 668-828 et 78-44). Furetière et les Académiciens s'accordent à peu près sur la seconde acception : *Tyran* « se dit aussi d'un Prince qui abuse de son pouvoir, qui ne gouverne pas selon les lois » (Furetière). Mais c'est la formulation de Richelet qui nous rapproche le plus de Pascal : « *Tiran...* qui veut régner et commander quand il ne le faut pas. » Malheureusement la parenté s'arrête là, puisque Richelet – reflétant les préoccupations mondaines – nous régale d'exemples de comédie : « Les maris tirans sont ordinairement cocus, ou du moins ils méritent de l'être. Les amants tirans sont des sots, ils gâtent leurs affaires. »

Trois champs métaphoriques principaux se fondent sur ce second sens propre : l'un afférent à l'éthique, où l'amour (Furetière), les passions, la coutume (Académie) sont dénoncés comme des tyrans ; le second à la linguistique : « L'usage est le tyran des langues » (Furetière) ; le dernier – qui remonte au moins au *Gorgias* (466 b) – à la rhétorique : « *L'éloquence exerce une espèce de tyrannie sur les esprits* » (Académie). Cette tyrannie de l'éloquence, dans l'univers de Pascal, mériterait à elle seule une étude. Bornons-nous ici à rappeler le fragment célèbre : « Éloquence qui persuade par douceur, non par empire, en tyran, non en roi » [2].

Dès 1652, dans une lettre à la reine Christine de Suède, la métaphore du pouvoir politique légitime, de *l'empire*, avait été utilisée par Pascal pour marquer avec force l'existence de ce qu'il appelait déjà des « ordres » de la réalité, « les rois » et « les savants » :

> J'ai une vénération toute particulière pour ceux qui sont élevés au suprême degré, ou de puissance, ou de connaissance. Les derniers peuvent, si je ne me trompe, aussi bien que les premiers, passer pour des souverains. Les mêmes degrés se rencontrent entre les génies qu'entre les conditions ; et le pouvoir des rois sur les sujets n'est, ce me semble, qu'une image du pouvoir des esprits sur les esprits qui leur sont inférieurs, sur lesquels ils exercent le droit de persuader, qui est parmi eux ce que le droit de commander est dans le gouvernement politique. Ce second empire me paraît même d'un ordre d'autant plus élevé, que les esprits sont d'un ordre plus élevé que les corps, et d'autant plus équitable, qu'il ne peut être départi et conservé que par

le mérite, au lieu que l'autre peut l'être par la naissance ou par la fortune.

Évidemment, dans une telle perspective, « tyrannie » est absent. Le terme va bientôt apparaître dans les *Provinciales*. D'abord, avec son sens ordinaire : « Il ne faut pas tyranniser ses amis » (*Deuxième Lettre*) ; il est difficile de s'opposer à la « puissante tyrannie » des jésuites, qui aspirent « aux grandeurs et à la domination » par tous les moyens (*Quinzième Lettre*). La *Neuvième Lettre* parle même des visages des belles personnes comme d'« agréables tyrans ». Il s'agit, on s'en doute, d'une galanterie du jésuite Le Moyne [3]. C'est seulement avec la *Dix-septième Lettre*, publiée le 23 janvier 1657, que le terme « tyrannie » commence à être mis en relation nette avec la distinction des « ordres », telle que l'avait ébauchée la lettre à la reine de Suède.

De quoi traite la *Dix-septième Provinciale* ? De la condamnation par le pape des cinq propositions attribuées à Jansénius. Innocent X avait complété sa Constitution du 31 mai 1653 par un Bref à l'Assemblée du Clergé (20 septembre 1654), affirmant que les cinq propositions condamnées l'étaient au sens de Jansénius. Sans préciser ce sens. Pascal voit là un abus d'autorité, un coup de force contre l'intelligence, qui déteste l'ambiguïté. Impossible, pour les théologiens dignes de ce nom, de signer un texte flou : « Ne serait-ce donc pas une étrange tyrannie de les mettre dans cette malheureuse nécessité, ou de se rendre coupables devant Dieu, s'ils signaient cette condamnation contre leur conscience, ou d'être traités d'hérétiques s'ils refusaient de le faire ? » Le pape et les jésuites, par des démarches toutes « politiques » s'attaquent aux « savants ». De là la riposte : « Ils [les théologiens augustiniens] ont plus examiné Jansénius que vous ; ils ne sont pas moins intelligents que vous » [4]. Connaître la pensée de Jansénius relève de l'ordre de l'intelligence ; forcer les théologiens à approuver des textes ambigus consiste à imposer une tyrannie de type militaire au royaume des esprits. Les jésuites, avec leur « compagnie » et leurs « généraux » – bien nommés – servent la volonté de puissance de la cour romaine. Pascal vient de commencer à charger d'un sens nouveau le mot « tyrannie », qui désignera désormais une réalité déjà présente dans la péroraison de la *Douzième Lettre* : les entreprises de la force contre la vérité, la confusion des « ordres ».

Ce que la *Dix-septième Provinciale* suggère, les *Pensées* le confirment, comme l'a démontré M. Pol Ernst dans sa thèse inédite, *Géologie et stratigraphie des « Pensées »*. C'est au début de l'année 1657, et avec pour cible le pape, que se construit peu à peu le concept pascalien de « tyrannie ». Il n'est pas sans intérêt de signaler que cette élaboration est contemporaine de l'arrivée à Paris du nonce Piccolomini (6 janvier 1657), qui remet au roi la bulle d'Alexandre VII le 11 mars. Six jours plus tard l'Assemblée du Clergé impose la signature d'un formulaire anti janséniste [5].

Plus de cent fragments des *Pensées* ont été rédigés sur un papier à filigrane RCDV, de format 17,5 x 25,5. Grâce à certains de ces textes, on peut situer l'utilisation de ce type de papier entre la fin de 1656 et mars 1657 [6].

Or le fragment 92-58, où le mot « tyrannie » apparaît dans le titre-définition déjà mentionné, appartient à cette strate de la rédaction. Sept autres fragments RCDV dont la parenté avec « Tyrannie » saute aux yeux, entreront – cela ne surprendra pas – dans la liasse intitulée « Soumission et usage de la raison » (qui en compte en tout onze). Ainsi la *Pensée* 203-172 : « La conduite de Dieu, qui dispose toutes choses avec douceur, est de mettre la religion dans l'esprit par les raisons et dans le cœur par la grâce. Mais de la vouloir mettre dans l'esprit et dans le cœur par la force et par les menaces, ce n'est pas y mettre la religion mais la terreur, *terrorem potius quam religionem*. » Ici apparaît avec éclat la distinction entre l'ordre de la force, l'ordre de l'intelligence et l'ordre du libre choix des valeurs. D'autres textes de cette même liasse dénoncent la « superstition », qui n'est qu'une crédulité selon la chair, sans démonstration intellectuelle ni expérience décisive de foi : le fragment 210-179 s'apparente aux fragments 206-175, 207-176 et 208-177, qui tournent autour du constat augustinien *On n'entre dans la vérité que par la charité*. Tout naturellement, l'un des exemples privilégiés de « superstition » rappelle la *Dix-septième Provinciale* : « La piété est différente de la superstition. [...] Superstition de croire des propositions, etc. » [7]

Pour nous limiter dans cette courte étude de genèse, une dernière remarque. M. Ernst a montré dans son livre que ce fragment « Superstition de croire des propositions » se trouvait primitivement sur le même morceau de feuille que le fragment 501-604, intitulé « Église, pape. Unité/multitude ». Or voici les dernières lignes de cette réflexion ecclésiologique : « L'unité qui ne dépend pas de la multitude est tyrannie.

« Il n'y a presque plus que la France où il soit permis de dire que le concile est au-dessus du pape » [8].

Universalité de la tyrannie

Comment analyser maintenant la richesse de ce concept ? Il apparaît comme naturel de partir des deux fragments où Pascal a précisé, au début de 1657, le sens en partie nouveau qu'il confère à ce terme, les fragments 91-58 et 92-58, classés tous deux dans la liasse « Misère ». Le fragment 92-58 a sans doute été rédigé le premier, sur un haut de feuillet RCDV. L'écrivain avait d'abord jeté : « La corruption de la nature paraît au désir de domination... ». Il a ultérieurement rayé *corruption de la nature paraît* et remplacé ces cinq mots par *tyrannie consiste*. Ce concept-titre une fois trouvé, Pascal le reprend, cette fois sans hésitation, en tête du fragment 91-58, rédigé sur un autre type de papier[9].

Que nous enseignent ces textes jumeaux ? Le fragment 92 est capital, car il nous révèle une étape de la réflexion pascalienne où la réalité se trouvait répartie non pas en trois « ordres », mais en quatre, considérés déjà comme « de divers genre »[10]. Il existe un royaume de la « force », qui produit légitimement la « crainte » ; un autre de l'« agrément », qui attire naturellement l'« amour » ; un de la « science », qui suscite la « créance » ; enfin celui de la vraie « piété ». De là l'image des instances judiciaires, dont chacune possède un ressort propre : « Diverses chambres de forts, de beaux, de bons esprits, de pieux, dont chacun règne chez soi, non ailleurs. » *Esprits forts* et *beaux esprits* n'ont pas ici leurs acceptions habituelles, négatives. Tout homme est doué d'intelligence, mais chacun met son esprit au service d'un choix dominant : l'exercice de la force, ou la séduction de la beauté, ou la solidité de la science (les « bons esprits », les « habiles »), ou la recherche de la sainteté.

Le titre-définition précise en quoi consiste la « tyrannie ». Sa rédaction initiale nous révèle que la tyrannie est liée à notre état de corruption, ce que confirme le classement dans la liasse « Misère ». Ce titre fait de la tyrannie un « désir... universel » de « domination ». Elle n'est que la manifestation multiforme de l'orgueil, de la *libido dominandi*, le soleil noir de l'homme déchu. Présente partout et chez tous, elle gangrène le légitime amour de soi-même, qui s'hypertrophie et s'égare en ce que Pascal appelle « le moi » : « Le moi est haïssable. [...] Il est injuste... en ce qu'il se fait centre de tout. Il est incommode aux autres en ce qu'il les veut asservir, car chaque moi est l'ennemi et voudrait être le tyran de tous les autres » (fr. 494-597).

Si l'universalité de la « tyrannie » ne soulève aucune difficulté particulière, il importe de s'arrêter sur sa seconde caractéristique : « hors de son ordre ». À première vue, rien de plus simple. Ainsi recourir à la force dans le domaine du cheminement vers la foi est tyrannique, c'est-à-dire – selon les qualificatifs pascaliens – « faux » (logiquement) et « injuste » (dans le champ des valeurs). La force produit la terreur, mais pas une seule étincelle de foi [11]. De même, c'est pure tyrannie que de vouloir se faire aimer par la force, comme bientôt Néron dans le *Britannicus* de Racine. Le fragment 91-58 multiplie les exemples convaincants. Et les dernières *Provinciales*, les controverses sur la signature du *Formulaire* opposent la souveraineté de l'intelligence dans son royaume aux manœuvres tyranniques du pouvoir romain significativement confondu avec la police royale, en attendant les prouesses des dragons. L'éclat et la pureté de ces prises de position, exceptionnelles à l'approche de la Révocation de l'Édit de Nantes, frappent si vivement qu'on peut être tenté d'en rester là.

Pourtant il est capital de s'appuyer sur Pascal lui-même pour expliciter l'efficacité de ce que, depuis le XIXe siècle, nous appelons *les valeurs*. Leur lieu est proprement le plus élevé des « ordres », celui des choix profonds de la liberté : éthique tout humaine, ou mystique chrétienne (fragment 761-933). Il y a place pour ce que M. Jean Mesnard a appelé une « conversion des ordres », sous le primat de la *voluntas* [12]. Dès lors la « force », même si elle possède sa logique propre, dans le domaine qui est le sien – celui de l'étendue physique – butte souvent sur les intimations de l'ordre des valeurs. C'est pourquoi Pascal, tout en conférant à la force une apparente et redoutable autonomie, peut écrire : « La force sans la justice est tyrannique » (fr. 135-103).

En second lieu, il serait intéressant de tenter de suivre la démarche de la pensée pascalienne dans son passage de quatre « ordres » à trois (fr. 761-933 et 339-308). Il semble que l'« agrément » soit passé dans le premier des trois ordres définitifs, comme le suggèrent les sarcasmes de Pascal sur l'amour, le nez de Cléopâtre – petit problème d'étendue –, les métamorphoses de notre apparence physique [13]. Dans l'expérience ambiguë de l'amour humain, et dans toutes les formes de l'agrément, Pascal, en bon augustinien, voit d'abord la sensualité. Cette dernière, comme la force, a besoin d'être convertie. Ainsi l'ordre de l'étendue, de la chair, de l'animalité apparaît comme plus divers que celui des esprits ou celui de la liberté. Lui appartiennent non seulement la force, mais aussi l'« imagination » et la « coutume ». C'est pourquoi tant de complicités se nouent si facilement entre ces trois puissances pour asseoir les pouvoirs politiques [14]. Ce que Pascal appelle « l'opinion », mixte d'imagination et de routines, ensemble de représentations non critiquées par l'intelligence, diffère seulement de la force en ce que son « empire est doux et volontaire ». C'est pourquoi « l'opinion est comme la reine du monde, mais la force en est le tyran » (fr. 546-665). Entraîné par la séduction d'un titre italien *Dell'opinione regina del mondo* (fr. 78-44), Pascal prend tout de même bien soin de préciser « *comme* la reine du monde », car l'opinion est à peine moins tyrannique que la force brutale : elle empiète sur l'ordre des esprits en fabriquant les fausses sciences et sur celui des choix décisifs en rendant presque inexpugnables les fausses religions.

L'attirance amoureuse, elle aussi, agite et tyrannise toute la terre. Pourquoi, néanmoins, se distingue-t-elle, au sein du premier ordre, de la triade force-imagination-coutume ? Distinction qui conduisit Pascal, dans un premier temps, à lui conférer l'autonomie d'un ordre. L'amour pour la beauté d'une femme ne constitue que l'une des modalités de l'agrément, la moins obscure, « parce qu'on sait mieux en quoi consiste l'agrément d'une femme que l'agrément des vers », ou de la musique, de la littérature, de l'architecture, des paysages, des oiseaux, de la décoration intérieure ou des vêtements (fr. 486-585 et 486-586). La faculté qui goûte l'agrément est le cœur, comme intuition immédiate, non démontrable : « On ne prouve pas qu'on doit être aimé en exposant d'ordre les causes de l'amour » (fr. 329-298). Intuition et désir, ce qui rend l'agrément si difficile à situer dans la théorie des trois ordres : objet de la plus haute des facultés pascaliennes – le cœur –, il nous attache néanmoins au domaine de l'étendue, à des configurations matérielles. Comme le soulignera Kierkegaard, il nous maintient dans une sphère esthétique, extérieure au domaine de l'éthique et de la mystique, qui correspond au troisième ordre de Pascal. Ce qui explique qu'en définitive la force et l'agrément révèlent leur parenté : depuis la chute de l'homme dans la corruption, « toutes les créatures ou l'affligent ou le tentent, et dominent sur lui ou en le soumettant par leur force ou en le charmant par leur douceur, ce qui est une domination plus terrible et plus injurieuse » (fr. 182-149).

Revenons, pour conclure, à l'universalité de la « tyrannie ». Elle atteste la cassure d'un monde créé jadis dans l'harmonie, mais devenu « folie », « comédie ». Chacun veut dominer, « le fort et le beau se battent sottement à qui sera le maître l'un de l'autre » (fr. 92-58). Le sage veut être roi (Platon), le roi veut imposer une foi (Louis XIV), Rome veut contrôler la science : « Le pape hait et craint les savants qui ne lui sont pas soumis par vœu » (fr. 556-677). L'agrément du langage supplante la démonstration du vrai (avec les éternels sophistes), la science s'imagine armée de quelque pouvoir contre la foi. Bref, toute la diversité du grouillement humain danse le ballet de la tyrannie.

Il faudrait affiner ces suggestions, et examiner les stratégies que recommande la folie du monde. Comment exorciser les maléfices de la tyrannie, comment en capter les énergies ? Pourquoi la foi échappe-t-elle à son emprise ? Comment mettre l'éloquence au service du vrai, la coutume au service de la foi ? Les questions foisonnent. Jamais peut-être le concept originellement politique de tyrannie n'a donné lieu à une telle extension, désignant le fonctionnement déréglé du monde, sa transgression des « ordres », son dés-ordre, le désordre établi.

NOTES

1. Les références aux *Pensées* renvoient la première à l'édition des « Classiques Garnier » (Bordas, 1991), la seconde à l'édition Lafuma (Seuil, 1963). Lafuma a réuni sous le même numéro 58 *deux* fragments, rédigés sur des papiers différents.

2. Fr. 485-584. Sur cette acception d'*empire*, voir la rubrique « TYRANNIE » dans l'*Iconologie* de Ripa, traduite par J. Baudoin (Paris, 1643, p. 174) : « Elle est armée et se tient debout, pour montrer que la vigilance et la force lui sont nécessaires afin de se maintenir [...]. Au lieu de sceptre, qui est une marque d'empire et de gouvernement légitime, elle tient une épée nue, un mors et un joug. » Mais les acceptions d'*empire* n'orientent pas toujours du côté de la légitimité (fr. 546-665).

3. Édition Cognet, Paris, Garnier, 1965, pp. 25, 293 et 159. La *Quinzième Provinciale* a été publiée le 25 novembre 1656.

4. *Ibid.*, pp. 350, 351 (« les savants de l'Église »), 353.

5. Pol Ernst, thèse dactylographiée, Paris-Sorbonne, 1990, t. II, pp. 74-76.

6. Ainsi le fr. 434-854 célèbre les miracles qu'accomplit la Sainte Épine (le miracle opéré sur Marguerite Périer a été authentifié par les Grands Vicaires de Paris le 22 octobre 1656) ; le fr. 443-881 fait allusion à la bulle d'Alexandre VII, contredite par les miracles.

7. Fr. 212-181. On saisit ici le glissement de certaines *Provinciales* aux *Pensées* : la réflexion des dernières *Lettres* sur le rôle de l'intelligence en face de la « tyrannie » du pape se développe en un projet de chapitre « soumission et usage de la raison, en quoi consiste le vrai christianisme ». On voit donc à quel point M. Francis Kaplan se trompe, en considérant cette allusion aux cinq propositions comme une preuve aveuglante de la nécessité de ne tenir aucun compte des liasses, simple fourre-tout où subsisteraient même des textes de polémique anti-jésuite (éd. des *Pensées*, Paris, Cerf, 1982, p. 51).

8. P. Ernst, *Ouvr. cité*, t. II, p. 77, et *Album*, p. 84. Appartient aussi à RCDV le fr. 473 (Lafuma 567-569), où coexistent les miracles, le pape et la « tyrannie ». Lafuma a malencontreusement donné trois numéros à cet unique papier.

9. De format 25 x 38, à contremarque PF/BR : voir P. Ernst, *Album*, p. 189. Dans la marge du fr. 92-58, Pascal avait commencé à écrire, puis a rayé : (*Ainsi ces discours sont faux*), qui ouvrait le fr. 91-58, avant d'être placé à la fin par un signe de renvoi. La rédaction originale fournissait donc la définition de la tyrannie (fr. 92-58), des exemples (début du fr. 91-58), puis la reprise de l'activité de définition (fin du fr.

91-58). Dernier indice d'antériorité du fr. 92 par rapport au fr 91 : Pascal l'a enfilé le premier dans la liasse « Misère ».

10. Voir le fr. 339-308 : « Ce sont trois ordres différents. De genre. »

11. Fr. 490-591 : « *Ne si terrerentur et non docerentur improba quasi dominatio videretur.* Augustin, *Epistula 48* ou *49.* » Voir fr. 203-172.

12. Dans une étude magistrale, « Le thème des trois ordres dans l'organisation des *Pensées* », parue dans *Pascal. Thématique des « Pensées »*, Paris, Vrin, 1988.

13. Fr. 32-413, 552-673, 567-688. M. Mesnard propose fugitivement de rattacher l'amour au troisième ordre (article cité, p. 40) : n'est-ce pas là un point de vue pétrarquiste et romantique ?

14. Fr. 668-828, 78-44, etc. Mais la force s'avère plus déterminante que les deux autres. Le cas échéant, « un simple soldat prend le bonnet carré d'un premier président et le fait voler par la fenêtre » (fr. 650-797).

Après la conférence de Philippe Sellier

Dominique Descotes — La face amusante de la tyrannie, c'est le ridicule. Une procédure abusive est ridicule. Le Père Noël aussi raisonne de façon ridicule parce qu'il applique à la physique des méthodes étrangères.

Tetsuya Shiokawa — Sur l'universalité de la tyrannie, il faut voir le titre du fragment Lafuma 58 : dans la première rédaction, on trouve la « corruption de la nature ». La tyrannie est la même chose que le moi haïssable.

Jean Mesnard — Avec l'ordre de la beauté, on a quatre ordres. Est-ce une division spécifique ? Je pense que Pascal a toujours vu trois ordres, car ces trois ordres sont l'envers des trois concupiscences. La beauté, l'agrément, peuvent se fixer dans le premier ordre, mais aussi dans le troisième (le désir amoureux). Il y a des interférences constantes entre le premier et le troisième ordre, car ils sont de l'intuitif et de l'immédiat ; le second est discursif. La *libido dominandi*, qui est du troisième à l'origine, Pascal la fait passer au premier. Il opère une épuration du troisième ordre. Le problème de l'esthétique de Pascal est lié à celui-ci : ce domaine n'est pas autonome, mais toujours relatif à l'homme, comme dans le cas de la symétrie. Le seul absolu, c'est le bien. Pascal est en cela à part de la tradition platonicienne.

Philippe Sellier — Ceux qui défendaient l'amour humain, ce sont les Pélagiens. Pour Augustin, l'amour humain est négatif. Le mariage, c'est ce qu'on peut faire de pire (« la plus basse des conditions du christianisme », dit Pascal). D'où la difficulté de le situer dans les ordres.

LAURENT THIROUIN — Comment mettre la coutume au service de la foi ? Le « discours de la machine » est-il une utilisation de la machine à des fins louables ?

PHILIPPE SELLIER — Les deux ordres inférieurs sont mis au service du troisième. L'homme a une part mécanique, qui n'est pas neutre. Si on la laisse agir seule, elle broie la foi. Il faut, par stratégie, la faire tourner dans le bon sens. Le pari doit donc être en tête de l'Apologie. Il n'y a pourtant pas de tyrannie : la machine est tyrannique lorsqu'elle empiète sur le second ordre en imposant des habitudes de pensée.

GÉRARD FERREYROLLES — Un concept rend compte de cette conversion des ordres : la disposition à, qui est, à l'intérieur des ordres, l'ouverture sur les autres ordres. C'est la clé du fonctionnement de tout le système. On dépasse l'interdiction aristotélicienne du saut d'un ordre à l'autre.

THÉRÈSE GOYET — Sur la citation sur le mariage : c'est une réponse de Pascal aux parents Périer, qui voulaient marier leur enfant de façon très bourgeoise, parce que c'était avantageux. Il y a une absence de mystique conjugale chez Pascal.

D'autre part, Pascal est mort en 1662, la Révocation de l'Édit de Nantes est de 1685. Qu'aurait pensé Pascal ? Port-Royal n'y a pas trouvé beaucoup d'inconvénients. Ceux qui ont procédé à la Révocation ne pensaient pas que c'était mettre la religion dans l'esprit et dans le cœur par la force, mais que le monarque a le droit de régler le culte – qui diffère de la conscience. Et que c'était créer un climat favorable aux conversions qui devaient venir par la grâce.

PHILIPPE SELLIER — La *Lettre à Vincent* de saint Augustin est la théorie de la violence ; elle a été employée pour justifier la Saint-Barthélemy et la Révocation. Les chances de convertir un homme encroûté dans ses habitudes sont voisines de zéro, saint Augustin en est conscient ; il a tenté de convertir les donatistes par des conférences publiques, il a échoué. Il a alors dit que pour détruire la violence des habitudes il fallait utiliser la violence des supplices et répandre la terreur. C'est le fondement de la conversion forcée. Pascal s'insurge contre saint Augustin là-dessus.

ANTONY MCKENNA — Pascal adopte une position que rejoindra Pierre Bayle par un autre biais.

Conclusions

JEAN MESNARD — Le programme intellectuel de ce colloque était à la fois adapté à l'époque et très moderne. Ce qu'on y a entendu répondait au titre (*N.D.L.R.* : le titre du colloque était « Droit et pensée politique autour de Pascal »), à la fois explicitement et implicitement : Pascal était au centre, mais il fallait le déborder, saisir sa place dans la réflexion sur le droit et la politique, qui passe par une étape décisive à l'époque, grâce notamment à des personnalités du milieu même de Pascal, par exemple Domat. Sur Pascal, je retiens ce qui ressort de ces discussions souvent passionnées : on est passé souvent du politique à ce qui lui est extérieur ; chez Pascal, le politique est, pour employer un terme moderne, le paradigme de l'ensemble de sa pensée : on peut, à partir de la problématique politique, déborder largement sur le reste de son œuvre : les concepts, les catégories élaborés à propos du politique sont les plus pascaliens de l'ensemble, qu'on peut étudier rigoureusement à partir d'eux. Pour l'entourage de Pascal, certaines figures ont pris une place à laquelle on ne s'attendait pas, par exemple Nicole. La comparaison entre Pascal et Nicole est l'une des plus passionnantes que l'on puisse faire, d'autant plus que chez tous deux l'élément politique est présent. Quant à Domat, il faudra y revenir : il n'existe sur lui que des études superficielles, des éloges – dont vous avez pu voir quelques-uns à l'exposition de la Bibliothèque Municipale et Interuniversitaire de Clermont – et quelques thèses de droit. Domat représente un massif à explorer. On aurait pu évoquer aussi Grotius, qui aurait conduit dans le domaine de l'humanisme.

Nous avons plus parlé de politique que de droit, du fait des défections regrettables de plusieurs collègues juristes.

Le programme des réunions à venir de la Société des Amis de Port-Royal et des correspondants du Centre International Blaise Pascal est tracé : il faudra fêter les tricentenaires d'Arnauld et de Nicole. En 1996, nous pourrons revenir à Clermont-Ferrand, pour un colloque sur les amis clermontois de Pascal : cela permettra de reparler de Domat.

Liste des participants au colloque

M. et Mme BAFOIL, 8 rue de la Grande Chaumière, 75006 Paris

Melle O. BARENNE, 6 bis rue de Valence, 75005 Paris

M. BEN ROGERS, Keble College, Oxford OXI 3PG, Grande-Bretagne

M. G. BERGER, Theodor Storm Str. 16, Bayreuth D-8580, Allemagne

M. C. BIET, 206 rue du Faubourg St-Antoine, 75012 Paris

Mme L. BORELLA, via Zarotto 70, 43100 Parma, Italie

Mme H. BOUCHILLOUX, 9 place Valladier, 57000 Metz

M. et Mme F. BOYRE, 6 rue Mazarin, 33000 Bordeaux

M. F. BRIOT, 32 rue Hermet, 75018 Paris

Mme P. BUGNION-SECRETAN, Montoiseau, C.H. 1299 Crans, Suisse

Mme K. CHRISTODOULOU, 27 rue Alexandroupoleos, 11527 Athènes, Grèce

M. et Mme D. DESCOTES, 19 rue de Crouël, 63000 Clermont-Ferrand

M. G. DUBOUCHER, 2 rue Renée Aspe, 31000 Toulouse

Mme E. DUTERTRE, Le Galion "C", Av. du Port de Plaisance, 83000 Toulon

M. P. ERNST, 40 rue P. du Pierreux, B-1980 Tervuren, Belgique

M. G. FERREYROLLES, 7 rue des Pélicans, 76130 Mont-Saint-Aignan

M. P. FORCE, 526 West, 113 Mr Street, Apt. 70, New-York, NY 10025, USA

M. J.-G. ALLUCCI, Colgate University, Dept. of Romance Languages, 13 Oak Drive, Hamilton, NY 13346, USA

Mme S. GOYARD-FABRE, 25 rue de Maltot, 14000 Caen

Mme T. GOYET, 88 rue du Moulin-Vert, 75014 Paris

M. et Mme J. GRÉBIL, 24 bd Henry de Gorsse, 31110 Luchon

M. N. HAMMOND, Pembroke College, Oxford OXI IDW, Grande-Bretagne

M. T. HASEKURA, 2710-5 Naruse, Machida, Tokyo, 194 Japon

M. S. HAYASHI, Maison du Japon, 7 bd Jourdan, 75014 Paris

Mme R. HONG, Mokdong Apt 1007-301, Sinjung 1 dong, Yangehun-ku, Séoul, Corée du sud

Mme JACQUOT DE GUILHERMIER, 9 rue Mademoiselle, 75015 Paris

M. J. JEHASSE, 2 rue L. Thévenet, 69004 Lyon

Melle C. KATSUDA, 6 rue des Hellènes, 1050 Bruxelles, Belgique

M. K. KAWAMATA, 1492 Isshiki, Hayama-machi, Kanagawa, 240-01 Japon

Melle A. KOBAYASHI, 7 bd Jourdan, 75014 Paris

M. S. LANDES, 14 rue Raspail, 93400 Saint-Ouen

Mme DE MAERTELAERE, 40 rue P. du Pierreux, B-1980 Tervuren, Belgique

M. A. MCKENNA, 6 chemin de la Berne, 42600 Ecotay l'Olme

M. J. MESNARD, 4 rue Lhomond, 75005 Paris

M. C. MEURILLON, 3 allée des Feuillage, 59650 Villeneuve d'Asq

Melle H. MICHON, Univ. Paris IV, 1 rue Victor-Cousin, 75230 Paris Cedex 05

M. K. MOCHIZUKI, Kotsubo 6-14-4, Zushi, Kanagawa-ken, 249 Japon

M. D. MONCOND'HUY, 96 rue de la Chanterie, 86000 Poitiers

Mme H. MONEYRON, 1 bis rue d'Effiat, 63100 Clermont-Ferrand

Melle S. MONTAGNE, 1 bd Lafayette, 63000 Clermont-Ferrand

M. E. MOROT-SIR, 1036 Park Avenue, New-York, NY 10028, USA

Melle M. MOUREU, 97 rue Pierre Brossolette, 92140 Clamart

M. K. NAGAMORI, Maison du Japon, 7 bd Jourdan, 75014 Paris

M. C. NATOLI, Dpt. of Philosophy, St. John Fisher College, 3690 East Avenue, Rochester, NY 14618-3599, USA

M. J.-B. NEVEUX, 16 rue de Libération, 35480 Guipry

M. A. NIDERST, 40 bd de la Bastille, 75012 Paris

M. H. NISHIKAWA, 340-29 Kamikashio-chô, Totsuka-ku, Yokohama, 244 Japon

M. K. NISHIMURA, 2-1-3 Onasuimei, Shigacho, Shigaken, 520-05 Japon

M. et Mme G. PATOUREL, 5 rue de Rheinfelden, 76400 Fécamp

Mme M. PÉCHARMAN-PETIT, 5 bis avenue de Grande-Bretagne, 63000 Clermont-Ferrand

M. A. PÉRÈS, 8 rue de la garde de Debord, 03000 Moulins

M. J. PLAINEMAISON, "La Borderie", 87400 Saint-Léonard-de-Noblat

Melle F. POUGE, 9 rue du Raquet, 14000 Caen

Mme R. POUZET, La Cheyre de Villars, 63870 Orcines

Mme J. RABEYROLLE, 36 bd Lascrasses, 31000 Toulouse

M. R. REISSMANN, Blesshuhnweg 14, 3004 Isernhagen 1, Allemagne

M. et Mme P. RICORDEL, 7 avenue Carnot, 63000 Clermont-Ferrand

M. J. ROHOU, Malitourne, 35830 Betton

M. A. ROLLAND, 5 rue Karl Marx, 33400 Talence

Melle M.-T. SART, 1 bd Lafayette, 63001 Clermont-Ferrand Cedex

M. et Mme M. SATO, A 611, 1-6-62 Minami-Koshigaya, Koshigaya-shi, 343 Japon

M. H. SCHMITZ DU MOULIN, Rijksweg 5, 9934 PB Delfzijl, Pays-Bas

M. P. SELLIER, 32 rue Guynemer, 75006 Paris

M. T. Shiokawa, 8-8-22 Seijo, Setagaya-ku, Tokyo, 157 Japon

M. H. Suematsu, Ouchimihori 633-28, Himeyamadai 168, Yamagushi-shi, Yamaguchi-ken, 735-02 Japon

M. L. Thirouin, 9 rue Neuve Saint-Charles, 84000 Avignon

Mme A. Villard, 7 rue Montaigne, 10800 Saint-Julien-les-Villas

M. Y.-C. Zarka, 15 rue du Commerce, 75015 Paris

M. et Mme R. Zuber, 25 rue Gay-Lussac, 75005 Paris

TABLE DES MATIÈRES

381

PRATIQUE ET PHILOSOPHIE DU DROIT

L'ÉPREUVE PAR L'HISTOIRE

LES TEXTES ET LES MOTS

THÉOLOGIE ET POLITIQUE

PHILOSOPHIE POLITIQUE

Cet ouvrage
a été achevé d'imprimer
sur les presses de
l'imprimerie Dalex
à Montrouge
le jeudi 26 septembre 1996